新编21世纪思想政治教育专业系列教材

总主编　张耀灿

马克思主义经典著作导读

第三版

主编　王　平

中国人民大学出版社
·北京·

内容简介

本书是为新时代适应马克思主义理论教育的新需要而编写的。具体篇目以马克思、恩格斯、列宁著作为主，并精选了毛泽东、邓小平、江泽民、胡锦涛、习近平的若干重要著作。在篇目选择上，努力体现马克思主义基本理论、基本观点和马克思主义中国化的最新成果；在内容结构上，考虑马克思主义三个组成部分的比例关系和整体联系；在体例结构上，突出重要论点的理解以及理论的整体结构、发展联系和现实意义；在课外学习指导方面，按照基础性、综合性和现实性结合的要求，从归纳总结、拓展内容和理论联系实际几个方面分别列出要点解析和思考题。本书适用对象为高校哲学社会科学相关专业的本科生、党政机关干部和其他自学者。

作者简介

王　平　男，汉族，吉林省九台市人，1953年生，1982年毕业于东北师范大学。东北师范大学教授、博士生导师。长期从事马克思主义著作、马克思主义理论教育、思想政治教育理论与实践研究。主持教育部人文社会科学研究项目、应急项目、专项任务项目多项。在中国人民大学出版社、东北师范大学出版社、吉林人民出版社出版专著、教材多部，在《科学社会主义》《高校理论战线》《思想理论导刊》《东北师大学报》等刊物发表论文30余篇。

总序

"新编21世纪思想政治教育专业系列教材"出版了，它是高等教育质量工程的产物。高等教育质量工程是新世纪高等教育发展的生命工程。我国要在新时代建设学习型社会，跻身创新型国家行列，在实现全面小康的基础上，进而基本实现社会主义现代化，并朝着中华民族伟大复兴的目标迈进，作为基础和支撑、作为培育各领域专门人才的摇篮的高等教育便一定要注重质量。高等教育注重质量，就要坚持以本科为本，如果没有本科教育的质量保障，便不可能为社会主义现代化事业提供合格的人才，也不可能为研究生教育提供优质的生源。目前，全国高校设思想政治教育本科专业的有200多所，由于该专业的重要性及特殊性，又由于它是文科专业中招生人数最多的专业之一，注重和提高思想政治教育专业建设质量便有着特殊的意义。

本系列教材的组织编写和出版发行，其背景和意义是多方面的。除了是响应教育部提出和推动的高等教育质量工程的实际行动外，还应当从以下几个方面来认识：一是2005年底，国务院学位委员会、教育部发文增设了马克思主义理论一级学科，思想政治教育学科调整为它的一个二级学科，从此，思想政治教育学科定位更加明确、更加科学。在此背景下，如何更好地坚持以马克思主义为指导，特别是加强习近平新时代中国特色社会主义思想的指导，以伟大建党精神和社会主义核心价值观引领教材建设，进一步搞好思想政治教育学科建设？二是中等学校政治课改革力度加大，全国的初中"道德与法治"课、高中"思想政治"课均在实施新的课程标准，中等职业学校也在实施新的德育课教学大纲，而为中等学校政治课培养、培训师资的高校思想政治教育专业的教改(包括教材改革)却相对滞后。如何改变这一状况，开展新一轮的课程改革、教材改革，以便更好地为中等学校政治课提供理论支撑、人才支撑？三是本系列教材各位主编所在的高校专业点是国家重点马克思主义学院和一流学科或省（市）重点学科，基本上都有马克思主义理论一级学科博士点和博士后科研流动站。有的高校思想政治教育专业是教育部、财政部批准的特色专业建设点。这些博士点、重点马克思主义学院、一流学科以及特色专业，如何在学科专业建设上发挥带头、示范作用？教材建设无疑是重要方面，它是体现质量和特色的必要条件与基础。质量和特色就是生命。

本书在编写中，加强从整体上学习、研究、把握马克思主义理论的科学体系，并运用其研究成果来指导思想政治教育学科建设；坚持以人为本，以学生的成人成才发展为本，为中国特色社会主义事业培育高素质的思想政治教育专门人才服务；从抓好思想政治教育专业主干课程的教材建设做起，逐步拓展、深化，努力探索马克思主义理论体系、思想政治教育理论体系转化为课程体系、教材体系的规律；探索研究性学习的教材特点，关注思想政治教育实践的时代课题，吸取思想政治教育学科理论发展的新成果，在教材内容、编写体例、呈现方式上改革创新；打通思想政治教育专业师范性与非师范性的界限，增强教材的专业适应性。

为了体现上述指导思想，本系列教材纳入编写出版计划、分批逐步推出的有：从整体上学习、研究马克思主义的课程教材，思想政治教育学科课程教材，相关学科课程教材，以及培养应用能力的课程教材等。

本系列教材是在2009年起陆续出版的“21世纪思想政治教育专业系列教材”的基础上，吸纳学科发展的最新成果，吸收更多具有长期教学经验、丰富研究成果的专家担纲，重新修订升级换版而成的新的系列教材。教材建设是一个与时俱进的长期的过程，相信“新编21世纪思想政治教育专业系列教材”的面世，一定能够为推进这一过程做出宝贵的贡献，为今后深化改革、发展完善思想政治教育专业教材体系积累经验。在本系列教材即将陆续推出、接受教学实践检验之时，写了上面一些话共勉之，是为序。

张耀灿

2021年12月

前言

马克思主义是我们立党立国的根本指导思想，是全党全国各族人民团结奋斗的共同思想基础。巩固马克思主义在意识形态领域的指导地位，坚持用马克思主义理论教育人、武装人（特别是青年），是党的思想理论教育的战略任务和基础工作，关系到中国特色社会主义各项事业的成败。

重视马克思主义著作学习是我们党的优良传统。毛泽东多次提出共产党员和党的干部尤其是高级干部要读一点马列主义的书。抗日战争时期毛泽东就说过："在担负主要领导责任的观点上说，如果我们党有一百个至二百个系统地而不是零碎地、实际地而不是空洞地学会了马克思列宁主义的同志，就会大大地提高我们党的战斗力量，并加速我们战胜日本帝国主义的工作。"延安整风首开全党集中学习马克思主义著作的先河。从新中国成立到 20 世纪 60 年代中期，党员干部、知识分子中间广泛开展了以学习毛泽东著作为主的马克思主义著作学习运动，甚至在"文化大革命"时期，毛泽东还总结了一些同志因不认真读书而上当受骗的教训，倡导学习马克思主义著作。邓小平在同林彪、江青集团断章取义、割裂和曲解马克思主义作斗争，恢复马克思主义优良传统的过程中反复强调，"要用准确的完整的毛泽东思想作指导"。江泽民十分重视新形势下党的思想理论建设，强调"学习邓小平理论，首先要认真地、系统地读邓小平同志的著作，还要读十一届三中全会以来党的重要文献，读马列的一些重要著作和毛泽东同志的著作"。胡锦涛在《中共中央关于进一步繁荣发展哲学社会科学的意见》中指出："要立足新的实践，加强马克思、恩格斯、列宁经典著作的编译和研究工作，准确阐述经典著作中的基本观点。引导人们用科学的态度对待马克思主义，用发展着的马克思主义指导新的实践。"以习近平同志为核心的党中央高度重视马克思主义理论建设和理论学习，不仅科学回答了为什么学、学什么，还深刻诠释了怎样学，形成了系统有序的马克思主义学习观。习近平强调，学习马克思主义要坚持读原著，学好用好《共产党宣言》等马克思主义经典著作，坚持学以致用、用以促学，原原本本学，熟读精思、学深悟透，熟练掌握马克思主义立场、观点、方法，不断提高马克思主义理论素养。

高校学生是党和国家未来各项事业的中坚力量，他们对马克思主义理论知识的储备，运用马克思主义立场观点观察、分析、解决实际问题的能力，需要通过马克思主义理论的系统学习来提高。以下几方面的情况使大学生的马克思主义著作学习显得更加重要而紧迫。

一是推动马克思主义理论创新和掌握马克思主义创新成果的要求。

创新是马克思主义最重要的理论品质，马克思主义的生命力在于它坚持了彻底的唯物论和辩证法，坚持用彻底的发展观研究未来发展问题。社会发展是一个连续性与阶段性相统一的过程，发展的每一个阶段都包含着对前一个阶段的总结和反思，正在进行的过程又总是包含对下一个阶段的规划和展望。改革开放作为中国特色社会主义建设的重要发展阶段，也是对我们党探索社会主义道路的理论和实践的反思。反思过程既是实践创新和理论重新学习的过程，也是在实践中推动马克思主义理论发展的过程。前者要求我们继续到马克思主义理论宝库中寻找新的答案，后者要求我们结合新的形势和任务去学习掌握马克思主义发展的最新成果。认真学习马克思主义经典作家的著作，学习马克思主义中国化的成果特别是习近平新时代中国特色社会主义思想等重大战略思想，既是马克思主义理论创新的必然要求，也是学习马克思主义的最佳机遇和有效途径。

二是坚持社会主义先进文化前进方向，巩固马克思主义指导地位的要求。

每一时代的思想文化都是该时代经济政治的反映并服务于社会的经济和政治。当今世界文化多元、价值多元，社会思潮异常活跃，各种思想鱼龙混杂。社会主义文化建设的中心任务是以马克思主义为指导，建设社会主义核心价值体系。社会主义核心价值体系是一个以马克思主义为指导、立足中国又面向世界的理论体系和价值系统。社会主义核心价值体系建设的重要理论前提是搞清楚马克思主义的基本原理、基本观点，搞清楚马克思主义和非马克思主义的根本区别，搞清楚社会主义核心价值体系各部分内容的实质和关系等。这样的基础工作和基本要求对大学生来说，首先是一个学习过程，是一个结合变化的实践和马克思主义的新发展来学习马克思主义基本原理和马克思主义中国化最新成果的过程。只有这个过程扎实有效，社会主义文化建设的方向问题才能真正得到解决。

三是筑牢青年学生马克思主义理论基础，培养青年马克思主义者的要求。

改革开放以来，大学生的学习阅读内容越来越丰富，马克思主义著作学习受到一定程度的忽视，这会直接影响他们的政治态度、价值取向、评价标准，甚至影响到他们的话语系统。培养社会主义合格建设者和可靠接班人、培养青年马克思主义者的历史重任，要求打牢马克思主义基础。学习马克思主义要注意反对两种错误倾向：一种是理论脱离实际的教条主义、本本主义；另一种是忽视理论学习，用实际工作代替理论学习的经验主义。现在的问题，一方面是中国特色社会主义建设面临着复杂的国际环境，中国特色社会主义伟大事业发展新阶段的新形势、新任务和所处国际环境要求大学生具备一定的马克思主义基础，而另一方面的实际状况是许多大学生并没有读或很少读马克思主义著作。因此，特别需要向大学生特别是哲学社会科学专业的大学生提出学习马克思主义经典著作和马克思主义中国化最新成果的要求，并采取切实可行的措施来保证。

本书是适应马克思主义理论教育的新需要编写的，适用对象为高校哲学社会科学专业本科学生、党政机关干部和其他自学者。本教材的特点：一是篇目选择努力体现马克思主义基本理论、基本观点，马克思主义中国化的最新成果。篇目内容结构考虑了马克思主义三个组成部分的比例关系和整体联系，数量上坚持了少而精的原则。具体篇目以马克思、恩格斯、列宁的著作为主，参考了《马克思恩格斯文集》《列宁专题文集》，并精选了毛泽东、邓小平、江泽民、胡锦涛、习近平的若干重要著作，其中有些篇目在以往的导读教材中很少出现。

二是导读体例突出重要论点的理解以及理论的整体结构、发展联系和现实意义。体例结构包括：要点提示、关键词、社会历史背景、历史地位与现实意义、主要思想内容等。要点提示和关键词在通读原文基础上，经过反复斟酌确定，基本能够体现著作的思想观点、主要内容和逻辑关系。历史地位与现实意义部分，除了介绍该著作的理论创新、在马克思主义发展史上的影响，还特别强调了理论的当代价值。主要思想内容按经典著作行文顺序（所选著作章节按原著序号标识）分段解说，对重要名词、经典论断在内容相关处穿插解析。

三是在课外学习指导方面，按照基础性、综合性和现实性相结合的要求，从归纳总结、拓展内容和理论联系实际三个方面分别列出要点解析和思考题。要点解析围绕深入理解著作内容观点列出，并结合原著作了必要的归纳；思考题主要从内容观点的丰富发展和现实意义提出。为深入系统把握文章内容，每篇著作导读在思考题后面还列了阅读书目，入选者均为导读以外与该著作最相关的马列著作。

《马克思主义经典著作导读》编写组

2022 年 2 月

目录

马克思《〈黑格尔法哲学批判〉导言》导读

要点提示

● **宗教里的**苦难既是现实的苦难的**表现**，又是对这种现实的苦难的**抗议**。宗教是被压迫生灵的叹息，是无情世界的心境，正像它是无精神活力的制度的精神一样。宗教是人民的**鸦片**。

● 人的自我异化的**神圣形象**被揭穿以后，揭露具有**非神圣形象**的自我异化，就成了为历史服务的**哲学的**迫切**任务**。

● 批判的武器当然不能代替武器的批判，物质力量只能用物质力量来摧毁；但是理论一经掌握群众，也会变成物质力量。

● 哲学把无产阶级当做自己的**物质**武器，同样，无产阶级也把哲学当做自己的**精神**武器；思想的闪电一旦彻底击中这块素朴的人民园地，**德国人**就会解放成为**人**。

● 哲学不消灭无产阶级，就不能成为现实；无产阶级不把哲学变成现实，就不可能消灭自身。

关键词

黑格尔　法哲学　批判　宗教　解放

导　读

《〈黑格尔法哲学批判〉导言》（简称《导言》）是《黑格尔法哲学批判》思想的继续和发展，最早写于1843年10月中至12月中，载于1844年巴黎出版的《德法年鉴》。选自《马克思恩格斯选集》，3版，第1卷，1-16页①。

① 本书中源自所导读经典著作的引文的出处只注页码。——编者注

社会历史背景

黑格尔在他的《法哲学原理》一书中系统地阐述的政治观点，代表了当时向封建贵族妥协的德国资产阶级的立场和观点。这种观点严重地阻碍了德国革命运动的发展。为了唤起德国无产者向德国现实制度开火，推动德国无产阶级革命运动的发展，马克思写了《导言》一文，对德国封建制度的精神支柱——黑格尔进行了深刻的批判，同时初步阐述了唯物史观的一些基本原理，以及德国革命运动的任务和无产阶级的历史使命等问题。列宁在评价马克思《德法年鉴》时期的文章时说："马克思在这个杂志上发表的文章，已表明他是一个革命家，主张'对现存的一切进行无情的批判'，特别主张进行'武器的批判'；他诉诸群众，诉诸无产阶级。"①《导言》对论点的安排反映马克思自身发展的几个不同阶段：宗教阶段、哲学阶段、政治阶段、革命阶段。其结果是写成了一篇宣言，这宣言的彻底性和独断性使人想起 1848 年《共产党宣言》。

历史地位与现实意义

马克思在这篇文章中，比较明确地阐明了自己的新世界观的基本观点，第一次提出新世界观的核心思想是关于无产阶级的历史使命的问题，他深入社会革命的具体内容并对其作了实际的阶级分析，把人类解放和无产阶级的历史使命的具体内容结合起来，从而表明马克思的思想发展上升到一个新的阶段。哲学实质上是深刻地合乎人性的，为了把它变成现实就需要超出哲学领域，需要一种物质力量。哲学不变成现实，无产阶级就不能消灭自己，即获得解放。但是哲学还没有为解决这一任务提供全部前提。还需要研究和探索有关人和历史的若干根本问题。马克思在以后的两三年内专门分析了这些问题，结果产生了一种新的关于人和历史的哲学观点——唯物史观。

主要思想内容

文章的全部原理已经包括在《黑格尔法哲学批判》之中。根据马克思 1843 年 9 月写给卢格的信中所谈的计划，文章将从宗教问题开始，进而论述政治问题，这是德国的两个迫切的问题。全文共 49 个自然段，重点论述了四个问题：批判应从"天国"转向"人世"，批判由德国现存制度转向国家哲学和法哲学，如何批判德国的法哲学和国家哲学，哲学与人的解放。

---

① 列宁. 列宁全集：第 21 卷. 北京：人民出版社，1959：29.

（一）批判应从"天国"转向"人世"（第1~7段）

这一部分马克思主要论述了宗教批判对德国革命的意义，对宗教的批判是对政治、法律、国家和社会等其他一切批判的前提。然而对德国来说，对宗教的批判实际上已经结束。因为当时德国现状要求人们摆脱这种上帝赐予的"幸福"，建立现实的幸福。因此，批判应从"天国"转向"人世"。马克思在《导言》开宗的第一句话，就对宗教批判在德国革命中的作用和意义作了科学的说明和评价。他说："就德国来说，**对宗教的批判**基本上已经结束；而对宗教的批判是其他一切批判的前提。"（1页）这里讲的"宗教的批判"，是指施特劳斯发表《耶稣传》以来的德国进步理论界的重大理论斗争。青年黑格尔派有影响的人物施特劳斯、布鲁诺·鲍威尔和费尔巴哈是这场思想斗争的主要代表。对这场宗教批判运动的意义和作用，青年黑格尔派同马克思的评价是不同的。施特劳斯和费尔巴哈认为，世界的一切都是由宗教统治的，宗教问题是社会的根本问题，是人类解放的根本问题。因此，他们把宗教批判看作是改变一切的伟大斗争，对德国革命具有决定性的意义。马克思则相反，认为对宗教的批判具有一定的意义，但是它还没有触及德国的反动制度。到1843年底，对宗教的批判已不能提供什么新东西了，所以"**对宗教的批判**基本上已经结束"（1页）。

那么，这场宗教批判运动的意义是什么呢？首先，马克思认为，对宗教的批判是对政治、法律、国家和社会等其他一切批判的前提。如果不首先批判掉这种在天国的申辩，人们就不能清楚地认识到人世间的谬误。"**宗教里的**苦难既是现实的苦难的**表现**，又是对这种现实的苦难的**抗议**。宗教是被压迫生灵的叹息，是无情世界的心境，正像它是无精神活力的制度的精神一样。宗教是人民的**鸦片**。废除作为人民的**虚幻**幸福的宗教，就是要求人民的**现实**幸福。要求抛弃关于自己处境的幻觉，就是**要求抛弃那需要幻觉的处境**。因此，对宗教的批判就是**对苦难尘世**——宗教是它的**神圣光环**——**的批判的胚芽**。……对宗教的批判使人不抱幻想，使人能够作为不抱幻想而具有理智的人来思考，来行动，来建立自己的现实"（2页）。

其次，马克思认为，宗教对人们精神的束缚实际上是对现实的统治和被统治的社会关系的反映，宗教里的一切苦难都是人世间苦难的表现。宗教是某种应当被消除的世界的表现。他在这里说，宗教是异化了的人的幻想，这是他早期思想的典型表述。按他后期的观点，阶级意识形态的因素更占主导地位。因为"人就是**人的世界**，就是国家，社会。这个国家、这个社会产生了宗教，一种**颠倒的世界意识**，因为它们就是**颠倒的世界**。……宗教是人的本质**在幻想中的实现**，因为**人的本质**不具有真正的现实性。因此，反宗教的斗争间接地就是反对以宗教为精神**抚慰**的**那个世界**的斗争"（1-2页）。他把宗教看作历史现象，而不是人的本质、构成，宗教的基础和根源在人们之间和人对自然的特殊关系之中，人主要是生活在需要从一定的观念和幻想中寻找慰藉的非人的处境中，这种处境表明人对现实不满，他想哪怕在幻想中超越现状，并以此作为对现状的抗议。上帝的全知全能的特性是人在幻想中赋予的，上帝的本质，就是人的本质，也就是人的本质的自我异化。批判必须转向更深刻的异化，即政治异化。所以说，宗教批判就是要使人们摆脱这种幻想的上帝赐予的“幸福”，要建立现实的幸福。在这种批判和论断的基础上，马克思提出了一项任务：弄清现实世界的真相。“人的自我异化的**神圣形象**被揭穿以后，揭露具有**非神圣形象**的自我异化，就成了为历史服务的**哲学的**迫切**任务**。于是，对天国的批判变成对尘世的批判，**对宗教的批判**变成**对法的批判**，**对神学的批判**变成**对政治的批判**。”（2 页）

（二）批判由德国现存制度转向国家哲学和法哲学（第 8～23 段）

这一部分马克思主要论述了虽然对德国现存制度的批判有一定的意义，可以使人民澄清现存制度的本质，但是批判针对德国现存制度，有它的历史局限性，不能站在时代的高度。而德国的国家哲学和法哲学是和时代一起向前发展的，因此批判应由德国现存制度转向国家哲学和法哲学。

“批判已经不再是**目的本身**，而只是一种**手段**。它的主要情感是**愤怒**，它的主要工作是**揭露**。”（4 页）马克思用两小段的篇幅解释了近两年里他们对德国社会经常进行的批判。“这是指描述各个社会领域相互施加的无形压力，描述普遍无所事事的沉闷情绪，描述既表现为自大又表现为自卑的狭隘性，而且要在政府制度的范围内加以描述，政府制度是靠维护一切卑劣事物为生的，它本身无非是**以政府的形式表现出来的卑劣事物**。”（4 页）这种批判的目的同他开始时的宗教批判的目的是一样的，“问题在于不让德国人有一时片刻去自欺欺人和俯首听命。应当让受现实压迫的人意识到压迫，从而使现实的压迫更加沉重；应当公开耻辱，从而使耻辱更加耻辱。……为了激起人民的**勇气**，必须使他们对自己**大吃一惊**。这样才能实现德国人民的不可抗拒的要求，而各国人民的要求本身则是能使这些要求得到满足的决定性原因。”（5 页）“因此，在法国和英国是要消灭已经发展到终极的垄断；在德国却要把垄断发展到终极。”（6-7 页）通过批判，实现“把德国提高到现代各国的**正式水准**，而且提高到这些国家最近的将来要达到的**人的高度的革命**”（9 页）。为了达到这个目的，就应该无情地批判那些**“仰仗统治者的恩典才活着的东西”**，即封建集团；还要对那些身价很高而人数很少的统治者进行“**肉搏的**批判”①。“它不是要驳倒这个敌人，而是要**消灭**这个敌人”（4 页）。

马克思认为，批判德国现存状况的狭隘内容对现代各国来说，主要是英国、法国等欧洲先进国家，也有一定意义。对德国现存制度的批判，可以帮助各先进国家看清自己的“**隐蔽的缺陷**”，“因为德国现状是旧制度的**公开的完成**，而旧制度是**现代国家的隐蔽的缺陷**。对当代德国政治状况作斗争就是对现代各国的过去作斗争，而且对过去的回忆依然困扰着这些国家”（5 页）。同时对德国现存制度的批判，对国内方面也还有它一定的意义。通过批判德国的现存制度可以使人民澄清现存制度的本质。在德国没有民主和自由，正像马克思所指出的，德国“没有同现代各国一起经历革命，却同它们一起经历复辟。我们经历了复辟，首先是因为其它国家敢于进行革命，其次是因为其它国家受到反革命的危害”（3 页）。以胡果、萨维尼等人为代表的法的历史学派维护奴隶封建制，

① 马克思，恩格斯. 马克思恩格斯全集：第 1 卷. 北京：人民出版社，1956：455.

反对法国资产阶级革命的资产阶级民主思想，马克思称它是“以昨天的卑鄙行为来为今天的卑鄙行为进行辩护”①。德国资产阶级自由派害怕新兴的无产者阶级而向封建制度妥协，不敢直接触动封建专制制度，他们到“史前的条顿原始森林”② 去找德国的自由历史。然而，自由是历史的范畴，不同的历史时代有不同的自由，绝对不能把现实的自由和原始人的“自由”混为一谈。马克思指出，自由派的行径，如同“在森林中叫唤什么，森林就发出什么回声”（4 页）一样，是毫无价值的。

马克思认为，对待德国现存制度的正确立场，就是应该“向德国制度**开火**！一定要**开火**!”（4 页）尽管这种制度失去了它存在的依据，还是要向它开火。马克思为了使人们更深刻地认清德国政治制度本质，叙述了历史发展过程中的悲剧形式和喜剧形式。封建主义制度在欧洲各先进国家里存在，有它的历史必然性，它深信自己存在的合理性，而不相信资产阶级革命会成功。所以，它是带着顽强的自信被消灭的，它的死是悲壮的，是一种悲剧性的灭亡。相反，德国现存的封建制度是一个时代的错误，它的不合理性已为各先进国家的资产阶级革命所完全证明。连它自己也不相信自己的本质，它的存在已“向全世界展示旧制度毫不中用”（5 页），为全世界所嘲笑。因而，它的灭亡就不可能再是悲剧性的。马克思说：“为什么会出现这样的历史进程呢？这是为了人类能够**愉快地**同自己的过去诀别。我们现在为德国政治力量争取的也正是这样一个**愉快的**历史结局。”（6 页）由此可见，对德国现存制度的批判，是有它的一定意义的，但不是站在时代的高度的批判。

马克思说：“在导言后面将要进行的探讨并不是针对原本，而是针对副本——德国的国家哲学和法哲学。”③ 为什么批判不针对德国的现存制度，而针对德国的国家哲学和法哲学呢？因为就当时来说，历史赋予批判的任务，是要揭露和批判资本主义社会制度的不合理性。恩格斯在 1869 年所写的《卡尔·马克思》一文中指出：“对莱茵省议会辩论的批评，迫使马克思着手研究有关物质利益的问题，在这方面他获得了一些无论法学或哲学都不曾提供的新观点。马克思从黑格尔的法哲学出发，得出这样一种见解：要获得理解人类历史发展过程的锁钥，不应当到被黑格尔描绘成‘大厦之顶’的国家中去寻找，而应当到黑格尔所那样蔑视的‘市民社会’中去寻找。但关于市民社会的科学，也就是政治经济学，而当时要切实地研究**这门**科学，在德国是不可能的，只有在英国或法国才有可能。”④ 19 世纪 30 年代，在英、法先进国家里，资本主义制度不仅早已确立，而且它的各种弊病也充分暴露出来了。可是，当时的德国，还是一个封建农奴制独占统治地位的国家，资本主义发展得很缓慢，直到 1848 年革命以后，资本主义才有了较快的发展。因此，如果把批判的矛头局限于德国的现存制度，那只能否定封建主义的所有制和封建主义的国家制度，而不能否定资本主义所有制及其国家制度。这种批判，就没有站在时代的高度。把批判的矛头指向德国的国家哲学和法哲学，就能站在时代的高度。所以说，批判针对德国现存制度，就有它的历史局限性。马克思说：“如果想从德国的现状本身出发，即使采取唯一适当的方式，就是说采取否定的方式，结果依然是**时代错乱**。”（3 页）就是说，对德国现存制度进行批判，是有很大局限性的，是和时代潮流不相符

---

①② 马克思，恩格斯．马克思恩格斯全集：第 1 卷．北京：人民出版社，1956：454.

③ 同①453.

④ 马克思，恩格斯．马克思恩格斯全集：第 16 卷．北京：人民出版社，1964：409.

的。要克服这种局限性，批判就得超出德国的现存制度，就要把批判的矛头指向德国的国家哲学和法哲学。

因此，马克思提出："一旦**现代的**政治社会现实本身受到批判，即批判一旦提高到真正的人的问题，批判就超出了德国现状"（6 页），从而使批判由德国现存制度转向国家哲学和法哲学。

（三）如何批判德国的法哲学和国家哲学（第 24～26 段）

这一部分马克思主要论述了德国的国家哲学和法哲学反映的是资产阶级的根本利益和政治，是唯一站在正统的当代现实水平上的德国历史，因此对它的批判具有时代性。但如何批判的问题是这一部分所要解决的重点问题，即如何实现哲学、如何消灭哲学。

马克思曾说，要使批判站在时代的高度，就要超出德国现状，即批判德国的国家哲学和法哲学。德国民族的哲学是和时代一起向前发展的，因为德国古典哲学，不仅仅是德国自身的哲学思想发展的继续，而且是欧洲资产阶级政治革命和思想革命的概括，它是资产阶级的哲学，而不是封建主义的哲学。所以，马克思说："我们是当代的**哲学**同时代人，而不是当代的**历史**同时代人。德国的哲学是德国历史**在观念上的延续**。"（7 页）另外，德国古典哲学的代表人物，尽管不如 18 世纪法国哲学家们在理论上的鲜明性和政治上的坚定性，但它们终归是资产阶级的思想家。德国的国家哲学和法哲学，从表面上看，是为普鲁士专制制度辩护，但从实质上看，它宣扬的是资产阶级君主立宪制，它向往的是资产阶级的政治权力的实现。这实际上是对德国现存封建制度的直接否定。因此，"正像在 18 世纪的法国一样，在 19 世纪的德国，哲学革命也作了政治变革的前导。"①

由此可见，就德国古典哲学的阶级基础和实质来说，它是德国资产阶级的理论体系。"**德国的法哲学和国家哲学**是唯一与**正式的**当代现实保持在同等水平上的**德国历史**。"（7 页）"**德国的国家哲学和法哲学在黑格尔**的著作中得到了最系统、最丰富和最终的表述；对这种哲学的批判既是对现代国家以及同它相联系的现实所作的批判性分析，又是对迄今为止的**德国政治意识和法意识**的整个**形式**的坚决否定，而这种意识的最主要、最普遍、上升为**科学**的表现正是**思辨的法哲学**本身。"（9 页）这就是说，对德国哲学的批判，应该集中在对法哲学的批判。黑格尔的法哲学论述了道德、法律、国家制度、市民社会等社会问题，其中不仅肯定了资本主义的生产关系和立宪制是合理的，而且对封建制度和封建贵族进行了揭露和讽刺。马克思指出，黑格尔的现代国家的思想形象仍然是"从**现实人**抽象出来的"②。所以针对黑格尔的法哲学的批判，就能使我们站在时代的高度，提出对资本主义的批判和改造的问题。这个问题的中心，就是进行关于人类解放的共产主义革命。

当时德国人民批判德国的国家哲学和法哲学，存在着"实践派"和"理论派"两种态度。代表自由主义资产阶级的实践派，要求否定哲学，并想通过直接的行动来影响和

---

① 马克思，恩格斯．马克思恩格斯文集：第 4 卷．北京：人民出版社，2009：267.

② 马克思，恩格斯．马克思恩格斯选集：第 1 卷．北京：人民出版社，1972：8.

改变德国的现存关系。他们要求否定哲学是对的，但是他们不懂得德国哲学的阶级实质和它所具有的真正水平，要想否定旧哲学，就必须以新的哲学来代替它对实践的指导。马克思批判他们说："你们要求人们必须从**现实的生活胚芽**出发，可是你们忘记了德国人民现实的生活胚芽一向都只是在他们的**脑壳**里萌生的。一句话，**你们不使哲学成为现实，就不能够消灭哲学**。"（8页）这里的哲学就是与本体论同构一体的"纯粹哲学"。也只有在消灭了纯粹哲学之后，哲学才真正成为现实中的哲学。因此所谓"消灭哲学"并不是指不要哲学，而是指哲学意识到了固有的实践性，不再是那种与现实生活对立的"纯粹哲学"。只有实现了与实践的本质的沟通，哲学才可能真正成为人类解放的主体，即无产阶级的"精神武器"。以青年黑格尔派组成的理论派强调和夸大理论的作用，他们不了解德国哲学虽然超出了德国的现状，但它仍然是德国现实关系的产物。德国哲学的本质特点正是德国资产阶级的本质特点的反映。不批判掉德国哲学的本质特点，就建立不起来新的哲学。对此，马克思指出，理论派的"根本缺陷可以归结如下：**它以为，不消灭哲学，就能够使哲学成为现实**"（8-9页）。我们要在实现哲学的同时废除"作为哲学"的哲学。

（四）哲学与人的解放（第27～49段）

这一部分马克思主要论述了理论解放的历史作用，无产阶级形成的必要性。而无产阶级革命运动必须与哲学紧密结合起来才能够将这场革命进行到底，并最终实现人的解放。

马克思依据对德国宗教改革运动的历史分析，说明了理论解放的历史作用。理论的作用取决于社会实践的需要程度。马克思指出，如果只有革命理论，而不具备一定的社会物质条件，任何革命运动都是不可能产生的。因此，"革命需要**被动**因素，需要**物质**基础"（11页）。那么，德国是否具备了革命的物质基础呢？就社会发展的一般规律讲，是不具备的。德国思想界已经提出了共产主义的要求，而德国的社会现实还是一个落后的封建专制国家，这二者存在明显分歧，正像马克思指出的，"彻底的革命只能是彻底需要的革命，而这些彻底需要所应有的前提和基础，看来恰好都不具备"（11页）。但是，就德国的特殊历史条件看，新理论的要求是有物质基础的，"现实本身应当力求趋向思想"，即现实运动的发展和新理论的要求、预见是一致的。

德国的宗教改革运动是从理论解放运动开始的。"正像当时的革命是从**僧侣**的头脑开始一样，现在的革命则从**哲学家**的头脑开始。"（10页）但是，路德的宗教改革，"把人从外在的宗教笃诚解放出来，是因为他把宗教笃诚变成了人的内在世界。他把肉体从锁链中解放出来，是因为他给人的心灵套上了锁链"。他"破除了对权威的信仰，是因为他恢复了信仰的权威"（10页）。这就没有达到真正解放人的高度。所以，他的新教理论只能号召"世俗人同**世俗人以外的僧侣**进行斗争"（10页），而不能启发世俗人同自己内心的僧侣进行斗争。但是即使新教没有正确地解决问题，它至少正确地提出了问题。德国当前的情况同宗教改革前的情况极为相似，唯一的区别是哲学代替了神学，全人类的解放将代替仅发生在宗教领域内的解放。新理论则不同，它要解决的问题，是"同他**自己内心的僧侣**进行斗争，同他自己的**僧侣本性**进行斗争"（10页）。新理论的历史任务必须"把受僧侣精神影响的德国人转变为人，就是解放**人民**"（10页）。因为彻底的新理论是革命的思想前提。马克思针对“德国过去政治意识形式”的理论脱离实际的特点，提出新理论所要研究的是实践才能解决的那些课题，即实践中提出的并且客观上具备解决条件的迫切问题。这里说的需要解决的课题，就是在德国能不能进行争取人类解放的共产主义革命运动的问题。就是说，马克思通过对德国现存制度和德国哲学的批判，不仅使德国人民认识到德国的现存制度是不合理的，而且要认识到现代资本主义制度也是不合理的。马克思说：“批判的武器当然不能代替武器的批判，物质力量只能用物质力量来摧毁；但是理论一经掌握群众，也会变成物质力量。”（9 页）因此，在德国进行“**人的高度的革命**”（9 页），首要任务是要总结出能掌握群众的理论。

那么，什么样的理论才能掌握群众，为群众所信服呢？马克思认为：“理论只要说服人，就能掌握群众；而理论只要彻底，就能说服人。所谓彻底，就是抓住事物的根本。而人的根本就是人本身。”（10 页）这里是说，彻底的理论，必须是抓住“人的根本”，即人的本质。这里所谓人的本质，是说人作为人来说要能够生活在被当作人来对待的社会关系中。生活在德国现存制度下的劳动者，是不被当作人看待的，劳动者丧失了他的作为人的本质。德国的新理论抓住了“人的根本”，因为“德国理论是从坚决**积极**废除宗教出发的。对宗教的批判最后归结为**人是人的最高本质**这样一个学说，从而也归结为这样的**绝对命令：必须推翻**使人成为被侮辱、被奴役、被遗弃和被蔑视的东西的**一切关系**”（10 页）。这也就是说新理论的彻底性，就在于它主张要恢复人的本质，就必须推翻那些使人的本质自我异化的“**一切关系**”。只有这样，才能恢复人的本质。因此，新的共产主义社会也就是要恢复人的尊严！

“正像在罗马的万神庙可以看到一切民族的**神**一样，在德意志神圣罗马帝国可以看到一切国家形式的**罪恶**。”（12 页）因此，在德国以消灭封建专制制度为革命目标已不可能，只有进行以消灭资本主义制度为内容的共产主义革命，才能彻底消灭德国的现存制度，即所谓“**德国这个形成一种特殊领域的当代政治的缺陷**，如果不摧毁当代政治的普遍障碍，就不可能摧毁德国特有的障碍”（12 页）。正因为这样，在德国进行毫不触犯大厦支柱的“**纯**政治的革命”（12 页）是一种空想，而进行“**彻底的**革命、**普遍的人的**解放”（12 页）才是实际的。因此，“在德国，普遍解放是任何部分解放的必要条件”，“在法国，全部自由必须由逐步解放的现实性产生”（14 页）。哲学所要求实现的一切伟大的、合乎人性的全人类的事业，以及批判人的生存的异化形式中的重大成果（克服这些异化形式是实现真正的人类共同体的前提），只有通过无产阶级消灭自己才能实现。接着，马克思分析和说明了无产阶级的本质特点及其形成的过程，指出德国无产阶级既是工业发展的产物，同时也是德国封建社会解体的结果。在社会急剧解体的过程中，人工制造的贫民和自发产生的贫民以及基督教德意志的农奴等级，都不断地充实无产阶级的队伍。德国无产阶级的形成和壮大，是进行“人类解放”的物质基础和基本力量。马克思通过分析 19 世纪 40 年代的德国的特殊历史条件，得出结论说，德国面临着资产阶级革命，但是已经感受到资产阶级和无产阶级的新矛盾的压力。

由于在德国资产阶级社会中没有一个等级、没有一个部分感到有必要和有能力来实现普遍解放，于是提出一个问题：哪个阶级将被自己的物质状况和锁链所迫而实现这一解放呢？

德国资产阶级不像英国、法国资产阶级那样具有坚强的革命意志，在它“还没有处于欧洲解放的水平以前就处于欧洲瓦解的水平”（11 页）。从“**德国各邦政府**”的状况看，也是如此。因为德国封建专制政府的最大特点，就是集新旧剥削制度之大成，它既保留着旧剥削制度的缺陷，又在排斥资本主义制度的先进方面的同时，尽量吸取它的缺陷。在德国进行“普遍解放”，即共产主义革命的实际可能性“就在于形成一个被戴上**彻底的锁链**的阶级，一个并非市民社会阶级的市民社会阶级，形成一个表明一切等级解体的等级，形成一个由于自己遭受普遍苦难而具有普遍性质的领域，这个领域不要求享有任何**特殊的权利**，因为威胁着这个领域的不是**特殊的不公正**，而是**普遍的不公正**，它不能再求助于**历史的**权利，而只能求助于**人的**权利，它不是同德国国家制度的后果处于片面的对立，而是同这种制度的前提处于全面的对立，最后，在于形成一个若不从其他一切社会领域解放出来从而解放其他一切社会领域就不能解放自己的领域，总之，形成这样一个领域，它表明人的**完全丧失**，并因而只有通过**人的完全回复**才能回复自己本身。社会解体的这个结果，就是**无产阶级**这个特殊等级”（15 页）。最后，马克思从社会历史的发展规律上，说明了无产阶级的根本利益和社会历史的发展方向是一致的。“无产阶级宣告**迄今为止的世界制度的解体**，只不过是揭示**自己本身的存在的秘密**，因为它就**是**这个世界制度的**实际**解体。”（15 页）这段话指明了无产阶级的历史地位和历史使命的问题。

哲学必须与无产阶级革命运动紧密结合。无产阶级是最彻底革命的阶级，它所需要的理论也是最彻底的理论。无产阶级要完成自己的历史使命，没有自己的哲学是不行的。无产阶级争取人类解放的斗争，一定要和服务于它的哲学结合起来，才能取得彻底的胜利。因此，马克思说：“哲学把无产阶级当做自己的**物质**武器，同样，无产阶级也把哲学当做自己的**精神**武器；思想的闪电一旦彻底击中这块素朴的人民园地，**德国人**就会解放成为**人**。”（15-16 页）最后两段正文，是马克思根据以上论述所写的结论。结论的第一点，是强调在德国进行的解放运动，只能是以人类解放理论为依据的共产主义革命运动，不可能是其他性质的革命运动。因为“**彻底的**德国不**从根本上**进行革命，就不可能完成革命。**德国人的解放**就是**人的解放**”（16 页）。结论的第二点，是说这个运动必须有新哲学作为理论指导，必须是由无产阶级做领导核心，即所谓“这个解放的**头脑**是**哲学**，它的**心脏**是**无产阶级**”（16 页）。马克思用头脑和心脏的关系说明新哲学和无产阶级必须紧密结合起来，这是人类解放运动的重要原则。无产阶级只有依据新哲学的理论指导，并努力实现理论的要求，去剥夺剥夺者，建立起社会主义公有制，才能真正改变自己的地位，即“哲学不消灭无产阶级，就不能成为现实；无产阶级不把哲学变成现实，就不可能消灭自身”（16 页）。马克思的所有这些思想，开创了当代历史的一个新时期：哲学（哲学社会主义理论）与无产阶级在解决当代根本问题上相互结合的时期。如果当代世界的这两种基本“力量”彼此脱节，那么将无法解决当代问题。最后，马克思作了总结论：新哲学必须与无产阶级的革命运动紧密结合起来，这样，“一切内在条件一旦成熟，**德国的复活日**就会由**高卢雄鸡的高鸣**来宣布”（16 页）。

要点解析

1. 马克思关于“批判的武器当然不能代替武器的批判，物质力量只能用物质力量来

摧毁；但是理论一经掌握群众，也会变成物质力量”（9页）这一论断的内涵及意义

马克思针对“德国过去政治意识形式”的理论脱离实际的特点，提出新理论所要研究的是通过实践才能解决的那些课题，即实践中提出的并且客观上具备解决条件的迫切问题。马克思说：“批判的武器当然不能代替武器的批判，物质力量只能用物质力量来摧毁；但是理论一经掌握群众，也会变成物质力量。”（9页）因此，在德国进行“**人的高度的革命**”（9页），首要任务是要总结出能掌握群众的理论。马克思认为：“理论只要说服人，就能掌握群众；而理论只要彻底，就能说服人。所谓彻底，就是抓住事物的根本。而人的根本就是人本身。”（10页）这里是说，彻底的理论，必须是抓住“人的根本”，即人的本质；德国的新理论抓住了“人的根本”，这也就是说新理论的彻底性，就在于它主张要恢复人的本质，就必须推翻那些使人的本质自我异化的“**一切关系**”。在德国以消灭封建专制制度为革命目标已不可能，只有进行以消灭资本主义制度为内容的共产主义革命，才能彻底消灭德国的现存制度。如果不摧毁当代政治的普遍障碍，就不可能摧毁德国特有的障碍。正因为这样，在德国进行毫不触犯大厦支柱的“**纯**政治的革命”（12页）是一种空想，而进行“**彻底的**革命、**普遍的人的**解放”（12页）的革命才是实际的。

2. 哲学与无产阶级革命的关系

哲学必须与无产阶级革命运动紧密结合。无产阶级是最彻底革命的阶级，它所需要的理论也是最彻底的理论。无产阶级要完成自己的历史使命，没有自己的哲学是不行的。无产阶级争取人类解放的斗争，一定要和服务于它的哲学结合起来，才能取得彻底的胜利；马克思用头脑和心脏的关系说明新哲学和无产阶级必须紧密结合起来，这是人类解放运动的重要原则。无产阶级只有依据新哲学的理论指导，并努力实现理论的要求，去剥夺剥夺者，建立起社会主义公有制，才能真正改变自己的地位。“哲学不消灭无产阶级，就不能成为现实；无产阶级不把哲学变成现实，就不可能消灭自身”（16页）。马克思的所有这些思想，开创了当代历史的一个新时期：哲学（哲学社会主义理论）与无产阶级在解决当代根本问题上相互结合的时期。

思考题

1. 如何理解马克思的宗教观？
2. 如何理解马克思“消灭哲学”的思想？

阅读书目

1. 马克思. 论犹太人问题//马克思，恩格斯. 马克思恩格斯文集：第1卷. 北京：人民出版社，2009：21-55.

2. 马克思. 1844年经济学哲学手稿（“异化劳动和私有财产”“私有财产和共产主义”）//马克思，恩格斯. 马克思恩格斯文集：第1卷. 北京：人民出版社，2009：155-169，182-197.

马克思、恩格斯《神圣家族》(节选)导读

要点提示

● 如果按照绝对的批判的说法，到现在为止，历史的任务只是证明这样**几条**终归是不言而喻的最简单的真理，那么，绝对的批判把人类过去的全部经验说得如此贫乏，这首先只是证明了绝对的批判**自己的**贫乏。相反，从非批判的观点来看，历史达到的结果是，最复杂的真理最终是不言而喻的，一切真理的总和，即**人**，最终是不言而喻的。

● 如果绝对的批判因此而谴责某个对象是“肤浅的”，那么这个对象就是迄今为止的全部历史，因为历史的活动和思想就是“群众”的思想和活动。绝对的批判摒弃**群众的**历史并打算用**批判的**历史取而代之。此外，根据以往的**非批判的**历史，即不是按照绝对批判的意愿编纂的历史，应该严格地分清：**群众**对目的究竟**“关注”**到什么程度，群众对这些目的究竟**怀有**多大**“热情”**。**“思想”**一旦离开**“利益”**，就一定会使自己出丑。

● 历史活动是群众的活动，随着历史活动的深入，必将是群众队伍的扩大。

● 要想站起来，仅仅**在思想中**站起来，而让用思想所无法摆脱的那种**现实的**、**感性的**枷锁依然套在**现实的**、**感性的**头上，那是不够的。

● 批判同群众的关系，也就是已经体现出来的批判即布鲁诺先生及其伙伴同群众的关系，实际上就是现代的**唯一的**历史关系。

关键词

批判　精神　群众　历史　真理

导 读

《神圣家族》全称为《神圣家族，或对批判的批判所做的批判。驳布鲁诺·鲍威尔及其伙伴》，是马克思、恩格斯合作撰写的第一部著作。该书写于1844年9—11月，1845年2月以单行本的形式在美因河畔法兰克福出版。导读节选的是该书第六章（1）绝对批判的第一次征讨（a）“精神”和“群众”。选自《马克思恩格斯文集》，第1卷，282-293页。

社会历史背景

19世纪30年代至40年代初，欧洲几个主要资本主义国家相继发生了工人反对资本家的斗争，整个社会处在无产阶级革命前夜。以布鲁诺·鲍威尔为代表的青年黑格尔派的主观唯心主义和英雄史观成为无产阶级觉醒和无产阶级运动发展的阻碍。1843年到1844年，马克思和恩格斯以各自不同的经历完成了从民主主义者到共产主义者的转变。1843年底，马克思来到法国巴黎，与德国政论家、青年黑格尔派分子、资产阶级激进民主主义者卢格一起着手出版《德法年鉴》。由于二人思想观点和政治主张的差异，该刊只出版了一期合刊。但通过《德法年鉴》马克思发现了恩格斯发表在该刊物上的《国民经济学批判大纲》，恩格斯对资本主义经济关系的认识与马克思研究法哲学所获得的认识高度吻合。于是，马克思与恩格斯建立了联系。1844年8月，恩格斯回英国，途经巴黎，会见了马克思，共同的见解促成了他们的第一次合作。恩格斯在巴黎逗留期间，同马克思一起拟定了《神圣家族》的大纲，并合写了“序言”。恩格斯在离开巴黎之前写完了他所分担的章节。马克思承担了全书绝大部分写作任务，1844年11月底全部完稿，1845年2月在法兰克福出版单行本。这本书最初命名为《对批判的批判所做的批判。驳布鲁诺·鲍威尔及其伙伴》，后来在排印过程中，马克思在书名上又添加了“神圣家族”这几个字。“神圣家族”是意大利文艺复兴时期的著名画家安德烈亚·曼特尼亚（Andrea Mantegna，1431—1506）一幅名画的名字，画中的人物是圣母玛利亚抱着圣婴耶稣，旁边有玛利亚的丈夫圣约瑟及一些天使等，这是德国人熟悉的《圣经》故事。马克思借用这个题目讽喻了以布鲁诺·鲍威尔为代表的青年黑格尔派。

历史地位与现实意义

《神圣家族》是马克思和恩格斯完成从民主主义者向共产主义者、从唯心主义者向唯物主义者转变的标志性成果，是彻底清算唯心史观，完成了剥离思辨唯心的旧哲学并向历史唯物主义的新哲学过渡的著作，通过“群众”是历史活动的主体的确认，提出具有实践力量的是人，人民群众是历史创造者，并且在驳斥唯心史观的基础上提出认识群众、动员组织和依靠群众的系统理论。恩格斯在回顾马克思主义哲学创立的过程时，把这部著作视为唯物史观创立的开端，认为其对哲学唯物主义认识论具有奠基的意义。列宁也对这部著作作了详细摘要，认为“它奠定了革命唯物主义的社会主义的基础”[①]。由于《神圣家族》是马克思、恩格斯的第一次合作，着眼于紧要问题，分工完成，写作风格和体例在一定程度上影响了人们对著作地位的认识。近年来，这部著作受到了学界的高度关注，相关研究成果较多。学者们通过深入研究，越来越多地发现了著作的原创观点和丰富思想内涵，有学者认为以往的研究低估了这部著作的价值，甚至有学者认为应该宣布《神圣家族》的发表是马克思主义诞生的标志。

《神圣家族》是马克思主义的一部重要著作，思想内涵极其丰富，在马克思主义发展史上具有里程碑意义。学习这部著作有助于我们坚持唯物史观，反对思辨唯心主义把“自我意识”即“精神”看作整个人类社会历史的发源地，坚信生活、实践才是发现真理的唯一道路；有助于我们深刻理解和掌握人民群众是历史创造者的观点，人民不是飘浮在空中的，凡是得不到群众响应的都是因为没有代表群众利益；有助于在新时代坚持人民中心，吸引人民群众参加创造美好生活的实践，不断满足人民的物质和精神需求。

主要思想内容

《神圣家族》主要针对以《文学总汇报》为代表的青年黑格尔派主观唯心主义的“批判哲学”或“自我意识”哲学而写的。从哲学的基本问题入手，批判形形色色唯心主义、唯意志论，阐发了群众创造历史的唯物主义历史观。《神圣家族》包括序言和正文九章。序言部分主要阐述该书的写作目的、方法和接下来的打算。第一章批判赖哈特的恶劣文风。第二章批判茹尔·法赫尔对英国历史的歪曲。第三章批判荣格尼茨所写的《瑙威尔克先生和哲学系》。第四章批判埃德加·鲍威尔用思辨的方法研究现实问题，以及它对蒲鲁东和蒲鲁东著作的歪曲。第五章批判施里加[②]对欧仁·苏小说《巴黎的秘密》的思辨歪曲。第六章批判布鲁诺·鲍威尔的自我意识哲学，阐述了历史活动中“精神”和“群众”的正确关系。第七章是第六章的展开和补充。第八章批判欧仁·苏小说《巴黎的秘密》及其创作思想，是第五章的继续和展开。第九章是全书的结束语，宣布“批判的末日的审判”。以下重点介绍该书第六章中的“（1）绝对批判的第一次征讨（a）‘精神’和‘群众’”的内容。

在这一部分里，以布鲁诺·鲍威尔为代表的青年黑格尔派把黑格尔的自我意识转化为他们主观臆想产生出来的自我意识，并从自我意识的英雄史观出发，把人或群众看作他们发现的真理的证明工具和实现工具。马克思指出，真理之为真理不在于自我意识的宣布而在于群众的认可，群众是真理的最终检验者和判断者，不是真理决定历史和群众，而是群众决定历史并进而决定真理。针对鲍威尔等人污蔑群众不觉悟，马克思阐明了唯物史观的利益原则，提出，“**‘思想’**一旦离开**‘利益’**，就一定会使自己出丑”（286页）。同时指出，纲领没有引起群众共鸣是因为没有反映群众的利益，并预言随着革命深

---

① 列宁．列宁选集：第1卷．3版．北京：人民出版社，1995：92.

② “施里加”是《马克思恩格斯全集》中文第1版的译名，该译名在2009年版《马克思恩格斯文集》第1卷中被译为“塞利加”。——编者注

入，必将是群众队伍的扩大。最后，从空想社会主义和共产主义，黑格尔哲学辩证法的分析，提出无产阶级“要想站起来”，“仅仅**在思想中**站起来”是不够的，必须摆脱“套在**现实的**、**感性的**头上”的枷锁（288 页）。这一部分共 40 个自然段。

（一）“精神”和“群众”关系问题的提出（第 1～4 段）

马克思开宗明义地指出，“批判的批判看来或多或少是对各种各样的**群众性**的对象进行批判的研究。现在我们却发现它正在研究绝对批判的对象，即**它自己**”（282 页），并且，马克思进一步揭露出布鲁诺·鲍威尔在“精神”和“群众”关系研究上的卑劣手法，“靠批判地贬低、否定和改变**一定的**群众性的对象和人物来取得自己的相对荣誉”（282 页）。马克思针对布鲁诺·鲍威尔和泛指的“群众”的关系，指出，“以前的一切批判的关系都已化为绝对的批判的英明同绝对的群众性的愚蠢的关系”（283 页），用布鲁诺·鲍威尔的说法则是“精神”和“群众”的关系。马克思讽刺布鲁诺·鲍威尔把历史理解为绝对精神展开自身的辩证过程，完全没有新意，是照搬照抄了黑格尔对历史的看法。

关于批判的几个概念诠释

本部分涉及批判、批判的批判、绝对的批判、相对的批判和非批判。批判的批判，即《文学总汇报》的批判，是以布鲁诺·鲍威尔为代表的青年黑格尔派在其主办的德文月刊《文学总汇报》上所反映出的思想倾向和理论观点，宣扬主观唯心主义和英雄史观，以绝对真理自居。绝对的批判是马克思、恩格斯对以布鲁诺·鲍威尔为代表的青年黑格尔派理论观点的戏称。批判是对“批判的批判”和“绝对的批判”的简称。相对的批判和非批判有时指常识常理范围的批判，有时代表马克思主义观点的批判。

（二）真理、历史与群众（第 5～16 段）

从布鲁诺·鲍威尔关于真理与历史的关系来看，他只是得到了黑格尔辩证法的外形，而没有得到它的真谛。这里，马克思既揭露了布鲁诺·鲍威尔黑格尔式的唯心主义，“真理对鲍威尔先生来说也像对黑格尔一样，是一台自己证明自己的**自动机器**”（283 页），又揭露了黑格尔式的目的论，“人所以存在，历史所以存在，是为了使**真理**达到**自我意识**”“人为了历史能存在而存在，而历史则为了**真理的论据**能存在而存在”（284 页）。正如黑格尔把整个宇宙视为一个唯一的人，“**历史**也和**真理**一样变成了特殊的人物，即形而上学的主体，而现实的人类个体倒仅仅是这一形而上学的主体的体现者”（284 页）。在布鲁诺·鲍威尔看来，真理是需要证明的，历史的作用就在于证明真理，而群众却认为真理“一开始”就是不言而喻的，“证明真理是多余的事”（285 页），群众认为不言而喻，是由于他们认为真理无须证明，真理对于批判的批判来说不言而喻，则是由于真理经过了证明［这其实是黑格尔的思想“哲学家是事后才上场的”（292 页）］。批判的批判并没有想到,“群众”本身就是一个历史概念,16 世纪的群众和 19 世纪的群众并不是同一些人,而批判的批判所谓的“证明”只是批判自己的想象。绝对的批判否认真理同经验、同“物质群众”的联系,认为“‘**真理**’和历史一样,是超凡脱俗的、脱离物质群众的主体,所以,它不是面向经验的人,而是面向‘**心灵的深处**’,为了‘**真正被认识**’,真理不去接触住在英国地下室深层或法国高高的屋顶阁楼里的人的**粗糙的躯体**,而是‘完完全全’在人的唯心主义的肠道中‘蠕动’”(285-286 页)。总之,对绝对的批判来说,“不言而喻的真理已丧失了它的精神实质、意义和**价值**。它像一潭死水一样,变得浑浊不清了”(285 页)。但是,对群众来说,“凡是需要阐明的东西都是不言而喻的。为什么呢?因为**不言而喻,现实的任务**都**不是**不言而喻的”(285 页)。真理所以是不言而喻的,因为它不是超凡脱俗的,不是脱离物质群众的,“群众曾用自己的方式即肤浅的方式”(286 页)就可以证明。

(三)历史活动与群众的关系(第 16~20 段)

与绝对的批判想法相反,马克思认为,群众是历史活动的主体,“历史的活动和思想就是‘群众’的思想和活动”(286 页)。要研究真实的历史,就必须了解“**群众**对目的究竟‘**关注**’到什么程度,群众对这些目的究竟**怀有**多大‘**热情**’。‘**思想**’一旦离开‘**利益**’,就一定会使自己出丑”(286 页)。马克思揭示了思想与利益的关系。“任何在历史上能够实现的群众性的‘**利益**’,在最初出现于世界舞台时,在‘**思想**’和‘**观念**’中都会远远超出自己的现实界限,而同一般的**人的**利益混淆起来”(286 页),即特殊利益以一般利益的面目出现,从而导致特定时代的群众不是在追求自己独特的利益,而是在追求一般利益的错觉。以 1789 年法国大革命为例,其本质是资产阶级革命,所以,对于资产阶级来说并不是“**不合时宜的**”,对于无产阶级(群众)来说才是“**不合时宜的**”(287 页)。无产阶级革命意义上的群众,“他们获得解放的现实条件和资产阶级借以解放自身和社会的那些条件是根本不同的”(287 页)。这场革命之所以是不合时宜,“是因为它在本质上仍然停留在那样一种群众生活条件的范围内”,“人数众多的、与资产阶级不同的那部分群众认为,在革命的原则中并没有体现他们的**现实**利益,并没有体现**他们自己**的革命原则,而**仅仅**包含一种‘**思想**’,也就是仅仅包含一个激起暂时**热情**和掀起表面**风潮**的对象罢了”(287 页)。“历史活动是群众的活动,随着历史活动的深入,必将是群众队伍的扩大。”(287 页)批判把历史活动仅仅看作“**一种思想**”是荒谬的,但是思想对活动并非没有影响,马克思肯定了情感的重要作用,而且更为重要的是,他将情感与群众利益联系在一起,并通过“群众队伍的扩大”来说明影响历史“进步”的因素。

(四)精神和群众关系的现实性剖析(第 21~40 段)

针对批判的批判对群众作用的贬低,马克思提出:“因为群众的这些**实际的**自我外化以外在的方式存在于现实世界中,所以群众必须同时以**外在的**方式同它们进行斗争。群众决不会把自己的自我外化的这些产物仅仅看做**观念的**幻影，看做**自我意识**的单纯的**外化**，同时也不想通过纯粹**内在的唯灵论的**活动来消灭**物质的**外化。”（288 页）马克思进一步指出，群众要站起来，不仅需要在思想上成熟起来，从而砸碎精神的枷锁，而且更重要的是要摆脱“**现实的**、**感性的**枷锁”（288 页）。绝对的批判则单纯强调内心的转变，“即把存在于**我身外**的**现实的**、**客观的**链条转变成**纯观念的**、纯**主观的**、只存在于**我身内**的链条，因而也就把一切**外在的**感性的斗争都转变成纯粹的思想斗争”（288 页）。批判的批判通过转变在书报制度中使书报检查官、作者和警察之间达到了和谐，怎么做到的呢？书报检查官正是“纯粹的、‘超凡脱俗的’、脱离一切群众性现实的形象”（289 页），也就是批判的批判内心的自我外化。警察是“**人格化的机智**”，“是与我的不机智和非批判性进行斗争的我自己的机智”（289 页）。“费尔巴哈的《哲学改革纲要》曾遭到书报检查机关的查禁，那么罪过并不在于书报检查机关的官方的野蛮，而在于费尔巴哈的《纲要》的不文明。”（289 页）“作家和书报检查官的斗争只不过是装样子的，只有在卑劣的感性看来，这种斗争才是某种跟作家**与他自己**进行的**内心斗争**不同的东西。”（289 页）“糟蹋我的精神产品”是“**群众性的**想象，是**非批判的幻想**”（289 页）。既然像书报检查这样敌视状态的关系都能通过内心的转变达到和谐，于是，绝对的批判宣布“群众”是精神的真正敌人。马克思揭露了绝对的批判的论证方式：“绝对的批判是从‘**精神**’的绝对合理性的**信条**出发的。”“是从精神存在于**世界以外**即精神存在于人类群众以外的**信条**出发的。”“它一方面把‘**精神**’、‘**进步**’，另一方面又把‘**群众**’变成**固定不变的**本质，即概念，然后又把双方当做这种永久不变的两极彼此对立起来。”（289 页）之所以如此，是因为绝对批判并不想去研究“精神”本身，只是“自我欺骗”。马克思进一步指出：“讲到‘**进步**’，情形也是这样。尽管有‘**进步**’的奢望，却经常出现**退步**和**兜圈子**。”（290 页）于是，绝对的批判把退步和兜圈子也归咎于群众。绝对的批判把凡是跟他们观点不同的人都视为群众，因此就说出了“群众这个‘**词**’的**意思也**包含**所谓**有教养的人士”（290 页）。马克思高度评价那些把自己与群众联系在一起的空想社会主义者和空想共产主义者。马克思指出，这些空想者从“观察”发现了精神和群众关系的两个基本现象：最顺利的辉煌行动都没有取得辉煌的结果，精神的一切进步到现在为止都是损害人类群众的进步。马克思指出，空想社会主义和共产主义一开始就是批判和行动统一的广大群众的运动，当群众的主体发生变化后，“人们只有了解英法两国工人的钻研精神、求知欲望、道德毅力和对自己发展的孜孜不倦的追求，才能想象这个运动的**合乎人道的**崇高境界”（290 页）。批判的批判根本就没有研究过现实的“群众”，而只是为了把一切好的东西都归到自己头上而为自己找一个名为“群众”的对头，以便把所有不好的东西都归到“群众”头上。

马克思不仅将空想社会主义者与批判的批判作了对比，而且把黑格尔与批判的批判作了对比。马克思认为：“‘精神和群众’的关系还有一层**隐蔽的**含义。”（291 页）“布鲁诺先生**所发现的**‘精神’和‘群众’的关系，事实上不过是**黑格尔历史观的批判的漫画式的完成**，而黑格尔的历史观又不过是关于**精神**和**物质**、**上帝**和**世界**相对立的**基督教日耳曼**教条的**思辨**表现。在历史范围内，在人类世界本身范围内，这种对立表现为：作为**积极的**精神的少数杰出**个人**与作为**精神空虚的群众**、作为**物质**的人类其余部分相对立。”

（291页）马克思对黑格尔的历史观进行了具体评价，指出：“在**黑格尔**那里，历史的**绝对精神**已经在**群众**身上有了自己的材料，但只是在**哲学**中才有了自己相应的表现。不过，**哲学家**仅仅是创造历史的绝对精神在运动完成之后用来**回顾既往**以求意识到自身的一种工具。”（292页）这里马克思区分了黑格尔历史观和布鲁诺·鲍威尔历史观的区别，前者的精神创造依据了“在**群众**身上有了自己的材料”（292页），而后者则把唯心主义历史观荒谬之处全都暴露出来了。此外，马克思还谈到了法国的空论派，“他们宣布**理性至上**来同**人民至上**相对立”（292页），由此同样导致与群众史观相对立的英雄史观。最后，马克思概括了精神和群众关系的本质和意义，即“批判同群众的关系，也就是已经体现出来的批判即布鲁诺先生及其伙伴同群众的关系，实际上就是现代的**唯一的**历史关系。现代的全部历史都归结为这两个方面相互对立的运动”（293页）。

《 要点解析 》

1. 历史和真理的关系

按照布鲁诺·鲍威尔等人思辨唯心主义的看法，历史只作为真理的论据而存在。而真理是超凡脱俗的、脱离群众的主体，所以，它不是面向经验的人，而是面向心灵的深处。马克思否定自我意识，认为批判哲学只是一种自我欺骗，自我意识是虚幻的、庸俗的，只是理论上的一种表述，不能与现实生活相联系。针对布鲁诺·鲍威尔等人主观唯心主义的真理观，马克思指出，“真理对鲍威尔先生来说也像对黑格尔一样，是一台自己证明自己的**自动机器**。人应该**追随**真理。现实发展的结果，也像在黑格尔那里一样，不外是**被证明了的**即**被意识到了的真理**”（283-284页）。马克思进一步指出：“从非批判的观点来看，历史达到的结果是，最复杂的真理最终是不言而喻的，一切真理的总和，即**人**，最终是不言而喻的。”（284页）历史是人的历史，人不是为真理而创造历史，但是在创造历史的过程中认识和发现真理，创造历史的过程是无限的，因此人能够无限接近真理。

2. 精神和群众的关系

布鲁诺·鲍威尔等人把改造历史的活动归结为“批判的批判”的大脑活动，认为摆脱了群众和物质利益的“纯粹的观念”是历史活动的动力。他们甚至把“伟大的活动”的“不合时宜”和没有取得“成效”归因于群众的参与，认为“历史上的一切伟大的活动之所以**一开始**就是不合时宜的和没有取得富有影响的成效，正是因为群众对这些活动**表示关注**和**怀有热情**”（286页）。针对布鲁诺·鲍威尔等人的错误观点，马克思提出，要“严格地分清：**群众**对目的究竟‘**关注**’到什么程度，群众对这些目的究竟**怀有**多大‘**热情**’。‘**思想**’一旦离开‘**利益**’，就一定会使自己出丑”（286页）。群众创造历史的手段和途径只能是感性的实践活动，即物质生产活动。物质资料的生产是人类社会生存和发展的基础，群众的利己需要和为利益所进行的一切活动，构成了人们创造历史的活动。马克思并不否定“精神”的作用，而是指出，群众要站起来，不仅需要在思想上成熟起来，而且更重要的是要摆脱“**现实的、感性的**枷锁”（288页）。马克思肯定了空想社会主义和共产主义一开始就是“批判”和“行动”统一的。

思考题

1. 阐述马克思关于群众的概念及特点。

2. 马克思在“精神”和“群众”的关系上批判了绝对的批判的哪些观点？

阅读书目

1. 马克思. 1844年经济学哲学手稿（“对黑格尔的辩证法和整个哲学的批判”）//马克思，恩格斯. 马克思恩格斯文集：第1卷. 北京：人民出版社，2009：197-223.

2. 恩格斯. 英国工人阶级状况（“导言”）//马克思，恩格斯. 马克思恩格斯文集：第1卷. 北京：人民出版社，2009：388-404.

3. 马克思，恩格斯. 德意志意识形态（“第一章 【Ⅱ】”）//马克思，恩格斯. 马克思恩格斯文集：第1卷. 北京：人民出版社，2009：526-550.

马克思《关于费尔巴哈的提纲》导读

要点提示

● 从前的一切唯物主义（包括费尔巴哈的唯物主义）的主要缺点是：对对象、现实、感性，只是从**客体**的**或者直观**的形式去理解，而不是把它们当作**感性的人的活动**，当作**实践**去理解，不是从主体方面去理解。因此，和唯物主义相反，**能动的**方面却被唯心主义抽象地发展了，当然，唯心主义是不知道现实的、感性的活动本身的。

● 人的思维是否具有客观的真理性，这不是一个理论的问题，而是一个**实践的**问题。

● 环境的改变和人的活动或自我改变的一致，只能被看作是并合理地理解为**革命的实践**。

● 人的本质不是单个人所固有的抽象物，在其现实性上，它是一切社会关系的总和。

● 哲学家们只是用不同的方式**解释**世界，问题在于**改变**世界。

关键词

费尔巴哈　唯物主义　实践　人的本质　改变世界

导读

《关于费尔巴哈的提纲》（简称《提纲》），是马克思于1845年春写的一份研究笔记，生前没有公开发表。马克思逝世后，恩格斯在整理马克思1844—1847年的笔记时发现了这份提纲。当时的标题是《关于费尔巴哈》，现在使用的标题是《马克思恩格斯全集》俄文第2版的编者加的。1888年，恩格斯出版《路德维希·费尔巴哈和德国古典哲学的终结》单行本时把《提纲》作为附录，首次公之于世。《提纲》共计 11 条，各条在形式上相互独立，但在内容上却彼此关联，构成一个有机的整体。选自《马克思恩格斯选集》，2 版，第 1 卷，54-57 页。

社会历史背景

19 世纪 40 年代以前，黑格尔的唯心主义哲学在德国长期占据统治地位。即使到了 19 世纪 40 年代初，青年黑格尔派与黑格尔保守派在哲学上的争论仍然在黑格尔唯心主义思想窠臼里缠斗得难解难分。直到 1841 年费尔巴哈发表了他的哲学代表作《基督教的本质》，极大地冲击了当时的哲学状况，才使唯物主义（虽然仍然只是旧唯物主义）哲学重新登上了哲学讲坛。后来，他又出版了《关于哲学改造的临时纲要》（1842 年）、《未来哲学原理》（1843 年）、《宗教的本质》（1845 年），从理论上戳穿了唯心主义的秘密，暴露了唯心主义的荒诞真相。费尔巴哈哲学虽然在一定意义上战胜了当时以黑格尔为代表的唯心主义哲学，但他的哲学和以往一切旧哲学一样存在重大缺陷，仍然不能满足时代和无产阶级事业的需求。这就给马克思和恩格斯提出了一项任务，在费尔巴哈唯物主义战胜黑格尔唯心主义的历史条件下，如何进一步改造旧唯物主义世界观，创造新形态的革命哲学，为风起云涌的工人运动提供理论指导，《提纲》就是为了完成这一任务而写作的。

历史地位与现实意义

《提纲》篇幅虽短，却可以说是马克思最重要的哲学文献之一。恩格斯高度评价它是“作为包含着新世界观的天才萌芽的第一个文件，是非常宝贵的”①。以前的《1844 年经济学哲学手稿》和《神圣家族》等著作都主要以黑格尔和青年黑格尔派唯心主义哲学为批判对象，费尔巴哈大体上还是肯定和赞赏的对象，而《提纲》第一次从总体上超越包括费尔巴哈在内的旧唯物主义哲学的局限性，使得马克思的哲学思考进入了独立创新的全新历程。《提纲》制定了马克思主义崭新的世界观、实践观和哲学观，不仅把唯物主义与辩证法内在地统一起来，而且把唯物主义自然观与历史观内在地统一起来，同时更重要的是把唯物主义的世界观、认识论、宗教观、人本观、历史观和哲学观统一在实践的基础上，并以此为基础，对思维与存在、主体与客体、理论与实践、人与自然、人与社会、人与人的相互关系、世界二重化以及新哲学的使命等问题，都作出了革命性的科学的回答。《提纲》确立了一种与传统思维方式不同的崭新的思维方式——实践的思维方式，揭示了马克思所创立的新的世界观的核心和基本点，表述了马克思主义革命实践哲学的基本观点和原理。《提纲》的写作表明，马克思既与唯心主义划清了界限，也克服了

① 马克思，恩格斯．马克思恩格斯选集：第 4 卷．2 版．北京：人民出版社，1995：213.

旧唯物主义的局限性，达到了新的科学的无产阶级世界观、实践观的高度，为马克思主义哲学制定了理论纲领。

《提纲》虽然只是通过言简意赅的格言形式表述思想，没有能够更进一步充分展开，但其凝练的语言所表达的核心思想和基本原理，却是深刻的、精辟的、系统的和崭新的。这些核心思想和基本原理，在其后的《德意志意识形态》等著作中得到了进一步的展开和发挥。《提纲》在马克思主义哲学形成和发展史上占有十分重要的地位，其与《德意志意识形态》等一起作为马克思主义哲学诞生的标志载入人类思想史册。马克思主义哲学的诞生，改变了旧哲学的研究对象、研究方法、目的和使命；指明了哲学的真正意义不在于以貌似激烈的革命词句解释世界，因为这些解释实质上脱离不了旧的现存世界的意识形态，最多只是把现存世界神秘化，为它作徒劳的辩解，掩盖现实的矛盾，舒缓人们的痛苦和反抗决心。马克思主义哲学立志以人类解放为自己的根本使命，以创新、批判作为自己的理论灵魂，从而使哲学真正成为推动无产阶级和人类解放的思想武器，成为人类超越资本主义、争取新的进步的行动指南。

主要思想内容

《提纲》总共11条，全篇不到1 500字，堪称极简短的马克思主义哲学原典。《提纲》的每一条都可以说是一个相对独立的方面，每一句话都浓缩、蕴含着丰富的内容，而各条之间又是具有内在联系的有机统一体。《提纲》的重大意义及其哲学内涵在于：它彻底批判了费尔巴哈和一切旧唯物主义的直观性和不彻底性；确立了马克思主义哲学的实践观，并在此基础上提出了崭新的马克思主义哲学的致思取向和立意轮廓，以下分条阐述。

第一条　包括费尔巴哈在内的一切唯物主义像唯心主义一样不懂得革命实践的意义。

马克思在《提纲》第一条中首先明确地指出了旧唯物主义的“主要缺点”在于“只是从**客体**的或者**直观**的形式去理解”事物，而唯心主义也只是“抽象地发展了”实践世界的“**能动的**方面”的本质（54页）。无论是唯心主义还是旧唯物主义，都不懂得“现实的、感性的活动本身”，不懂得“‘革命的’、‘实践批判的’活动的意义”（54页），都不是从“实践”出发去理解现实世界（对象、事物、现实、感性等）。在这里，马克思提出了一种不同于旧哲学——包括旧唯物主义和唯心主义——的全新的哲学概念，要求对事物、现实、感性，既不能像唯心主义哲学那样，从抽象的人类精神活动派生物的角度去理解，也不能像旧唯物主义哲学那样，只是从客体的或者直观的形式去理解，而要把它们当作人们创造自己历史的活动，当作实践去理解。在第一条里，马克思通过揭示世界的实践本质，通过揭示旧哲学不理解革命的实践从而不理解事物、现实的实践性质的根本缺陷，从总体上超越了包括唯心主义和旧唯物主义在内的一切旧哲学的思想高度，使得马克思主义哲学、现代无产阶级革命的哲学真实而独立地登上历史舞台，为新哲学的诞生和发展奠定了理论基础。

第二条　人应该在实践中证明自己思维的真理性。

从实践观点出发，马克思在《提纲》第二条提出："人的思维是否具有客观的真理性，这不是一个理论的问题，而是一个**实践的**问题。人应该在实践中证明自己思维的真理性，即自己思维的现实性和力量，自己思维的此岸性。关于思维——离开实践的思维——的现实性或非现实性的争论，是一个纯粹**经院哲学**的问题。"（55 页）这里，马克思把批判的锋芒明确指向了所有旧哲学脱离实践的思想路线和哲学品格。近代以来的西方哲学所争论的根本问题是"思维是否具有客观性"的问题，或者说"思维与存在是否具有同一性"的问题。由于旧唯物主义和唯心主义哲学总是离开实践来争论这些问题，所以只能是"经院哲学"式的抽象的、烦琐的、无结果的争论。青年黑格尔派哲学家和包括费尔巴哈在内的唯物主义哲学家都竞相推销和企图证明自己哲学理论的真理性质和革命力量，但是他们的方法却始终只是在词句中打转，思想始终停留在纯粹空洞的语词争辩中，不能突破旧世界意识形态的窠臼，无法与现实实现真正的接触和互动。因此，无论这些哲学家怎样竭尽全力地呼号、怎样自命不凡，他们的理论始终不过是行走在"经院哲学"道路上的哲学瘦马，始终无法真正走进现实世界、参与现实生活，根本无法实际地实现和证明他们哲学的生命力、真理性。

第三条　环境的改变和人的自我改变是一个革命实践的关系和过程。

针对唯心主义把思维抽离现实，变成独立王国，旧唯物主义正确地强调思维来源于环境和教育，但是，旧唯物主义把思维简单地归结为环境和教育，以为这样就可以说明思维的根源和实质，这一点是错误的。正像马克思在《提纲》第三条中所指出的那样，旧唯物主义把思维归结到环境和教育，以为这样就能够说明思维的来源和思维真理性的归属，然而既然思维来源于环境和教育，那么环境和教育中的思想内容又来自哪里？众所周知，教育者本人也一定曾经是受教育者，那么按照旧唯物主义的环境决定论或教育决定论的观点，人群必然被划分为两部分——教育者和受教育者。而这样一来，旧唯物主义尤其是费尔巴哈唯物主义的那种原本致力于平等、自由的哲学，就出人意料地转变成为一个把人分为不同等级的旧秩序的卫道士哲学。显然，这种结果与费尔巴哈哲学的初衷完全背道而驰。按照这样的逻辑，实现社会革命、创造新世界的实践还是得由超出于普通群众之上的至圣先贤来领导，人民不过是英雄的棋子和士卒，于是历史便仍然是英雄的事业，真正无产阶级和劳动群众创造历史便被证明是不可能的事情，这样的哲学当然不是真正人民革命的哲学。那么，问题出在哪里呢？在这里，马克思一针见血地指出，环境的改变和人的活动或自我改变的一致，只能被看作是并合理地理解为革命的实践。而只有从革命的实践的视角、立场和方法，才能正确理解思维与环境、受教育者与教育者、人的活动或自我改变与环境的改变之间的真实关系，也才能找到正确理解一种思维、理论、哲学或意识形态及其教育是否合理、是否具有真理性、是否应予坚持或摈弃的依据和答案。更进一步，也就可以理解，即使普通劳动者也一样可以具备从事改变环境的思想能力。

第四条　在宗教批判以后，应当致力于从理论上和实践中消灭宗教的世俗基础。

青年黑格尔派和费尔巴哈都非常重视黑格尔哲学中的宗教因素，费尔巴哈更是从黑格尔哲学与宗教唯心主义的内在联系中发现了黑格尔唯心主义的致命缺陷。所以，费尔巴哈致力于把绝对精神还原为人类精神，把宗教世界归结于它的世俗基础。但是，费尔巴哈把抽象的人作为他所谓人本主义哲学和新宗教的核心，在伦理学领域中，他陷入了空洞的“爱”的说教，这就直接导致了他对宗教的认识和批判的不彻底性。他只认识到不是宗教创造人，而是人创造宗教，宗教的本质就是人的类本质的自我异化，进而要求把宗教上的天国世界还原到或归结于它的世俗基础。但是，他没有进一步从社会实践出发，去分析“世俗基础”（59页）本身的分裂和矛盾，因此不能正确地阐明宗教的社会根源和克服宗教的正确途径。马克思批判了费尔巴哈对宗教的看法。费尔巴哈正确地看到宗教产生于世俗生活，世俗生活是宗教的发源地。但是，费尔巴哈没有进一步对世俗基础使自己从自身中分离出去的现象展开追问，世俗基础为什么会自我分裂？如何解决世俗基础自我分裂的问题？马克思则指出，必须在费尔巴哈的工作基础上再前进，必须深入探究导致世俗基础自我分裂的原因，从而寻求治疗自我分裂病症的历史方案。马克思认为，世俗基础的自我分裂和自我矛盾是世俗基础自己从自身中分离出去的原因，因此，应当揭露、分析这种分裂和矛盾的原因和实质，进而对这种分裂和矛盾进行实践的改变。只有在实践中使世俗基础的自我矛盾和自我分裂得到科学的把握，并在现实中得到有效的改变，世俗世界分离出宗教世界的世界二重化问题才能得到根本改变。

第五条 “感性”本质上是实践的、人的感性的活动。

费尔巴哈坚决批判客观唯心主义醉心其中的抽象的思维，认为抽象思维窒息了真理的感性光辉，导致了世界的二重化，产生了黑格尔那样的神秘主义唯心主义哲学，因此必须撇开那些抽象的思维转而诉诸“**直观**”（56页），才能发现感性的世界和世界的真相。然而正像马克思在《提纲》第五条中所说的，费尔巴哈对于直观的迷信同样是虚妄的。游离于实践之外的直观把握到的感性必然不是实践的、人的感性的活动，只能是表面的、僵死的，甚至是扭曲的感性，这种感性直观同样不可能发现现实生活和社会历史实践的规律、矛盾和发展方向，由此得出的认识结果同样与真理、与现实、与时代的需要格格不入。

第六条 人的本质在其现实性上是一切社会关系的总和。

费尔巴哈不满意19世纪德国唯心主义哲学否定人，特别是否定人的感性和感性的人的意义的做法，他认为这与宗教唯心主义把人的本质异化为宗教概念的做法如出一辙。所以，费尔巴哈致力于把宗教的本质归结为人的本质，希望还原宗教的原初意义，从而恢复人的被宗教扭曲了的本质。但是，如果在这种意义上费尔巴哈还是正确的，那么当我们考察他所谓人的本质的理论的实质时就会发现，他并没有真正理解人的本质。正像马克思在《提纲》第六条中指出的那样，费尔巴哈撇开历史的进程，把人看作是抽象的——孤立的——人的个体，他企图从对这种单个人的孤立的抽象中获得关于人的本质的认识。然而，正是由于他只是从对单个人的孤立的抽象出发，他恰恰只能得到关于个人之间的某种抽象的普遍性或共性，而绝不是现实的人的本质。在费尔巴哈看来，人是由肉体、血液、情感、欲望、性格等构成的统一不可分割的整体，现实的人必须是一个确定的、感性的、个别的存在，人的本质是感性，而不是虚幻的抽象精神，人是自然的一部分，是一种具有自然属性的存在。费尔巴哈也讲人是社会动物。他认为，人不仅需要自然，而且人与人之间是彼此相互需要的。孤立的个人还不具备人的本质，人是类的存在物，人的本质包含在团体之中，包含在人与人的统一之中。可是费尔巴哈所讲的团体、人与人的统一，并不是指社会关系，而是指男女两性差别之类的关系，两性生活也就是费尔巴哈所理解的社会生活的主要内容。费尔巴哈脱离开人的现实的活动和现实的社会关系，脱离开生产关系和阶级关系去看人，只看到了人的自然属性，而没有看到人的社会属性，他看到的人是生物学上的人，而不是社会的人。他只能把人的本质“理解为‘类’，理解为一种内在的、无声的、把许多个人**自然地**联系起来的普遍性”（56 页）。这样的人“不是生活在现实的、历史地发生和历史地确定了的世界里面；虽然他同其他的人来往，但是任何一个其他的人也和他本人一样是抽象的”①。因此，事实上费尔巴哈并没有科学地解决人的本质的问题。

而马克思立足实践，在批判费尔巴哈关于人的本质的抽象理解的基础上，指出在实践活动中，人绝不是单个地、毫无关系地行动，而是处在一定的生产关系、社会关系中进行活动的。所以，不是单纯的环境、生活条件的存在创造人，决定人的本质，而是人的活动，人在活动中所形成的社会关系，其中主要是生产关系创造了人，决定了人的本质。马克思说：“人的本质不是单个人所固有的抽象物，在其现实性上，它是一切社会关系的总和。”（56 页）把人的本质归结为与一定的生产力相适应的现实社会关系的总和，其中主要是生产关系的总和，实际上就找到了决定社会和决定人的本质的客观基础。这样，在历史上活动的人就是具体的、现实的了。他们不仅是有血有肉、有感情、有欲望的，更重要的是他们是有着不同的社会实践地位、不同的阶级属性、不同的社会意识和思想感情的人。这样就使人的本质得到了科学的说明，使实践唯物主义在人的本质的问题上彻底同旧哲学划清了界限。

第七条 个人及其宗教感情是一定社会历史阶段的产物。

基于对人的孤立、静态、自然的联系的重视，费尔巴哈强调应当从真实的、个体的人出发，应当依据个体的人之间普遍存在的宗教感情来构筑和谐、理想的社会关系。马克思的看法完全不同，既然人在本质上是一切社会关系的总和，那么对社会关系本身的意义和性质作进一步分析就是理解个人及其宗教感情的问题的前提和条件。于是，《提纲》第七条深入分析了社会及其与人，特别是与人的精神生活的关系。第七条指出，被费尔巴哈看作是人的本质属性的宗教情感，并不是人们原始天然的普遍共性或本质属性，相反只是某种或某些社会的产物。从更加广阔的视野来看，个人及其宗教感情其实是一定社会特殊条件下的产物，不能从抽象的原则、抽象的人性把握个人及其宗教感情，更不能把宗教说成是人的本质属性，相反，应该从社会历史发展的具体进程中，应该从具体的、历史的社会实践来理解个人及其宗教感情。

第八条 全部社会生活在本质上是实践的。

《提纲》第八条进一步明确指出，全部社会生活在本质上是实践的。按照前面各条的分析，事物、感性、现实从本质来看是实践的产物、要素和现象，人的改变与环境的改变的关系是实践的过程，宗教以及把世界二重化的原因主要在于世俗社会的内部分裂，立足实践之外的直观看不到事物的本质，人的本质以及人的宗教感情等说到底是一定社会关系的总和现象。那么，进一步就应该追问，作为事物本质和人们思想、感情、认识

① 马克思，恩格斯．马克思恩格斯选集：第 4 卷．2 版．北京：人民出版社，1995：236.

基础的社会生活具有什么样的本质规定性？为什么人们的社会生活、人本身、人与事物的关系、人们的思想、感情等，都被歪曲成抽象的、神秘的样子？这种使事物变得虚假、抽象和神秘化的原因是什么？马克思指出，社会生活在本质上是实践的。这也就是说，人们为了生存形成联合，形成社会，社会是人们生存实践的产物和形式。被包括黑格尔本人、青年黑格尔派、费尔巴哈以及无数人当作神秘东西的宗教感情，其实也是社会生活在一定历史条件和物质、生产、文化等条件下的特殊产物，完全可以通过社会生活的条件和规律得到科学的理解。换句话说，社会存在决定社会意识，人们的社会意识是人们对社会存在的能动反映。

第九条 费尔巴哈的旧唯物主义在认识水平上只能达到对抽象个人和资产阶级市民社会的机械反映。

《提纲》第九条更进一步指出，费尔巴哈的唯物主义其实由于没有理解社会生活的实践性质，没有能够从实践的立场和方法中理解现实世界、事物、感性等，所以也就无法从本质上实现对这些对象的科学认识，最多只能以狭隘、肤浅和资产阶级社会的认识水平理解这些对象，他的认识最多也只能达到资产阶级社会的历史条件许可的水平，根本不能超越资本主义意识形态的局限性。

第十条 旧唯物主义与新唯物主义的立脚点根本不同。

《提纲》第十条中指出了由于缺乏实践的立场和方法，旧唯物主义在达到自己的资产阶级社会的历史和认识极限以后再也无法前进一步，这些哲学终究只是作为资产阶级社会的意识形态的一部分而存在的，终究无法突破资产阶级社会历史实践的局限，而要突破这种局限，必须创立一种与旧唯物主义完全不同的、能够超越资产阶级社会历史局限而达到人类社会更高认识水平的新的唯物主义哲学。这两种哲学具有截然不同的立脚点，旧唯物主义站在维护资产阶级社会和谐、繁荣、稳定的立场，向人们解释资产阶级社会矛盾的偶然性，它强调这种矛盾可以通过调整人们的意识、通过宗教感情来化解，它希望人民与资产阶级互相体谅、互相包容、团结友爱、长期共存。总之是从资产阶级社会的长治久安出发。而新哲学则认为，资产阶级只不过是人类历史特殊条件的产物，所以并不具备神圣不可反抗的性质，无产阶级和人民群众主要站在自己和人类未来的立场考虑问题，这个立场已经超越了资产阶级社会的历史水平，是一种崭新的、革命的阶级立场。

第十一条 新哲学的根本任务在于改变世界。

最后在《提纲》第十一条中，马克思凝练精华、言简意赅地总结了自己哲学创新的思想方向。“哲学家们只是用不同的方式**解释**世界，问题在于**改变**世界。”（57 页）这个包含着新世界观的天才萌芽的、具有纲领性的宣言表明，马克思哲学与以往哲学的根本区别在于立足点不同。迄今为止的哲学家都只是创造了服务于他们的时代、社会和阶级的哲学，这些哲学的使命本质上是为他们生存于其中的世界作辩护，至多只是让人们理解、接受、容忍他们为之辩护的那个世界，甚至进而执迷于旧世界，终究不能也不愿意想到改变这个世界的问题。而马克思主义哲学则是立足于资产阶级社会的无产阶级革命实践，从客观实际出发，彻底地按照无产阶级革命的立场和观点认识世界，不受旧世界意识形态的蒙蔽，不受神秘主义理论的诱导，不受自命清高的客观直观的哲学的误导，立志改造旧世界、创造新世界。事实上，资产阶级社会在极大地推动历史前进以后，由于自身的条件、历史的规律和无产阶级的要求，如今面临着革命的形势和前途。创立一种致力于改变旧的、资产阶级的社会或世界的，本质上代表全人类长远利益的，无产阶级的革命哲学，正是现实所需、当务之急，已经成为摆在无产阶级先锋队及其知识分子、哲学家面前的重大的根本问题。

应该指出的是，第十一条不能被孤立地理解，它实际上是《提纲》的全部内容的总结性凝练和纲领性宣言。实际上，前面各条的分析已经表明，《提纲》在马克思主义哲学史上的根本意义是第一次全面地、总体性地实现了对旧哲学的理论批判和成功超越，并针锋相对和系统完整地构建了马克思主义哲学的科学实践观。如果说这种批判和构建主要还只是初期的和纲领性的，仍然需要在以后不断丰富、改进和完善的话，那么马克思通过《提纲》十一条的系统分析所展示和确立的哲学观，包括对哲学研究的对象、方法、立场、价值、真理性标准等重大基础性问题（世界观、价值观、真理观、人本观、宗教观、社会历史观、哲学历史观、市民社会观，甚至环境观、教育观等）的深刻讨论和全新阐释，则已经标志着马克思主义哲学在哲学历史上实现了伟大的思想和理论革命，正以全新的品格和姿态横空出世，开始成为新历史改变世界的基本思想力量，第十一条就是这种哲学志向的警世格言。

要点解析

1. 马克思对人的本质的理解与费尔巴哈对人的本质的理解的差异

马克思指出，费尔巴哈把“人”看成是单个人所固有的抽象物，实践唯物主义则把“人”理解为属于一定社会形式的、进行实践活动的人。费尔巴哈人本主义的唯物主义虽然恢复了唯物主义的权威，但他只是把人看作是感性的存在，而不看作是感性的活动。费尔巴哈也讲人是社会动物。他认为，人不仅需要自然，而且人与人之间也是相互需要的。孤立的个人还不具备人的本质，人是类的存在物，人的本质包含在团体之中，包含在人与人的统一之中。费尔巴哈脱离开人的现实的活动和现实的社会关系，脱离开生产关系和阶级关系去看人，只看到了人的自然属性，而没有看到人的社会属性，因此，费尔巴哈并没有科学地解决人的本质的问题；马克思立足实践，批判了费尔巴哈关于人的本质的抽象理解，指出在实践活动中，人绝不是单个地、毫无关系地行动，而是处在一定的生产关系、社会关系中进行活动的。马克思说：“人的本质不是单个人所固有的抽象物，在其现实性上，它是一切社会关系的总和。”（56 页）在历史上活动的人就是具体的、现实的了。他们不仅是有血有肉、有感情、有欲望的，更重要的是他们是有着不同的社会实践地位、不同的阶级属性、不同的社会意识和思想感情的人。这样就使人的本质得到了科学的说明，从而把费尔巴哈的抽象的人转变为现实的人，使实践唯物主义在人的本质的问题上彻底同旧哲学划清了界限。

2. 马克思主义哲学的特点和根本任务

马克思主义哲学与以往旧哲学的根本区别在于对待世界的态度、看待世界的方式不同。以往旧哲学都不能立足实践去认识现实世界的各种问题，它们顶多只能提供说明世界的原则，以这样或那样的形式解释世界，而马克思主义哲学则是立足实践，从客观实际出发，彻底地按照事物的本来面貌去认识客观事物，不加任何外来的成分，从事物内部的固有联系中找出其客观规律来，力求把握客观规律，并用以改造世界；马克思主义哲学的产生，改变了旧哲学的目的和使命意识，指明了哲学的真正意义就在于直面现实人生、批判现实，并面向未来，在“批判旧世界中发现一个新世界”，而不在于为现存世界作辩护，也不在于为现存世界作面面俱到的解释。马克思主义哲学自觉地以创新、批判作为自己的理论灵魂，从而使哲学真正成为推动现实的人的发展的重要理论武器，成为解除人的生存遮蔽、提升人的生命境界的“生命之学”。

3. 马克思主义科学实践观的意义

实践观点的提出最早是在《1844 年经济学哲学手稿》（简称《手稿》）当中。但《手稿》中的实践观点是尚在孕育中的萌芽，是零碎的、片段的；而《提纲》中实践的观点则是系统的、完全的。《提纲》第一条提出了以实践观视角理解世界、事物、社会和现实的本体论任务。对于世界的本体，旧唯物主义理解为物质实体；新唯物主义则理解为“**感性的人的活动**”“**实践**”“**对象性的**活动”（54 页）。这种对世界的本体论理解，是对《手稿》中有关思想的提炼，它将《手稿》时期形成的实践观外化到对存在观、世界观、历史观、哲学观的思考中，并在“十一条论纲”中作了提纲挈领的表述，在这里马克思明确地将实践观作为新哲学的出发点确定下来。

马克思认为，社会实践是社会生活的本质和基础，社会实践决定社会意识，一切宗教邪说和唯心主义思辨哲学都能在社会生活和社会实践中找到根据。旧唯物主义之所以走向唯心史观，根源在于它们“不是把感性理解为实践活动”（56 页），不懂得社会生活在本质上是实践的，所以对处在一定“市民社会”关系中的人只能作孤立、直观的理解。《提纲》的最后两条是马克思在实践观基础上的新哲学观宣言。以上的分析可以得出这样一个结论，从“现实的人及其历史发展”出发去理解全部哲学问题，以实践的观点去理解人与世界的全部关系，并通过人的实践现实地改变世界，是马克思这个哲学论纲的精髓所在，也是马克思在哲学观上所实现的“实践转向”，这个转向成就了哲学史上的革命性飞跃。

思考题

1. 如何理解“社会生活在本质上是**实践的**”？
2. 如何理解“人的思维是否具有客观的真理性，这不是一个理论的问题，而是一个**实践的**问题”？
3. 如何理解马克思关于人的本质的理论及其现实价值？

阅读书目

马克思. 1844 年经济学哲学手稿（“异化劳动和私有财产”“私有财产和共产主义”）//马克思，恩格斯. 马克思恩格斯文集：第 1 卷. 北京：人民出版社，2009：155-169，182-197.

马克思、恩格斯《德意志意识形态》(节选)导读

要点提示

● 全部人类历史的第一个前提无疑是有生命的个人的存在。因此，第一个需要确认的事实就是这些个人的肉体组织以及由此产生的个人对其他自然的关系。

● 人们用以生产自己的生活资料的方式，首先取决于他们已有的和需要再生产的生活资料本身的特性。这种生产方式不应当只从它是个人肉体存在的再生产这方面加以考察。它在更大程度上是这些个人的一定的活动方式，是他们表现自己生活的一定方式、他们的一定的**生活方式**。

● 思想、观念、意识的生产最初是直接与人们的物质活动，与人们的物质交往，与现实生活的语言交织在一起的……人们是自己的观念、思想等等的生产者，但这里所说的人们是现实的、从事活动的人们，他们受自己的生产力和与之相适应的交往的一定发展——直到交往的最遥远的形态——所制约。意识在任何时候都只能是被意识到了的存在，而人们的存在就是他们的现实生活过程。

● 统治阶级的思想在每一时代都是占统治地位的思想。

● 共产主义对我们来说不是应当确立的**状况**，不是现实应当与之相适应的**理想**。我们所称为共产主义的是那种消灭现存状况的**现实的**运动。这个运动的条件是由现有的前提产生的。

● 无论为了使这种共产主义意识普遍地产生还是为了实现事业本身，使人们普遍地发生变化是必需的，这种变化只有在实际运动中，在**革命**中才有可能实现；因此，革命之所以必需，不仅是因为没有任何其他的办法能够推翻**统治**阶级，而且还因为**推翻**统治阶级的那个阶级，只有在革命中才能抛掉自己身上的一切陈旧的肮脏东西，才能成为社会的新基础。

关键词

意识　分工　交往关系　世界历史　共产主义

导　读

《德意志意识形态》全名为《德意志意识形态。对费尔巴哈、布·鲍威尔和施蒂纳所代表的现代德国哲学以及各式各样先知所代表的德国社会主义的批判》(简称《形态》),写于1845年秋至1846年5月。全书在1932年第一次以德文形式发表于《马克思恩格斯全集》历史考证版第一部分第五卷。该书第一章中的"一、费尔巴哈"第一次发表是在1924年,由苏共中央马克思恩格斯研究院发表了文稿的俄译本。这里重点介绍"第一卷第一章　费尔巴哈"之[I][II][III]三部分。选自《马克思恩格斯选集》,2版,第1卷,62-102页。

社会历史背景

19世纪40年代,德国成为当时欧洲社会新旧势力矛盾斗争的焦点,国家的分裂、经济的落后、政治的反动使它远远不能适应社会历史发展的新潮流。封建专制制度的残暴、中世纪贵族的专横、资产阶级的崛起而又软弱、无产阶级的诞生而又弱小、小资产阶级的时而狂热时而消沉、农民群众的贫困与保守、德国进步势力仅以哲学的理论响应法国革命以至完成了德国式的革命,所有这些,是近代社会历史的各种主要矛盾在德国最集中、深刻、曲折的表现。然而,在德国异常复杂的社会生活里孕育着人类对自身历史认识的破晓。不久,在德国大地的地平线上闪射出了哲学革命的曙光。完成这一任务的就是不满30岁的马克思和恩格斯,其标志就是他们合著的《形态》。

在《形态》之前,马克思、恩格斯的思想发展大致经历了三个阶段。这三个阶段以马克思的三个手稿性著作,即《黑格尔法哲学批判》、《1844年经济学哲学手稿》和《关于费尔巴哈的提纲》为标志。由于在《形态》之前的这三个阶段的内在机制,《形态》的创作在思想理论的发展上就成为逻辑的必然。

马克思、恩格斯写作《形态》的直接动机有以下三个:(1)1844年,施蒂纳的《唯一者及其所有物》出版;(2)1845年10月在莱比锡出版了青年黑格尔派的杂志《维干德季刊》(1845年第3卷),发表了鲍威尔的《评路德维希·费尔巴哈》、施蒂纳的《施蒂纳的评论者》等文章;(3)1845年夏,出版了一些"真正的社会主义者"的出版物,宣扬博爱和友谊,要求人们放弃政治斗争、敌视阶级斗争的思想。这些是马克思、恩格斯在《形态》中的直接批判对象。

历史地位与现实意义

《形态》作为马克思主义哲学形成史和发展史的一个中心点,实现了马克思主义哲学的革命性变革，这种革命性变革所带来的成果，在近一个世纪里不断地证明着自身在整个哲学史上、在马克思主义哲学史上的地位是不可否认和不可动摇的。然而，它们并没有一劳永逸地解决哲学发展史中以及人类历史中的所有问题。显而易见，当代社会实践所提出的问题、当代思想理论所提出的问题比起《形态》创作的时代来更加多样、复杂和深刻。这就要求我们既要继承包括《形态》在内的马克思主义著作中的基本原理和方法，更要创造性地发展这些原理和方法，具体地结合时代和实践向我们提出的种种问题，进而有效地推动历史的发展。只有这样，我们才能更为深刻地理解和完整地把握《形态》的基本思想，从而去积极地发展马克思主义哲学。这也是我们今天引导人们学习与研究《形态》的目的所在。

主要思想内容

《形态》篇幅很长、内容丰富，共分作两卷八章。第一卷是对费尔巴哈、布·鲍威尔和施蒂纳所代表的现代德国哲学的批判，在批判过程中正面阐述了历史唯物主义原理，对政治经济学、科学共产主义理论和其他社会科学也有许多重要论述。第二卷的内容主要是批判“真正的社会主义”。整个手稿残缺不全，有遗失。第一卷第一章没有写完，还缺少 18 页手稿。第二卷缺第二、第三章，据 1976 年英文版考证，可能是马克思、恩格斯的《反克利盖的通告》与恩格斯的《诗歌和散文中的德国社会主义》。

《形态》的中心思想是全面制定唯物史观的理论体系，批判唯心史观，从理论上论证科学共产主义思想。贯穿其中的有以下三个主要部分：（1）正面阐述唯物史观的基本原理以及唯物史观的前提、实质和结论；（2）运用历史唯物主义观点对黑格尔以后的德国思辨哲学，特别是费尔巴哈的唯心史观进行批判；（3）对“各式各样先知”所代表的“真正的社会主义”的批判。正面的论述和批判性的分析相结合，构成《形态》的基本内容。

在第一卷第一章“费尔巴哈——唯物主义观点和唯心主义观点的对立”中，马克思、恩格斯主要是正面阐述唯物史观以及科学共产主义理论，同时批判费尔巴哈的唯心史观。这部分在理论上最重要，起全书的总绪论的作用，是全书最有价值的部分。以下重点介绍该章［Ⅰ］［Ⅱ］［Ⅲ］部分的主要内容。

［Ⅰ］

这部分共 4 个片段，29 个自然段，主要说明《形态》的写作动机、黑格尔哲学两派对德国哲学批判的局限性，并从物质生活条件同意识的关系出发阐述他们的新世界观。

（一）第 1 片段，共 9 段，分两个部分

前一部分，第 1～4 段，介绍了青年黑格尔派研究方法的错误，说明了《形态》写作

的背景、目的和必要性。马克思、恩格斯指出，1835—1836 年，施特劳斯的《耶稣传》开创对宗教的哲学批判并使黑格尔学派开始分裂为老年黑格尔派和青年黑格尔派。前者强调黑格尔哲学的体系，后者强调重视黑格尔哲学的辩证法思想，两派的斗争是“在纯粹的思想领域中发生的”（62 页）。他们把这一斗争吹嘘和构想成“一种具有世界历史意义的变革，一种产生了十分重大的结果和成就的因素”（63 页）。为了正确评价这场争论的意义，揭示这场争论背后真正有意义的现实根源，作者从争论的问题以外，从德国以外的立场进行探讨。

后一部分，第 5～9 段，介绍了黑格尔哲学两派对德国哲学批判的局限性及其根源。马克思、恩格斯指出，黑格尔哲学两派对德国哲学批判的局限性是他们的批判所涉及的全部问题终究是在一定的哲学体系即黑格尔哲学体系的基地上产生的；整个德国哲学批判都局限于宗教观念的批判。“一般人”被宣布为宗教的人，把宗教的统治当成了前提，一切占统治地位的关系都被宣布为宗教关系。他们同意这样一个信念，即宗教、概念、普遍的东西统治着现存世界。他们的差别在于对这种统治是反对还是赞扬。青年黑格尔派认为只要同被人们神圣化的、成为人类社会“真正镣铐”的意识进行斗争就行了。他们逻辑地提出用另外的东西解释存在的东西。他们的局限性在于没有“提出关于德国哲学和德国现实之间的联系问题”，没有提出“他们所作的批判和他们自身的物质环境之间的联系问题”（66 页）。

（二）第 2 片段，共 5 段，第 10～14 段，人类历史的前提

马克思、恩格斯强调，人类历史赖以生存和发展的现实的前提是：现实的个人、他们的活动和他们的物质生活条件。生产是人区别于动物的标志。生产方式不仅是人的再生产方式，而且是人的活动方式、生活方式，即生存方式。个人间的交往是生产的前提。交往形式是由生产决定的。生产什么，怎样生产，取决于人们进行生产的物质条件。

（三）第 3 片段，共 10 段，第 15～24 段，分工和所有制

马克思、恩格斯指出，生产力的发展水平决定民族之间的关系，也决定民族内部结构和分工的发展。分工的发展程度是生产力发展水平的客观标尺。分工决定工商业同农业的分离以及城乡的分离，并进而决定商业同工业的分离。分工发展的不同阶段就是所有制的不同形式。历史上依次出现的所有制是：部落所有制、古代的公社所有制和国家所有制、封建的或等级的所有制。

（四）第 4 片段，共 5 段，第 25～29 段，考察意识和存在关系的方法

德国哲学从天国降到人间，和它相反，我们是从人间升到天国。它从口头说的、思考出来的、设想出来的、想象出来的人出发，去理解有血有肉的人。“我们的出发点是从事实际活动的人，而且从他们的现实生活过程中还可以描绘出这一生活过程在意识形态

上的反射和反响的发展。”（73 页）以一定的方式进行生产活动的一定的个人（这些一定的个人是从事活动的，进行物质生产的，是在一定的物质的，不受他们意志支配的界限、前提和条件下活动着的）发生一定的社会关系和政治关系。社会结构和国家是从一定的个人生活过程中产生的。现实的个人是社会关系的主体。物质生产、交往决定精神生产、交往。人们的社会存在决定人们的意识，即“意识在任何时候都只能是被意识到了的存在，而人们的存在就是他们的现实生活过程”（72 页）。

[Ⅱ]

这一部分共 3 个片段，30 个自然段，主要内容是：批判费尔巴哈唯物主义的局限性，全面阐述马克思主义辩证唯物主义和历史唯物主义世界观。

（一）第 1 片段，共 19 段，第 1～19 段

主要阐述如下观点：

1. 关于“人”的“解放”（第 1 段）

马克思、恩格斯指出，人被意识（哲学、神学、实体等）所奴役只是一种表面现象；事实上人从来没有受过这些词句的奴役。人只有在现实的世界中并使用现实的手段才能实现真正的解放。人的解放是一种历史活动，不是思想活动，在他们的吃喝穿住在质和量方面还不能得到充分保证的时候，根本不可能获得解放。精神束缚的解放只有在生活条件的束缚解放相配合的情况下才是有益和可能的。

2. 实践（第 2～5 段）

实践是整个现存感性世界的基础，是人与自然相统一的基础。费尔巴哈的局限性在于，没有把感性世界理解为构成这一感性世界的个人实践活动。他对感性世界的理解仅限于对这一世界的“单纯的直观”，仅仅局限于“单纯的感觉”，而他设定的人也不是“现实的历史的人”。（75 页）因此，他不能理解他周围的感性世界本身也“是历史的产物，是世世代代活动的结果……甚至连最简单的‘感性确定性’的对象也只是由于社会发展、由于工业和商业交往才提供给他的”（76 页）。不懂得“实体”和“自我意识”“自然和历史的对立”（76 页）都可以十分简单地归结为某种经验的事实。

3. 人的社会活动的四个方面或四个因素（第 6～9 段）

（1）物质生活的生产是一切人类生存的第一个前提，也是一切历史的第一个前提。人们为了能够创造历史，必须能够生活。为满足生活需要而进行的物质资料的生产活动是一切历史活动的基本条件。（2）需要的满足和新的需要的产生。需要的满足、满足需要的活动和已经获得的为满足需要而用的工具又引起新的需要，而这种新的需要的产生是第一个历史活动，也是一切“历史智慧”和“史前历史”过渡到“真正的历史”（79

页）的动力。（3）家庭以及社会关系。人自身生命的再生产是整个生产过程的一个重要方面。生命再生产表现为双重关系即自然关系和社会关系。生命再生产形成家庭，家庭最初是唯一的社会关系，随着人口的增长和新的需要的产生，人们的社会关系（许多个人的共同活动）的条件和方式发展了。（4）生产方式。一定的生产方式或一定的工业阶段始终与一定的共同活动方式或一定的社会阶级联系着，而这种共同活动方式本身就是生产力。生产力的总和决定着社会状况。

4. 意识、语言和分工（第10～13段）

语言是一种现实的、实践的意识，它的产生缘于人们之间交往的需要。意识是社会的产物。分工是生产力、社会状况和意识三者之间矛盾的根源。分工和私有制是同义语。分工也是人的实践活动异化的根源。

5. 异化及其扬弃（第14～19段）

所谓人的实践活动异化，是指人本身的活动对人来说“成为一种异己的、同他对立的力量，这种力量压迫着人，而不是人驾驭着这种力量”（85页）。异化扬弃的根本前提是生产力的巨大增长和高度发展。只有生产力高度发展，异化才能成为革命对象，才能避免贫困的普遍化，才能建立普遍交往；个人才能由地域性的个人变成世界历史性的个人。共产主义归根到底是以生产力的普遍发展和与此相联系的交往为前提的。共产主义不是应当确立的状况，而是消灭现存状况的现实的运动。

（二）第2片段，共3段，第20～22段，社会历史观——市民社会

市民社会是指受社会生产力制约的同时又制约生产力的交往形式，是直接从生产和交往中发展起来的，它在一切时代都是构成政治和观念上层建筑的基础。真正的市民社会是从家庭、部落制度基础上发展起来的。在市民社会的一定阶段出现国家。市民社会的发展过程既是人改造自然的过程，也是人改造人的过程。市民社会是历史的真正发源地和舞台。

（三）第3片段，共8段，第23～30段，唯物主义历史观的本质及其革命意义

1. 历史转变为世界历史（第23～26段）

历史是一种世代交替的过程。历史活动前期的自觉和目的性（自我意识、使命、目的、萌芽、唯一者）不过是从后期历史中得出的抽象。

生产力越发展，各民族的原始封闭状态被日益完善的生产方式、交往和民族间的分工消灭得越彻底，历史越成为世界历史。历史向世界历史的转变是物质的、可以通过经验证明的活动。无产阶级只有在世界历史意义上才能存在。共产主义只有作为世界历史性的存在才有可能实现。每个人的解放程度与历史转变为世界历史的程度是一致的。

2. 唯物主义历史观的本质（第 27 段）

“这种历史观就在于：从直接生活的物质生产出发阐述现实的生产过程，把同这种生产方式相联系的、它所产生的交往形式即各个不同阶段上的市民社会理解为整个历史的基础，从市民社会作为国家的活动描述市民社会，同时从市民社会出发阐明意识的所有各种不同理论的产物和形式，如宗教、哲学、道德等等，而且追溯它们产生的过程。”（92 页）它和唯心主义历史观的区别在于，它不是从观念出发来解释实践，而是从物质实践出发来解释观念的形成。这种历史观表明，人既是主体又是客体，人创造环境，环境也创造人。生产力、资金和社会交往形式的总和是人的本质的现实基础。

3. 唯心主义历史观的根源（第 28～30 段）

“忽视了历史的……现实基础”“把它仅仅看成与历史过程没有任何联系的附带因素”（93 页），这样就把人与自然的关系从历史中排除出去了，因而造成了自然和历史之间的对立。描述某一时代历史就变成了对该时代“政治历史事件”“宗教的和一般理论的斗争”（93 页）的描述。人关于自己的真正实践的“想象”“观念”变成了一种支配和决定这些人的实践的唯一起决定作用的和积极的力量。把历史看作“纯粹的思想”“自我意识”（94 页）的实现方式，看作“‘骑士’、强盗和怪影的历史”，认为人“只有借助于‘不信神’才能摆脱这种历史的幻觉而得救”（94 页）。把宗教的人假设为全部历史起点的原人，在想象中用宗教的幻想生产代替生活资料和生活本身的现实生产，这是包括黑格尔在内的德国的历史编纂学家的通病，是德国人所具有的民族性的“纯粹精神”（94 页）的思维方式的结果。

［Ⅲ］

这部分共 10 个自然段，主要内容是阐明意识形态、上层建筑与社会阶级结构的关系，并在此基础上分析了黑格尔关于精神统治世界的思想的形成原因，从而揭示了唯心主义历史观的社会历史基础。

（一）统治阶级的思想统治及其演进规律（第 1～4 段）

（1）在阶级社会，“统治阶级的思想在每一时代都是占统治地位的思想”（98 页）。反过来也可以说，在阶级社会，每一个时代中占统治地位的思想都是统治阶级的思想。之所以这样，一方面是因为，支配着物质生产资料的阶级同时也支配着精神生产资料，占统治地位的阶级的物质力量为统治阶级提供了思想统治的物质基础，占统治地位的思想只不过直接反映了统治阶级在物质上占据统治地位这样一个客观事实。另一方面，统治阶级的思想能够占据统治地位，还因为统治阶级在思想领域的努力争取。统治阶级的人也会思维，也要努力表达他们的思想、主张、愿望。他们不满足于只在物质生产领域占据统治地位，他们也要让其思想意识占据统治地位。

(2) 统治阶级内部精神劳动与物质劳动之间的对立与统一。统治阶级内部也存在精神劳动与物质劳动的分工，这种分工也会造成统治阶级内部精神生产和物质生产之间的隔膜、对立、分裂和敌视，但是一旦统治阶级的阶级利益和统治受到威胁时，这种对立和敌视便会自行消失。

(3) 每一个企图取代旧统治阶级的新阶级，为了达到自己的目的，总是不得不把自己的利益说成是社会全体成员的共同利益。之所以这样，与其说是企图取代旧的统治阶级的新阶级为了争取群众支持而采取的策略，不如说是新阶级的利益在开始的时候的确同其余一切非统治阶级的共同利益还有更多的联系，它赖以实现自己统治的基础，总比它以前的统治阶级所依赖的基础要宽广一些。

(4) 在消灭了阶级统治的社会里，把阶级统治当成是思想统治的假象必然不复存在。

(二) “历史上始终是思想占统治地位”这种唯心主义观点的认识论根源(第5~8段)

黑格尔以及青年黑格尔派中的唯心主义者之所以把思想看作历史的统治力量，是因为他们把占统治地位的思想与统治阶级在物质上的统治分割开来了。具体来说，他们证明精神在历史上的最高统治的戏法有三个手段：第一，把统治阶级的思想与统治阶级的个人分割开来；第二，使历史上的占统治地位的思想之间具有某种秩序；第三，把被说成是“自我规定着的概念”又变成某种人物——“自我意识”，或许多人物——“思维着的人”、“哲学家”、玄想家，即所谓“历史的制造者、‘监护人会议’、统治者”(102页)。

(三) 应当从实际生活状况出发来揭露“思想创造历史”的唯心主义的社会根源(第9~10段)

要说明持“思想创造历史”这种唯心主义观点的人所采用的历史方法以及说明这些观点在德国占统治地位的原因，应该从他们的实际生活状况出发，从日常生活中很容易判断这些观点的虚假性质。

要点解析

1. 生产力与交往形式

马克思、恩格斯通过对人的活动的分析，第一次阐明了决定人们交往关系的因素是物质生活资料的生产，新的需要的产生以及与种的繁衍相关的家庭的发展。他们还考察了生产力与交往关系的矛盾发展的历史，特别是生产力与作为劳动组织形式和分工结果的所有制的矛盾发展的历史。通过考察，得出“一切历史冲突都根源于生产力和交往形式之间的矛盾”(115页)的结论。按照马克思、恩格斯的理解，生产力与交往形式的关系就是交往形式与个人的物质活动的关系。交往形式受制于生产力，它在历史的每一个阶段上都与该时期的生产力发展相适应，因此也就伴随着生产力的发展不断由个人的活动条件转化为其桎梏，从而在整个历史发展过程中构成一个新旧交替的有联系的交往形式序列，即不断更替的所有制关系。

2. 人们的社会存在与他们的意识

马克思、恩格斯指出，思想、观念、意识的生产最初是直接与人们的物质活动、与人们的物质交往、与现实生活的语言交织在一起的。人们的想象、思维、精神交往在这里还是人们物质行动的直接产物。表现在某一民族的政治、法律、道德、宗教、形而上学等的语言中的精神生产也是这样。“意识在任何时候都只能是被意识到了的存在，而人们的存在就是他们的现实生活过程。”（72 页）因此，意识是随着人们的现实生活的改变而不断变化的，“不是意识决定生活，而是生活决定意识”（73 页）。

意识产生于个人之间的交往的迫切需要。“意识一开始就是社会的产物，而且只要人们存在着，它就仍然是这种产物。”（81 页）意识的社会性在原始意识中仅具有低级的、萌芽的形态。原始意识只是对直接的可感知的环境的一种意识，是对处于开始意识到的自身的个人之外的其他人和其他物的狭隘联系的一种意识，以及对自然界的一种纯粹动物式的意识。但是，即使如此，原始意识也已经是对人们的交往和社会性的某种反映。以后，由于生产效率的提高、需要的增长以及人口的增多，意识获得了进一步的发展和提高。特别是由于脑力劳动和体力劳动分离的发生，意识就获得了相对的独立性和真正的社会意义。从这时起，意识才能摆脱世界而去构造“纯粹的”理论、神学、哲学、道德等各种形式。但是，这并不意味着意识失去了社会的现实基础，相反，如果意识的各种形式与现存的关系发生了矛盾，那么，必须从现存的社会关系和现存的社会生产力之间的矛盾中得到解释和说明。

3. 世界历史与共产主义的特征和必然性

马克思、恩格斯提出了他们的世界历史的理论，实际上就是我们今天称为“全球化”的理论。他们认为，是资本主义大工业创造了交通工具和现代的世界市场，从而开创了世界历史。世界历史的开启，其重要意义在于，它使地域性的生产力成为一种国际化的生产力，为生产力的保存和进一步发展提供了保障——只有当交往已成为世界历史交往和以大工业为基础的时候，只有当一切民族都卷入竞争斗争的时候，保持已创造出来的生产力才有了保障。共产主义的建立是以生产力的普遍发展和相联系的人们之间的世界交往为前提的——只有生产力的巨大增长和高度发展，才能扬弃人的活动的异化，才能消除贫困的普遍化，才能建立人们之间的普遍交往，才能使地域性的个人转变为世界历史性的个人。总之，共产主义是一种世界历史性的存在，它只有作为直接历史性的存在才有可能实现，而这是以生产力的普遍发展和与此相联系的世界交往为前提的。

思考题

1. 试述马克思、恩格斯的意识形态理论对我国意识形态建设的指导作用。
2. 试述马克思、恩格斯的世界历史理论及其当代意义。

《 阅读书目 》

1. 马克思，恩格斯. 神圣家族，或对批判的批判所做的批判［第六章 （1）绝对批判的第一次征讨］//马克思，恩格斯. 马克思恩格斯文集：第1卷. 北京：人民出版社，2009：282-293.

2. 马克思，恩格斯. 德意志意识形态（第二卷 对各式各样先知所代表的德国社会主义的批判，“真正的社会主义”）//马克思，恩格斯. 马克思恩格斯文集：第1卷. 北京：人民出版社，2009：588-591.

马克思、恩格斯《共产党宣言》导读

要点提示

● 不管最近25年来的情况发生了多大的变化，这个《宣言》中所阐述的一般原理整个说来直到现在还是完全正确的……这些原理的实际运用，正如《宣言》中所说的，随时随地都要以当时的历史条件为转移……

● 人类的全部历史（从土地公有的原始民族社会解体以来）都是阶级斗争的历史……

● 社会所拥有的生产力已经不能再促进资产阶级文明和资产阶级所有制关系的发展；相反，生产力已经强大到这种关系所不能适应的地步，它已经受到这种关系的阻碍……资产阶级的关系已经太狭窄了，再容纳不了它本身所造成的财富了……资产阶级不仅锻造了置自身于死地的武器；它还产生了将要运用这种武器的人——现代的工人，即**无产者**。

● 共产主义革命就是同传统的所有制关系实行最彻底的决裂；毫不奇怪，它在自己的发展进程中要同传统的观念实行最彻底的决裂。

● 共产党人同其他无产阶级政党不同的地方只是：一方面，在无产者不同的民族的斗争中，共产党人强调和坚持整个无产阶级共同的不分民族的利益；另一方面，在无产阶级和资产阶级的斗争所经历的各个发展阶段上，共产党人始终代表整个运动的利益。因此，在实践方面，共产党人是各国工人政党中最坚决的、始终起推动作用的部分；在理论方面，他们胜过其余无产阶级群众的地方在于他们了解无产阶级运动的条件、进程和一般结果。

● 代替那存在着阶级和阶级对立的资产阶级旧社会的，将是这样一个联合体，在那里，每个人的自由发展是一切人的自由发展的条件。

● 共产党人为工人阶级的最近的目的和利益而斗争，但是他们在当前的运动中同时代表运动的未来。

关键词

阶级斗争　共产主义　共产党　历史　策略

导　读

《共产党宣言》（简称《宣言》）是马克思、恩格斯受共产主义者同盟第二次代表大会的委托为同盟起草的纲领。1848 年 2 月正式出版。选自《马克思恩格斯选集》，2 版，第 1 卷，248-307 页。

社会历史背景

《宣言》产生于 19 世纪 40 年代的欧洲，有其深刻的政治、经济根源。具体说有以下三个方面：

第一，资本主义基本矛盾的暴露。19 世纪三四十年代资本主义生产方式已经开始在欧洲许多国家占据统治地位。当时英国已经完成了产业革命，其他许多国家也先后进入产业革命阶段，欧洲已经是资本主义化的欧洲了。随着资本主义的发展，资本主义制度的基本矛盾——生产社会化和私人占有之间的矛盾以及由这一矛盾影响和制约的个别企业生产的有组织性和整个社会生产的无政府状态的矛盾、社会产品日益增长与劳动人民购买能力低下的矛盾日益加剧，这些矛盾反映在阶级关系上，集中体现为无产阶级和资产阶级的矛盾。

第二，无产阶级和资产阶级的对立和斗争。无产阶级反对资产阶级的斗争经历了一个长期的历史过程，从自发的、分散的、单纯经济的斗争到自觉的、有组织的政治斗争。这种斗争到 19 世纪三四十年代在水平、规模方面都达到了相当高的程度，其主要标志就是著名的欧洲三大工人运动。三大工人运动说明了无产阶级和资产阶级的矛盾已经到了不可调和的地步，显示了工人阶级的力量和作用，也说明了工人运动迫切需要科学理论的指导，需要自己的政党的领导。

第三，无产阶级政党组织的发展。1834 年流亡法国的德国手工业者组织成立了“流亡者同盟”，1836 年改为“正义者同盟”，1847 年正义者同盟接受马克思、恩格斯的意见，改组后更名为“共产主义者同盟”。同盟需要起草一个向全世界公开宣告共产党人政治主张的文献，受同盟委托，马克思、恩格斯起草了《宣言》。

历史地位与现实意义

《宣言》是对马克思主义基本原理的第一次完整、系统的阐述，标志着马克思主义的诞生。

《宣言》是国际无产阶级第一个具有新思想、新原则和新组织结构的共产主义政党的政治纲领。它克服了空想社会主义者从理性原则来批判资本主义和从头脑中构思未来社会的唯心史观，从生产方式和交换方式的变革中去探求未来的理想社会，从而把社会主义建立在对社会发展规律的科学认识上，把社会主义置于现实的基础之上。《共产党宣言》的发表标志着国际共产主义运动的兴起。

《宣言》是马克思主义著作中流传最广、内容最丰富、影响最深远的一部著作。马克思、恩格斯都给《宣言》以很高的评价。“1872年德文版序言”写了这样一段话：“不管最近25年来的情况发生了多大的变化，这个《宣言》中所阐述的一般原理整个说来直到现在还是完全正确的。”（248页）“1888年英文版序言”指出：“《宣言》的历史在很大程度上反映着现代工人阶级运动的历史；现在，它无疑是全部社会主义文献中传播最广和最具有国际性的著作，是从西伯利亚到加利福尼亚的千百万工人公认的共同纲领。”（256页）

列宁在《卡尔·马克思》一文中写道：“这部著作以天才的透彻而鲜明的语言描述了新的世界观，即把社会生活领域也包括在内的彻底的唯物主义、作为最全面最深刻的发展学说的辩证法、以及关于阶级斗争和共产主义新社会创造者无产阶级肩负的世界历史性的革命使命的理论。”[①] 他还说：“这本书篇幅不多，价值却相当于多部巨著：它的精神至今还鼓舞着、推动着文明世界全体有组织的正在进行斗争的无产阶级。”[②]

《宣言》是中国革命和建设事业不断前进的理论指南。它的思想永远指引着中国共产党把马克思主义基本原理与中国具体实际相结合，制定正确的路线、方针、政策，领导人民取得革命、建设、改革开放和民族复兴的伟大胜利，永远推动马克思主义中国化的进程。《宣言》至今仍然是每一个无产阶级政党、每一位无产阶级革命者树立共产主义世界观、坚定共产主义理想信念的最好教科书。

主要思想内容

《共产党宣言》由七篇序言和正文部分组成。

序言的主要内容

马克思、恩格斯共为《宣言》写过七篇序言。七篇序言的写作时间跨度是21年（1872—1893年）。前两篇序言（“1872年德文版序言”和“1882年俄文版序言”）是马克思、恩格斯合写的，后五篇序言是恩格斯一个人写的。序言既是对《宣言》的主要思想的解释和发挥，也是对《宣言》思想的进一步丰富和发展，因此，序言是《宣言》的重要组成部分。学习序言对理解《宣言》和学习马克思主义有重要意义。序言的主要内

① 列宁. 列宁选集：第2卷. 3版. 北京：人民出版社，1995：416.
② 列宁. 列宁全集：第2卷. 2版. 北京：人民出版社，1984：8.

容可以概括为以下几点：

（一）指明了理论和实践的辩证关系，即对待马克思主义的科学态度

“1872 年德文版序言”强调《宣言》是一个“详细的理论和实践的党纲”，“不管最近 25 年来的情况发生了多大的变化，这个《宣言》中所阐述的一般原理整个说来直到现在还是完全正确的”（248 页）。同时指出“这些原理的实际运用，正如《宣言》中所说的，随时随地都要以当时的历史条件为转移”（248 页），由于工业的发展，无产阶级政党组织的发展和无产阶级革命经验的积累，《宣言》针对当时情况提出的某些具体措施可能已经过时，“但是《宣言》是一个历史文件，我们已没有权利来加以修改”（249 页）。

（二）阐明了《宣言》的任务

“1882 年俄文版序言”指出：“《共产党宣言》的任务，是宣告现代资产阶级所有制必然灭亡。”（251 页）

（三）阐明了《宣言》的基本思想

“1883 年德文版序言”指出：“贯穿《宣言》的基本思想：每一历史时代的经济生产以及必然由此产生的社会结构，是该时代政治的和精神的历史的基础；因此（从原始土地公有制解体以来）全部历史都是阶级斗争的历史，即社会发展各个阶段上被剥削阶级和剥削阶级之间、被统治阶级和统治阶级之间斗争的历史；而这个斗争现在已经达到这样一个阶段，即被剥削被压迫的阶级（无产阶级），如果不同时使整个社会永远摆脱剥削、压迫和阶级斗争，就不再能使自己从剥削它压迫它的那个阶级（资产阶级）下解放出来，——这个基本思想完全是属于马克思一个人的。”（252 页）

（四）根据国际共产主义运动的新情况、新经验，对《宣言》思想作了进一步的丰富和发展

“1872 年德文版序言”根据巴黎公社经验提出：“工人阶级不能简单地掌握现成的国家机器，并运用它来达到自己的目的。”（249 页）无产阶级必须打碎和摧毁资产阶级的国家机器，建立无产阶级专政。“1882 年俄文版序言”指出，俄国农民土地公有制在特殊的条件下（俄国革命成为西方无产阶级革命的信号）可以直接过渡到共产主义的公共占有形式。“1888 年英文版序言”指出，根据无产阶级运动的新形势，国际工人协会不能立即宣布《宣言》中所阐述的那些原则，国际应该有一个充分广泛的纲领，能够为各国、各派接受的纲领。马克思起草的《国际工人协会成立宣言》热切期望完全寄托于共同行动和共同讨论必然要产生的工人阶级的精神发展。“1893 年意大利文版序言”指出，

无产阶级要支持民族独立运动，因为民主革命和社会主义革命是互相联系的两个阶段，民主革命是社会主义革命的必要准备。

（五）提出了《宣言》不叫“社会主义宣言”而称为“共产主义宣言”的理由

恩格斯在“1890年德文版序言”中指出：“在1847年，社会主义意味着资产阶级的运动，共产主义则意味着工人的运动。”（264页）用“共产党宣言”或“共产主义宣言”主要是为了区别于其他社会主义流派。

正文部分的主要内容

正文部分由一个简短的序言和四章内容构成。

序言部分共6个自然段，主要说明《宣言》发表的背景、目的和任务。

共产主义在欧洲已经被公认为一种势力，是已经引起资本主义世界恐慌的力量，是资本主义联合起来加以驱逐的力量。共产党人为了驳斥关于共产主义幽灵的神话，为了划清与形形色色的社会主义流派的界限，为了回答对共产主义理论所提出的各种问题，必须向全世界表明自己的观点、目的和意图。正是为了这个目的，各国共产党人在伦敦集会，以宣言的形式向全世界公开自己的主张。

一、资产者和无产者

该章共54个自然段，主要内容是马克思、恩格斯运用历史唯物主义的基本观点，分析了资产阶级和无产阶级的产生、发展和相互斗争的过程，揭示了资本主义必然灭亡和社会主义必然胜利的客观规律，阐明了无产阶级的伟大历史使命。

（一）用阶级斗争学说分析阶级社会的发展问题，提出阶级斗争是推动社会发展的直接动力（第1～5段）

1. 对历史的基本看法

受当时历史科学研究的局限，《宣言》提出：至今一切社会的历史都是阶级斗争的历史。恩格斯在“1888年英文版序言”中根据历史学和人类学等学科的研究成果写道：“人类的全部历史（从土地公有的原始氏族社会解体以来）都是阶级斗争的历史”（257页）。

2. 阶级斗争是阶级社会历史发展的动力

阶级对立和阶级斗争是阶级社会的普遍现象，各阶级之间的斗争推动社会发展，表现为被压迫者和压迫者的斗争总是使整个社会受到革命改造。

3. 阶级矛盾、阶级斗争在不同时代有不同的表现形式

在阶级社会发展的不同阶段上，阶级对立和阶级斗争具有不同的特点。在奴隶社会和封建社会，阶级的划分是以等级的形式表现出来的，不同的阶级、等级形成了多级的阶梯。资本主义社会使阶级对立简单化了，整个社会日益分裂为两个敌对的阶级：无产阶级和资产阶级。

为了加深对马克思主义阶级斗争学说的理解，还应了解列宁对阶级的定义。列宁说："所谓阶级，就是这样一些大的集团，这些集团在历史上一定的社会生产体系中所处的地位不同，同生产资料的关系（这种关系大部分是在法律上明文规定了的）不同，在社会劳动组织中所起的作用不同，因而取得归自己支配的那份社会财富的方式和多寡也不同……其中一个集团能够占有另一个集团的劳动。"[①] 1852 年 3 月 5 日《马克思致约·魏德迈》的信表达了马克思主义阶级斗争学说的全部内涵："无论是发现现代社会中有阶级存在或发现各阶级间的斗争，都不是我的功劳……我所加上的新内容就是证明了下列几点：（1）**阶级的存在**仅仅同**生产发展的一定历史阶段**相联系；（2）阶级斗争必然导致**无产阶级专政**；（3）这个专政不过是达到**消灭一切阶级**和进入**无阶级社会**的过渡"[②]。

（二）资产阶级的形成和发展与资本主义生产关系的历史局限性（第 6～28 段）

1. 资产阶级的形成和发展

（1）资产阶级在经济上的成长和发展。手工业和贸易的发展形成最初的城市。农奴成为早期市民。市民中发展出早期资产阶级分子。新的活动场所的开辟、贸易和交换手段的扩大使资产阶级得以迅速发展。资本主义在发展中经历了三个阶段：行会的工业、工场手工业、机器（现代）大工业。资本主义的发展是由生产力的发展造成的。生产力的发展引起生产方式和交换方式的变革，而这种变革又推动生产力向前发展。

（2）资产阶级在政治上的成长与它在经济上的发展是同步的。由被压迫者——自治公民——第三等级——等级制君主国中的主要社会基础（经济基础）——在代议制国家中确立自己的独占统治。资产阶级国家政权实质上是管理整个资产阶级的共同事务的委员会罢了。

2. 资产阶级在历史上所起的革命作用

（1）破坏了封建的生产关系。《宣言》用"斩断了""抹去了""撕下了"等词汇描绘了资本主义生产关系同封建生产关系的区别。资产阶级用利己主义，用自由贸易，用公开的、无耻的、直接露骨的剥削代替了由宗教幻想和政治幻想掩盖着的剥削。资本主义使一切职业失去灵光，人都成了金钱的奴隶，金钱成了世界的主宰。资产阶级所建立的

---

① 列宁．列宁选集：第 4 卷．3 版．北京，人民出版社，1995：11.

② 马克思，恩格斯．马克思恩格斯选集：第 4 卷．2 版．北京：人民出版社，1995：547.

生产关系是一个动荡不定、永不停息的生产关系，它破坏了一切固定的古老的关系以及与之相适应的素被尊崇的观念和见解。

马克思、恩格斯没有对资产阶级生产关系作最后的宣判，而是指出了资本主义生产关系能够得以继续的前提：除非使生产工具，从而使生产关系，从而使全部社会关系不断革命化，否则就不能存在下去。资本主义后来的发展证明，的确是在这几个方面发生了某些变化。

（2）资产阶级开拓了世界市场。商品生产、销售所带来的利润诱使资产阶级奔走全球，到处安家落户，从而开拓了世界市场。带来的后果是：它使一切国家的生产和消费都变成世界性的了，过去那种地方的和民族的自给自足和闭关自守的状态，被各民族的各方面互相往来和各方面的互相依赖代替了。物质的生产如此，精神的生产也是如此。资产阶级依靠科学技术，依靠它的商品的低廉价格摧毁了封建壁垒，迫使一切民族接受资本主义的现代文明。

（3）资产阶级创立了巨大的城市。工业文明代替了农业文明，农村从属城市，农民从属资产阶级。

（4）资产阶级摧毁了封建割据状态，建立了统一的民族国家。资产阶级把“各自独立的、几乎只有同盟关系的、各有不同利益、不同法律、不同政府、不同关税的各个地区，现在已经结合为一个拥有**统一的**政府、**统一的**法律、**统一的**民族阶级利益和**统一的**关税的**统一的**民族”（277 页）。当今世界的国际红十字会、世界银行、世界卫生组织、联合国以及国际法庭、国际刑警组织、世贸组织等，都是这种统一性发展的形式。

（5）资产阶级创造了巨大的生产力。资产阶级靠发财欲望刺激推动了科学发展，科学的发展又神奇地被运用到工业、农业、交通、通信等各行各业，使大量的人力投入生产过程，从而创造了巨大的生产力。

由以上分析总结出生产力和生产关系、经济基础和上层建筑矛盾运动的一般规律：旧社会内部形成了新的生产关系和交换关系的萌芽，随着新的生产关系和交换关系的发展，旧的所有制关系不再适应新的生产力的发展，进而变成生产力的桎梏，必然要被打破。这就是资产阶级推翻封建制度的过程，也是一切社会制度更替的规律。

3. 资本主义生产关系的局限性

生产关系阻碍生产力的发展（容纳不了巨大的生产力），生产力反抗生产关系，这就是资本主义社会的基本矛盾。其表现是周期性的商业危机，生产过剩，大量商品卖不出去。解决危机的办法一方面要消灭大量的生产力，另一方面还必须扩大生产，开始更猛烈的竞争，如此循环，每一次危机都更猛烈。这说明资本主义生产关系已经不适应生产力发展，要被新的生产方式代替，正如资本主义制度代替封建制度一样。

（三）无产阶级的产生、发展、斗争历程和历史使命（第 29～54 段）

1. 无产阶级是同资产阶级一起产生和发展起来的

现代无产阶级是没有财产、靠出卖劳动力为生的阶级。只有找到工作才能生存，又只有在劳动能够使资本增殖的时候才能找到工作，商业危机期间工人会大量失业。劳动力在资本主义条件下是特殊商品，受竞争和市场的影响。在资本主义竞争中，城市工人、无地农民（长期在城里打工而失去土地的农民）、中间等级的破产，以及工业进步把资产阶级整批成员抛入无产阶级队伍中来，使无产阶级队伍不断壮大。劳动力的价格也被降到最低。工业劳动使工人像士兵一样被组织起来，工人成了资产阶级的、资产阶级国家的、资本家的、机器的奴隶。生产所需的技巧和体力的减少，使男工受到女工、成年工人受到童工的排挤。工人不仅受产业资本的剥削，还同时受到整个资本主义的剥削。

2. 无产阶级反对资产阶级斗争的过程

（1）无产阶级反对资产阶级的斗争是和它的存在同时开始的，最初是单个的工人，他们不仅攻击生产关系，也攻击生产工具本身。

（2）在斗争中，工人从资产阶级的联合认识到工人群众团结的重要性，工人开始成立反对资产者的同盟。

（3）工人的团结、大工业提供的日益发达的交通使工人反对资本家的斗争由地方性的斗争汇合成全国性的斗争，汇合成阶级斗争，“而一切阶级斗争都是政治斗争”（281页）。自发阶段斗争有阶级斗争的萌芽，但不是真正意义上的阶级斗争，只有当工人认识到自己的阶级地位、使命，将理论武装、斗争目标指向整个资产阶级和资本主义制度的时候，才是真正意义上的阶级斗争，因而也才是政治斗争。

（4）组织政党的要求是工人阶级斗争的最高形式，是工人阶级斗争上升为阶级斗争、政治斗争的表现。

（5）促使工人阶级在政治上成长成熟的其他因素。在同资产阶级一道反对自己的敌人的敌人（贵族、贵族化的资产阶级、外国资产阶级）的斗争中获得教育因素；被工业进步淘汰出资产阶级队伍的人加入无产阶级队伍给无产阶级带来教育因素；在阶级斗争中认清社会发展方向的资产阶级中的有识之士也给无产阶级带来教育因素。

3. 无产阶级的特点和历史使命

（1）无产阶级的特点。《宣言》对社会各阶级作了分析：无产阶级是当前同资产阶级对立的一切阶级中真正革命的阶级。无产者是没有财产、没有家庭、没有祖国、没有民族的。无产阶级只有消灭一切阶级，消灭私有制，才能使自己获得解放。中间等级是不革命的、保守的，但当他们失去生活地位、发财梦破灭时也会站在无产阶级一边。流氓无产阶级是社会最下层中消极的腐化的部分，他们有时也被无产阶级革命卷到运动里来，但他们的立场是不坚定的，极易被敌人收买，因此要教育和防止他们的消极面。

（2）无产阶级运动的特点。无产阶级的运动是绝大多数人参加的和为绝大多数人谋利益的独立的运动。

（3）无产阶级革命的形式。首先是一国范围内的斗争，每个国家的无产阶级首先应当打倒本国的资产阶级，用暴力推翻资产阶级而建立自己的统治。

这里对无产阶级革命发展过程一般阶段的探索由于宣布结论的要求而暂时停下，第二章在结束同资产阶级关于消灭私有制的论战后说，无产阶级革命的第一步是使无产阶级上升为统治阶级，争得民主。无产阶级将利用自己的政治统治，一步一步地夺取资产阶级的全部资本，并尽可能快地增加社会生产力的总量，消灭阶级对立，建立一个“每个人的自由发展是一切人的自由发展的条件”（294 页）的联合体。

（4）无产阶级代替资产阶级的不可避免性。该章最后两段通过对无产阶级和资产阶级的矛盾的分析指出了资产阶级的灭亡和无产阶级的胜利的不可避免性。从两个方面进行分析，其一，从任何统治阶级的生存和统治的条件来分析，统治阶级进行统治的条件是保证被压迫阶级至少有能够维持其奴隶般的生存的条件，而资产阶级在推动工业进步的同时，却使工人的生存条件降低到本阶级的生存条件以下，使工人变成赤贫者，这就使得被统治阶级不允许它继续做社会的统治者了。其二，从生产方式和交换方式来分析。资本生存和统治的根本条件是财富在私人手里的积累，是资本的形成和增殖；资本的生存条件是雇佣劳动。而雇佣劳动是建立在工人的自相竞争之上的。工业进步造成的工人联合和在斗争中形成的革命团结代替了他们由于竞争而造成的分散状态，动摇了雇佣劳动制度，从而动摇了资本生存的条件。正是在上述分析基础上得出了“资产阶级的灭亡和无产阶级的胜利是同样不可避免的”（284 页）即两个“必然”的结论。

二、无产者和共产党人

该章共 86 个自然段，从党与其他政党、党与阶级的关系的角度，阐述了共产党的性质、特点、奋斗目标和无产阶级革命对待私有制的基本主张。

（一）共产党的性质、特点、奋斗目标（第 1～14 段）

1. 共产党的性质

《宣言》从党与其他工人政党的关系和党与阶级的关系两个方面对党的性质作了回答。在党与其他政党的关系上，党不是与其他工人政党对立的特殊政党，但又有不同，这就是党在同资产阶级的斗争中，代表的是整个无产阶级的、不分民族的共同利益；在党与阶级的关系上，党没有同整个无产阶级不同的利益，党在无产阶级和资产阶级斗争中所经历的各个发展阶段上，始终代表整个运动的利益。因此，共产党人是各国工人政党中最坚决、始终推动运动前进的部分。

2. 共产党的特点

主要表现在理论方面。《宣言》指出：“共产党人的理论原理，决不是以这个或那个世界改革家所发明或发现的思想、原则为根据的。”（285 页）指导党的理论原理是对现存的阶级斗争、我们眼前的历史运动的真实关系的一般表述。也就是说指导党的行动的理论不是教条，不是一成不变的，而是在现实运动中产生并通过运动不断发展变化的理论。正因为如此，党比无产阶级的其他成员更清楚地了解无产阶级运动的条件、进程和一般结果。

3. 共产党人的奋斗目标

《宣言》在阐明了党的性质、特点后提出了党的纲领和奋斗目标——共产党人可以把自己的理论概括为一句话：消灭私有制。在该章的结尾更进一步明确，消灭私有制、消灭阶级、建立自由人的“联合体”，即实现共产主义是共产党人的最高纲领和最终目标。

（二） 从生产关系和上层建筑（主要是意识形态）两个方面驳斥资产阶级对消灭私有制的责难，阐明无产阶级革命对待私有制的态度（第15~68段）

1. 生产关系方面的责难

资产阶级攻击共产党人消灭私有制就是要消灭个人挣得的、自己赚来的财产，消灭构成个人的一切自由、活动和独立的基础的财产，消灭商品买卖关系，消灭人的个性，并威胁说消灭私有制会使一切活动停止，会使懒惰之风兴起。

《宣言》对上述观点一一驳斥：

（1）关于私有财产是个人挣得的、自己赚来的财产。《宣言》指出，只有小资产阶级、小农才有可能靠自己劳动挣得财产，但资本主义的发展已经剥夺了小资产阶级和小农的财产；雇佣劳动只能维持生存，根本创造不出私有财产；资本家手里积累起来的财产是对雇佣劳动的剥削。《宣言》进一步分析了资本家手中的财富的积累过程：资本是集体的产物，是一种社会力量，它只有通过社会许多成员的共同活动才能被运用起来，因此，它不应单独属于某个人，它应当属于社会全体成员。所以，消灭私有制不是变个人财产为社会财产，而是改变财产的社会属性。共产主义和资本主义在占有关系上的根本不同在于资本主义社会工人的劳动只是资本增殖的手段，而共产主义社会积累起来的劳动是扩大、丰富和提高工人生活的一种手段。资产阶级社会是过去支配现在，共产主义社会是现在支配过去。

（2）关于消灭资产者的个性和自由。《宣言》的回答是肯定的。资产阶级的自由是贸易自由、买卖自由。这种自由对无产阶级来说是不自由的。在雇佣劳动制度下，工人只有将劳动力出卖给某一资产者的自由，但从不出卖劳动力就不能生存这一点来说是不自由的。资产者的个性就是唯利是图，尔虞我诈，这种个性是应当被消灭的，但并不是无产阶级消灭的，资产阶级自己已经消灭了。资产阶级说从劳动不再能变为资本、货币、地租，从个人财产不再能变为资产阶级财产的时候起，个性就被消灭了，实质上是说资本无个性的共性的被消灭了。

共产党人剥夺资产阶级的财产并不是要剥夺任何人占有社会产品的权力。共产党人不打算消灭供直接生命再生产用的劳动产品的个人占有，这种占有并不会留下任何剩余的东西使人们有可能支配别人的劳动，它只剥夺利用这种占有去奴役他人劳动的权力。

（3）关于私有制天经地义、永世长存。资产阶级进一步威胁说，消灭私有制会使一切活动停止，懒惰之风兴起。《宣言》指出，人只是为生存劳动，只能被迫劳动，消灭了雇佣关系人就失去了劳动的兴趣，这是资产阶级对劳动的狭隘认识。照这样的说法，资产阶级早就该灭亡了，因为资本主义社会是劳者不获、获者不劳的。这里实质上谈的是从空想社会主义者开始提出的无产阶级劳动观和共产主义条件下的劳动问题。后来马克思在《哥达纲领批判》、恩格斯在《社会主义从空想到科学的发展》、列宁在《国家与革命》等著作中都谈到了这个问题。

2. 上层建筑和意识形态方面的责难

资产阶级把对共产主义在物质产品的占有方式和生产方式的责难推广到了精神产品的生产和占有方面。主要观点是：共产党人要消灭一切教育，消灭家庭，取消祖国、民族，消灭宗教、哲学和一般意识形态。

《宣言》首先指出，观念本身是生产关系和所有制关系的产物，正像法是统治阶级的意志一样，是由经济上占统治地位的阶级的物质生活条件决定的，当然要随着这个物质生活条件的改变而改变。资产阶级之所以不能理解，是因为他们把自己的生产关系和私人占有制从历史的、暂时的关系变成永恒的自然规律和理性规律了。对此《宣言》一一作了批判，并完整地阐述了共产主义意识形态的基本特征。

（1）关于消灭一切教育。《宣言》揭露了资产阶级教育的本质：对绝大多数人来说是把人训练成机器的教育。这种教育是由资产阶级的社会关系决定的，是为维护资产阶级的统治服务的，共产党人并没有发明社会对教育的影响，他们仅仅是要改变这种影响的社会性质，使教育摆脱资产阶级的影响，为无产阶级和劳动人民服务。

（2）关于消灭家庭。家庭问题涉及婚姻关系、家庭教育、父母和子女的关系等方面。《宣言》指出，资本主义社会的家庭无论是资产者的家庭还是无产者的家庭都是不正常的。资产者的家庭是建立在资本上面的，建立在私人发财上面的。这种家庭的基础是财产关系，妇女是单纯的生产工具，是男人的奴隶，资产者的婚姻实际上是公妻制，无产者则以被迫独居和公开的卖淫作为资产者家庭的补充。《宣言》指出，随着资本主义所有制的消灭，资本主义社会的实际上的公妻制和正式、非正式的买卖婚姻就会消失，以两性平等互爱为基础的婚姻家庭关系才会出现。

（3）关于取消祖国、取消民族。《宣言》提出了“工人没有祖国”（291 页）的论断。在资本主义制度下，祖国是资产阶级统治的工具，工人受压迫、受剥削，只有无产阶级取得统治地位，上升为民族的阶级，才会有自己的祖国。

民族问题首先是阶级斗争问题。各国人民之间的民族隔阂和对立是由于民族内部的阶级对立造成的，而民族内部的阶级对立又是人对人的剥削造成的。解决民族问题，要靠无产阶级用阶级斗争手段消灭民族压迫、消灭人对人的剥削。资本主义创造了消灭民族压迫的物质基础。无产阶级的解放是消灭民族内部和民族之间对立的根本条件。无产阶级的联合行动、各文明国家的联合行动是无产阶级解放并彻底解决民族问题的首要条件之一。

（4）从宗教、哲学和一般意识形态方面对共产主义的责难。《宣言》从意识和存在的关系出发阐述了辩证唯物主义的一般原理。物质生产和精神生产的关系是物质决定精神，存在决定意识。人们的观念、观点、概念，一句话人们的意识，随着人们的生活条件、社会关系的改变而改变。任何一个时代的统治思想都不过是统治阶级的思想。旧社会的内部已经形成了新社会的因素，旧思想的瓦解同旧生活条件的瓦解的步调是一致的。宗教、哲学、法律、真理都不是永恒的，但不是被废除的，是随着人们的生活条件的改变而改变的。《宣言》提出："共产主义革命就是同传统的所有制关系实行最彻底的决裂；毫不奇怪，它在自己的发展进程中要同传统的观念实行最彻底的决裂。"（293 页）"两个决裂"的必然性在于，新的社会存在必然要求与之相适应的意识形态，但这种改造过程是长期的，一方面新制度的完全成熟要经历一个过程，这个过程既是制度创新过程，也是对它以前的社会制度的借鉴过程。另一方面新的社会意识是由新社会制度决定的，要为新制度开辟道路，但它也有自身的发展规律，因此新的社会意识的确立也是一个渐进过程，不能一蹴而就。

（三）论述了无产阶级的历史使命（第 69～86 段）

《宣言》在驳斥资产阶级对共产主义的责难后，提出了无产阶级革命的根本任务就是推翻资产阶级统治，建立无产阶级专政，并在无产阶级专政下实现由资本主义向共产主义的过渡。

1. 实现无产阶级历史任务的步骤

《宣言》指出："工人革命的第一步就是使无产阶级上升为统治阶级，争得民主。"（293 页）"民主"在这里是专政的同一语，即由无产阶级掌握政权，对无产阶级实行民主，对资产阶级实行专政。接着，《宣言》提出了无产阶级专政的任务："利用自己的政治统治，一步一步地夺取资产阶级的全部资本，把一切生产工具集中在国家即组织成为统治阶级的无产阶级手里"，在无产阶级专政下，发展生产力，"尽可能快地增加生产力的总量"。（293 页）需要指出的是马克思、恩格斯设想的是资本主义有了一定发展的国家向社会主义过渡，生产力落后的国家就更应该注意生产力的提高了。没有一定的生产力水平做基础是难以巩固无产阶级的统治地位的。

2. 实现从资本主义向社会主义过渡的措施

如何实现向共产主义的过渡，《宣言》提出了 10 项重要措施。这 10 项措施的前 6 项是消灭和限制私有制的措施；7、8 项是增加社会生产力总量的措施；9、10 项是消灭三大差别，向共产主义过渡的措施。这些措施都是针对发达资本主义向共产主义过渡提出的，是很深刻的，对一切走社会主义道路的国家都有重要意义。比如由国家控制对国计民生有决定意义的部门行业的生产，对资本主义工商业实行和平赎买，建立劳动产业军等措施在我们建立和巩固社会主义制度的过程中都进行了成功的实践。

3. 无产阶级革命的最终目标

该章最后两段阐述了无产阶级革命的最终目标即党的最高纲领：消灭阶级和阶级差别，实现共产主义。主要包括三方面内容：

（1）无产阶级革命的性质、特征。《宣言》指出，无产阶级在反对资产阶级斗争中的联合和夺取政权，建立无产阶级专政，不是以一个阶级的统治代替另一个阶级，而是要消灭一切阶级，包括无产阶级自己，要消灭一切阶级差别和产生阶级的条件。

（2）消灭阶级实现共产主义的过程。第一是消灭生产资料私有制，把生产资料转归为全社会所有。生产资料私人占有是阶级产生和存在的前提，消灭私有制也就消灭了阶级存在和阶级对立的基础。第二是消灭国家，国家是一个阶级用以压迫另一个阶级的暴力组织，国家的产生改变了原来意义上的公众权力，随着阶级的消灭，作为阶级统治工具的国家权力就失去政治性质而逐渐消亡了。

（3）共产主义的基本特征。《宣言》指出："代替那存在着阶级和阶级对立的资产阶级旧社会的，将是这样一个联合体，在那里，每个人的自由发展是一切人的自由发展的条件。"（294 页）这里的"联合体"是指共产主义社会的组织形式。1894 年 1 月 9 日意大利社会主义者朱·卡内帕请恩格斯为即将在日内瓦出版的《新纪元》周刊写一段题词，表达对未来社会主义和共产主义新纪元的基本思想，恩格斯在回信中写了上面的那段话。他说，除了那段话，"我再也找不出合适的了"①。按照马克思主义的观点，社会解放从根本上说是人的解放，人的解放包含人与自然和人与人的关系两个方面，而这两个方面又是相互制约的。社会分工、人对人的剥削是人与自然关系在一定阶段上必然存在的现象，也必然随着人对自然征服能力的提高而逐步改变，共产主义就是在物质生产能力获得极大提高、人对人的剥削消失、每个人都从自然力和人与人的关系的束缚下解放出来而自由联合的社会。

三、社会主义的和共产主义的文献

该章共 56 个自然段。通过对社会主义思想史的考察，批判了当时打着社会主义招牌的各种与共产主义相对立的理论，剖析了这些理论产生的阶级基础。同时指出了马克思主义科学社会主义的思想理论来源。

马克思、恩格斯把社会主义流派划分成三类，分别阐述了它们的学说产生的历史背景、基本观点及其实质。

（一）反动的社会主义（第 1～34 段）

《宣言》把封建的社会主义、小资产阶级的社会主义、德国的或"真正的"社会主义归纳为反动的社会主义，是因为当时已经是资本主义社会了，而这些人却要把社会拉回到封建主义或前资本主义时代。违背历史发展规律，要开倒车，所以是反动的。

1. 封建的社会主义

封建的社会主义是在资产阶级面临无产阶级革命的危机中，一些封建贵族企图恢复封建统治的政治主张。他们认为封建剥削比资本主义剥削好，攻击资本主义造就了一个

---

① 马克思，恩格斯．马克思恩格斯选集：第 4 卷．2 版．北京：人民出版社，1995：730.

埋葬剥削制度的阶级。封建的社会主义的代表人物是法国的维尔纽夫-巴尔热蒙。他在其《政治经济学历史》里，描绘了劳动人民的贫困状况，并证明造成贫困的原因是波旁王朝的灭亡，他主张用封建的办法，通过办慈善事业、垦殖建设、组织社会劳动来解决贫困问题。还有一个叫“青年英国”的组织，代表人物是曼纳斯伯爵，他写了一首长诗叫《英格兰的信托》，诗中说，让财富和商业、法律和学问全都死去，只把我们旧日的贵族统治仍然留给我们。这些封建贵族没有什么东西来和可恨的资产阶级暴发户对抗，只能搞点文字上的斗争，写一些作品来攻击资本主义，所以《宣言》说他们对资本主义的批判“半是挽歌，半是谤文，半是过去的回音，半是未来的恫吓”（295 页）。

2. 小资产阶级的社会主义

资本主义的发展，使小资产阶级（农民、小手工业者）破产，他们从小资产阶级的观点出发看待资本主义社会的一切，主张恢复资本主义以前的生产关系即行会式的小手工业和中世纪的宗法式的小农经济，主张调和阶级矛盾。小资产阶级的社会主义的代表人物是瑞士经济学家和历史学家西斯蒙第，主要著作有《论商业财富》《政治经济学新原理》等，是西方古典经济学的一个重要代表人物。他站在小资产阶级的立场上批判资本主义，主张废除资本主义生产关系，恢复资本主义以前的生产关系，即行会式的小手工业和中世纪宗法式的小农经济，希望通过政府来调和阶级矛盾，希望资本家节制欲望来实现理想社会。小资产阶级要拉历史车轮向后转是根本做不到的。

3. 德国的或“真正的”社会主义

这是一个体现了德国阶级关系和阶级矛盾的小资产阶级的社会主义。代表人物有格律恩、赫斯、克利盖、施蒂纳（都是同盟的领导人）等。小资产阶级是一个在资产阶级和无产阶级夹缝中生存的阶级，他们既害怕资本主义发展消灭了小资产阶级，又害怕无产阶级消灭私有制。这种小资产阶级的社会主义宣称他们的目的是实现人的真正本质，使人成为真正的人，使人类社会成为真正的社会。他们鼓吹抽象的人类之爱，主张用“爱”去团结一切人，反对阶级斗争和无产阶级专政。马克思、恩格斯写了《反克利盖的通告》，批判小资产阶级“把共产主义描绘成某种充满爱而和利己主义相反的东西，并且把有世界历史意义的革命运动归结为几个字：爱和恨，共产主义和利己主义”①，用“万岁！共性万岁！平等万岁！爱万岁！”② 来代替无产阶级关于爱的宣传，是搞阶级调和，瓦解无产阶级革命。

（二）保守的或资产阶级的社会主义（第 35～42 段）

这种所谓社会主义是在资本主义有了一定发展、资本主义社会的各种矛盾和罪恶日益暴露出来、无产阶级革命也蓬勃发展起来、资本主义的统治面临危机的情况下，一些

---

① 马克思，恩格斯. 马克思恩格斯全集：第 4 卷. 北京：人民出版社，1958：8.

② 同①20.

资产阶级代表人物从维护资本主义制度的角度出发提出的对资本主义进行改良，达到既消灭资本主义不好的东西又使资本主义永世长存的主张。保守的或资产阶级的社会主义的主要代表人物是蒲鲁东，他的主要著作有《什么是财产》《贫困的哲学》等。蒲鲁东批判资本主义，但不主张消灭资本主义，而是要保留资本主义的生存条件、现代社会制度和资产阶级，但不要阶级斗争、社会革命和无产阶级。办法是进行社会改良。他主张建立交换银行，发放无息贷款，帮助工人筹集生产资金，使他们成为独立的生产者，并保证对他们的产品进行直接的无货币的交换，用发放贷款给小资产阶级和救济贫困等办法去消除社会弊端，化解劳资矛盾。这种社会主义在无产阶级和资产阶级矛盾日益尖锐、无产阶级反对资产阶级的斗争发展到了夺取政权的阶段，对无产阶级斗争有极大的腐蚀作用。

（三）批判的空想的社会主义和共产主义（第 43～56 段）

1. 空想社会主义是马克思主义科学社会主义直接的思想来源

在马克思主义以前，空想社会主义已走过了 300 多年的历程。可以说空想社会主义是随着资本主义的发展而发展的。从阶段特征上可以划分为三个时期：

第一个时期，资本原始积累时期（16—17 世纪），主要代表人物有英国的托马斯·莫尔和意大利的康帕内拉。莫尔的主要著作为《乌托邦》，该书用拉丁语写成，书的全名原为《关于最完美的国家制度和乌托邦新岛的既有益又有趣的全书》。莫尔本人的乌托邦是一个完全理性的共和国，书中描绘了一个他所憧憬的美好社会，那里一切生产资料归全民所有，生活用品按需分配，人人从事生产劳动，而且有充足的时间从事科学研究和娱乐，那里没有酒店、妓院，也没有堕落和罪恶。康帕内拉的主要著作为《太阳城》，该书描绘了一个理想的社会制度，在那里，人人必须劳动，而且一切生产和分配活动都由社会来组织。还有英国的掘地派领导人温斯坦莱等。这些早期空想社会主义者以消极的、超然的态度对待资本主义，寻求资本主义以外的世外桃源。

第二个时期，资产阶级启蒙时期（18 世纪），主要代表人物有法国的摩莱里、马布利、巴贝夫等，主张平等、平均和禁欲的共产主义。

第三个时期，资产阶级确立统治地位以后（18 世纪末 19 世纪初），主要代表人物有法国的圣西门、傅立叶和英国的欧文。批判的空想的社会主义和共产主义主要就是指这三位思想家的主张。

2. 空想社会主义的历史功绩

对资本主义制度作了无情的揭露和批判，提供了启发工人觉悟的宝贵材料；对未来社会作了天才的描绘，欧文还多次进行空想社会主义的试验，为科学社会主义提供了许多有益的启示。

3. 空想社会主义的局限性

他们的理论基础是唯心主义的。他们没有把资本主义看作人类社会发展的一个必经阶段，他们对资本主义的批判完全是道德的批判，没有指出资本主义剥削的本质，没有说明资本主义产生、发展和灭亡的必然性，而是认为资本主义的存在和给人类带来痛苦的原因是因为社会主义没有被英雄人物发现。他们看不见实现社会理想的政治力量，他们把工人阶级看作受苦受难的阶级，他们同情工人阶级，但认为工人阶级只有靠别人才能获得解放。在实现社会理想的途径上，他们主张用和平的手段，把希望寄托在统治阶级和社会上层人物身上，幻想以试验的办法为“幸福社会”开辟道路。在无产阶级革命成为现实斗争的时候，空想社会主义就失去了其革命意义。

空想社会主义产生和存在的根源是阶级对立刚开始发展，资本主义的矛盾还没有充分暴露，无产阶级还很不发展，对本身的地位的认识还基于幻想，解决矛盾的方法还隐蔽在经济的事实中。

四、共产党人对各种反对党派的态度

《宣言》第一章揭示了社会主义代替资本主义的客观规律；第二章从无产阶级运动的组织方面阐述了共产党的性质、特点和纲领问题，以及社会主义代替资本主义必然要回答的理论和实践问题；第三章则是回答无产阶级及其政党在反对资产阶级的现实斗争中应该做些什么和怎么做的问题，即策略原则；第四章即该章共 12 个自然段，主要谈策略思想。

（一）论述无产阶级的不断革命论和革命发展阶段论（第 1～7 段）

《宣言》指出：“共产党人为工人阶级的最近的目的和利益而斗争，但是他们在当前的运动中同时代表运动的未来。”（306 页）马克思主义认为革命是不间断的，通向共产主义的伟大目标是由许多革命发展阶段构成的，革命的每个阶段都有特定的目标和任务，但每个阶段都和下一个阶段，都和最终目标存在一种本质的联系，共产党人既要认认真真地参加每一个阶段的斗争，完成每一个阶段的任务，又不能把自己局限在某一阶段上，而应该始终自觉地把“当前的运动”“最近的目的”同“运动的未来”联系起来。

根据这一原理，《宣言》提出，无产阶级不能坐等最终目标的实现，在民主革命阶段，应当支持一切反对封建专制、争取民族独立和民族解放的斗争，并具体分析了对各国各党派的态度。同时强调，共产党“一分钟也不忽略教育工人尽可能明确地意识到资产阶级和无产阶级的敌对的对立”（306 页），以便利用资产阶级反对封建主义斗争所带来的政治条件作为反对资产阶级的武器。无产阶级在斗争中要十分关注对无产阶级目标有重要影响的所有制问题，把它作为运动的基本问题，作为无产阶级解放的先决条件。

当前运动和最终目标的关系是无产阶级运动中始终需要正确处理的关系。实践证明，如果只注重当前斗争忘记了最终目标，或者把当前利益和最终目的对立起来、分割开来就要犯右倾错误。如果不顾历史的发展进程，超越历史发展阶段就要犯“左”的错误。

（二）论述共产党人同资产阶级民主政党的既联合又斗争的统一战线策略（第 8～11 段）

《宣言》指出，“共产党人到处都支持一切反对现存的社会制度和政治制度的革命运动”“共产党人到处都努力争取全世界民主政党之间的团结和协调”（307 页），“但是并不因此放弃对那些从革命的传统中承袭下来的空谈和幻想采取批判态度的权利”（306 页），“共产党人不屑于隐瞒自己的观点和意图”（307 页）。这些都是共产党人在统一战线中坚持既联合又斗争的原则，既要反对一切联合、否认斗争、隐瞒自己观点和意图的右倾投降主义，也要反对一切斗争、否认联合的“左”倾机会主义。

（三）提出了无产阶级国际主义原则（第 12 段）

《宣言》结尾号召：“全世界无产者，联合起来!”（307 页）这一口号体现了无产阶级斗争的基本原则，即国际主义原则。这一原则在《宣言》中有充分表述：“如果不就内容而就形式来说，无产阶级反对资产阶级的斗争首先是一国范围内的斗争。每一个国家的无产阶级当然首先应该打倒本国的资产阶级。”（283-284 页）“在无产者不同的民族的斗争中，共产党人强调和坚持整个无产阶级共同的不分民族的利益”（285 页）。资本具有国际性，“工人没有祖国”（291 页），因此，反对资本主义的斗争也是国际性的，“联合的行动，至少是各文明国家的联合的行动，是无产阶级获得解放的首要条件之一”（291 页）。这些思想都体现了无产阶级的国际主义原则。

要点解析

1.《宣言》中关于社会主义代替资本主义必然性的思想

主要体现为第一章对资本主义社会的生产力和生产关系、经济基础和上层建筑矛盾运动的分析。资本主义是在封建社会内部产生的，是商品经济发展的产物。封建时代商品生产中的劳动产品不存在归谁的问题。因为劳动通常都是使用自己的劳动资料，用自己或家属的手工劳动来制造产品，别人的帮助通常也是次要的。行会的劳动除了吃饭、挣钱还可学成手艺。资本主义社会的情况是：劳动资料的占有者还同时占有产品，虽然这些产品已经不是他的产品，而是别人的产品了。这种占有方式和生产组织方式同封建制度的地方特权、等级特权以及相互的人身束缚是不相容的。资产阶级摧毁了封建制度，建立了自由竞争、自由迁徙、商品所有者平等的王国。对财富的渴求极大地促进了市场的开拓、生产的管理和新技术的发明利用，从而使社会生产力以前所未有的速度和规模发展起来了。随着资本主义的发展，资本主义生产的局限性也逐渐暴露出来了。资本主义和它以前的生产关系一样，开始是适应生产力发展要求的，随着生产力的发展，生产关系开始阻碍生产力的发展并最终成为生产力的桎梏。而上层建筑总是保护旧的生产关系，于是生产关系的内部冲突就开始了，这种冲突的根源在于自发地、无计划地逐渐形成的社会分工同个别工厂里有组织、有计划分工的矛盾，即生产过程已经社会化了，但它仍然服从个体的私人占有；这一矛盾导致整个社会生产的无政府状态。新的生产方式愈是在一切有决定意义的生产部门和一切在经济上起决定作用的国家里占统治地位，并从而把个体生产排挤到无足轻重的残余地位，社会的生产和资本主义占有的不相容性，也就愈加鲜明地表现出来。这种不相容性表现为周期性的商业危机。另一方面，在资本聚集和发展的同时，一个与之对立的新阶级也成长壮大起来。现代工人是以出卖劳动力为生的人。资本主义的发展需要大批雇佣劳动者，而机器的广泛采用又意味着大批手工劳动工人被排挤，扩大生产的可能又需要一支产业后备军。因此，资本主义的竞争不仅使无产阶级人数增加了，而且使无产阶级和资产阶级的矛盾和斗争日益尖锐化。无产阶级反对资产阶级的斗争是与他们的存在同时开始的。最初是单个的工人，然后是某一工厂的工人，最后是某一地方的某一劳动部门的工人。随着工业的发展，无产阶级不仅人数增加了，而且机器使劳动的差别越来越小，工资也几乎降到同样的水平。工人开始并借助大工业所造成的日益发达的交通工具结成反对资本家的同盟和组织政党。工人在斗争中不断获得教育因素。生产社会化要求整个社会组织生产，无产阶级的生存状况和无产阶级在斗争中的联合代替竞争使资本生存的条件在资本家的脚下被挖掉了。资本主义从竞争转向垄断，转化为股份公司，转化为国家财产，这些都不能消灭生产力的资本属性。资本主义出现的新变化对无产阶级革命的进程和实现方式会产生一定影响，但不会改变社会主义代替资本主义的必然性。因为社会主义是在生产力高度发达基础上的人的解放，是人在摆脱自然界、社会分工束缚和人对人的剥削以后的自由联合。社会化大生产的训练，特别是资本主义大工业提供的强大生产力是改造资本主义必需的条件。

2.《宣言》中的辩证唯物主义思想

《宣言》通篇都体现了辩证唯物主义思想，这里主要介绍第二章同资产阶级就消灭私有制和私有观念的论战所体现的辩证唯物主义思想。资产阶级认为，消灭私有制会给社会意识方面带来许多难以解决的问题，会使宗教、哲学和一般意识形态这些在任何社会形态下都存在着的社会意识无法存在下去。《宣言》首先提出，任何一个社会的基础都是物质资料的生产和再生产，这是决定其他一切的基础。人们的观念、观点、概念是由社会存在决定的，而人们的意识的改变同他们的生活条件的改变的步调是一致的。意识不是被消灭的，是随着物质生活条件的变化而改变的。对意识和存在的关系要作辩证的理解。意识的滞后性、意识的反作用是物质和意识辩证关系的主要表现形式。

3.《宣言》中的社会主义本质思想

作为党的纲领，《宣言》多处深刻地表达了对未来社会本质的看法。包括：社会主义是绝大多数人参加的和为绝大多数人谋利益的独立的运动的思想，社会主义生产是为最广大人民的现实生活服务的思想，社会主义是社会占有生产资料和有计划组织生产的思想，社会主义制度建立以后要集中精力尽可能快地发展生产力的思想，社会主义要两个文明协调发展的思想，社会主义要实现人的自由和全面发展的思想，等等。

4.《宣言》中的策略思想

策略思想是共产党人在把自己的任务、目标、纲领付诸实践的过程中，处理无产阶级政党和其他党派、无产阶级的现实任务和长远目标、无产阶级先锋队和广大群众的关系等方面需要采取的斗争艺术问题。策略思想是马克思主义理论的一个重要方面。《宣言》中策略思想的主要观点是："共产党人到处都支持一切反对现存的社会制度和政治制度的革命运动""共产党人到处都努力争取全世界民主政党之间的团结和协调"（307页），但是，同时要教育工人阶级明确意识到无产阶级与资产阶级敌对的对立。"共产党人为工人阶级的最近的目的和利益而斗争，但是他们在当前的运动中同时代表运动的未来。"（306页）马克思主义认为革命是不间断的，通向共产主义的伟大目标是由许多革命发展阶段构成的，革命的每个阶段都有特定的目标和任务，但每个阶段都和下一个阶段，都和最终目标存在一种本质的联系，共产党人既要认认真真地参加每一个阶段的斗争，完成每一个阶段的任务，但又不能把自己局限在某一阶段上，而应该始终自觉地把"当前的运动""最近的目的"同"运动的未来"联系起来。

思考题

1. 结合《宣言》对资本主义生产关系的分析谈谈资本主义新发展和资本主义灭亡的必然性。
2. 结合《宣言》对无产阶级特点的分析谈谈现代工人阶级的先进性。
3. 谈谈《宣言》中的两个"决裂"思想对社会主义经济文化建设的启示。

阅读书目

1. 恩格斯．共产主义原理//马克思，恩格斯．马克思恩格斯选集：第1卷．2版．北京：人民出版社，1995：230-247.
2. 马克思．国际工人协会成立宣言//马克思，恩格斯．马克思恩格斯文集：第3卷．北京：人民出版社，2009：3-15.
3. 马克思．国际工人协会共同章程//马克思，恩格斯．马克思恩格斯文集：第3卷．北京：人民出版社，2009：226-229.
4. 恩格斯．关于共产主义者同盟的历史//马克思，恩格斯．马克思恩格斯选集：第4卷．2版．北京：人民出版社，1995：190-210.

马克思《〈政治经济学批判〉导言》(节选)导读

要点提示

● 在社会中进行生产的个人，——因而，这些个人的一定社会性质的生产，当然是出发点……因此，说到生产，总是指在一定社会发展阶段上的生产——社会个人的生产。

● 生产直接也是消费。双重的消费，主体的和客体的……个人在生产过程中发展自己的能力，也在生产行为中支出、消耗这种能力……生产资料被使用、被消耗……消费直接也是生产……人生产自己的身体……可见，生产直接是消费，消费直接是生产。

● 分配关系和分配方式只是表现为生产要素的背面。个人以雇佣劳动的形式参与生产，就以工资形式参与产品、生产成果的分配。分配的结构完全决定于生产的结构。分配本身是生产的产物，不仅就对象说是如此，而且就形式说也是如此。

● **交换**只是生产和由生产决定的分配一方同消费一方之间的中介要素……交换就其一切要素来说，或者是直接包含在生产之中，或者是由生产决定。

● 我们得到的结论并不是说，生产、分配、交换、消费是同一的东西，而是说，它们构成一个总体的各个环节，一个统一体内部的差别……一定的生产决定一定的消费、分配、交换**和这些不同要素相互间的一定关系**。当然，生产**就其单方面形式来说**也决定于其他要素。

关键词

生产　消费　分配　交换

导 读

《〈政治经济学批判〉导言》（简称《导言》）写于1857年8—9月，是马克思为他计划中的政治经济学巨著起草的“总导言”。这是一篇未完成的手稿。最初，马克思打算将这部巨著分册来写，在继续研究的过程中，他一再改变计划，写成了《政治经济学批判》和《资本论》。在出版《政治经济学批判》时，马克思没有发表这篇《导言》，而是另外写了一篇序言。他解释说：“我把已经起草的一篇总的导言压下了，因为仔细想来，我觉得预先说出正要证明的结论总是有妨害的，读者如果真想跟着我走，就要下定决心，从个别上升到一般。”① 1902年在马克思的遗稿中发现了这篇《导言》，1903年3月考茨基将《导言》首次发表在柏林的《新时代》杂志上。《导言》的基本内容是阐明政治经济学的研究对象和方法。全文共四节，前两节探讨政治经济学的研究对象，后两节探讨政治经济学的研究方法。这里重点介绍“1. 生产”“2. 生产与分配、交换、消费的一般关系”两部分。选自《马克思恩格斯选集》，2版，第2卷，1-17页。

社会历史背景

1843年，马克思开始对经济学进行研究，到19世纪40年代末，已经取得了许多重要成果，初步奠定了他的劳动价值论和剩余价值论的基础。1848年欧洲革命失败之后，革命转入低潮，马克思把主要精力放在革命理论的研究上。1849年8月，马克思作为政治流亡者迁居英国伦敦后，重新开始了政治经济学的研究工作，写下了大量的读书笔记。到19世纪50年代末期，他所要构建的政治经济学体系已经大体完成。1857年爆发的经济危机推动他进入直接写作阶段。他认为，危机必然引发新的革命。为了给即将到来的革命高潮提供科学的理论指导，马克思通宵达旦地工作，整理他所积累的经济学资料，总结研究成果。1857年8月至1858年6月，他写下了长篇经济学手稿，后来统称为《1857—1858年经济学手稿》，《导言》就是这个手稿的开头部分。

在《1857—1858年经济学手稿》的基础上，马克思于1859年整理出版了《政治经济学批判。第一分册》，马克思为第一分册的出版写了序言，通常称为《〈政治经济学批判〉序言》。《政治经济学批判。第一分册》出版后，马克思并没有按照原来的思路出版该书的第二、第三分册，而是将《1857—1858年经济学手稿》进行整理，于1867年出版了《资本论》第一卷。《资本论》与《政治经济学批判。第一分册》有些内容是相关的，甚至是重叠的，所以在《资本论》扉页上通常著有“政治经济学批判”的字样。《政治经济学批判。第一分册》是马克思政治经济学巨著的初篇，《资本论》是其续篇，二者丰富、发展和完善了马克思的学说。

① 马克思，恩格斯. 马克思恩格斯文集：第2卷. 北京：人民出版社，2009：588.

历史地位与现实意义

《导言》是一篇序，但又与一般的序不同。它全面、系统、深入地分析了政治经济学的研究对象和方法问题，阐明了社会的物质基础同意识形态这一上层建筑之间的关系的一系列重要想法，这在马克思的著作和手稿中是唯一的。这篇《导言》在政治经济学的发展史上占有十分重要的地位。马克思在《导言》中以唯物史观为依据，在批判资产阶级经济学家错误观点和方法的同时，透彻地阐明了政治经济学的研究对象是生产关系，确定了科学的研究方法和叙述方法，第一次把政治经济学建立在真正科学的基础上。

《导言》不仅具有极高的理论价值，而且具有重大的现实意义。马克思在《导言》中所阐述的生产、分配、交换、消费相互关系的一般原理，仍是我们今天进行经济建设的重要理论指导。在四个环节的相互关系中，生产居于支配地位，起着决定作用，但分配、交换、消费对生产也起反作用。因此，在经济建设中，必须妥善处理四个环节之间的关系。在紧紧抓住生产环节的同时，也不能忽视其他环节，分配、交换、消费任何一个环节出了问题，都会影响生产，甚至影响整个经济的发展。只有生产、分配、交换、消费实现平衡，国民经济才能进入良性循环。

主要思想内容

1. 生产

这一节共 14 个自然段。中心是通过对资产阶级经济学家空谈生产一般、从孤立的个人出发研究生产、把资本主义生产方式说成是永世长存的生产方式等观点的批判，强调要社会地、历史地考察物质生产，指明政治经济学的研究对象是生产关系。

（一）政治经济学的研究对象是生产的社会形式即生产关系（第 1～3 段）

马克思指出，政治经济学所要研究的“首先是**物质生产**”（1 页）。物质资料的生产是人类生存和发展的基础。生产总是在一定的社会关系中进行，政治经济学的出发点是在社会中进行的生产，“在社会中进行生产的个人，——因而，这些个人的一定社会性质的生产，当然是出发点”（1 页）。在这里，马克思强调生产的社会性，强调要从“一定社会性质的生产”出发来研究生产，这实际上已经说明政治经济学的研究对象是生产关系。这与斯密、李嘉图等资产阶级经济学家的观点不同。斯密等人以“单个的孤立的猎人和渔夫”（1 页）作为出发点，抛开了物质生产中人和人的关系，把单纯的物质或财富的生产作为研究对象，在他们的经济学中就只见物不见人。马克思对此进行了批判，认为单个的孤立的个人从来就是不存在的。“我们越往前追溯历史，个人，从而也是进行生产的个人，就越表现为不独立，从属于一个较大的整体”（2 页）。孤立的一个人在社会之外进行生产，“就像许多个人不在一起生活和彼此交谈而竟有语言发展一样，是不可思议的”（2 页）。

（二）政治经济学所研究的生产是一定社会发展阶段上的生产（第 4～6 段）

马克思认为，人类社会的物质资料生产，已经经历了许多发展阶段，所以，“说到生产，总是指在一定社会发展阶段上的生产”（3 页），或者说是在一定社会生产关系中进行的个人生产。政治经济学不能空谈生产一般，对物质生产进行泛泛的考察，而必须抓住生产关系，对不同历史阶段的生产进行深入考察。对各个不同历史发展阶段上生产的研究，必须把一些共同点、共同规定作为“生产一般”抽象出来。马克思认为，“生产一般”是重要的，“如果没有生产一般，也就没有一般的生产”（4 页）。但是政治经济学并不是研究生产一般。

（三） 揭露和批判资产阶级经济学家混淆“生产一般”或“一般生产”的做法（第 7～14 段）

对一些资产阶级经济学家有意混淆“生产一般”或“一般生产”的做法，马克思进行了批判和揭露。认为他们这样做的目的是借口生产不同于分配，生产是脱离历史而独立的永恒自然规律，把资本主义生产方式说成是超历史的绝对生产方式。“他们所要说的是，生产不同于分配等等……应当被描写成局限在与历史无关的永恒自然规律之内的事情”（5 页）。反之，在分配上，他们认为是可以随心所欲的。这是一种错误的认识，因为“无论在不同社会阶段上分配方式如何不同，总是可以像在生产中那样提出一些共同的规定来，可以把一切历史差别混合或融化在一般人类规律之中”（5 页）。任何一个社会发展阶段上的产品分配，都是由特殊的分配规律来决定的。分配并不能由人们随心所欲。

2. 生产与分配、交换、消费的一般关系

这一节共 40 个自然段。中心是在指出资产阶级经济学家把社会生产的四个环节割裂和并列的错误观点后，分析了生产、分配、交换、消费的辩证关系，指出应从它们之间的相互关系中把握生产关系。

（一） 指出资产阶级经济学家割裂和并列生产、分配、交换、消费的错误观点（第 1～5 段）

马克思指出，资产阶级经济学家把生产、分配、交换、消费割裂开来，并不分主次地加以并列，这种认识是十分肤浅的，抹杀了生产、分配、交换、消费的内在联系。马

克思指出，社会生产是一个有机的统一体。虽然“三段论”是一种联系，但也只是一种肤浅的联系。在对资产阶级经济学家的有关见解进行评价之后，马克思全面系统地分析了生产、分配、交换、消费的相互关系。

（二）生产和消费的关系（第6～23段）

（1）生产和消费的同一性。第一，生产和消费是同一的。首先，“生产直接也是消费”（8页）。马克思指出，生产过程同时就是消费过程，一方面是劳动力的消费，另一方面是燃料、原材料的消费。生产行为本身就是消费行为，即“生产的消费”。其次，“消费直接也是生产”（8页）。人们消费各种生活资料的过程，同时也是人体的生长或劳动力的再生产过程，这是“消费的生产”。因此，“生产直接是消费，消费直接是生产。每一方直接是它的对方”（9页）。第二，生产和消费互为媒介、互相依存。从生产和消费两者的关系看，两者直接存在一个中介运动。生产中介着消费，因为有了生产创造的物质产品，消费才成为可能；消费也中介着生产，因为消费为产品创造了主体——消费者。产品只有进入消费者手中，“在消费中才得到最后完成”（9页），否则，它就只是可能的产品，不是现实的产品。可见，生产和消费是相互依存的。正如马克思所说：“没有生产，就没有消费；但是，没有消费，也就没有生产，因为如果没有消费，生产就没有目的。”（9页）第三，生产和消费互相创造对方。生产创造出消费，消费创造出生产。消费从两个方面创造出生产：首先，消费使产品成为现实的产品，最终完成生产的行为；其次，消费还创造出新的生产的需要。这表现在消费创造出生产的观念上的动机，包括新的生产对象、生产动力和目的，从而使生产连续不断地进行。

生产从三个方面创造出消费：首先，生产为消费提供可消费的对象，消费而无对象，不成其为消费。其次，生产创造出消费的方式。马克思指出，生产在给人们提供产品的同时，也给人们提供了消费的方式。“因此，不仅消费的对象，而且消费的方式，不仅在客体方面，而且在主体方面，都是生产所生产的。”（10页）最后，生产为消费对象生产出消费者。例如，艺术品能够创造出懂得艺术和具有审美能力的大众，任何产品都是如此。因此，生产不仅为主体（消费者）生产对象，也为对象生产主体。“因此，生产生产着消费：（1）是由于生产为消费创造材料；（2）是由于生产决定消费的方式；（3）是由于生产通过它起初当作对象生产出来的产品在消费者身上引起需要。”（10页）

第四，生产和消费同一性的表现。生产是消费，消费是生产，表现为直接的同一性；生产和消费互为媒介、互相依存、互不可缺。没有生产就没有消费，没有消费就没有生产；生产和消费互相创造对方。消费创造生产，使生产行为得以最终完成。生产创造消费，创造消费的对象、方式和动力。

（2）生产和消费对立性的表现。生产和消费具有同一性，但绝不是完全等同的，也存在矛盾。马克思在此对把生产和消费完全等同、否认其矛盾的观点进行了分析。指出任何一个民族都不能把全部产品消费掉，必须留出一部分产品作为生产资料，否则，其再生产就无法进行。马克思指出，把社会当作一个单独的主体来考察是不对的。就一个主体来说，生产和消费表现为一个行为的两个要素，生产是起点，是起支配作用的。消费作为需要，也包含在生产之中，“是生产活动的一个内在要素”（12 页）。但是，生产活动毕竟是现实的起点，是先有生产，然后才有消费。可见，生产和消费并不是一码事。

从社会的角度看，生产和消费的矛盾就更加明显。在社会中，产品一旦完成，生产者对产品的关系，就是一种外在关系了。在资本主义商品经济中，生产者并不直接占有和消费他的产品，直接占有产品不是他的目的。这涉及分配问题。产品生产出来后，要通过分配和再分配转供他人消费。因此，生产和消费的矛盾是很难避免的。

（三）生产和分配的关系（第 24～36 段）

（1）生产的结构决定分配的结构。首先，马克思对资产阶级经济学家的分配理论进行了分析，指出地租来源于土地、工资来源于劳动、利润来源于资本这种“三位一体”的分配理论，实质是掩盖了资本主义的剥削，是抛开生产关系来谈分配，割裂了生产和分配的内在联系。分配的形式是由生产的形式决定的。如果生产资料不转化为资本，就不会有利润这一形式；工资是以雇佣劳动为前提的；地租也是以资本主义的大土地所有制为前提的。所以，“分配关系和分配方式只是表现为生产要素的背面”，“分配的结构完全决定于生产的结构。分配本身是生产的产物，不仅就对象说是如此，而且就形式说也是如此”（13 页）。

（2）不是分配先于生产，而是生产决定分配。从一些现象看，似乎分配先于生产，分配决定生产。例如，就单个人来说，在没有资本、地产的情况下，“他一出生就由社会分配指定从事雇佣劳动”（13－14 页），但这是因为，资本和地产作为独立的生产要素，已经被资本家和土地所有者占有。从整个社会来看，似乎也是分配先于生产和决定生产。历史上出现过的种种情况似乎都在证明这一观点。

马克思指出，对生产和分配关系的分析，应首先把生产条件的分配和产品的分配区分开来。“在分配是产品的分配之前，它是（1）生产工具的分配，（2）社会成员在各类生产之间的分配（个人从属于一定的生产关系）……这种分配包含在生产过程本身中并且决定生产的结构，产品的分配显然只是这种分配的结果。”（14 页）如果在考察生产时把这种分配撇开，生产只是一个空洞的抽象；有了这种构成生产的一个要素的分配，产品的分配自然也就确定了。

对于有人认为，既然生产必须从生产工具的分配出发，至少在这个意义上分配先于生产。马克思的回答是，生产有其条件和前提，这一时期生产的条件和前提，正是上一时期生产发展的历史结果。所以，生产条件的分配，也是由生产决定的。

法律可以确定一种生产资料的权属，但这种确定是否可行，取决于它与生产力的发展要求是否相适应。法律对生产资料的分配只能起保护作用，起决定作用的依然是生产。

（四）生产和交换的关系（第 37～40 段）

（1）交换与流通的联系与区别。交换包括活劳动的交换和产品的交换。产品交换在历史上又分为物物交换和通过货币进行的交换。通过货币进行的交换就是商品流通。“流通本身只是交换的一定要素”(16页),不能把二者等同起来。

(2)交换在社会再生产过程中的地位。交换是生产与分配和消费之间的媒介,它也作为生产的要素包含在生产过程中。

(3)生产与交换的关系。在此,马克思具体分析了下列交换。第一,“在生产本身中发生的各种活动和各种能力的交换,直接属于生产”(16页),构成生产的要素。第二,原材料、半成品的交换是包含在生产中的行为。第三,企业家之间的交换本身也是生产活动。第四,直接为消费而进行的产品交换。这种交换也是由生产决定的。因为,没有生产分工,就没有交换;私人交换以私人生产为前提;交换的深度、广度和方式都是由生产的发展和结构决定的。“可见,交换就其一切要素来说,或者是直接包含在生产之中,或者是由生产决定。”(17页)

(4)结论。生产、分配、交换、消费构成社会生产和再生产总体中的各个环节。在这个统一体中,四个环节并不是并列的,其中,生产起支配和决定作用,决定和支配着分配、交换和消费。生产和再生产过程总是从生产开始的。但生产也取决于分配、交换和消费等要素。“一定的生产决定一定的消费、分配、交换和**这些不同要素相互间的一定关系**。当然,生产**就其单方面形式来说**也决定于其他要素。”(17页)社会再生产是一个有机的统一整体,不同要素之间存在着相互作用,任何一个社会有机体都是如此。

要点解析

1.“说到生产,总是指在一定社会发展阶段上的生产”

马克思认为,政治经济学所研究的物质生产是“一定社会性质的生产”。在不同社会形态下进行物质资料的生产,都具有某些共同标志、共同规定,都表现为劳动者通过有目的的、有计划的活动,改变自然界的物质现象的具体形式,以适合人们需要的过程。人类社会的物质资料生产,已经经历了许多发展阶段,但政治经济学不是空谈生产一般,对物质生产进行泛泛的考察,而必须抓住生产关系,对不同历史阶段的生产进行深入考察。对各个不同历史发展阶段上生产的研究,必须把一些共同点、共同规定作为“生产一般”抽象出来。马克思认为,“生产一般”是重要的,“如果没有生产一般,也就没有一般的生产”(4页)。但是政治经济学并不是研究生产一般。在任何条件下,生产都是社会的生产,人们只有结成一定的经济关系,才能进行物质生产,才能与自然界进行斗争。因此,马克思说,“孤立的个人在社会之外进行生产——这是罕见的事”(2页)。作为政治经济学研究对象的物质生产必然是一定社会发展阶段上的生产,一定社会关系中的生产。

2. 生产和分配、交换、消费之间的辩证关系

生产是社会经济运行过程中的决定性因素。人们从事物质资料的生产必须具备劳动、劳动对象、劳动资料三个要素。在任何社会生产中,劳动者的劳动总是通过劳动资料作用于劳动对象,生产出能够满足人们需要的劳动产品。

分配是劳动产品在国家、社会集团和个人之间分割的过程,包括作为生产活动的条件生产资料和劳动力的分配,以及作为生产活动的结果劳动产品的分配。

交换是人们相互交换活动或交换产品的过程，包括人们在生产中发生的各种活动和能力的交换，以及一般的产品交换。

消费是人们使用物质资料满足生产和生活需要的过程，包括生产性消费和个人生活消费。

就生产与消费的关系而言，生产是消费，消费是生产，二者表现为直接的同一性；没有生产就没有消费，没有消费也就没有生产；生产创造出消费的物质对象、消费方式、消费结构，创造出消费的动力，消费反作用于生产，使生产行为得以最终完成。

就生产与分配的关系而言，作为生产前提条件的生产资料和劳动力的分配比例决定生产。在劳动产品的分配上，生产决定分配；在分配方式上，人们在生产过程中所处的地位和关系决定了他们在分配中所处的地位和关系。分配对生产的反作用表现为促进或延迟生产的发展。

就生产与交换的关系而言，生产决定交换的性质，生产发展的程度决定着交换发展的程度。交换对生产的反作用表现在随着交换的发展、市场的扩大，用于交换的产品需求增加，进一步促进生产的发展。

生产、分配、交换、消费构成社会生产和再生产总体中的各个环节。在这个统一体中，四个环节并不是并列的，其中，生产起支配和决定作用，决定和支配着分配、交换和消费。生产和再生产过程总是从生产开始的。但生产也取决于分配、交换和消费等要素。社会再生产是一个有机的统一整体，不同环节之间相互作用，任何一个社会有机体都是如此。

3. 生产、分配、交换、消费的有机联系及其对社会发展变化的影响

马克思以唯物史观为基础，通过对生产、分配、交换和消费四个要素和环节的分析，揭示了经济运行的整体性要求和基本规律，进而为我们认识和把握社会经济发展变化的方向和趋势提供了重要理论基础和方法指导。

在马克思看来，社会经济运行有其客观规律性，而这一规律在其运作过程中表现为生产、分配、交换、消费几个环节的相互联系、相互贯通、相互作用的关系，社会经济总体性的良性运行发展，从根本上来讲就是生产、分配、交换、消费的相互贯通协调发展。首先，生产在社会经济整体运行发展中具有决定性作用。人类物质资料生产是人类活动的根本内容，生产从一开始就是与消费联结在一起的，消费是生产的归宿，生产的最终目的、价值理念就是消费。同时，生产使社会生产中的人群组织和联系体现出来，并且生产目的——消费的实现，又激活了分配与交换这种经济运行本身的特殊的社会关系和交往形式，从而在实际运行中表现为一种有机的活动过程，这个过程就是生产起决定作用的生产、分配、交换、消费相互关联和作用的有机运动过程。其次，生产只是从总体上决定分配、交换、消费。分配方式、交换方式和人们的消费方式在很大程度上取决于人们的生产方式，但分配、交换、消费等作为与生产密切关联的环节对生产具有重大的影响作用。最后，生产决定分配和交换，而分配、交换与生产、消费统一贯通，并成为整个经济运行中的关键环节。生产、消费、分配、交换关系有机联系理论在马克思经济理论中具有重要地位。在马克思看来，生产、分配、交换、消费关系理论在经济系统运行中起着决定作用；生产、分配、交换、消费在经济运行过程中相互联系，表现出

一定的有机协调的关系，这种协调性是社会经济运行优化的根本标志，也是社会经济健康持续发展的根本保障；消费与生产作为经济运行的逻辑起点和终点是相互贯通的两个范畴，而分配、交换作为经济运行的关键环节，对于整个经济运行具有决定意义。

马克思关于生产、消费、分配、交换关系有机联系理论，对于我们科学准确理解经济方式和切实转变经济发展方式具有重要指导意义。一方面，我们要树立经济整体运行发展的科学观念，全面准确理解生产、分配、交换、消费等要素构成的经济运行的大系统，不仅要考虑生产领域的经济增长，而且要科学认识和处理社会基本矛盾关系，科学理解经济发展方式，厘清生产、分配、交换、消费诸领域之间和各自内部的关系，合理估计当前我国经济社会发展面临的一些深层次矛盾，以科学的经济发展的观点、系统的观点看待经济发展方式转变。另一方面，要充分认识需求作为经济运行关键环节的重要意义，加快构建扩大内需的长效机制，要高度认识、挖掘和扩大内需，不断提高我国经济竞争力，切实增加居民收入，充分认识分配、交换作为经济运行中介环节的重要功能，切实把发展经济与调整分配结构和培育发达市场结合起来。最后，要充分认识生产对经济运行最终起决定作用，全面推进生产、经济领域发展的转型变革。

《 思考题 》

1. 如何理解马克思“说到生产，总是指在一定社会发展阶段上的生产”这一论断？
2. 如何理解“生产直接是消费，消费直接是生产”？
3. 经济不景气时，政府采取扩大内需的政策，反映了消费与生产之间怎样的关系？

《 阅读书目 》

1. 马克思. 资本论（“劳动过程和价值增殖过程”）//马克思，恩格斯. 马克思恩格斯选集：第2卷. 2版. 北京：人民出版社，1995：177-187.

2. 恩格斯. 卡·马克思《资本论》第一卷书评——为《民主周报》作//马克思，恩格斯. 马克思恩格斯选集：第2卷. 2版. 北京：人民出版社，1995：589-597.

马克思《〈政治经济学批判〉序言》导读

要点提示

● 人们在自己生活的社会生产中发生一定的、必然的、不以他们的意志为转移的关系，即同他们的物质生产力的一定发展阶段相适合的生产关系。这些生产关系的总和构成社会的经济结构，即有法律的和政治的上层建筑竖立其上并有一定的社会意识形式与之相适应的现实基础。物质生活的生产方式制约着整个社会生活、政治生活和精神生活的过程。不是人们的意识决定人们的存在，相反，是人们的社会存在决定人们的意识。

● 社会的物质生产力发展到一定阶段，便同它们一直在其中运动的现存生产关系或财产关系（这只是生产关系的法律用语）发生矛盾。于是这些关系便由生产力的发展形式变成生产力的桎梏。那时社会革命的时代就到来了。随着经济基础的变更，全部庞大的上层建筑也或慢或快地发生变革。

● 无论哪一个社会形态，在它所能容纳的全部生产力发挥出来以前，是决不会灭亡的；而新的更高的生产关系，在它的物质存在条件在旧社会的胎胞里成熟以前，是决不会出现的。

● 大体说来，亚细亚的、古希腊罗马的、封建的和现代资产阶级的生产方式可以看做是经济的社会形态演进的几个时代。

关键词

生产力　生产关系　经济基础　上层建筑

导 读

1857年至1858年，马克思重新修改了经济学手稿，并于1859年1月写下了《〈政治经济学批判〉序言》（简称《序言》）。马克思在世时，《政治经济学批判》没有出版，但《序言》于1859年6月4日发表在伦敦德文报纸《人民报》上。《序言》对历史唯物主义的主要原理进行高度概括，是马克思首次从哲学与经济学相结合的高度对唯物史观进行的精辟阐释。选自《马克思恩格斯文集》，第2卷，588-594页。

社会历史背景

世界近代史上规模最大、范围最广的欧洲1848年革命虽以失败而告终，但无产阶级在革命中受到了锻炼，积蓄了力量。1848年革命以后，资本主义开始了相对稳定的发展时期。然而，随着资本主义制度的矛盾激化，尤其是1857—1859年资本主义历史上的第一次世界性经济危机的爆发，直接推动了1859年欧洲各国无产阶级革命的高潮。为了在理论上武装无产阶级，马克思、恩格斯在这个时期特别注意发展经济学说，力图通过对资本主义经济形态的系统剖析，揭示必然导致资本主义灭亡的客观规律，进一步深化和丰富唯物史观。《政治经济学批判》是马克思经济学研究的一个重要成果，是马克思阐述剩余价值学说的著作，也是马克思经济学研究的最高成果——《资本论》的最初的一个稿本。《〈政治经济学批判〉序言》是马克思为《政治经济学批判》第一分册所写的序言，它从宏观上对唯物主义历史观进行了总体性概括，在唯物史观发展史上具有极其重要的意义，是一篇有着巨大的理论意义和独立的科学意义的著作。

历史地位与现实意义

马克思在《序言》中对历史唯物主义基本原理所做的简明而完整的概括，是人们完整准确理解唯物史观不能不研读的经典论述。马克思在《序言》中说明的他研究政治经济学的经过，同时也就是唯物主义历史观形成、运用和得到证明的过程，表明马克思主义是一个不可分割的完整的科学体系。《序言》阐明了生产方式是社会发展的决定力量、社会存在决定社会意识的根本原理，阐明了由生产力和生产关系、经济基础和上层建筑构成的社会结构，由社会基本矛盾运动决定的社会发展和社会革命的规律，阐明了社会形态演进的历史进程和资本主义的历史地位，体现了马克思主义世界观、历史观的科学性与阶级性的完美统一。

《序言》关于历史唯物主义基本原理的经典表述，始终闪烁着真理的光辉，一直是无产阶级及其政党认识世界和改造世界、进行社会主义革命和建设的重要思想武器。这些基本原理，对于我们深入理解和正确认识历史与人民选择了中国共产党、选择了马克思主义、选择了社会主义道路、选择了改革开放具有重要意义。对于我们坚持以经济建设为中心、解放和发展生产力、实现科学发展、构建社会主义和谐社会等具有重要启示。

对于我们进一步坚定社会主义必然战胜资本主义的信心、坚持走中国特色社会主义道路具有重要作用。正如恩格斯指出那样，“正像达尔文发现有机界的发展规律一样，马克思发现了人类历史的发展规律”①。唯物史观的确立，使关于人类社会发展历史的研究第一次建立在科学的基础之上。

主要思想内容

马克思在《〈政治经济学批判〉序言》中首先交代了自己早期思想的发展历程，而后对唯物史观的实质作了最集中、最经典的表述。全文包括 7 个自然段。

（一）马克思谈自己对社会问题的认识方法和研究方法（1～3 段）

首先，马克思谈了自己考察资产阶级经济制度的方法：不仅从基本经济问题出发，而且注意研究了主要社会阶级的“经济生活条件”，目的是“弄清问题”。其次，马克思谈了研究政治经济学的经过，遇到了物质利益关系问题，特别是涉及农民利益和政府政策问题“发表意见的难事”，马克思觉得对这样的问题还不能“妄加评判”，需要做深入研究。对社会生活的“结论”需要经历“从个别上升到一般”的过程。这样的过程正是他的唯物史观发现过程。决定社会发展的因素是什么？这是有史以来思想家们一直在探索的问题。很久以来，人们就试图探讨和说明人类社会生活的本质及其发展。但在马克思主义出现以前，在社会历史观领域，一直是唯心主义占统治地位。唯心主义历史观把社会的发展归结为人们的思想动机，而不探究隐藏于思想动机背后的深层原因，因而不能发现历史的客观规律。这就不可能科学地把握社会发展的内在因果联系，更不可能预见未来社会发展的走向。

（二）系统阐释唯物史观基本原理（第 4 段）

1. 分析社会形态的各构成要素及其相互关系

马克思指出：“人们在自己生活的社会生产中发生一定的、必然的、不以他们的意志为转移的关系，即同他们的物质生产力的一定发展阶段相适合的生产关系。这些生产关系的总和构成社会的经济结构，即有法律的和政治的上层建筑竖立其上并有一定的社会意识形式与之相适应的现实基础。物质生活的生产方式制约着整个社会生活、政治生活和精神生活的过程。不是人们的意识决定人们的存在，相反，是人们的社会存在决定人们的意识。”（591 页）马克思在这里从生产力、生产关系、经济基础、上层建筑诸范畴的相互关系中界定了生产关系、经济基础、上层建筑诸范畴的科学内涵，进而把一个丰

① 马克思，恩格斯．马克思恩格斯选集：第 3 卷．2 版．北京：人民出版社，1995：776．

满的社会结构呈现出来。

2. 揭示了社会发展动力系统的运行

整体观是唯物史观的一个重要观点。任何一个复杂的事物，都是由各个部分相互作用而构成的统一整体。自然界如此，社会领域同样如此。《序言》无论是在界定唯物史观诸范畴还是在论述社会发展规律时，都坚持了这一原则。马克思从相互作用的总体中论述社会发展规律：既揭示了每一条规律的独特内容和作用，又揭示了它们的相互联系和中介。马克思着意揭示其中一个因素的变化，如何导致另一个因素的改变，从而引起社会形态的演变。因此，马克思把人类社会看成十分复杂并充满矛盾、由各种规律综合起作用的历史过程。

马克思精辟地概括了生产力和生产关系、经济基础和上层建筑的矛盾运动："社会的物质生产力发展到一定阶段，便同它们一直在其中运动的现存生产关系或财产关系（这只是生产关系的法律用语）发生矛盾。于是这些关系便由生产力的发展形式变成生产力的桎梏。那时社会革命的时代就到来了。随着经济基础的变更，全部庞大的上层建筑也或慢或快地发生变革……无论哪一个社会形态，在它所能容纳的全部生产力发挥出来以前，是决不会灭亡的；而新的更高的生产关系，在它的物质存在条件在旧社会的胎胞里成熟以前，是决不会出现的。"（591－592 页）这就是说，马克思通过紧紧把握住两大矛盾运动相互制约的各种因素中的决定性环节，来对人类社会发展展开考察。马克思把生产关系归结为生产力的高度，得出了生产力是社会历史发展的最主要决定因素。抓住了生产力，就抓住了社会历史发展中的决定环节。只有分析某一时期生产力的状况，才能找到某种生产关系存在和变化的依据；也只有生产力才提供区分生产关系是否适应的客观尺度。离开了生产力和生产关系的矛盾，就不能理解经济基础和上层建筑如何会发生冲突，就不能理解社会革命最深刻的根源。生产力与生产关系的矛盾、经济基础与上层建筑的矛盾运动是社会发展的动力，是客观的、不以人的意志为转移的。一句话，只有抓住生产力，把生产关系归结于生产力的高度，才能有可靠的根据把社会形态的发展看作自然历史过程。

3. 对人类社会发展形态再次作了划分

马克思说："大体说来，亚细亚的、古希腊罗马的、封建的和现代资产阶级的生产方式可以看做是经济的社会形态演进的几个时代。"（592 页）这是马克思从生产方式的角度，对人类社会发展的一般趋势的描述。其中明确指出了资本主义社会形态的历史命运。"资产阶级的生产关系是社会生产过程的最后一个对抗形式，这里所说的对抗，不是指个人的对抗，而是指从个人的社会生活条件中生长出来的对抗；但是，在资产阶级社会的胎胞里发展的生产力，同时又创造着解决这种对抗的物质条件。因此，人类社会的史前时期就以这种社会形态而告终。"（592 页）资本主义社会形态是人类历史上最后一个对抗形式，在这个社会里，生产力与生产关系的矛盾集中体现在生产资料的资本主义私有制与生产社会化矛盾，而这一矛盾又是无产阶级与资产阶级斗争的根源，这一矛盾是通过从资本主义生产方式中产生、发展起来的无产阶级革命运动得以解决的。一句话，资本主义的必然灭亡、社会主义的必然胜利，是历史发展的必然趋势。

（三）研究科学问题必须有科学的态度（第5~7段）

马克思首先谈到了他和恩格斯的合作实际上是从不同的道路同时得出“一样的结果”，这既是他们合作的基础，也是他们在理论研究和革命实践中一以贯之的思想。马克思还谈到科学研究和谋生的需要之间的矛盾，也是对科学研究的态度、对科学工作者的品质提出要求，要坚持诚实研究，“不管它多么不合乎统治阶级的自私的偏见”（594页）。

要点解析

1. 物质生活的生产方式制约着整个社会生活、政治生活和精神生活的过程

唯物史观和唯心史观是两种根本对立的观点。唯物史观认为物质生活决定精神生活，社会存在决定社会意识；而唯心史观则相反。马克思在《序言》中所阐明的唯物史观的基本观点之一就是物质生活的生产方式决定整个社会政治生活和精神文化生活。在马克思看来，只有把社会关系归结于生产关系，把生产关系归结于生产力的高度，才能有可靠的根据把社会形态的发展看作自然历史过程。事实上，这是将物质决定意识的根本原理运用于分析社会的决定因素和发展而形成的必然结论。换句话说，在唯物主义物质决定意识的关系原理运用于社会存在和社会意识的关系时，就是社会存在决定社会意识，而社会存在根本在于生产力，归根结底就是社会生产力决定生产关系乃至整个社会关系的变迁和改革。生产力的发展推动着人类社会从低级阶段向高级阶段发展，推动着历史前进。一切先进的阶级和人们总是热心发展生产力，而一切反动的阶级总是阻碍生产力的发展。恩格斯说得好：“这个原理看来很简单，但是仔细考察一下也会立即发现，这个原理的最初结论就给一切唯心主义，甚至给最隐蔽的唯心主义当头一棒。关于一切历史的东西的全部传统的和习惯的观点都被这个原理否定了。”①

2. 随着经济基础的变更，全部庞大的上层建筑也或慢或快地发生变革

生产力决定生产关系、生产关系反映和反作用于生产力仅仅说明了社会存在与社会意识最基本的关系，社会的存在发展变化是更为复杂的，需要在更深层次进行说明。经济基础决定上层建筑、上层建筑反映和反作用于经济基础这一对矛盾关系原理就是这样被马克思揭示出来的。马克思在《序言》中把最复杂的社会现象，用经济基础和上层建筑这一关系范畴进行了深刻说明，揭示出经济基础决定上层建筑这一社会基本矛盾运动的普遍规律。马克思指出，上层建筑的变革，必须也只能从经济基础方面去寻找原因。这就有力地回击了以往的唯心史观关于社会演变发展源自某一种思想或某些英雄人物的作用等荒谬的分析，使人类社会的演变发展规律更加清晰地展现出来。一部人类社会发

① 马克思，恩格斯. 马克思恩格斯选集：第2卷. 2版. 北京：人民出版社，1995：39.

展史以无可辩驳的事实充分证明了这一点①，为我们遵循和利用好这一规律提出了要求。一旦经济基础变了，上层建筑不变也得变，这是不以人们的意志为转移的。

3. 无论哪一个社会形态，在它所能容纳的全部生产力发挥出来以前，是决不会灭亡的；而新的更高的生产关系，在它的物质存在条件在旧社会的胎胞里成熟以前，是决不会出现的

这两个“决不会”是关于社会生产力的最终决定作用的原理的必然延伸，是完全正确的。问题在于要完整地、准确地加以理解。第一，马克思在强调一种社会形态的建立归根到底要有一定的相应的社会生产力作为基础时，没有也不可能规定这种生产力的具体水平。马克思主义的创始人对此讲得很清楚，恩格斯说：“假如我们不得不等到资本主义生产到处都发展到底以后，等到最后一个小手工业者和最后一个小农都变成资本主义大生产的牺牲品以后，再来实现这个改造，那对我们可就太糟了。”② 第二，生产力的发展水平对于一种社会形态的建立来说，只是最终的决定因素，而不是唯一的决定因素。恩格斯指出：“根据唯物史观，历史过程中的决定性因素归根到底是现实生活的生产和再生产。无论马克思或我都从来没有肯定过比这更多的东西。如果有人在这里加以歪曲，说经济因素是唯一决定性的因素，那么他就是把这个命题变成毫无内容的、抽象的、荒诞无稽的空话。”③

上述情况说明，生产力对于社会发展的决定作用是“归根到底”意义上的，而不是“唯一”意义上的。经济是基础，但影响历史发展进程的还有上层建筑的各种因素。

思考题

1.《序言》是如何概括唯物史观的基本原理的？

2.《序言》是如何阐述社会形态变化的动力系统的？

3. 坚持唯物史观应当重点学习掌握哪些基本理论和方法？

阅读书目

1. 恩格斯. 在马克思墓前的讲话//马克思，恩格斯. 马克思恩格斯选集：第3卷. 2版. 北京：人民出版社，1995：776.

2. 恩格斯. 恩格斯致约瑟夫·布洛赫//马克思，恩格斯. 马克思恩格斯文集：第10卷. 北京：人民出版社，2009：591.

3. 习近平：推动全党学习和掌握历史唯物主义. 新华网，2013-02-04.

① 《中华魂》杂志编辑部. 学习历史唯物论二十讲. 北京：中央文献出版社，2005.

② 马克思，恩格斯. 马克思恩格斯选集：第4卷. 2版. 北京：人民出版社，1995：500.

③ 马克思，恩格斯. 马克思恩格斯文集：第10卷. 北京：人民出版社，2009：591.

马克思《资本论》(节选)导读

要点提示

● 劳动首先是人和自然之间的过程，是人以自身的活动来中介、调整和控制人和自然之间的物质变换的过程……劳动过程的简单要素是：有目的的活动或劳动本身，劳动对象和劳动资料。

● 劳动过程，就它是资本家消费劳动力的过程来说，显示出两个特殊现象。工人在资本家的监督下劳动，他的劳动属于资本家。其次，产品是资本家的所有物，而不是直接生产者工人的所有物。

● 劳动力的价值和劳动力在劳动过程中的价值增殖，是两个不同的量。资本家购买劳动力时，正是看中了这个价值差额。

● 如果我们现在把价值形成过程和价值增殖过程比较一下，就会知道，价值增殖过程不外是超过一定点而延长了的价值形成过程。如果价值形成过程只持续到这样一点，即资本所支付的劳动力价值恰好为新的等价物所补偿，那就是单纯的价值形成过程。如果价值形成过程超过这一点而持续下去，那就成为价值增殖过程。

● 作为劳动过程和价值形成过程的统一，生产过程是商品生产过程；作为劳动过程和价值增殖过程的统一，生产过程是资本主义生产过程，是商品生产的资本主义形式。

关键词

劳动过程　价值形成过程　价值增殖过程　剩余价值

导读

《资本论》第一部手稿写于1857年8月至1858年6月，即《政治经济学批判》。1860年2月3日马克思在致恩格斯的一封信中，第一次将自己未来要出版的政治经济学著作称为《资本论》。1861年8月至1863年7月，马克思又写下另一部更为庞大的手稿，即《1861—1863年经济学手稿》，这实际上是《资本论》的第二部手稿。这部手稿写完后，马克思便开始着手《资本论》第一卷的出版准备工作，在此过程中，马克思对过去的两部手稿进行了整理、修改、补充和审订，形成现在学界所称的《1863—1865年经济学手稿》，这是马克思《资本论》第三部手稿。1867年9月14日，《资本论》第一卷德文版在德国汉堡由迈斯纳出版社出版。之后，根据恩格斯和其他朋友的建议，在出版第二版时，马克思对原来的篇章结构进行了调整和修改，这就是我们今天所见到的《资本论》第一卷七篇二十五章结构。这里重点介绍《资本论》第一卷第三篇第五章“劳动过程和价值增殖过程”。选自《马克思恩格斯选集》，2版，第2卷，177-187页。

社会历史背景

《资本论》是当资本主义在西欧许多国家中占据统治地位、无产阶级革命运动有了一定程度发展的历史条件下，为了适应无产阶级革命斗争的需要而产生的。

从16世纪起，资本主义生产方式最先在英、法等国家逐渐发展起来。17世纪40年代，英国发生了产业革命，18世纪80年代法国完成了资产阶级革命，到19世纪40年代，欧洲的主要资本主义国家基本完成了工业革命，工场手工业为机器大工业所代替，资本主义得到迅速发展。与此同时，资本主义经济的内在矛盾也充分暴露出来了。一方面是经济危机，1825年开始出现的周期性经济危机就是证明；另一方面，随着资本主义的发展，资本家对工人的剥削越来越重，无产阶级和资产阶级的矛盾不断加深，阶级斗争随着资本主义的发展而加剧，到了19世纪40年代，无产阶级的斗争已由单纯的经济斗争发展到政治斗争，有些地方还发动了武装起义。无产阶级在斗争中不仅建立了自己的组织，而且提出了明确的政治口号。工人运动的发展，需要科学的理论指导。当时流行的形形色色的“社会主义”学说，不但不能承担这一历史使命，反而把工人运动引向歧途。因此，创立科学的社会主义理论，就成了迫在眉睫的历史任务。

马克思在大学读的是法律专业，他研究经济完全是出于革命斗争的需要。他说：“我学的专业本来是法律，但我只是把它排在哲学和历史之次当作辅助学科来研究。1842—1843年间，我作为《莱茵报》的编辑，第一次遇到要对所谓物质利益发表意见的难事……是促使我去研究经济问题的最初动因。”① 马克思当时感到自己经济方面的知识不足，研究认识社会有困难，因此，便从社会舞台退回书屋，开始了政治经济学的研究。在研究过程中，他几乎阅读了以往的全部经济学著作，查阅了有关的史料、重要的文献、调查报告和蓝皮书，并写了一系列的重要著作。与此同时，恩格斯于1844年、1845年

① 马克思，恩格斯．马克思恩格斯选集：第2卷．2版．北京：人民出版社，1995：31.

先后发表了《国民经济学批判大纲》和《英国工人阶级状况》，马克思说："他从另一条道路得出同我一样的结果"①。

到了 19 世纪中叶，由于各国工人运动普遍深入的发展，建立科学的经济理论的任务被提到议事日程上来。而且，由于资本主义有了相当的发展，资本主义生产关系的内在矛盾逐渐显露出来，马克思才能以他所发现的科学的唯物史观去研究资本主义社会，写下《资本论》这样不朽的科学巨著。正如他自己所说："人类始终只提出自己能够解决的任务，因为只要仔细考察就可以发现，任务本身，只有在解决它的物质条件已经存在或者至少是在生成过程中的时候，才会产生。"②《资本论》既是顺应了无产阶级斗争的需要，又是资本主义发展到一定阶段的产物。

从 1863 年 8 月到 1865 年底，马克思开始正式以《资本论》为标题进行写作。他结合当时资本主义发展的动态，在研究大量经济学文献和技术文献，以及收集大量的统计资料、议会文件、工业中的童工劳动和工人生活状况的官方报告的基础上，撰写了有关资本的生产过程、资本的流通过程和总过程的各种形式的一系列手稿。在写作手稿过程中，马克思提出了《资本论》四卷结构的计划，即第一卷资本的生产过程、第二卷资本的流通过程、第三卷总过程的各种形式、第四卷理论史。之后，马克思继续以严谨的科学态度，用了一年半的时间，对《资本论》第一卷进行润色和誊写，终于于 1867 年 9 月 14 日在德国汉堡出版了《资本论》第一卷德文第一版。《资本论》第一卷是马克思呕心沥血，牺牲健康、家庭和幸福，历经千辛万苦写成的一部光辉著作。此后，马克思继续为《资本论》第一卷的修订和翻译付出了艰巨的劳动。1871—1873 年，《资本论》第一卷德文第二版分九个分册出版。与德文第一版相比，第二版不仅在篇章结构上有所改动，而且在理论阐述上也有所修改。1872 年 9 月至 1875 年 11 月，由马克思本人修订、校改的法文版《资本论》第一卷也分册出版了。法文版增加了一些新的内容，而且有许多问题阐述得更加完善，具有独立的科学价值。与此同时，马克思也为《资本论》第二卷和第三卷的创作付出了极大的辛劳。只可惜未来得及出版，马克思于 1883 年与世长辞。马克思逝世后，恩格斯继承马克思的未竟事业，克服了巨大的困难，根据对马克思遗稿的整理和编辑分别于 1885 年 7 月和 1894 年 11 月出版了《资本论》的第二、第三卷。恩格斯逝世后，1910 年《资本论》第四卷由考茨基整理，以《剩余价值学说史》为书名单独出版。

历史地位与现实意义

马克思从 1843 年开始研究政治经济学，直至 1883 年逝世，前后用了整整 40 年时间从事《资本论》的写作和出版，《资本论》是马克思毕生精力的结晶。恩格斯曾经在马克思墓前的讲话中指出，马克思一生有两个伟大的理论发现，一个是发现了人类社会历史发展的一般规律，创立了历史唯物主义理论，另一个是发现了资本主义经济运动规律，

①② 马克思，恩格斯．马克思恩格斯选集：第 2 卷．2 版．北京：人民出版社，1995：33．

创立了剩余价值理论。马克思的这两个伟大的理论发现，在《资本论》中得到了最集中的体现。《资本论》不仅是一部经济学著作、一部哲学著作，同时也是科学社会主义的经典之作。《资本论》是一部马克思主义的百科全书，它包括了马克思在政治、法律、历史、数学、教育、道德、宗教、文艺、自然科学、计算科学等领域的深刻、精湛的见解，具有多种学科阅读和研究价值。《资本论》的副标题是“政治经济学批判”，马克思在书中的几乎每一个主要部分都对以前的各种政治经济学理论进行了相应评述，对资本主义历史发展进行了大量的材料分析，它是政治经济学史方面的光辉著作。《资本论》是任何有志于了解和学习马克思主义的人所必读的经典著作。

《资本论》第一卷自1867年9月发表至今已经150余年，马克思对资本主义生产过程本质的分析、对资本主义基本矛盾及其发展趋势的分析，对于我们研究和认识在全球化背景下的经济、政治等问题，仍然具有理论指导意义。马克思的资本循环和周转理论、社会资本再生产和流通等一系列理论，对于社会主义微观经济活动和宏观经济活动仍然具有现实指导意义。深入发掘和探讨《资本论》中的市场学说和市场经济思想，对完善我国社会主义市场经济体制仍然具有重大现实意义。

主要思想内容

《资本论》第一卷共七篇二十五章，按照理论体系的内在联系，可以概括为三大部分：第一部分即第一篇，主要内容是劳动价值理论；第二部分包括第二篇至第六篇，是资本和剩余价值生产理论；第三部分即第七篇，是资本积累理论。其中，劳动价值理论是基础，资本和剩余价值生产理论是核心，资本积累理论是落脚点，三大理论构建了一个相对独立完整的理论体系。《资本论》第一卷第五章“劳动过程和价值增殖过程”的主题是资本的生产过程。马克思对资本主义生产过程的分析，按照从抽象到具体的逻辑方法，分三个层次进行：第一个层次是劳动过程；第二个层次是价值形成过程；第三个层次是价值增殖过程，也就是剩余价值生产过程。资本主义生产过程是这三个层次的有机统一。该章包括劳动过程和价值增殖过程两节，以下分别介绍这两节的主要内容。

1. 劳动过程

这一节共15个自然段，中心是阐述劳动过程的一般性质，分析劳动过程的三个要素及它们之间的关系，揭示资本主义劳动过程的特点。

（一）劳动过程的一般性质及其三要素（第1~6段）

1. 劳动过程的一般性质

劳动就是劳动力的使用。马克思对劳动过程的分析首先撇开生产形式，考察生产的一般性质，指出："劳动首先是人和自然之间的过程，是人以自身的活动来中介、调整和控制人和自然之间的物质变换的过程。"（177 页）这就是说，劳动是一个过程，这个过程由于人的活动使自然物质发生变化。在资本主义社会，劳动过程表现出不同的特征，但劳动过程的一般性质不变，仍然是生产使用价值的过程。

2. 劳动过程的三要素

马克思指出："劳动过程的简单要素是：有目的的活动或劳动本身，劳动对象和劳动资料。"（178 页）

第一，有目的的活动或劳动本身。劳动者通过有意识的劳动，在改变自然物形式的同时也实现了自己的目的。

第二，劳动对象。包括自然资源（未经劳动加工的天然物，如水流、野生植物、矿石等）和原料（经过劳动加工已经发生变化的劳动对象）。

第三，劳动资料。"劳动资料是劳动者置于自己和劳动对象之间、用来把自己的活动传导到劳动对象上去的物或物的综合体。"（178 页）劳动资料不仅是衡量生产力水平的尺度，也是判断社会经济形态的标志之一。

广义地说，劳动过程所需要的一切物质条件都可算作劳动资料，如土地、厂房、运河、道路等等。它们虽然并不直接参加劳动过程，但如果没有它们，劳动过程就不能进行或不能完全进行。

（二）劳动过程三要素之间的关系（第 7～11 段）

马克思指出："如果整个过程从其结果的角度，从产品的角度加以考察，那么劳动资料和劳动对象二者表现为生产资料，劳动本身则表现为生产劳动。"（180 页）

劳动本身是指生产使用价值的活劳动。同一个使用价值在劳动过程中具有不同的作用和地位。"同一个使用价值，既是这种劳动的产品，又是那种劳动的生产资料。所以，产品不仅是劳动过程的结果，同时还是劳动过程的条件。"（180 页）现实中，绝大多数生产资料、劳动资料都是劳动产品；经过劳动加工的劳动对象——原料，可以作为主要材料，也可以作为辅助材料进入劳动过程。可见，"一个使用价值究竟表现为原料、劳动资料还是产品，完全取决于它在劳动过程中所起的特定的作用，取决于它在劳动过程中所处的地位，随着地位的改变，这些规定也就改变"（180–181 页）。

作为生产资料的产品，必须投入劳动过程中使用。劳动对象、生产资料必须被活劳动掌握，与活劳动相结合，才能使它们从仅仅是可能的使用价值变为现实的和起作用的使用价值。劳动消费劳动对象和劳动资料，是生产消费，是劳动力发挥职能的过程，其结果是生产出产品来。个人消费的产物是消费者本身，生产消费的结果是与消费者不同的产品。

综上所述，劳动过程"是制造使用价值的有目的的活动，是为了人类的需要而对自然物的占有，是人和自然之间的物质变换的一般条件，是人类生活的永恒的自然条件，因此，它不以人类生活的任何形式为转移，倒不如说，它是人类生活的一切社会形式所共有的”(181 页)。

(三)资本主义劳动过程的特点(第 12～15 段)

“劳动过程，就它是资本家消费劳动力的过程来说，显示出两个特殊现象。工人在资本家的监督下劳动，他的劳动属于资本家。其次，产品是资本家的所有物，而不是直接生产者工人的所有物。”(181 页)资本主义条件下的劳动过程，实际上是资本家所购买的各种物之间相互作用的过程，即被他买来和归他所有的生产资料和劳动力相互作用的过程。

2. 价值增殖过程

这一节的中心是分析剩余价值的产生，揭示价值增殖的秘密。共 22 个自然段，分为四个问题。

(一)商品生产过程是劳动过程和价值形成过程的统一(第 1～2 段)

马克思指出：“正如商品本身是使用价值和价值的统一一样，商品生产过程必定是劳动过程和价值形成过程的统一。现在我们就把生产过程作为价值形成过程来考察。”(181 页)商品生产过程是劳动过程和价值形成过程的统一，价值形成过程是价值增殖过程的基础。研究剩余价值生产过程，必须先研究价值形成过程。

(二)价值形成过程(第 3～14 段)

商品的价值是由生产它所耗费的社会必要劳动时间决定的。这对资本主义商品生产同样适用。考察商品价值形成过程，必先计算物化在商品中的社会必要劳动量。在此，马克思通过对棉纱生产过程的分析，说明一个新产品的价值构成包括两部分：一是生产资料价值在生产消费中被转移到新产品中去；二是活劳动创造的新价值，两者结合在一起形成产品的总价值。

(三)价值增殖过程(第 15～17 段)

因为已有价值的单纯相加并不能产生剩余价值，那么剩余价值的源泉何在？马克思在这里结合棉纱的生产，指出价值增殖的秘密在于劳动力的使用价值——劳动，劳动是价值和剩余价值的源泉。马克思指出：“劳动力的价值和劳动力在劳动过程中的价值增殖，是两个不同的量。资本家购买劳动力时，正是看中了这个价值差额……具有决定意义的，是这个商品独特的使用价值，即它是价值的源泉，并且是大于它自身的价值的源泉。这就是资本家希望劳动力提供的独特的服务。”(184-185 页)如果劳动力使用一天所创造的价值比劳动力自身一天的价值大一倍，这个超过劳动力价值的部分就是价值增殖部分，即剩余价值。

资本家“他的货币转化为资本的这整个过程，既在流通领域中进行，又不在流通领域中进行。它是以流通为中介，因为它以在商品市场上购买劳动力为条件。它不在流通中进行，因为流通只是为价值增殖过程作准备，而这个过程是在生产领域中进行的”（186 页）。

当资本家把货币变成商品，使这些商品充当生产要素，把活劳动与生产资料结合在一起时，这些价值物就变成了能自行增殖的怪物了。

（四）资本的生产过程是劳动过程和价值增殖过程的统一（第 18～22 段）

在分别分析了劳动过程和价值增殖过程后，马克思又把它们综合起来，指出：“价值增殖过程不外是超过一定点而延长了的价值形成过程。”（186 页）“作为劳动过程和价值形成过程的统一，生产过程是商品生产过程；作为劳动过程和价值增殖过程的统一，生产过程是资本主义生产过程，是商品生产的资本主义形式。”（187 页）资本的生产过程实质是以劳动过程为手段、以价值增殖为目的的生产过程。

要点解析

1. 资本主义劳动过程的特点

劳动和占有分离。劳动者不占有生产资料，为别人生产，他们获得的是社会平均劳动条件下的劳动力的价格，而占有生产资料的资本家并不参加创造价值的劳动过程。劳动具有双重属性。作为劳动过程和价值形成过程的统一，生产过程是商品生产过程；作为劳动过程和价值增殖过程的统一，生产过程是资本主义生产过程，是商品生产的资本主义形式。劳动过程是资本增殖过程。资本家无论购买生产资料，还是购买劳动力，都按其价值等价支付，而产品的出售，使资本家获得了产品本来包含的价值。这里的买卖都是完全符合等价交换规律的。然而资本家从流通中取得的货币却比原先投入流通的货币多了劳动力延长工作日所创造的价值。货币转化为资本的整个过程是在生产过程中进行的，是以流通为媒介并在流通中实现的。

2. 价值增殖的相关要素及其影响

按照马克思的分析，从资本主义生产的一般，即假定投入生产过程的诸要素包括劳动力是在正常的条件下发挥作用，所使用的生产资料也是正常的质量，并且原料和劳动资料的消费也是合理的。在此种情况下，价值增殖过程是超过一定点而延长了的价值形成过程，即雇佣劳动者的被延长（超过资本家支付劳动力价值）的劳动时间创造的价值。但当我们对个别生产者的价值增殖过程单独进行考察时，就会发现实际存在影响价值增殖的其他因素，如高级劳动和简单劳动的换算、个别组织生产过程组织的差异性，包括劳动力本身的性质、发挥作用的状况、生产资料的质量和原材料的消费状况，都实际构成对价值增殖的影响。马克思对价值增殖过程的理论分析对认识社会主义市场经济条件下，资本、知识、技术和管理的作用，深化劳动过程和分配关系改革有重要意义。

思考题

1. 资本家希望劳动力提供的独特的服务是什么？
2. 为什么要把生产过程作为价值形成过程来考察？
3. 知识经济条件下是否还要坚持马克思的劳动价值论？

阅读书目

1. 马克思．工资、价格和利润//马克思，恩格斯．马克思恩格斯选集：第2卷．2版．北京：人民出版社，1995：47-98.

2. 马克思．资本论（“货币转化为资本”）//马克思，恩格斯．马克思恩格斯选集：第2卷．2版．北京：人民出版社，1995：166-176.

3. 马克思．资本论（“不变资本和可变资本”）//马克思，恩格斯．马克思恩格斯选集：第2卷．2版．北京：人民出版社，1995：187-191.

马克思《法兰西内战》(节选)导读

要点提示

● 表面上高高凌驾于社会之上的国家政权，实际上正是这个社会最丑恶的东西，正是这个社会一切腐败事物的温床。

● 工人阶级不能简单地掌握现成的国家机器，并运用它来达到自己的目的。

● 公社的真正秘密就在于：它实质上是工人阶级的政府，是生产者阶级同占有者阶级斗争的产物，是终于发现的可以使劳动在经济上获得解放的政治形式。

● 公社的伟大社会措施就是它本身的存在和工作。它所采取的各项具体措施，只能显示出走向属于人民、由人民掌权的政府的趋势。

● 工人阶级并没有期望公社做出奇迹……他们知道，为了谋求自己的解放，并同时创造出现代社会在本身经济因素作用下不可遏止地向其趋归的那种更高形式，他们必须经过长期的斗争，必须经过一系列将把环境和人都加以改造的历史过程。工人阶级不是要实现什么理想，而只是要解放那些由旧的正在崩溃的资产阶级社会本身孕育着的新社会因素。

● 公社是法国社会的一切健全成分的真正代表，因而也就是真正的国民政府，而另一方面，它作为工人的政府，作为劳动解放的勇敢斗士，同时又具有十足国际的性质。

关键词

现代国家　公社　无产阶级专政　社会改造　劳动解放

导 读

《法兰西内战》是科学社会主义的一部重要著作。它是作为国际工人协会总委员会致欧洲和美国全体会员的宣言发表的。1871 年 3 月 18 日，巴黎工人举行武装起义，宣布成立巴黎公社，马克思立即着手搜集和研究关于公社活动的资料，先后写出《法兰西内战》初稿、二稿。1871 年 5 月 30 日，巴黎公社失败后两天，马克思在国际工人协会总委员会上宣读了《法兰西内战》的定稿文本。1871 年 6 月 13 日以《国际工人协会总委员会宣言》为题，发表于伦敦。这里重点介绍《法兰西内战：国际工人协会总委员会宣言》第三章。选自《马克思恩格斯选集》，2 版，第 3 卷，52-68 页。

社会历史背景

19 世纪 50 年代至 70 年代初，法国处于路易·波拿巴第二帝国大资产阶级的反动统治时期。伴随着法国资本主义的快速发展，法国社会矛盾日益突出，其中无产阶级和资产阶级的矛盾尤为尖锐，无产阶级接连不断地举行罢工和示威游行，阶级斗争形势非常紧张。1871 年 3 月 18 日世界上第一个无产阶级政权——巴黎公社宣告成立。巴黎公社打碎了旧的资产阶级国家机器，代之以新的无产阶级国家机器，在极其困难的条件下对旧社会进行了多方面的改造。巴黎公社成立之后，盘踞在巴黎西南郊凡尔赛的梯也尔反革命残余势力一方面大造反革命舆论，同世界各国反动派一起对巴黎公社进行恶毒的攻击、诬蔑和诽谤；另一方面又以凡尔赛为据点勾结反动占领军，重新集结反动武装力量，并于 4 月初开始向巴黎发起反攻，5 月 28 日存在了 72 天的巴黎公社在资产阶级的残酷镇压下失败。

其时流亡在伦敦的马克思，十分关注巴黎公社工人运动，他号召国际工人协会各国支部大力支援巴黎公社的工人活动，通过各种办法帮助和指导公社活动。并且从巴黎公社成立伊始就细心搜集和研究所有关于公社革命和改造的材料。1871 年 4 月 18 日马克思在国际工人协会总委员会会议上，建议就法国斗争的总趋势发表一篇告全体会员的宣言。总委员会将这项工作交给了马克思，1871 年 4 月末 5 月初马克思完成了《法兰西内战》的写作，同年 6 月 13 日发表于伦敦。

马克思写作《法兰西内战》的目的主要是总结巴黎公社的经验教训，以便更好地指导全世界的无产阶级革命运动。同时，也是为了揭露法国资产阶级残酷镇压巴黎工人的滔天罪行，回击反动资产阶级对巴黎公社的种种不实的诬蔑和攻击。

历史地位与现实意义

恩格斯 1891 年在为该书所写的导言中说，这部著作表现出作者“惊人的才能，即在伟大历史事变还在我们眼前展开或者刚刚终结时，就能准确地把握住这些事变的性质、意义及其必然后果”①。

《法兰西内战》是马克思依据巴黎公社革命实践对社会主义、共产主义进行的一次比较集中的研究和阐释，其理论具有基础性、原创性和承上启下的特殊地位。在这篇文献中，马克思运用历史唯物主义观点深刻地分析了普法战争的性质、意义及后果，科学地总结了巴黎公社关于无产阶级革命和无产阶级专政的历史经验，丰富和发展了马克思主义的国家学说。今天，这部著作对于我们认识资产阶级国家的本质，学习和掌握社会主义基本理论、基本制度、基本原则，正确地总结社会主义民主政治建设的经验教训，推进政治体制改革和防止国家公职人员蜕变，全面加强社会主义物质文明、政治文明、精神文明建设，都具有十分重大的意义。

主要思想内容

《法兰西内战：国际工人协会总委员会宣言》共四个部分：第一部分叙述了由普法战争所引起的法国政局的变化，揭露并批判了法国资产阶级国防政府和临时政府对外实行投降卖国政策，对内进行阶级压迫的历史罪行；第二部分概述了巴黎工人阶级 1871 年 3 月 18 日武装起义的经过，总结分析了这次武装起义的经验教训；第三部分是全书的重点，马克思根据巴黎公社的实践经验论证了他在 1848 年革命后就提出的无产阶级革命必须打碎旧的资产阶级国家军事官僚机器的思想，分析了巴黎公社的性质，并通过对公社的分析说明应该如何组织无产阶级专政和如何保证无产阶级民主的问题；第四部分揭露了资产阶级政府勾结俾斯麦残酷镇压巴黎公社的罪行，讴歌了巴黎无产阶级保卫公社的英勇斗争和自我牺牲精神。以下介绍第三部分的内容。

这部分共 43 个自然段，主要阐明了巴黎公社的基本经验和原则，进一步论证了无产阶级要取得胜利必须彻底打碎资产阶级国家机器的原理，通过剖析巴黎公社的性质，提出了改造社会和解放劳动的观点。

（一）揭露批判了现代国家本质（第 1～6 段）

马克思引用巴黎公社中央委员会宣言开宗明义地指出，巴黎公社是由工人“夺取政府的权力”“自己亲手掌握公共事务的领导”的政权组织。（52 页）（“恩格斯写的 1891 年单行本导言”末尾明确指出：“先生们，你们想知道无产阶级专政是什么样子吗？请看巴黎公社。这就是无产阶级专政。”②）

在夺取政府权力以掌握自己命运的伟大事变中，马克思首先提出了一条基本经验原则，即“工人阶级不能简单地掌握现成的国家机器，并运用它来达到自己的目的”（52 页）。为了论证这一基本原则，马克思全面回顾了法兰西政权更迭及其中央国家机器的产

① 马克思，恩格斯．马克思恩格斯选集：第 3 卷．2 版．北京：人民出版社，1995：1．

② 同①13-14．

生、发展和演变的历史。马克思指出，“中央集权的国家政权连同其遍布各地的机关，即常备军、警察局、官厅、教会和法院——这些机关是按照系统的和等级的分工原则建立的——起源于专制君主制时代”（52 页），其作用是“充当了新兴资产阶级社会反对封建制度的有力武器”（52 页）。在法国新兴资产阶级同旧欧洲封建势力长达 20 多年的战争中，法国资产阶级国家机器得以建立并完善，这时的资产阶级国家机器充当了法国新兴资产阶级争取摆脱封建制度束缚的解放手段；此后，完成了反封建任务的资产阶级国家机器在有产阶级控制下，“不但变成了巨额国债和苛捐重税的温床，不但由于拥有令人倾心的官职、金钱和权势而变成了统治阶级中各不相让的党派和冒险家们彼此争夺的对象”（53 页），而且随着大工业发展带来的资本与劳动对立的加深，它“越来越变成了资本借以压迫劳动的全国政权，变成了为进行社会奴役而组织起来的社会力量，变成了阶级专制的机器”（53 页）。

法国资产阶级国家政权及其国家机器产生、发展和演变的历史充分证明，现代国家的本质是代表资产阶级利益、为资产阶级利益服务的工具，是“新兴资产阶级社会当作自己争取摆脱封建制度的解放手段而开始缔造的；而成熟了的资产阶级社会最后却把它变成了资本奴役劳动的工具”（55 页）。也就是说，当资产阶级的利益需要反封建的时候，它就被赋予反封建工具的性质，而当反封建的任务完成，资本和劳动之间的对立发展为社会的主要矛盾时，现代国家即被转化为资本奴役劳动的手段和工具。

对此，恩格斯在 1891 年《法兰西内战》单行本导言中深刻指出：“工人阶级为了不致失去刚刚争得的统治，一方面应当铲除全部旧的、一直被利用来反对工人阶级的压迫机器”①。1872 年马克思、恩格斯将这一基本经验作为对马克思主义国家学说的丰富和发展写进了《共产党宣言》德文版序言。

（二）阐述了巴黎公社用无产阶级国家机器代替资产阶级国家机器的理念和措施（第 7～12 段）

马克思在《法兰西内战》中作出的一个重要的理论贡献是：从公社的政治结构和活动中看到了在无产阶级革命中用什么来代替资产阶级的国家机器，看到了无产阶级国家的萌芽，一个历史上新型的国家。

（1）在军事制度方面，公社废除了常备军而代之以武装的人民。马克思指出：“由于被围困使它摆脱了军队并用主要由工人组成的国民自卫军来代替它。”（55 页）因此，十分有必要使战役“事实成为制度”——“废除常备军而代之以武装的人民”（55 页）。马克思高度赞扬这一决策，认为这是新政权最重要的标志。

（2）在政治制度方面，一方面，公社实行普选制和监督制。“公社是由巴黎各区通过普选选出的市政委员组成的”（55 页），更重要的是公社实行的这种普遍选举权“不是为了每三年或六年决定一次由统治阶级中什么人在议会里当人民的假代表，而是为了服务于组织在公社里的人民”（57 页）。另一方面，公社实行撤换制，降低薪金，“只能领取

① 马克思，恩格斯．马克思恩格斯选集：第 3 卷．2 版．北京：人民出版社，1995：12.

相当于**工人工资**的报酬”（55 页），并用“同时兼管行政和立法的工作机关”① 来代替资产阶级代议机构，把代议机构由“清谈馆”变为真正代表劳动人民意志的工作机构。恩格斯认为这两方面措施的巨大意义还在于“能够防范自己的代表和官吏”“由社会公仆变为社会主人”②。

（3）在意识形态方面，公社摧毁了精神压迫的工具——僧侣势力，实行宗教改革和教育改革。公社“宣布教会与国家分离，并剥夺一切教会所占有的财产”，“一切学校对人民免费开放，完全不受教会和国家的干涉。这样，不但人人都能受教育，而且科学也摆脱了阶级偏见和政府权力的桎梏”（56 页）。

（4）在法律制度方面，公社废除了旧的司法制度，取消法官的虚假的独立性，实行司法人员选举制度。“法官和审判官，也如其他一切公务人员一样，今后均由选举产生”（56 页），对选民负责，并且可以撤换。这样公社的法官在本质上完全不同于资产阶级法官，他们直接对人民负责任，是为人民服务的勤务员。

（5）在组织原则方面，公社废除了资产阶级的官僚集权制度，实行无产阶级的民主集中制。

第一，公社实行广泛的民主。方法是规定每一地区处理共同事务的机构是代表会议，“每一个地区的农村公社，通过设在中心城镇的代表会议来处理它们的共同事务；这些地区的各个代表会议又向设在巴黎的国民代表会议派出代表，每一个代表都可以随时罢免，并受到选民给予他的限权委托书（正式指令）的约束”（56 页）。

第二，公社实行必要的集中。生产者自治政府中的大多数权力都归还给地方，“仍须留待中央政府履行的为数不多但很重要的职能，则不会像有人故意胡说的那样加以废除，而是由公社的因而是严格负责任的勤务员来行使”（56 页）。

第三，在民族政策上，公社从体制上、组织上对民族的统一加以保证。马克思指出，公社要“消灭以民族统一的体现者自居同时却脱离民族、凌驾于民族之上的国家政权，这个国家政权只不过是民族躯体上的寄生赘瘤”（56-57 页）。方法是“旧政权的纯属压迫性质的机关予以铲除，而旧政权的合理职能则从僭越和凌驾于社会之上的当局那里夺取过来，归还给社会的负责任的勤务员”（57 页）。

第四，公社使普遍选举权回归人民。“普遍选举权不是为了每三年或六年决定一次由统治阶级中什么人在议会里当人民的假代表，而是为了服务于组织在公社里的人民，正如个人选择权服务于任何一个为自己企业招雇工人和管理人员的雇主一样。”（57 页）换句话说，普遍选举权在公社的体制里不再是统治阶级的工具而是回归为公民的基本权利——选择为自己服务的公仆的权利。

（三）阐述了公社政权的实质（第 13～25 段）

马克思首先驳斥了资产阶级对公社性质的种种猜测和歪曲，指出公社尽管“与旧的、

① 马克思，恩格斯．马克思恩格斯选集：第 3 卷．2 版．北京：人民出版社，1995：121.
② 同①12.

甚至已经死亡的社会生活形式可能有某些相似之处”（57 页），但是巴黎公社同它们有着本质区别，而绝不是它们的翻版或复活。马克思认为，公社要建立以巴黎为中心的全国范围的生产者自治政府，它同中世纪的城市自治公社有本质区别，公社实行无产阶级的民主集中制，主张中央集权与地方自治相结合，与主张自治反对集权的小邦联盟有本质区别，公社不是要争得自治权力而是要推翻现有的一切统治，它反对的不是集权制而是旧的国家政权，“公社体制会把靠社会供养而又阻碍社会自由发展的国家这个寄生赘瘤迄今所夺去的一切力量，归还给社会机体”（57－58 页）。公社不是要恢复城市对乡村的统治，而是要“把农村的生产者置于他们所在地区中心城市的精神指导之下，使他们在中心城市有工人作为他们利益的天然代表者”（58 页）。公社的最终目的是要消灭城乡对立，而不是仿效普鲁士的市政体制。

关于公社的实质，马克思阐明了如下观点：

（1）公社不仅仅是廉价政府和“真正共和国”。马克思指出公社由于“取消了两个最大的开支项目，即常备军和国家官吏”（58 页），由于实行真正的民主制度，因而实现了历次资产阶级革命都无法实现的廉价政府和真正共和国的目标，但是“无论廉价政府或‘真正共和国’，都不是它的终极目标，而只是它的伴生物”（58 页）。

（2）公社的真正秘密就在于：“它实质上是工人阶级的政府，是生产者阶级同占有者阶级斗争的产物，是终于发现的可以使劳动在经济上获得解放的政治形式。”（59 页）

马克思指出：“劳动一解放，每个人都变成工人，于是生产劳动就不再是一种阶级属性了。”（59 页）无产阶级要获得彻底的解放，要改变自己的社会经济地位，就必须利用手中的政权对资本主义制度的经济基础即生产资料私有制进行彻底的改造。因为“生产者的政治统治不能与他们永久不变的社会奴隶地位并存”（59 页），而巴黎公社恰恰就是无产阶级可以用来改造私有制的政治形式和有力工具。马克思在驳斥了资产阶级学者关于“‘不可能的’共产主义”的叫嚣后进一步明确了公社的目的。他指出，公社的目的不仅是要建立无产阶级的政治统治，而且要“消灭那种将多数人的劳动变为少数人的财富的阶级所有制。它是想要剥夺剥夺者。它是想要把现在主要用作奴役和剥削劳动的手段的生产资料、土地和资本完全变成自由的和联合的劳动的工具，从而使个人所有制成为现实”（59 页），从而实现“‘可能的’共产主义”（60 页）。因此，工人阶级的历史使命既不是实现什么理想，也不是推行什么现成的乌托邦，而是要在谋求自己解放的同时“创造出现代社会在本身经济因素作用下不可遏止地向其趋归的那种更高形式”，要“解放那些由旧的正在崩溃的资产阶级社会本身孕育着的新社会因素”（60 页），一句话，工人阶级的历史使命是“解放劳动”。

（3）公社是一个具有广泛代表性的政治形式。马克思指出，“公社是法国社会的一切健全成分的真正代表，因而也就是真正的国民政府”（63 页）。同“一切旧有的政府形式都具有非常突出的压迫性”（58 页）的特征相比，“人们对公社有多种多样的解释、多种多样的人把公社看成自己利益的代表者，这证明公社完全是一个具有广泛代表性的政治形式”（58 页）。

首先，公社一方面通过采取英明措施解决了中等阶级的债权和债务问题，从而拯救了中等阶级，中等阶级承认工人阶级是“唯一具有社会首创能力的阶级”（61 页）；另一方面，“他们现在靠拢工人阶级的原因”真正在于“他们只能在公社和不管打着什么招牌的帝国之间进行抉择”（61 页），而事实证明第二帝国“在经济上毁了他们”“在政治上压迫了他们”“侮辱了他们的伏尔泰思想”“激怒了他们作为法兰西人的民族感情”（61 页），因此，对帝国失去信任的中产阶级在帝国和公社之间自然选择了公社。真正的中等阶级秩序党已经站在了巴黎公社的立场上，反对梯也尔，保卫公社。

其次，同资产阶级强迫农民缴纳 10 亿法郎赔偿金和 50 亿法郎战争赔款的可耻行径相比，公社不但宣布“战争的费用要让真正的战争发动者来偿付”，而且“公社的统治——也只有这种统治——使法国农民马上就能得到的巨大好处”（62 页）。这些好处包括免于偿付战争费用，免除血税，能给他们一个廉价政府和负责任的勤务员，“能用启发他们智慧的学校教师去代替麻痹他们头脑的教士”（62 页）。善于算账的法国农民自然懂得巴黎公社统治所带来的益处。更主要的是只有公社才能够而且必须以有利于农民的方式加以解决的那些更复杂但极重要的问题，如土地问题。对此马克思指出，尽管法国“农民曾经是波拿巴派”，但是“过去时代的偏见，怎么能够抵得住公社对农民切身利益和迫切需要的重视所具有的号召力呢”（63 页）。

可见，公社是“法国社会的一切健全成分的真正代表”（63 页），它不仅代表着工人阶级的利益，也代表着小资产阶级首先是农民的利益。它能把其他社会阶级团结在自己的周围，壮大革命力量。

（4）公社“又具有十足国际的性质”（63 页）。同第二帝国召集各国反动派共同掠夺和欺压法国人民的罪恶行径相反，公社团结了一切反抗剥削、反抗私有制的别国人民共同进行斗争，使“一切外国人都能享有为不朽事业而牺牲的荣誉”（63 页），包括“委任了一个德国工人担任自己的劳动部长”（63 页）、“请波兰的英雄儿子荣任巴黎捍卫者的领导人”“推倒了象征战争光荣的庞然巨物——旺多姆圆柱”（64 页）等。正如马克思所指出的：“普鲁士军队使法国的两个省归属于德国，而就在这支军队的眼前，公社使全世界的工人都归属于法国。”（63 页）

（四）公社改造社会的措施及其影响（第 26～43 段）

马克思在这部分中叙述了公社在空前艰难的条件下对巴黎城展开全面改造所采取的有关社会、财政、公安、宗教、组织纪律等一系列保护劳动人民利益、体现人民民主的政策措施。如在社会措施方面，禁止雇主强迫工人做夜工，不许老板对工人随便罚款，“把一切已关闭的作坊或工厂——不论是资本家逃跑了还是自动停了工——都交给工人协作社，同时给企业主保留获得补偿的权利”（64 页）；在财政措施方面，没收大官僚、大资本家和教会的财产为公社所有；在公安政策方面，“查禁秩序党的报纸”（65 页），“把自己的所言所行一律公布出来，把自己的一切缺点都让公众知道”（65 页）；在行政措施和组织纪律方面，清除坏分子，严厉处分失职工作人员等。在巴黎公社史无前例的社会改造下，巴黎在短时间内出现了“天翻地覆”的巨大变化，“公社简直是奇迹般地改变了巴黎的面貌！第二帝国的那个花花世界般的巴黎消失得无影无踪”（66 页）。马克思在巴黎城改天换地的变革中高度赞扬了工人阶级，禁不住欢呼：“努力劳动、用心思索、战斗

不息、流血牺牲的巴黎……正放射着它的历史首创精神的炽烈的光芒!”(66页)

要点解析

1. 如何理解公社是“使劳动在经济上获得解放的政治形式”

无产阶级要获得彻底的解放，要改变自己的社会经济地位，就必须利用手中的政权对资本主义制度的经济基础即生产资料私有制进行彻底的改造。因为“生产者的政治统治不能与他们永久不变的社会奴隶地位并存”(59页)，而巴黎公社恰恰就是无产阶级可以用来改造私有制的政治形式和有力工具。公社是“使劳动在经济上获得解放的政治形式”(59页)这一论断告诉人们，公社是实现无产阶级专政的最好形式，同时，也告诉无产阶级，夺取政权之后，最根本的是要实现劳动者在经济上的解放，必须利用公社这种无产阶级专政的政权组织形式作为工具，对社会经济领域实行强制性干涉，剥夺剥夺者，改造资本主义私有制，解放生产力，发展生产力。“劳动一解放，每个人都变成工人，于是生产劳动就不再是一种阶级属性了。”(59页)

2. 公社所表现出的历史首创精神

历史首创精神是指历史主体所表现出来的一种敢于首次尝试创建新世界的革命精神。巴黎公社的历史首创精神主要指巴黎工人阶级在摧毁旧世界、建立新世界过程中勇于创新，敢于尝试，所表现出的历史主体的创造精神。

巴黎公社政权本身就是工人阶级和人民群众发挥历史首创精神的产物。其中废除常备军代之以武装的人民自卫军，实行普选制、监督制、撤换制，从而把所有的职务——军事、行政、政治的职务变成真正工人的职务，使它们不再归少数人所私有；摆脱资产阶级议会“清谈馆”的习气，代之以一个兼管行政和立法的讲求效率的实干机构；实行政教分离、废除资产阶级官僚集权制，代之以无产阶级民主集中制等举措，典型地体现了无产阶级在建设新政权过程中所迸发出的历史主体的创造精神。

巴黎公社的阶级政策、民族政策和国际主义原则也突出体现了无产阶级和人民群众的历史首创精神。同一切旧政权的突出的压迫性特征相反，公社是“法国社会的一切健全成分的真正代表”(63页)，它能把其他社会阶级团结在自己的周围，壮大革命力量；通过消灭以民族统一的体现者自居同时却脱离民族、凌驾于民族之上的国家政权，对民族的统一在体制上、组织上加以保证；公社吸收外国革命家参加公社的革命活动，第一次团结了一切反抗剥削、反抗私有制的别国人民共同进行斗争；公社反对民族仇视和民族侵略，实现了民族独立基础上的无产阶级国际团结。

巴黎公社采取的改造社会的措施也体现着无产阶级和人民群众的历史首创精神。这些措施包括：没收逃亡资本家的工厂并交给工人合作社管理；公社作为一个公开透明的政府，它把自己的所言所行一律公布出来，把自己的一切缺点都让公众知道；公社求真务实的精神和严明的组织纪律；等等。

思考题

1. 试述劳动的政治解放和经济解放的关系。

2. 公社为保证人民真正当家作主进行了哪些尝试？这些尝试在今天有什么现实意义？

《阅读书目》

1. 恩格斯. 法兰西内战（“恩格斯写的1891年单行本导言”）//马克思，恩格斯. 马克思恩格斯选集：第3卷. 2版. 北京：人民出版社，1995：1-14.

2. 恩格斯. 纪念巴黎公社十五周年//马克思，恩格斯. 马克思恩格斯文集：第4卷. 北京：人民出版社，2009：314-315.

马克思《哥达纲领批判》导读

要点提示

● 劳动**不是**一切财富的**源泉**……劳动本身不过是一种自然力即人的劳动力的表现……只有一个人一开始就以所有者的身分来对待自然界这个一切劳动资料和劳动对象的第一源泉，把自然界当作属于他的东西来处置，他的劳动才成为使用价值的源泉，因而也成为财富的源泉。

● 我们这里所说的是这样的共产主义社会，它不是在它自身基础上已经**发展了的**，恰好相反，是刚刚从资本主义社会中**产生出来的**，因此它在各方面，在经济、道德和精神方面都还带着它脱胎出来的那个旧社会的痕迹。所以，每一个生产者，在作了各项扣除以后，从社会领回的，正好是他给予社会的。他给予社会的，就是他个人的劳动量。

● 权利决不能超出社会的经济结构以及由经济结构制约的社会的文化发展。

● 在资本主义社会和共产主义社会之间，有一个从前者变为后者的革命转变时期。同这个时期相适应的也有一个政治上的过渡时期，这个时期的国家只能是**无产阶级的革命专政**。

● 在共产主义社会高级阶段，在迫使个人奴隶般地服从分工的情形已经消失，从而脑力劳动和体力劳动的对立也随之消失之后；在劳动已经不仅仅是谋生的手段，而且本身成了生活的第一需要之后；在随着个人的全面发展，他们的生产力也增长起来，而集体财富的一切源泉都充分涌流之后，——只有在那个时候，才能完全超出资产阶级权利的狭隘眼界，社会才能在自己的旗帜上写上：各尽所能，按需分配！

关键词

共产主义　过渡时期　发展阶段　按劳分配　资产阶级权利

导　读

《哥达纲领批判》写于1875年，当时题为《对德国工人党纲领的几点意见》，没有公开发表。1891年，恩格斯为反对德国党内的机会主义思潮，帮助德国社会民主党制定正确的纲领以《德国工人党纲领批注》为题而发表。选自《马克思恩格斯选集》，2版，第3卷，298-319页。

社会历史背景

19世纪七八十年代，世界各国工人运动广泛发展，十几个国家相继成立了社会主义政党。但这些政党都不是以马克思主义理论为指导的，因而不属于真正的马克思主义政党。马克思、恩格斯同这些政党内部的教条主义、宗派主义和改良主义进行了坚决的斗争，推动了马克思主义的广泛传播。

1871年巴黎公社失败后，国际工人运动的中心从法国转移到了德国，德国的工人运动蓬勃发展起来。当时德国存在着以拉萨尔机会主义为指导的全德工人联合会（通称“拉萨尔派”）和以马克思主义为指导的德国社会民主工党（通称“爱森纳赫派”）两个立场和路线完全不同的工人组织（政党）。随着德国自上而下统一的实现、资本主义的迅速发展以及由此带来的工人阶级队伍的壮大等客观条件的变化，分裂的工人组织显然已经不利于斗争的开展，因此两派统一提上日程。但是在制定统一的新党纲时，爱森纳赫派的领导人一味贪求一时的表面的成功和形式的团结，以致不惜拿原则做交易，同意把“依靠**国家帮助**”实现社会主义、废除“铁的工资规律”、实行“不折不扣的劳动所得”等机会主义观点塞进了纲领草案。马克思、恩格斯对这个纲领表现的断然退步感到特别愤慨，马克思说，“制定一个原则性纲领（应该把这件事推迟到由较长时间的共同工作准备好了的时候），这就是在全世界面前树立起可供人们用来衡量党的运动水平的里程碑”（296页），而“这个纲领既不谈无产阶级的革命专政，也不谈未来共产主义社会的国家制度”（314页），是个地地道道的大倒退。鉴于此，马克思抱病写了《对德国工人党纲领的几点意见》，即《哥达纲领批判》，几乎是逐条逐句地严肃批判了这个纲领草案所渗透的机会主义观点，阐明了无产阶级政党的原则和主张。

两派合并后，这个纲领的实际遭遇比它应该有的遭遇要好得多，这缘于当时德国工人阶级对这个纲领作了正面的共产主义的解释，出于策略上的考虑，马克思、恩格斯对这个纲领保持了沉默，没有公开发表对纲领的意见。

19世纪90年代，德国工人党内以格·亨·福尔马尔为代表的右倾机会主义抬头，乘机宣扬“阶级合作”，宣扬“迷信资产阶级国家”，为了批判右倾机会主义，恩格斯决定公开发表马克思写的《哥达纲领批判》。1891 年 1 月德国社会民主党的理论刊物《新时代》正式发表了马克思写的《对德国工人党纲领的几点意见》和他于 1875 年 5 月 5 日写给白拉克的信。

历史地位与现实意义

《哥达纲领批判》是科学共产主义的一部纲领性文献，马克思根据当时欧洲资本主义发展的具体历史背景，全面系统地批判了拉萨尔主义，厘清了科学社会主义思想与非社会主义思想的本质区别，在此基础上对未来社会的国家制度、发展阶段以及分配制度等作了原则性构想。《哥达纲领批判》最主要的理论建树在于它运用历史唯物主义和辩证唯物主义分析社会历史过程，提出了完整的“未来社会发展形态”学说。同时《哥达纲领批判》也是坚持党的原则，同机会主义、折中主义进行斗争的典范。直到今天，《哥达纲领批判》对于我们如何坚持党性原则，如何认识社会主义基本特征，如何坚持社会主义基本原则、基本政策，都有重要理论指导意义。

主要思想内容

《哥达纲领批判》包括三部分：一篇序言、一封书信和四章正文（人民出版社 1992 年单行本还包含恩格斯论《哥达纲领》的前后十一封信）。其中：序言是恩格斯在《新时代》杂志第 1 卷第 18 期发表《德国工人党纲领批注》时所附上的一篇说明性文字；书信则指马克思当时给爱森纳赫派的领导人白拉克的信件（1875 年 5 月 5 日马克思将《对德国工人党纲领的几点意见》连同他给白拉克写的信一起寄去，并请转交其他领导人阅读）。序言和书信的基本内容都是说明写作和发表该文的背景、动机和目的。正文即《德国工人党纲领批注》，共四章，内容既彼此独立，又相互衔接。第一章是对《哥达纲领》总纲五个条文错误观点的批评；第二章是对拉萨尔主义关于“铁的工资规律”的观点的批判；第三章是对拉萨尔主义关于依靠普鲁士国家帮助工人建立生产合作社幻想的批判；第四章主要是对拉萨尔主义关于国家问题的错误观点，以及关于教育、科学、信仰和劳动等方面错误观点的批判。这里我们重点学习正文四章。

一

该章共 76 个自然段，分为 5 个片段，中心是关于分配问题。马克思逐条批判了《纲领》的 5 个观点：劳动是一切财富的源泉、不折不扣的劳动所得、平等的权利、劳动的解放应当是工人阶级的事情以及工人斗争必然产生各民族的国际的兄弟联合等观点。

（一）对《纲领》第1条的批判（第1～20段）

《纲领》第1条提出："劳动是一切财富和一切文化的源泉，**而因为**有益的劳动只有在社会中和通过社会才是可能的，所以劳动所得应当不折不扣和按照平等的权利属于社会一切成员。"（298页）马克思从以下三个方面展开批判。

第一，"劳动是一切财富和一切文化的源泉"命题本身是不科学的，正确的说法应该是"**自然界**同劳动一样也是使用价值（而物质财富就是由使用价值构成的！）的源泉"（298页），劳动是创造财富的源泉这句话，只是"**在**劳动具备相应的对象和资料的**前提下**是正确的"（298页）。

第二，马克思指出，《纲领》抽象地说"劳动是一切财富和一切文化的源泉"（298页），而有意回避生产资料所有制这一根本问题，是一种典型的资产阶级观点，其目的是企图掩盖资本主义制度下劳动人民受剥削的根源。

第三，《纲领》的结论同前提是矛盾的，其目的是维护地主资产阶级的剥削制度。

马克思指出："因为劳动是一切财富的源泉，所以社会中的任何人不占有劳动产品就不能占有财富。因此，如果他自己不劳动，他就是靠别人的劳动生活，而且也是靠别人的劳动获得自己的文化。"（299页）这样的结论才是正确的。但《纲领》没有这样做，而是借助于"而因为"这个转折词引出"有益的劳动只有在社会中和通过社会才是可能的"（299页），所以劳动所得应当不折不扣和按照平等的权利属于社会一切成员的结论。这样的结论"在一切时代都被**当时的社会制度的先驱**提出过"（299-300页），因为"劳动所得"应当属于"社会一切成员"的结论本身就包含着劳动所得可以属于不劳动的社会成员——剥削者。显然，"把这整个行文和内容都不妥当的条文放在这里，只不过是为了把拉萨尔的'不折不扣的劳动所得'作为口号写在党旗的上方"（300页）。

（二）对《纲领》第2条的批判（第21～24段）

《纲领》第2条提出："在现代社会，劳动资料为资本家阶级所垄断；由此造成的工人阶级的依附性是一切形式的贫困和奴役的原因。"（301页）马克思首先指出这一条是对"国际工人协会临时章程"的有意篡改。"国际工人协会临时章程"的说法是："劳动者在经济上受劳动资料即生活源泉的垄断者的支配，是一切形式的奴役即一切社会贫困、精神屈辱和政治依附的基础。"（301页）显然，被篡改后以纲领的条文的形式出现的论断只提资本家阶级，不提地主阶级。而当时的德国实际上存在两个垄断阶级——资产阶级和地主阶级，容克贵族和资产阶级在政治上结成联盟，并处于统治地位，"地产的垄断甚至是资本垄断的基础"（301页）。

而纲领草案无视客观事实，篡改国际章程，只提资本家阶级不提地主阶级的做法实际上是把贵族地主阶级排除在了革命对象之外。

至于《纲领》为什么不反对地主阶级，马克思指出是因为"现在大家都知道的原因"（301页）——拉萨尔和他的信徒早已投靠了封建专制的德意志帝国。

（三）对《纲领》第3条的批判（第25～59段）

《纲领》第3条提出："劳动的解放要求把劳动资料提高为社会的公共财产，要求集体调节总劳动并公平分配劳动所得。"（301页）马克思在揭露了拉萨尔提出的"劳动所得"概念的模糊性的同时，重点批判了拉萨尔派鼓吹的"不折不扣的劳动所得"和"公平分配"的"分配决定论"，进一步阐明了社会主义总产品分配原理和按劳分配原则，完成了共产主义社会发展阶段学说。

（1）马克思批判了拉萨尔的"分配决定论"。马克思指出，拉萨尔的分配观主张"不折不扣的劳动所得""公平的"分配，劳动产品按照平等权利属于一切社会成员，这在理论上是十分反动的，因为"一切社会成员"也包括了不劳动者，反映了拉萨尔要求改良分配制度、维护资本主义剥削的实质。马克思指出，根据再生产的理论，社会的总产品在分配给劳动者个人之前，首先要扣除如下三部分：用来补偿消耗掉的生产资料的部分；用来扩大生产的追加部分；用来应付不幸事故、自然灾害等的后备基金。剩下的部分在进行个人分配之前，还得从里面扣除和生产没有直接关系的一般管理费用；用来满足共同需要的部分（如学校、保健设备等）；为丧失劳动能力的人等设立的基金。这样，"不折不扣的劳动所得"已经不知不觉地变成"有折有扣的"了。对于这种必要扣除，马克思认为，"从一个处于私人地位的生产者身上扣除的一切，又会直接或间接地用来为处于社会成员地位的这个生产者谋利益"（303页）。

（2）马克思提出并分析了共产主义社会第一阶段个人消费品实行按劳分配的原则。在进一步谈及社会主义条件下个人消费品的分配问题时，马克思第一次明确地把共产主义社会的发展分为第一阶段和高级阶段，并且着重阐明了共产主义社会的第一阶段，即社会主义社会的按劳分配原则。马克思指出："我们这里所说的是这样的共产主义社会，它不是在它自身基础上已经**发展了的**，恰好相反，是刚刚从资本主义社会中**产生出来的**，因此它在各方面，在经济、道德和精神方面都还带着它脱胎出来的那个旧社会的痕迹。所以，每一个生产者，在作了各项扣除以后，从社会领回的，正好是他给予社会的。他给予社会的，就是他个人的劳动量……他从社会领得一张凭证，证明他提供了多少劳动（扣除他为公共基金而进行的劳动），他根据这张凭证从社会储存中领得一份耗费同等劳动量的消费资料。"（304页）以上论述指明了在社会主义社会实行按劳分配的根本原因在于这个社会的不完备性和不成熟性。

关于社会主义按劳分配原则马克思进行了正反两方面的分析，既指明了它的历史进步性，也深刻分析了它的局限性。马克思指出由于"它默认，劳动者的不同等的个人天赋，从而不同等的工作能力，是天然特权"（305页），因此在等量劳动取得等量报酬的平等权利下，对不同劳动者会形成事实上的不平等，这就是马克思所说的"**资产阶级权利**"（304页）。而这种以形式上的平等掩盖事实上不平等的资产阶级权利及其弊端"在经过长久阵痛刚刚从资本主义社会产生出来的共产主义社会第一阶段，是不可避免的"（305页）。

（3）马克思提出共产主义社会高级阶段实行"各尽所能，按需分配"的原则。"在共产主义社会高级阶段，在迫使个人奴隶般地服从分工的情形已经消失，从而脑力劳动和体力劳动的对立也随之消失之后；在劳动已经不仅仅是谋生的手段，而且本身成了生活的第一需要之后；在随着个人的全面发展，他们的生产力也增长起来，而集体财富的一切源泉都充分涌流之后，——只有在那个时候，才能完全超出资产阶级权利的狭隘眼界，社会才能在自己的旗帜上写上：各尽所能，按需分配！”（305-306 页）“各尽所能，按需分配”这八个字置于唯物史观的基础上，为全世界无产者指明了从“必然王国”通往“自由王国”的现实之路。

（4）马克思阐述了政治经济学的生产决定分配原理。马克思指出：“消费资料的任何一种分配，都不过是生产条件本身分配的结果；而生产条件的分配，则表现生产方式本身的性质。”（306 页）生产方式的性质最终决定如何分配。生产决定分配原理彻底击败了“分配决定论”。因为如果要从根本上解决分配不公的问题，就必须进行生产资料所有制的彻底变革，围绕着分配兜圈子只是在开历史的倒车。

（四）对《纲领》第 4 条的批判（第 60～69 段）

《纲领》第 4 条提出：“劳动的解放应当是工人阶级的事情，对它说来，其他一切阶级**只是反动的一帮**。”（306 页）对此马克思引用拉萨尔所熟知的《共产党宣言》来分析。马克思指出《宣言》尽管提出了无产阶级是真正革命的阶级，其他阶级都随着大工业的发展而日趋没落，但从没有说过，其他阶级都是反动的一帮。在资本主义上升时期，资产阶级作为大工业的代表，是革命的、进步的阶级，那时他们同封建势力和中间等级是对立的。《宣言》指出：“中间等级……是革命的，那是鉴于他们行将转入无产阶级的队伍”①。可见，《纲领》宣扬“反动的一帮”其实是对《共产党宣言》粗暴的歪曲。通过对《宣言》分析，马克思有力地打击了拉萨尔“反动的一帮”的谬论。马克思还进一步揭露出《纲领》歪曲《共产党宣言》的政治目的“是为了粉饰他同专制主义者和封建主义者这些敌人结成的反资产阶级联盟”（308 页）。

（五）对《纲领》第 5 条的批判（第 70～76 段）

《纲领》第 5 条提出：“工人阶级为了本身的解放，首先是**在现代民族国家的范围内**进行活动，同时意识到，它的为一切文明国家的工人所共有的那种努力必然产生的结果，将是各民族的国际的兄弟联合。”（308 页）

对这一条文马克思主要批判《纲领》追随拉萨尔的狭隘的民族主义观点及其背离无产阶级国际主义原则的错误。19 世纪 70 年代以后，资本主义国家之间开始实行国际政策，结成了联盟共同对付和镇压无产阶级反抗斗争。在这种情势下，德国工人党的纲领竟然只字不提早在《共产党宣言》中就一再重申的“全世界无产者，联合起来”的国际主义原则。相反，《纲领》却使用了“各民族的国际的兄弟联合”（308 页）这样的资产

---

① 马克思，恩格斯．马克思恩格斯选集：第 1 卷．2 版．北京：人民出版社，1995：282-283.

阶级口号来偷换“各国工人阶级在反对各国统治阶级及其政府的共同斗争中的国际兄弟联合”（308-309页）这一革命的概念，充分暴露了拉萨尔派的狭隘性和虚伪性。

马克思在批判《纲领》背叛无产阶级国际主义原则的同时，提出了一个很重要的思想，即“各国工人阶级的国际活动绝对不依赖于**‘国际工人协会’**的存在。‘国际工人协会’只是为这种活动创立一个中央机关的第一个尝试”（309页）。这就是说，各国无产阶级应积极主动地开展革命斗争，要根据自己本民族的特点进行活动。

二

该章共9个自然段，马克思重点批判了拉萨尔的“铁的工资规律”的谬误，进一步阐明了资本主义工资的实质，指明了工人阶级为了求得解放就必须消灭雇佣劳动制度的方向。

《纲领》提出：“德国工人党从这些原则出发，用一切合法手段去争取建立**自由国家——和——**社会主义社会：废除工资制度**连同铁的工资规律**——和——任何形式的剥削，消除一切社会的和政治的不平等。”（309页）

马克思首先批判了“铁的工资规律”的谬误，指出所谓“铁的工资规律”是东拼西凑的大杂烩，它的理论基础是反动的马尔萨斯人口论。《纲领》应该废除的不是铁的工资规律，而是它的根源——雇佣劳动制度，因为雇佣劳动制度决定工资制度，如果雇佣劳动制度废除了，资本主义工资制度也就废除了，“不管这些规律是‘铁的’还是海绵的”（310页）。

为了彻底批判“铁的工资规律”，马克思随后阐明了资本主义工资的实质。“**工资**不是它**表面上呈现的**那种东西，不是**劳动的价值**或**价格**，而只是**劳动力的价值**或**价格**的隐蔽形式……雇佣工人只有为资本家（因而也为同资本家一起分享剩余价值的人）白白地劳动一定的时间，才被允许为维持自己的生活而劳动，就是说，才被允许**生存**”（310页），“雇佣劳动制度是奴隶制度，而且劳动的社会生产力越发展，这种奴隶制度就越残酷，不管工人得到的报酬较好或是较坏”（311页）。而在这些理论已经在德国党内传播愈来愈给自己开辟道路的时候，《纲领》提出“铁的工资规律”，这是对科学的剩余价值学说和工资理论的公然背叛。

三

该章共6个自然段，主要批判《纲领》提出的“依靠国家帮助建立生产合作社”的机会主义路线，明确指出，解决社会问题必须通过暴力革命变革上层建筑。

《纲领》提出：“为了**替社会问题的解决开辟道路**，德国工人党要求**在劳动人民的民主监督下**，依靠**国家帮助**建立生产合作社。在工业和农业中，生产合作社**必须**广泛**建立，以致能从它们里面产生总劳动的社会主义的组织**。”（311页）

马克思重点批判了“依靠国家帮助建立生产合作社”的机会主义路线，指出这条机会主义路线实则是把变革社会的希望寄托在统治阶级身上，是十足的幻想，似乎“靠国家贷款能够建设一个新社会，就像能够建设一条新铁路一样”（312 页）。关于《纲领》进一步提出的把这种国家帮助置于劳动人民的民主监督下，马克思给予了更为深刻的分析和批判。马克思指出：第一，当时德国的“劳动人民”大多数是农民而不是无产者。第二，“民主的”这个词在德文里意思是“人民当权的”。而当时德国的劳动人民在地主资产阶级专政的德意志国家里，是受剥削、受压迫的阶级，哪能说得上什么当权呢？所以“劳动人民的人民当权的监督”完全是一句骗人的鬼话。至于“生产合作社”只有在“工人自己独立创办，既不受政府保护，也不受资产者保护的情况下，才有价值”（312 页）。马克思同时指出，把“在劳动人民的民主监督下，依靠国家帮助建立生产合作社”的观点写入德国工人党的纲领，其最大的要害在于把德国工人党“从阶级运动的立场完全退到宗派运动的立场”（312 页），瓦解蓬勃发展的德国工人运动，因而是十分有害的。

四

该章分 A、B 两节，共 34 个自然段。集中分析了民主、国家等上层建筑问题，重点批判《纲领》在国家问题上的机会主义观点，进一步阐明了马克思主义的国家学说。明确提出了在资本主义社会和社会主义社会之间，有一个政治上的过渡时期，这个时期的国家只能是无产阶级的革命专政。

（一） A 节，对“自由国家”这个模糊的超阶级概念的批判（第 1～15 段）

马克思指出，“自由国家”的提出实际上是在抹杀国家的阶级性。自由和国家在一定意义上是矛盾的。正如恩格斯所指出的那样，无产阶级需要国家“不是为了自由，而是为了镇压自己的敌人，一到有可能谈自由的时候，国家本身就不再存在了”（324 页）。所以无产阶级的最终目的不是建立什么“自由国家”，而是努力创造国家消亡的条件和基础。显然，“自由国家”只是麻痹群众、维护普鲁士王朝反动统治的机会主义谬论。

针对《纲领》荒谬地滥用“现代国家”和“现代社会”的字眼，马克思同样尖锐地分析指出，“‘现代社会’就是存在于一切文明国度中的资本主义社会”（313 页），“现代国家”是一种虚构，因为它随国境不同而不同，但是由于“它们都建立在现代资产阶级社会的基础上”（313 页），因此，可以说现代国家是一种虚构，但是现代国家制度却真实存在，那就是资本主义制度。马克思的分析表明，《纲领》空谈超阶级的“现代国家”“现代社会”概念，避而不谈“无产阶级的革命专政”和“未来共产主义社会的国家制度”（314 页），实际上同样是想抹杀国家的阶级性。

随后马克思提出了著名的过渡时期理论。马克思指出：“在资本主义社会和共产主义社会之间，有一个从前者变为后者的革命转变时期。同这个时期相适应的也有一个政治上的过渡时期，这个时期的国家只能是无产阶级的革命专政。”（314 页）列宁在评价马克思这个论断时指出：“这个结论是马克思根据他对无产阶级在现代资本主义社会中的作用的分析，根据关于这个社会发展情况的材料以及关于无产阶级与资产阶级对立的利益不可调和的材料所得出的。"① 而无产阶级专政理论是马克思学说的核心，是识别真假马克思主义的试金石。

最后，马克思批判了《纲领》提出的政治要求的狭隘性和局限性，认为其完全是资产阶级民主的回声。马克思指出，《纲领》提出的普选权、直接立法权、人民权利、人民军队等政治要求，纯粹是德国小资产阶级和资产阶级的口号。这些口号，凡不是空想的，都已经在美国和瑞士这些国家实现了。但是，当时的德国是"一个以议会形式粉饰门面、混杂着封建残余、同时已经受到资产阶级影响、按官僚制度组成、以警察来保护的军事专制国家"（315 页），向这样的国家提出这些要求是没有意义的。《纲领》没有勇气提出用民主共和国去代替军事专制的德意志帝国，而且向这个帝国庄严地保证："'用合法手段'从它那里争得这类东西!"（315 页）同时《纲领》提出统一的累进所得税作为国家的经济基础也是错误的。国家的经济基础不是赋税，而是以生产资料所有制为基础的经济关系，它决定国家的性质。而赋税是政府机构的经费来源，是以不同社会阶级的不同收入来源为前提。如果把赋税看成国家的经济基础，而不看成是政府的经济来源，就会混淆国家与政府的区别，弄不清国家与政府的性质了。

（二） B 节，对上层建筑中的教育、科学和信仰等超阶级的机会主义观点的分析和批判（第 16～34 段）

教育属于上层建筑，是有阶级性的，只能为特定的阶级或经济基础服务。在保存资本主义制度的前提下，实施"平等的国民教育"、普遍的义务教育、"免费教育"等，都是骗人的鬼话。

此外，马克思还阐明了教育与生产劳动相结合的光辉思想。明确提出："在按照不同的年龄阶段严格调节劳动时间并采取其他保护儿童的预防措施的条件下，生产劳动和智育的早期结合是改造现代社会的最强有力的手段之一。"（318 页）

《 要点解析 》

1. "劳动是一切财富和一切文化的源泉"在什么前提下才是正确的

"劳动是一切财富和一切文化的源泉"这句话只有"**在**劳动具备相应的对象和资料的**前提下**是正确的"（298 页）。因为劳动必须有劳动资料和劳动对象才能创造财富及文化，如工人要劳动必须有机器、厂房、原料等，农民要劳动也必须有土地、农具、种子和肥料等，否则，只有劳动（劳动力）没有对象和资料是创造不出财富的。

在资本主义制度下，由于资本家占有一切劳动对象和劳动资料，因此他们只要雇用到劳动者，使劳动力表现出来就可以创造财富，貌似"劳动是一切财富的源泉"，实则忽略了特殊的占有前提。而同是在资本主义制度下的工人阶级，由于"除自己的劳动力以

① 列宁. 列宁选集：第 3 卷. 3 版. 北京：人民出版社，1995：188.

外没有任何其他财产”（298 页），他们能否劳动的前提却是资本是否需要。

2. 共产主义第一阶段存在“资产阶级权利”的必然性

资产阶级权利是指为资产阶级国家的法律所确认的、反映着资本主义经济关系的要求和资产阶级的意志的资本主义上层建筑的组成部分。其基本特征是指形式上平等而事实上不平等，或以形式上的平等掩盖事实上的不平等。

所谓共产主义社会第一阶段的按劳分配原则体现着“资产阶级权利”，主要指按劳分配中通行的等量劳动和等量产品相交换的平等的权利。而平等的权利，对不同等的劳动来说是不平等的权利。因此，在人与人的体力和智力不可能完全相同的前提下，实际上按劳分配是“不同等的个人”“不同等的劳动”用“同一尺度去计量”的实质不“公平”分配。但是，这种资产阶级权利及其弊端在这个阶段又是不可避免的，因为“权利决不能超出社会的经济结构以及由经济结构制约的社会的文化发展”（305 页）。

3. 马克思划分未来社会发展阶段的依据和意义

马克思在《哥达纲领批判》中第一次完整地、明确地划分了从资本主义社会到共产主义社会的三个不同发展阶段，即过渡时期、共产主义社会第一阶段、共产主义社会高级阶段。

在关于共产主义社会第一阶段和高级阶段的同质社会的划分方面，马克思主要考虑了它们在生产力发展水平以及由此造成的经济关系成熟程度的不同和道德精神方面的资产阶级旧社会的痕迹等因素。

过去我们没能真正理解马克思关于未来社会发展阶段划分的理论，或者认为我国仍然处于过渡时期，或者认为我们已经进入高级阶段，导致在政策方面犯了很多错误。需要从社会主义的经济和精神文化的特征方面重新认识我国社会所处的发展阶段，这就是我国正处于并将长期处于社会主义初级阶段的认识，并从这一认识出发制定和实施各项政策。

思考题

1. 如何理解“权利决不能超出社会的经济结构以及由经济结构制约的社会的文化发展”这一论断？

2. 结合马克思关于共产主义第一阶段的分配理论，谈谈中国特色社会主义分配制度的合理性和意义。

3. 结合马克思关于共产主义“两个阶段”的理论，谈谈共产主义理想信念教育的重点和难点。

阅读书目

1. 恩格斯．哥达纲领批判（“恩格斯写的 1891 年版序言”）//马克思，恩格斯．马克思恩格斯选集：第 3 卷．2 版．北京：人民出版社，1995：293-294.

2. 恩格斯．1891 年社会民主党纲领草案批判//马克思，恩格斯．马克思恩格斯文集：第 4 卷．北京：人民出版社，2009：407-421.

3. 邓小平．邓小平文选：第 2 卷．2 版．北京：人民出版社，1994：101-102.

恩格斯《反杜林论·第一编　哲学》(节选)导读

要点提示

● 思维的至上性是在一系列非常不至上地思维着的人中实现的；拥有无条件的真理权的认识是在一系列相对的谬误中实现的；二者都只有通过人类生活的无限延续才能完全实现。

● 我们拒绝想把任何道德教条当作永恒的、终极的、从此不变的伦理规律强加给我们的一切无理要求，这种要求的借口是，道德世界也有凌驾于历史和民族差别之上的不变的原则。相反地，我们断定，一切以往的道德论归根到底都是当时的社会经济状况的产物……只有在不仅消灭了阶级对立，而且在实际生活中也忘却了这种对立的社会发展阶段上，超越阶级对立和超越对这种对立的回忆的、真正人的道德才成为可能。

● 平等的观念，无论以资产阶级的形式出现，还是以无产阶级的形式出现，本身都是一种历史的产物，这一观念的形成，需要一定的历史条件，而这种历史条件本身又以长期的以往的历史为前提。

● 自由不在于幻想中摆脱自然规律而独立，而在于认识这些规律，从而能够有计划地使自然规律为一定的目的服务。

关键词

杜林　黑格尔　道德　法　真理　平等　自由

导　读

恩格斯的《反杜林论》写于1876年9月至1878年6月，最初以论文的形式陆续发表在德国社会主义工人党中央机关报——《前进报》上。1877年7月，这本书的第一编以《欧根·杜林先生在科学中实行的变革。一、哲学》为题在莱比锡出版了单行本。1878年7月，第二编和第三编以《欧根·杜林先生在科学中实行的变革。二、政治经济学。社会主义》为题也在莱比锡出版了单行本。在1878年7月8日前后，全书由恩格斯写了序言，出版了第1版，标题为：弗·恩格斯《欧根·杜林先生在科学中实行的变革。哲学。政治经济学。社会主义》。1920年12月出版的《建设》杂志三卷一号上刊载了一篇题为《科学的社会主义与唯物史观》的译文，这就是《反杜林论》第三编“社会主义”的一部分，也是这部著作最早和我国读者见面的一篇中译文。1930年11月上海江南书店出版了吴黎平译本的初版，书名为《反杜林论》。其后，吴黎平的版本还经过翻印、重印和两次校改。1971年，中共中央马克思、恩格斯、列宁、斯大林著作编译局出版了《马克思恩格斯全集》第20卷，收入了《反杜林论》。1972年，《马克思恩格斯选集》第3卷收入了《反杜林论》。选自《马克思恩格斯选集》，2版，第3卷，424-460页。

社会历史背景

19世纪70年代，欧洲进入了一个“带有‘和平’性质，没有发生革命”① 的时期，资本主义制度逐渐向帝国主义阶段过渡。在这一历史条件下，垄断资产阶级及其思想代表竭力鼓吹各种反科学、反理性的唯心主义、宗教神秘主义、庸俗唯物主义等。在这种情势下，各种资产阶级和小资产阶级的哲学流派开始泛滥。在当时的德国，机会主义滋生、泛滥的问题十分突出。1875年5月，工人运动的两个组织——全德工人联合会和德国社会民主工党，在哥达召开大会，实现了合并，党改名为德国社会主义工人党。在合并过程中，德国社会民主工党的领导人不听马克思、恩格斯的一再警告，没有坚持原则。因此，合并为德国社会主义工人党产生了两方面的消极后果：一是混淆了马克思主义和拉萨尔主义，降低了党的理论水平；二是一大批资产阶级和小资产阶级及其知识分子、各种投机分子混进党内。在这种情况下，杜林把自己打扮成党的理论权威，扬言要在哲学、政治经济学和社会主义中实现全面的“变革”。先后出版了《国民经济学和社会主义批判史》《国民经济学和社会经济学教程》《哲学教程》，向马克思主义发起了全面进攻。杜林的反动思想不仅得到机会主义者的吹捧，而且迷惑了党的一些领导人，甚至在德国党内形成了以杜林为代表的宗派小集团。为了维护党的统一，捍卫马克思主义，恩格斯和马克思商量，决心反击杜林。于是，恩格斯写了《反杜林论》这部著作。

历史地位与现实意义

《反杜林论》一书，以科学社会主义为中心，通过层层剖析杜林所谓新体系的观点，对科学社会主义从理论渊源到哲学和政治经济学的理论基础，都作了历史的分析与十分

① 列宁．列宁全集：第23卷．2版．北京：人民出版社，1990：2.

精确的阐释。在这部著作中，恩格斯第一次系统地阐述了马克思主义的三个组成部分的基本内容及其内在联系。阐述了辩证唯物主义和历史唯物主义既是唯一科学的世界观，也是马克思主义政治经济学和科学社会主义的理论基础，并指出其在马克思主义理论中的地位和作用。在这部著作中，恩格斯不仅比较全面地、系统地阐述了马克思主义的几乎全部的基本原理，而且提出了马克思主义哲学体系的构想。因此，《反杜林论》在马克思主义发展史和马克思主义哲学史上都占有极为重要的地位。今天，学习《反杜林论》仍有重要的现实意义。我们不能从理性出发构想一个社会主义制度的“标准”体系，而应该按照恩格斯所要求的把社会主义“置于现实的基础上”，置于现实社会的“经济事实”上，这有利于从根本上克服社会主义的空想性。同时，学习《反杜林论》也有利于从系统性、整体性上完整准确地理解马克思主义理论。

主要思想内容

《反杜林论》一书主要包括：“三个版本的序言”“引论”“第一编　哲学”“第二编　政治经济学”“第三编　社会主义”。我们选读的部分是：“第一编　哲学”的九、十、十一。节选部分的内容，主要批判了杜林的形而上学和唯心史观，阐述了唯物史观的阶级论、道德论、平等论等观点。

九、道德和法。永恒真理

在“道德和法。永恒真理”中，恩格斯批判了杜林的绝对不变的永恒真理和永恒道德，阐述了真理发展的辩证法与道德的历史性、阶级性。这一部分共26个自然段。

（一）杜林在真理、道德问题上的观点（第1～5段）

1. 杜林在思维和语言关系上的观点

杜林认为：“谁要是只能通过语言来思维，那他就永远不懂得**抽象的和纯正的**思维是什么意思。”（424页）显然，在杜林看来“**抽象的和纯正的思维**”是不需要语言的。他企图用这种思维建立道德和法的永恒原则，否定道德和法的历史性和阶级性。这一观点混淆了人和动物的本质区别。在马克思主义看来，语言是思维的物质外壳，是思维的工具，人类就是通过语言来从事思想交流和思维活动的。语言是思维的直接实现，是思维的物质外衣。语言又是人们彼此交际、交流思想的特有工具。所以，思维和语言是不可分割的，它是区分人和动物的重要标志之一。

2. 杜林的真理论和道德论

在这里，恩格斯摘录了杜林的两段话。在第一段话中，杜林认为，他所构造的道德原则适用于一切世界，不仅适用于人类，而且适用于人以外的一切生物，适用于其他天体上的个人和公共生活。所以，恩格斯讽刺说：“这一次，我们一开始就被请到别的天体上去旅行”（424 页）。杜林的第二段话有三层含义：第一，道德原则是永恒的。它凌驾于“历史之上和现今的民族特性的差别之上”（425 页），和数学的认识一样是永久适用和普遍有效的。第二，真正的真理是根本不变的。它不受一切时间、地点、条件的限制，谁怀疑这一点，就是思想的“极端紊乱”。第三，否认道德的一般的、永恒的原则，是真正的虚无，甚至是“比单纯虚无主义更坏的东西”（425 页），是大错特错的。杜林还诡辩说，悟性在认识中可能发生错误，但这并不影响我们去获得永恒真理，并不排除对自然规律的绝对认识。一句话，杜林认为道德原则和真正的真理都是永恒的。

（二）批判杜林的真理论，阐明马克思主义的真理观（第 6～19 段）

1. 批判杜林的个人思维至上性，论述思维的至上性和非至上性的关系

“思维的至上性”和“思维的非至上性”是杜林的用语。思维的至上性是指认识的绝对性、无限性和无条件性。思维的非至上性是指认识的相对性、有限性和有条件性。因此，思维的至上性和非至上性的关系，也就是认识能力的无限性和有限性的关系。恩格斯对这一关系进行了以下分析：

第一，恩格斯指出研究人的思维是不是至上的问题，应该首先确定什么是“人的思维”。在恩格斯看来，人的思维不是指单个人的思维，而是指“无数亿过去、现在和未来的人的个人思维”（426 页）。从这一观点出发，我们只能认为整个人类思维是至上的、绝对的，而根本不能错误地认为个人思维是至上的、绝对的。这样，杜林鼓吹个人思维（主要是杜林个人的思维）是至上的、绝对可靠的，具有无条件的真理权，混淆了他的个人思维和整个人类的思维。

第二，恩格斯论述了至上性和非至上性的辩证关系，指出：“思维的至上性是在一系列非常不至上地思维着的人中实现的；拥有无条件的真理权的认识是在一系列相对的谬误中实现的；二者都只有通过人类生活的无限延续才能完全实现。”（427 页）这里所讲的“无条件的真理权的认识”，是指绝对真理性的认识。“一系列相对的谬误”，是指相对真理性的认识。简言之，思维的至上性、绝对真理性的认识在人类生活的无限前进过程中才能实现。

第三，恩格斯论述了认识过程中的矛盾和解决这一矛盾的办法。这个矛盾是“一方面，人的思维的性质必然被看作是绝对的”（427 页），也就是说，世世代代不断发展的人类具有认识无限发展的物质世界的能力；“另一方面，人的思维又是在完全有限地思维着的个人中实现的”（427 页），也就是说，人的思维不能脱离具体的个人思维而存在，而个人的思维所能认识的东西是极为有限的，而且免不了犯错误。这就是矛盾。那么这个矛盾如何才能解决呢？恩格斯指出：“这个矛盾只有在无限的前进过程中，在至少对我们来说实际上是无止境的人类世代更迭中才能得到解决。”（427 页）也就是说，这个矛盾只有在子子孙孙无限繁衍的过程中才能得到解决。“从这个意义来说，人的思维是至上的，同样

又是不至上的，它的认识能力是无限的，同样又是有限的。按它的本性、使命、可能和历史的终极目的来说，是至上的和无限的；按它的个别实现情况和每次的现实来说，又是不至上的和有限的。”（427 页）这样，科学地概括了人类思维发展的辩证过程。

综上所述，人的思维是至上的，又是不至上的，是至上性和非至上性的辩证统一。人的认识能力是无限的，又是有限的，是无限和有限的辩证统一。这一至上和非至上、有限和无限的矛盾的不断发展与解决，推动着人类认识不断地向前发展和不断地走向深化。

2. 批判杜林的永恒真理，阐述绝对真理和相对真理的辩证关系

在复杂科学问题上，杜林玩弄“永恒真理”“终极真理”等概念，鼓吹人的认识拥有“无条件的真理权”（426 页），**“真正的真理是根本不变的”**（425 页）等。恩格斯从两个方面批判了这一观点：

第一，把一切科学认识宣布为永恒真理，就是有意封闭认识发展的道路。物质世界是无限发展的，人类的认识也是无限发展的。杜林却宣布，“人类在某个时候达到了只运用永恒真理，只运用具有至上意义和无条件真理权的思维成果的地步”（427 页），这等于说人类已经穷尽了真理，这样，“知识世界的无限性就现实和可能而言都穷尽了，从而就实现了可以计数的数不尽的数这一著名的奇迹”（427 页）。

第二，只有停止对永恒真理的庸俗玩弄，才能正确地认识绝对真理和相对真理的关系。在人类认识中，确实存在诸如“人不吃饭就会饿死”“巴黎在法国”“三角形三内角的和等于两个直角”（427 页）等确凿无疑的真理，但是，“如果有人喜欢对极简单的事物使用大字眼，那么也可以说，这些科学的**某些**成果是永恒真理，是最后的终极的真理”（428 页）。如果有人企图把它们夸大到适用一切科学领域，那是反科学的。

接着，恩格斯从科学发展史方面分析了人类认识的三大领域各门科学的事实，说明无机界、生物界、社会科学、思维科学所获得的真理都是相对的，企图在科学领域获得最后的、终极的真理是不可能的。恩格斯在这一分析过程中，强调的是：真理是一个过程，是一个从相对真理走向绝对真理的过程。任何知识（认识）在本质上都是相对的、暂时的，人类对物质世界的正确认识，正是通过无数相对真理实现的。绝对真理和相对真理是真理的两重属性，绝对真理存在于相对真理之中，并通过相对真理表现出来，每一个相对真理都是绝对真理的一个成分、颗粒或因素，二者互相渗透、互相包含，并在一定条件下互相转化。这样，科学地阐述了马克思主义的真理观。杜林的错误不在于承认有永恒真理，而在于离开相对性来谈绝对性，离开暂时性来谈永恒性，离开有限性来谈无限性，是一种形而上学的真理观。

3. 批判杜林的真理和谬误的对立，阐述真理和谬误的辩证关系

杜林从真理是永恒不变的观点出发，把科学发展中所获得的相对真理，统统说成是谬误，把真理和谬误绝对对立起来。恩格斯在批判杜林错误观点的过程中，阐述了真理和谬误的辩证关系。

恩格斯指出，“真理和谬误，正如一切在两极对立中运动的逻辑范畴一样，只是在非

常有限的领域内才具有绝对的意义”（431 页）。这就是说，就确定的对象和范围来说，真理和谬误的对立是绝对的，真理就是真理，谬误就是谬误，二者有明确的界限，这个界限就是是否正确地反映了客观事物及其规律。真理和谬误的这个界限是绝对不能模糊的。否认了真理和谬误的界限，就会真假难辨，是非难分，从而陷入相对主义的泥坑。

同时，恩格斯指出，“只要我们在上面指出的狭窄的领域之外应用真理和谬误的对立，这种对立就变成相对的”（431 页）。这就是说，超出一定的范围，在一定的条件下，真理和谬误可以相互转化，“真理变成谬误，谬误变成真理”（431 页）。从这种意义上说，真理和谬误的对立只具有相对的意义。不承认这一点，就会陷入绝对主义。

（三）批判杜林的道德论，阐述马克思主义的道德观（第 20～26 段）

1. 批判杜林的道德永恒性

杜林一再鼓吹“最后的终极的真理”（425 页），其目的在于让人们承认存在永恒的道德原则。恩格斯从两个方面批判杜林的这个错误观点。

第一，从道德的基本概念来看，其内容是变化发展的。善、恶是道德论的两个重要概念。这两个概念，在不同民族、不同时代都有不同的理解。一个时代认为是善的东西，在另一个时代则可能认为是恶的东西，反之亦然。但是，杜林却把善和恶绝对地对立起来，他认为，在任何情况下，善是善、恶是恶，永远不可改变，这种把善和恶看成是超历史、超时代的观点显然是错误的。

第二，从道德的类型来看，道德的种类也是不断变化发展的。例如，在当时欧洲的资本主义社会中就存在着不同类型的道德：一是封建贵族的道德，二是资产阶级的道德，三是无产阶级的道德。这些不同类型的道德，都是一定历史阶段的产物，它们代表过去、现在和未来的发展，各自起着不同的作用。这三种道德，哪一种是终极的、永恒的呢？都不是。但可以肯定地说，无产阶级的道德是较高阶段上发展起来的道德，它也必然随着社会历史的发展而不断地向前发展。

2. 批判杜林的超阶级的道德观

恩格斯指出：“社会直到现在是在阶级对立中运动的，所以道德始终是阶级的道德；它或者为统治阶级的统治和利益辩护，或者当被压迫阶级变得足够强大时，代表被压迫者对这个统治的反抗和他们的未来利益。”（435 页）这个论述告诉我们，在阶级社会中，道德作为一种阶级斗争的工具具有鲜明的阶级性。那么，道德阶级性的根源何在？恩格斯说，“一切以往的道德论归根到底都是当时的社会经济状况的产物”（435 页），“人们自觉地或不自觉地，归根到底总是从他们阶级地位所依据的实际关系中——从他们进行生产和交换的经济关系中，获得自己的伦理观念”（434 页）。也就是说，社会的经济基础决定道德这种社会意识形式，道德的阶级性也是由经济基础决定的，随着经济基础的发展变化，道德也会发生相应的变化。

恩格斯在这里还特别说明了两点：一是说明了为什么不同阶级的道德会有共同性，

这是因为“有共同的历史背景”，有“同样的或差不多同样的经济发展阶段”（434 页）。虽然存在共同的道德，但不存在永恒的道德。二是说明了道德发展的条件和途径：“只有在不仅消灭了阶级对立，而且在实际生活中也忘却了这种对立的社会发展阶段上，超越阶级对立和超越对这种对立的回忆的、真正人的道德才成为可能。”（435 页）

十、道德和法。平等

在“道德和法。平等”中，恩格斯批判了杜林的平等观，阐述了平等的产生和发展历史，揭露了资产阶级平等观的阶级实质，阐明了无产阶级平等观的根本要求是消灭阶级。这一部分共 28 个自然段。

（一）批判杜林的平等观（第 1～19 段）

1. 批判杜林建构平等理论的方法

“应当从单个的、简单的基本形式上，按照公理来解决，正如对待简单的……数学的基本形式一样”（436 页），这是杜林研究问题的方法。这一方法可以分为三步：首先，“把每一类认识对象分解成它们的所谓最简单的要素”；其次，“把同样简单的所谓不言而喻的公理应用于这些要素”；最后，“再进一步运用这样得出的结论”（436 页）。恩格斯从两个方面批判这个方法。

第一，这种研究问题的方法是先验主义方法的变种。恩格斯指出，这一方法的特征是：“不是从对象本身去认识某一对象的特性，而是从对象的概念中逻辑地推论出这些特性……它不是从现实本身推论出现实，而是从观念推论出现实。”（437 页）这就是说，先验主义不是从客观实际出发认识事物，而是从概念出发认识事物。这样，颠倒了概念和事物的真实关系。

第二，揭露杜林关于道德和法的学说的阶级实质。杜林用先验主义的方法研究道德和法的具体表现，就是“从‘社会’的概念或所谓最简单的要素中构造出道德和法”（437 页）。但是，杜林也不是完全凭空地进行构造，其构造依据的材料有两种：一“是在那些被当作基础的抽象中可能存在的现实内容的一点点残余”，二“是我们这位玄想家从他自己的意识中再次带入的内容”（437 页）。杜林“意识中再次带入的内容”包括：现实存在的道德和法的观念、以往的道德和法的观念和他个人的狂想。现实的道德和法的观念是对当时的社会关系和经济关系的反映。因此，杜林的道德和法的学说是为资产阶级服务的。

2. 批判杜林的“平等公理”

杜林说：“两个人的意志，就其本身而言，是彼此**完全平等**的，而且一方不能一开始就向另一方提出任何肯定的要求。”（438 页）“两个人”是杜林从社会分解出的“最简单的要素”；两个人的意志完全平等、一方不能命令另一方是杜林提出的公理；因此，社会生活中存在“道德上的正义的基本形式”和“法上的正义的基本形式”则是杜林得出的结论。（438 页）恩格斯从三个方面批判这一所谓的公理。

第一，两个人的意志完全平等，在现实社会中是不存在的。恩格斯分别假定这两个人是：一男一女、两个男人、两个家长，不论哪一种情况，都证明两个人或两个人的意志完全平等是不可能的。

第二，用两个人去解决社会问题，是从 18 世纪思想家那里抄袭来的。杜林一遇到社会问题，“这两个人就飞快地出动”（439 页），去解决问题。但这不是杜林的创造，而是从 18 世纪思想家那里抄袭来的。杜林的“独到之处”，是“他把这种举例说明的方法提升为一切社会科学的基本方法和一切历史形态的尺度”（439 页）。

第三，杜林抽象地谈论人和平等。杜林为了制造平等公理，把社会分解为简单的要素——“两个人”。那么，这“两个人”是什么样的人呢？恩格斯指出，“他们摆脱了一切现实，摆脱了地球上发生的一切民族的、经济的、政治的和宗教的关系，摆脱了一切性别的和个人的特性，以致留在这两个人身上的除了人这个光秃秃的概念以外，再没有别的什么了”（439 页）。简单地说，杜林的两个人是两个人的概念，是抽象的人，这样的人当然是完全平等的。

3. 批判杜林所谓不平等起源于暴力的谬论

杜林认为不平等和奴役起源于暴力，人类以往的历史就是这种应受斥责的不正义的历史。对于杜林的这一观点，恩格斯用四个方面的例子来批判。

第一，在《论人类不平等的起源和基础》中，卢梭认为不平等和奴役是私有制的产物，恩格斯说：“这对于杜林先生来说的确是一个已经过分唯物主义的观点。”（440 页）

第二，恩格斯假定两个船破落海的人，漂流到一个孤岛上，组成社会，由于素质的差异，一方可以使另一方处于服从的地位。

第三，在欧洲中世纪里，自由农“自愿”向封建主交出土地以求保护，使自己成为封建主的农奴。这种“甘受奴役”的现象，在德国直到三十年战争后还存在。

第四，普鲁士在 1806 年和 1807 年被拿破仑两次战败，当时的农民为了在他们遭到不幸的时候能够得到领主的保护，向国王请愿，要求让他们继续处于奴役的地位。

4. 揭露杜林平等观的自相矛盾

杜林的平等观是从抽象的人出发杜撰的，因此经常陷入自相矛盾中。为了摆脱困境，他不得不承认不平等的存在。恩格斯揭露了杜林平等观的三个自相矛盾，即三次退却。这三次退却是：第一，承认了两个人在生理上的不平等；第二，承认了两个人在道德上的不平等；第三，承认了两个人在精神上的不平等。

（二）论述平等观念的历史发展（第 20～25 段）

1. 平等的阶级内容和意义

恩格斯在批判杜林超历史、超阶级的平等观的过程中指出，在阶级社会中，平等具有阶级性，各个阶级要求平等的实际内容是不同的，我们要反对资产阶级的平等，提倡无产阶级的平等。同时，恩格斯还指出平等具有其积极的意义，如卢梭的平等观“起了一种理论的作用，在大革命中和大革命之后起了一种实际的政治的作用”(444 页)。因此，确定无产阶级平等的科学内容，对于无产阶级革命具有“鼓动的价值”。

2. 平等观念的历史发展

恩格斯对平等观念的发展过程进行了历史考察，指出平等观念的历史发展表现为古代的平等观念、资产阶级的平等观念和无产阶级的平等观念。

古代的平等观念。在原始社会中，早期的平等观念是：一切人，作为人来说，都有某些共同点，因而人人应该劳动，平均分配劳动产品。原始社会后期，其平等观念则演变为“最多只谈得上公社成员之间的平等权利，妇女、奴隶和外地人自然不在此列”(444 页)。在奴隶社会中，“要求平等的政治地位，那么这在古代人看来必定是发了疯”(445 页)，不平等观念占统治地位。到了罗马帝国时期，在罗马自由民内部产生了“私人的平等，在这种平等的基础上罗马法发展起来了”(445 页)，它是保护私有制的最完善、最典型的法律。早期的基督教由于是作为奴隶、平民和被罗马人征服的人们的宗教而出现的，所以“只承认一切人的**一种**平等，即原罪的平等”(445 页)。此外，它还承认上帝的选民一律平等。从公元 4 世纪到 6 世纪，日耳曼人入侵西欧建立了空前复杂的社会和政治等级制度，平等观念也被消除。

资产阶级的平等观念。资产阶级的平等观是在资本主义经济发展与资产阶级的形成和壮大的基础上提出来的，其主要内容是：要求有不受任何限制的商品生产者，要求进行商品交换时有平等的权利。这样，资产阶级的理论家提出了反对封建特权的“自由、平等、博爱”的口号。这种平等观代表了资产阶级发展资本主义工商业的愿望，符合当时社会发展的需要，具有一定的进步意义。但是，资产阶级的平等观却以超阶级、超民族的普遍形式和人权形式提了出来，掩盖了这种平等观是为资产阶级利益服务的实质。

(三) 无产阶级平等观的根本要求 (第 26～28 段)

无产阶级的平等观也有一个历史发展过程。在最初反对封建统治的斗争中，无产阶级尚未成熟，其平等要求是“借助于原始基督教”(447 页) 的形式表现出来。后来，无产阶级平等观“以资产阶级的平等论本身为依据”，提出“平等应当不仅是表面的，不仅在国家的领域中实行，它还应当是实际的，还应当在社会的、经济的领域中实行”(448 页)。

无产阶级的平等要求和资产阶级的平等要求是对立的，其平等要求有双层意义：第一，无产阶级革命的本能表现是自发地反对一切社会不平等，如富人和穷人、主人和奴隶等。第二，无产阶级进一步自觉地发展资产阶级的平等要求，建立无产阶级的平等理论，鼓动无产阶级反对资产阶级。总之，“在上述两种情况下，无产阶级平等要求的实际内容都是**消灭阶级**的要求”（448 页）。

十一、道德和法。自由和必然

在“道德和法。自由和必然”中，恩格斯主要批判了杜林在自由和必然关系上的观点，同时还批判了杜林的历史虚无主义和庸俗的人生哲学，阐述了马克思主义关于自由和必然关系的基本思想。这一部分共 38 个自然段。

（一）揭露杜林在法学上的狂妄和无知（第 1～19 段）

1. 杜林的自吹和主要观点

在法学上，杜林自吹自己的观点“是以**最深入的专门研究**为基础”的，且自己关于法学的研究“特别是旨在**加深**它的科学内容的研究”（449 页）。恩格斯指出，这种自吹有两个目的：一是“一开始就取得人们对他的信任”（449 页），二是贬低马克思，抬高自己。杜林认为，“‘在科学性上，法学……前进得不远’；成文的民法是非正义，因为它确认基于暴力的所有制；刑法的‘自然根据’是**复仇**”（449 页）。这就是杜林在法学上的主要观点。

2. 揭露杜林在法学方面的超阶级性

显然，杜林否认法是经济基础的反映，否认法的阶级性。在阶级社会里，民法的本质是保护私有制，刑法是统治阶级镇压被统治阶级的工具。杜林为了建立国家又使用了“第三个人”，因为三个人才能建立少数服从多数的原则。马克思主义认为，国家是由经济的原因引起的，是阶级矛盾不可调和的产物。杜林这种脱离经济关系和阶级斗争来研究法学和政治学的做法，不是无知就是别有用心。

3. 揭露杜林在法学上的无知

杜林认为拉萨尔是“‘由于**策动**盗窃首饰匣未遂’而被控告的，‘但是没有作出判决，因为**那时还容许**所谓**由法院宣告无罪**……这种**半**宣告无罪’”（450 页）。恩格斯指出，1848 年夏审理这一案件的科隆陪审法庭，实行的是法兰西刑法，而法兰西法中根本没有“‘策动’犯罪这种不确切的范畴，更不用说什么策动犯罪未遂了”（450 页）。同时，“法兰西现代法在刑事诉讼中只有判罪或宣告无罪，而没有介于两者之间的判决”（450 页），即没有这种“半宣告无罪”的判决。因此，杜林对法兰西法完全无知。

杜林认为，“在完美的共同体中，**有反对票**的判罪应当属于不可能的制度”（451 页）。恩格斯指出：“按照英国的普通法，即从远古以来至少是从 14 世纪以来就通行的不成文的习惯法，陪审员的一致，不仅在刑事判罪上，而且在民事诉讼的判决上都是绝对必要的。”（451 页）可见，杜林在“完美的共同体”里才能实现的判决方式，早在中世纪的英国已经实行了，并且被推广到英国的殖民地。因此，杜林对英吉利法也是无知的。

杜林还认为，现行法律是“杂乱地混合”(452页)，法庭陪审员集体决议的审判方式掩盖了陪审员的“个人的自然责任”(453页)，未来的“共同社会”才能消除教会对生、死、婚、葬的强制干预等。对这些观点，恩格斯一一进行了批判，从批判中可以看出，杜林除了懂得一些普鲁士邦法外，对现代法律一无所知。因此，杜林至多是一个蹩脚的旧普鲁士的法学家。

(二) 批判杜林关于自由和必然关系的谬论，论述自由和必然的辩证关系(第20~23段)

1. 杜林的互相矛盾的自由定义

杜林认为以往关于自由的学说都是“伪学说”，而他根据经验提出的自由的学说才是科学的理论。杜林给自由下的两个定义是：第一，自由是“理性的认识把人拉向右边，非理性的冲动把人拉向左边，而在这样的力的平行四边形中，真正的运动就按对角线的方向进行”(455页)；第二，自由是“按照先天的和后天的知性对自觉动机的感受。所有这样的动机，尽管会觉察到行动中可能出现对立，总是以不可回避的自然规律性起着作用”(455页)。

2. 道德和法与自由和必然的关系

恩格斯指出：“如果不谈所谓自由意志、人的责任能力、必然和自由的关系等问题，就不能很好地议论道德和法的问题。”(454页)也就是说，承认人的行动自由，解决自由和必然的关系问题是建立道德和法的学说的前提。在哲学上，自由和必然范畴揭示了人的活动和客观规律的关系。唯意志论者认为，人的意志是绝对自由的，不受任何必然性的制约。宿命论者则认为，个人意志没有任何自由，完全受制于必然性。显然，杜林给自由下的第一个定义，认为自由完全脱离了客观必然性，是主观唯心主义的观点；杜林给自由下的第二个定义，认为自由完全受制于必然性，是机械决定论的观点。因此，恩格斯指出，“这第二个关于自由的定义随随便便地就给了第一个定义一记耳光”(455页)。

3. 论述自由和必然的辩证关系

在自由和必然的关系问题上，马克思主义既承认必然性，又承认个人意志的相对自由，认为自由和必然是辩证统一的。在这里，恩格斯通过对黑格尔自由和必然关系的唯物主义改造，全面地论述了自由和必然的辩证关系原理，指出：“自由不在于幻想中摆脱自然规律而独立，而在于认识这些规律，从而能够有计划地使自然规律为一定的目的服务。”(455页)这一论断指明以下三点：第一，承认必然性是自由的前提；第二，自由是对必然的认识；第三，“自由就在于根据对自然界的必然性的认识来支配我们自己和外部自然”(456页)。

恩格斯说，“意志自由只是借助于对事物的认识来作出决定的能力”(455页)，对事物的认识是意志自由的前提，人们的判断越自由，判断包含的必然性越大，而犹豫不决和主观武断都是对必然性无知的表现。

恩格斯还说，自由是“历史发展的产物”。“最初的、从动物界分离出来的人，在一切本质方面是和动物本身一样不自由的；但是文化上的每一个进步，都是迈向自由的一步。”（456 页）只有随着生产力的不断发展，“在这里不再有任何阶级差别，不再有任何对个人生活资料的忧虑，并且第一次能够谈到真正的人的自由”（456 页）。一句话，人们对必然性的认识是在一个过程中逐步实现的，自由是历史的、发展的。

在这里，还要注意的是，虽然黑格尔曾说过“必然只是**在它没有被了解的时候才是盲目的**”这样的话，恩格斯也肯定这是“第一个正确地叙述了自由和必然之间的关系”（455 页），但是，要知道，黑格尔所讲的必然是绝对精神发展的内在联系，不是客观必然性。当然，黑格尔也不懂得人们对于必然性的认识是在实践中实现的。

（三）批判杜林的历史虚无主义和庸俗人生哲学（第 24～38 段）

1. 批判杜林的历史虚无主义

杜林说：“19 世纪‘在实质上还是反动的，在精神方面，它甚至比 18 世纪还更加这样’”，“如果想到未来的那些千年的系列……那么要靠原始记载来作历史回忆的那很少的几个千年，连同这期间的以往人类状态，**是没有多大意义的**”（457 页）。显然，杜林认为历史是谬误、无知和野蛮、暴力和奴役的历史，是令人厌恶的对象，是没有多大意义的。

针对杜林的历史虚无主义，恩格斯指出了两点：第一，这个“太古时代”是“全部以后的更高的发展的基础”，克服了“将来联合起来的人们永远不会再遇到的那些困难”（457 页）；第二，未来的历史同现在相比将会有空前的科学技术和社会的进步。但杜林在这个我们现在所处的他认为不成熟的幼稚的社会状态中，企图分析最后的、终极的真理，以适用未来的历史发展，是非常不可思议的。

2. 批判杜林的庸俗人生哲学

杜林认为，通过从一种生活状态到另一种生活状态的转变，生活的幸福指数才能得到提高，这就是所谓的“差异规律”。恩格斯指出，杜林仅仅是把人们在一些生理小册子上都能读到的有关刺激反应的生理知识，作为自己的“独创”，并命名为“差异规律”。杜林要求人们按照自然规律有节奏地安排生活，让各种兴趣能经常更替，不能过度紧张，也不要满足于最轻微的兴趣。恩格斯指出，醉心于生活上的享受，整天考虑如何保持总的生活兴趣，这是庸人和想成为庸人的人所热衷的事情。杜林还奉劝人们不要吸烟，不要喝酒。恩格斯认为这是把最乏味的陈词滥调贴上哲学的标签进行卖弄。

要点解析

1. 恩格斯是怎样阐述认识过程的矛盾以及解决矛盾的方法的

恩格斯指出，人类认识过程的矛盾是："一方面，人的思维的性质必然被看作是绝对的"(427页)，也就是说，人类有认识无限发展的物质世界的能力，世界上不存在不可知的东西。"另一方面，人的思维又是在完全有限地思维着的个人中实现的"(427页)，也就是说，人类的认识不能脱离具体个人的认识，而具体个人的认识是有限的，而且不能避免错误。那么如何解决这个矛盾呢？恩格斯指出："这个矛盾只有在无限的前进过程中，在至少对我们来说实际上是无止境的人类世代更迭中才能得到解决。"(427页)也就是说，这个矛盾的解决，不是某一个人或某一代人能实现的，而只有在子子孙孙无限发展的过程中才能得到实现。

2. 社会主义平等观的内涵和意义

恩格斯在批判杜林先验主义平等观的基础上进一步阐明了无产阶级的平等观，为社会主义平等观奠定了思想理论基础。首先，平等只有在人们的现实社会关系中才能得到科学的理解。其次，平等观念在历史上曾经起到了一定积极的作用，不仅资产阶级用自由、平等、博爱的口号发动群众革命，而且现在平等观念几乎对一切国家的社会主义运动仍然起着很大的鼓动作用。最后，无产阶级的平等要求也经历过一个发展过程，但是无产阶级平等观的实际内容就是消灭阶级本身。与资产阶级平等观不同，无产阶级平等观不是表面的而是实际的，不是仅仅在国家中实行而且要在社会和经济领域中实行。

无产阶级平等要求有两方面意义：一是对社会极端不平等的自发反应，二是从对资产阶级平等要求的反应中产生，吸收了资产阶级平等要求的一些或多或少的、可以进一步发展的要素，但是无产阶级的平等观与资产阶级的平等观不同，资产阶级只是要求抽象的公民平等，而无产阶级则要求从根本上消灭阶级本身。恩格斯对杜林平等观的批判和对无产阶级平等观的阐发，要求我们从实际出发，结合我国国情坚定坚持、正确理解和科学实践有中国特色的社会主义平等观。

3. 恩格斯对自由和必然的关系在哪些方面作了阐述

关于自由和必然的关系，恩格斯从三个方面进行了阐述：第一，承认和尊重客观规律是正确发挥主观能动性、获得自由的前提；第二，自由是以对客观必然性的认识为基础的；第三，"自由就在于根据对自然界的必然性的认识来支配我们自己和外部自然"(456页)。恩格斯的这个论述强调社会实践是自由向必然转化的基础和桥梁。在这种转化中，自由包含了必然性又扬弃了必然性，二者在实践的基础上达到了有机统一。这也是对黑格尔自由思想的继承和超越。

思考题

1. 承认"共同道德"的存在是否就是承认"永恒道德"的存在？

2. 如何理解"无产阶级平等要求的实际内容都是**消灭阶级**的要求"，掌握这一论断有何现实意义？

3. 用恩格斯关于公平、自由、必然等的观点指出普世价值观的虚伪性。

阅读书目

1. 恩格斯. 自然辩证法（节选）（“自然界和社会”）//马克思，恩格斯. 马克思恩格斯文集：第9卷. 北京：人民出版社，2009：550-563.

2. 恩格斯. 反杜林论（“《反杜林论》的准备材料”）//马克思，恩格斯. 马克思恩格斯文集：第9卷. 北京：人民出版社，2009：344-356.

恩格斯《社会主义从空想到科学的发展》导读

要点提示

● 现代社会主义，就其内容来说，首先是对现代社会中普遍存在的有财产者和无财产者之间、资本家和雇佣工人之间的阶级对立以及生产中普遍存在的无政府状态这两个方面进行考察的结果。但是，就其理论形式来说……同任何新的学说一样，它必须首先从已有的思想材料出发，虽然它的根子深深扎在物质的经济的事实中。

● 社会主义现在已经不再被看作某个天才头脑的偶然发现，而被看作两个历史地产生的阶级即无产阶级和资产阶级之间斗争的必然产物。它的任务不再是构想出一个尽可能完善的社会体系，而是研究必然产生这两个阶级及其相互斗争的那种历史的经济的过程；并在由此造成的经济状况中找出解决冲突的手段。……这两个伟大的发现——唯物主义历史观和通过剩余价值揭开资本主义生产的秘密……由于这些发现，社会主义变成了科学……

● 一旦社会占有了生产资料，商品生产就将被消除，而产品对生产者的统治也将随之消除。社会生产内部的无政府状态将为有计划的自觉的组织所代替。个体生存斗争停止了。于是，人在一定意义上才最终地脱离了动物界，从动物的生存条件进入真正人的生存条件。

● 完成这一解放世界的事业，是现代无产阶级的历史使命。深入考察这一事业的历史条件以及这一事业的性质本身，从而使负有使命完成这一事业的今天受压迫的阶级认识到自己的行动的条件和性质，这就是无产阶级运动的理论表现即科学社会主义的任务。

● 的确，社会阶级的消灭是以这样一个历史发展阶段为前提的，在这个阶段上，不仅某个特定的统治阶级而且任何统治阶级的存在，从而阶级差别本身的存在，都将成为时代的错误，成为过时的现象。所以，社会阶级的消灭是以生产高度发展的阶段为前提的……

关键词

空想社会主义　科学社会主义　唯物主义历史观　剩余价值　自由王国

导　读

《社会主义从空想到科学的发展》是恩格斯在19世纪80年代初的一部著作。1880年，恩格斯应法国工人党创始人之一、著名的马克思主义理论家保尔·拉法格的请求，将《反杜林论》的三章（"引论"的第一章和第三编的第一、第二两章）加以补充和改动，由拉法格译成法文，刊登在法国的《社会主义评论》杂志上，并在巴黎出版了单行本，书名为《空想社会主义和科学社会主义》。1882年出版了德文第1版，书名改为《社会主义从空想到科学的发展》。选自《马克思恩格斯选集》，2版，第3卷，719－760页。

社会历史背景

19世纪70—80年代，欧美各国的工人运动进入了新的高潮时期，许多国家先后建立了社会主义政党和组织。为了使这些年轻的工人阶级政党在理论上和政治上尽快成熟起来，成为真正革命的无产阶级政党，马克思、恩格斯经常热心指导这些刚刚建立起来的政党，帮助这些政党的领导人正确理解科学社会主义的基本原理。法国工人党就是在马克思、恩格斯的直接指导下于1879年建立起来的。法国工人党建立初期，在思想上还是比较混乱的，除了接受马克思主义的指导外，还受到了小资产阶级的社会主义、无政府主义等多种错误思潮的影响。在这样的背景下，为了宣传马克思主义、提高党的科学社会主义水平，恩格斯应拉法格的请求把《反杜林论》的部分内容改编成独立的文稿，由拉法格译成法文，以《空想社会主义和科学社会主义》为名发表和出版。

历史地位与现实意义

《社会主义从空想到科学的发展》是马克思主义经典作家的著作中影响很大的一部。马克思称其为**"科学社会主义的入门"**[①]；列宁认为它是一本概述社会主义发展史的书，是便于广大工人阅读的"人人易懂的宣传性的小册子"[②]，它"同《共产党宣言》一样，

---

① 马克思，恩格斯．马克思恩格斯选集：第3卷．2版．北京：人民出版社，1995：689.

② 马克思，恩格斯．马克思恩格斯全集：第35卷．北京：人民出版社，1971：343.

都是每个觉悟工人必读的书籍"①。这本书在当时的出版，推动了法国工人运动的发展。随后，这本书在欧洲各国无产阶级中也得到广泛传播，成为国际共产主义运动的理论指导，推动了国际共产主义运动的发展。今天，学习《社会主义从空想到科学的发展》有利于我们全面地把握社会主义的发展历史，有助于我们正确地理解社会主义的内涵和本质，进而坚定我们实现共产主义的信念。

主要思想内容

全书由"马克思写的1880年法文版前言"、"1882年德文第一版序言"、"1891年德文第四版序言"、"1892年英文版导言"和正文三章构成。"马克思写的1880年法文版前言"主要介绍了恩格斯积极参加国际共产主义运动的事实及其所发表的一些重要著作。"1882年德文第一版序言"主要说明了这部著作的形成过程、出版德文版所做的形式和内容上的修改以及科学社会主义与辩证法之间的内在关系。"1891年德文第四版序言"说明了这部著作出版以来产生的巨大影响，以及出版第四版所做的修改和补充。"1892年英文版导言"的主要内容有：第一，分析了资产阶级如何从革命走向反动，揭示了唯物主义与唯心主义、宗教的斗争的阶级实质和历史过程，阐述了科学社会主义的理论基础——唯物史观；第二，说明了科学社会主义在斗争中不断得到传播；第三，指明了社会主义要在欧洲取得胜利，需要各国无产阶级的共同努力。以下重点介绍正文三章的内容。

一

在这一部分里，恩格斯论述了空想社会主义的产生和发展，通过分析19世纪初三大空想社会主义者的学说，肯定了空想社会主义的积极贡献，指出了空想社会主义理论的历史局限性。这一历史局限性的存在，决定了空想社会主义理论必然被科学社会主义代替。这一部分共29个自然段。

（一）现代社会主义的现实内容和理论形式（第1段）

"现代社会主义"就是马克思、恩格斯创立的科学社会主义。在这一章一开始，恩格斯就指出，应当从经济根源和思想根源两个方面研究现代社会主义。现代社会主义"就其内容来说"（719页），根源于资本主义生产方式，深深扎根于资本主义物质的经济的事实中。换句话说，现代社会主义是资本主义社会无产阶级运动的理论反映。科学社会主义"就其理论形式来说"，则是空想社会主义特别是19世纪三大空想社会主义者"所提出的各种原则的进一步的、似乎更彻底的发展"（719页）。

---

① 列宁. 列宁选集：第2卷. 3版. 北京：人民出版社，1995：310.

（二） 18 世纪法国启蒙学说的特点及其历史局限性（第 2～3 段）

18 世纪末，法国的封建制度摇摇欲坠，社会危机日益加深，资产阶级革命的客观形势已经成熟。在这种背景下，产生了以孟德斯鸠、伏尔泰、卢梭、拉美特利、狄德罗、爱尔维修、霍尔巴赫为代表的启蒙学说。恩格斯指出了启蒙学说的两个特点：第一，具有强烈的批判性。“他们不承认任何外界的权威，不管这种权威是什么样的。宗教、自然观、社会、国家制度，一切都受到了最无情的批判”（719 页）。第二，“思维着的知性成了衡量一切的唯一尺度”（719 页），也就是说，“一切都必须在理性的法庭面前为自己的存在作辩护或者放弃存在的权利”（719 页）。

启蒙学说“为行将到来的革命启发过人们头脑”（719 页），是法国乃至整个欧洲资产阶级革命的旗帜和行动纲领。但启蒙学说也有自己的历史局限性：把理性当作社会的基础，颠倒了社会存在和社会意识的关系，陷入了历史唯心主义。

启蒙学者认为，他们的思想原则是超阶级的、永恒的真理。但是，资本主义发展的事实表明：“这个理性的王国不过是资产阶级的理想化的王国；永恒的正义在资产阶级的司法中得到实现；平等归结为法律面前的资产阶级的平等；被宣布为最主要的人权之一的是资产阶级的所有权；而理性的国家、卢梭的社会契约在实践中表现为，而且也只能表现为资产阶级的民主共和国。”（720 页）也就是说，启蒙学说是为资产阶级服务的学说，是资产阶级革命的理论形式。

（三）空想社会主义的产生、发展和历史局限性（第 4～8 段）

1. 空想社会主义的产生

资产阶级和无产阶级作为一对孪生兄弟是同时产生的。这一事实决定了“资产阶级**在同贵族斗争时**有理由认为自己同时代表当时的各个劳动阶级的利益，但是在每一个大的资产阶级运动中，都爆发过作为现代无产阶级的发展程度不同的先驱者的那个阶级的独立运动”（721 页），也就是说，在每一次资产阶级反对封建贵族的斗争中，都爆发过早期的无产阶级的独立运动，从而也产生了为这个还没有成熟的无产阶级的独立运动服务的理论——空想社会主义。

2. 空想社会主义的发展过程

伴随无产阶级独立运动而产生的空想社会主义，经历了三个历史发展阶段：在 16—17 世纪，有以英国的莫尔、意大利的康帕内拉、德国的闵采尔和英国的温斯坦莱等为代表的对理想社会制度的空想的描写；18 世纪，有以法国的摩莱里、马布利、梅叶和巴贝夫为代表的以平均主义、禁欲主义为特征的空想共产主义理论；19 世纪初，出现了三大空想社会主义者圣西门、傅立叶和欧文，他们把空想社会主义学说推进到一个新的水平，是空想社会主义发展的最高阶段。

3. 空想社会主义的缺陷及其根源

圣西门、傅立叶和欧文虽然发展了16世纪以来的社会主义思想，但是他们的理论也存在着严重的缺陷。其缺陷主要是：第一，三大空想家“和启蒙学者一样，并不是想首先解放某一个阶级，而是想立即解放全人类”（721页）。因此，他们找不到推翻资本主义、创立新社会的阶级力量，把希望寄托在统治阶级身上，幻想通过和平的途径改造社会。第二，三大空想家“和启蒙学者一样，想建立理性和永恒正义的王国”（721页）。启蒙学者拥护私有制和阶级差别，要求建立资产阶级国家，而三大空想家认为资产阶级国家是不合乎理性的，主张消灭资产阶级国家。虽然他们所要建立的与“理性和永恒正义的王国”不同，但都把理性推崇为社会发展的动力和建立理想社会的基础。第三，三大空想家认为，“真正的理性和正义至今还没有统治世界，这只是因为它们没有被人们正确地认识。所缺少的只是个别的天才人物”（722页），实际上是把历史看作天才人物的历史，宣扬唯心主义的“天才论”。

恩格斯通过考察建立在“永恒理性”基础上的资产阶级国家，指出“理性和永恒正义的王国”是不存在的。他说：“同启蒙学者的华美诺言比起来，由‘理性的胜利’建立起来的社会制度和政治制度竟是一幅令人极度失望的讽刺画。”（723页）

空想社会主义是伴随早期资本主义生产方式而产生的思想体系，其缺陷从根本上来说是由当时的历史情况决定的。一方面，资本主义的发展还不成熟，资本主义社会的矛盾还没有充分暴露出来；另一方面，无产阶级还处在形成和发展阶段，其斗争还处在自发阶段，还没有认识到自己的阶级地位和历史使命，因此解决社会问题的办法还隐藏在不发达的经济关系中，所以只能从头脑中产生出来。

（四）三大空想家的积极贡献（第9～28段）

恩格斯在分析了空想社会主义的历史局限性及其形成的根源之后指出：三大空想社会主义者的思想有“处处突破幻想的外壳而显露出来的天才的思想萌芽和天才的思想”（724页），并具体论述了他们思想中的积极成果。

1. 圣西门思想的主要积极成果

第一，圣西门认为，“应当是科学和工业”来领导和统治国家，“特别是银行家应当担负起通过调节信用来调节整个社会生产的使命”（725页）。第二，圣西门特别强调的是：“他随时随地都首先关心‘人数最多和最贫穷的阶级’的命运”，并提出了“人人应当劳动”（726页）的观点。第三，在1802年，圣西门已经“认识到法国革命是阶级斗争，并且不仅是贵族和资产阶级之间的，而且是贵族、资产阶级**和无财产者**之间的阶级斗争”，这在当时是“极为天才的发现”（726页）。第四，“在1816年，圣西门宣布政治是关于生产的科学，并且预言政治将完全溶化在经济中”（726页），这已有了经济状况是政治制度的基础的思想的萌芽。第五，圣西门明白地表达了“对人的政治统治应当变成对物的管理和对生产过程的领导”（726页）的思想，这一思想就是“废除国家”的思想。第六，在1814—1815年，圣西门提出建立英、法、德的同盟“是欧洲的繁荣和和平的唯一保障”的观点，“这确实既要有勇气又要有历史远见”（726页）。

2. 傅立叶思想的主要积极成果

第一，傅立叶抓住了资产阶级思想家所说的话，对资本主义制度进行了深刻的批判，“无情地揭露资产阶级世界在物质上和道德上的贫困”（727页），并把资产阶级思想家过去讲过的诱人的诺言同严酷的现实进行了对比，讽刺资产阶级思想家。第二，傅立叶批判了资产阶级的两性关系，“第一个表述了这样的思想：在任何社会中，妇女解放的程度是衡量普遍解放的天然尺度”（727页）。第三，傅立叶“最了不起的地方”（727页）是明确地指出：资本主义这种所谓的“文明制度”（727页）存在着自身无法克服的“恶性循环”的矛盾，**“贫困是由过剩本身产生的”**（728页）。第四，“傅立叶是和他的同时代人黑格尔一样熟练地掌握了辩证法的”，因而他断言“每个历史阶段都有它的上升时期，但是也有它的下降时期，而且他还把这个看法运用于整个人类的未来”（728页）。

3. 欧文思想的主要积极成果

第一，欧文认为，“人的性格是先天组织和人在自己的一生中、特别是在发育时期所处的环境这两个方面的产物”（729页），因此他提出了自己的改造社会环境的理论，并在自己经营的工厂中获得了巨大的成功，其成功的原因“只是由于他使人生活在比较合乎人的尊严的环境中，特别是让成长中的一代受到精心的教育”（729页）。第二，欧文认为，被资本家无偿占有的“差额”是“劳动阶级创造的”新财富，这些“果实也应当属于劳动阶级”（730页）。这种认识是他通过纯粹营业的方式即商业计算获得的，是欧文转向共产主义的转折点。第三，欧文认为，“阻碍社会改革的首先有三大障碍：私有制、宗教和现在的婚姻形式”，“他不顾一切地向这些障碍进攻”（731页）。第四，欧文的名字与“当时英国的有利于工人的一切社会运动、一切实际进步”（731页）都联系在一起，例如保护妇女和儿童的法律、英国工会的第一次代表大会等。

（五）科学社会主义必须置于现实的基础之上（第29段）

空想社会主义虽然有其历史局限性，但它在整个19世纪甚至到现在还有很大的影响。“对所有这些人来说，社会主义是绝对真理、理性和正义的表现，只要把它发现出来，它就能用自己的力量征服世界”（732页），显然空想社会主义把理性看成社会发展的动力和基础，是一种唯心主义的历史观。三大空想社会主义者，由于找不到实现社会主义的现实力量，因而随着无产阶级的成熟，其学说必然破产。

那么，怎样才能创立科学社会主义理论呢？恩格斯指出：“为了使社会主义变为科学，就必须首先把它置于现实的基础之上。”（732页）也就是说，创立科学的社会主义必须从具体的现实出发，通过分析资本主义生产方式的内在矛盾，揭示其产生、发展和必然灭亡的规律。这样，才能找到实现社会主义的现实力量。而要这样，又必须首先有科学的世界观和方法论的指导。

二

在这一部分里，恩格斯论述了唯物辩证法的产生过程，指出唯物史观和剩余价值学说的创立使社会主义由空想变为科学。这一部分共 12 个自然段。

（一）唯物辩证法是科学社会主义产生的哲学基础（第 1～8 段）

1. 从古代的辩证法到近代的形而上学

恩格斯为了说明唯物辩证法对建立科学社会主义的理论意义，简要而系统地考察了辩证法的发展历史，论述了唯物辩证法的产生及其意义。

古代朴素辩证法是辩证法的第一个历史形态。它是由古希腊哲学家赫拉克利特第一次明确地表述出来的，亚里士多德的著作中有着非常丰富的辩证法思想，他还研究了辩证思维的最主要形式。恩格斯指出，古代辩证法是“原始的、素朴的、但实质上正确的世界观”（733 页）。同时，这种世界观具有自发性和猜测性的缺陷，因此它“虽然正确地把握了现象的总画面的一般性质，却不足以说明构成这幅总画面的各个细节；而我们要是不知道这些细节，就看不清总画面”（733 页）。这种局限性的存在，决定了古代辩证法不可避免地被形而上学代替。

近代形而上学思维方法的形成，是同近代生产和自然科学的发展状况相联系的。恩格斯指出，“真正的自然科学只是从 15 世纪下半叶才开始”（734 页），因为在古代和中世纪，自然科学包括在哲学或神学之中，只处于从属地位。从 15 世纪起，自然科学从神学中解放出来，进入搜集材料的阶段，对事物进行分门别类的研究获得日益迅速的发展，“这是最近 400 年来在认识自然界方面获得巨大进展的基本条件”（734 页）。但是，它给人们留下的静态的分类法，被英国唯物主义者培根和洛克移植到哲学中以后，成为 17—18 世纪在人们思想中占统治地位的形而上学的世界观和方法论，使近代唯物主义具有机械性、形而上学性。

辩证法和形而上学是两种根本对立的思维方式。在这里，恩格斯阐述了这两种思维方式的对立，指出：第一，“在形而上学者看来，事物及其在思想上的反映即概念，是孤立的、应当逐个地和分别地加以考察的、固定的、僵硬的、一成不变的研究对象”（734 页）。第二，“形而上学的思维方式，虽然在依对象的性质而展开的各个领域中是合理的，甚至必要的，可是它每一次迟早都要达到一个界限，一超过这个界限，它就会变成片面的、狭隘的、抽象的，并且陷入无法解决的矛盾”（735 页）。第三，事物的发展“过程和思维方法都是形而上学思维的框子所容纳不下的。相反，对辩证法来说，上述过程正好证明它的方法是正确的，因为辩证法在考察事物及其在观念上的反映时，本质上是从它们的联系、它们的联结、它们的运动、它们的产生和消逝方面去考察的”（735-736 页）。

2. 近代德国哲学的历史功绩和局限

从康德到黑格尔的德国古典哲学是辩证法的第二个历史形态。恩格斯认为，近代德国哲学一开始就是以辩证法精神进行活动的。康德一开始他的学术生涯，就用事物内部的矛盾运动解释事物的变化，推翻了牛顿的“第一次推动”说。黑格尔则第一次全面地叙述辩证法的一般形式，恢复辩证法的理论权威。恩格斯说：“黑格尔第一次——这是他的伟大功绩——把整个自然的、历史的和精神的世界描写为一个过程，即把它描写为处在不断的运动、变化、转变和发展中，并企图揭示这种运动和发展的内在联系。”（736－737 页）

黑格尔划时代的功绩，是提出了揭示自然、历史、精神的运动和发展的内在联系的任务，但是他并没有而且也不可能解决这个任务，因为“这不是任何个人所能解决的任务”（737 页）。同时，这一任务的完成与黑格尔哲学体系本身是矛盾的，因为“在他看来，他头脑中的思想不是现实的事物和过程的或多或少抽象的反映，相反地，在他看来，事物及其发展只是在世界出现以前已经以某种方式存在着的‘观念’的实现了的反映”（737 页）。黑格尔哲学的体系和方法的矛盾决定了他一方面把人类的历史看作一个不断发展的过程，另一方面又宣称自己发现的绝对真理，是最终完成的认识体系，是人类认识的终点。

马克思、恩格斯批判地改造了黑格尔的辩证法，总结和概括了近代科学的最新成就，创立了辩证法的最高形态，即唯物辩证法。

3. 唯物辩证法的创立及其意义

黑格尔的哲学是唯心主义的，要克服它的荒谬性，就必须把被黑格尔颠倒了的世界观再颠倒过来，使之建立在唯物主义基础上。这样，才能拯救出黑格尔哲学中合理的内核，创立唯物辩证法。马克思、恩格斯创立的唯物辩证法实现了唯物主义和辩证法的高度统一，因而既与黑格尔的辩证法是完全不同的，也与 18 世纪的纯粹形而上学的、完全机械的唯物主义是根本不同的。

唯物辩证法的创立在自然观和历史观上引起了革命性变革。在历史观上，马克思主义以前的旧哲学都是历史唯心主义的。它们把人类历史看作天才人物的偶然创造，或者是绝对观念的自我发展。马克思主义把唯物辩证法彻底贯彻于社会历史中，把社会历史看作人类自身的发展过程，而他的任务就在于发现这个过程的运动规律。

在自然观上，辩证唯物主义自然观创立之前，占统治地位的都是形而上学的观点。在这种自然观看来，自然界是一个沿着狭小的圆圈循环运动、永远不变的整体，没有时间上的历史。针对这种形而上学的自然观，恩格斯认为，自然界也有自己时间的历史，天体和在适宜条件下存在于天体上的有机物种一样是有生有灭的；地球上的生物都有它的产生、发展和消亡的过程。

唯物辩证法的创立还实现了哲学研究对象的革命性变革。恩格斯指出，唯物辩证法的创立，“不再需要任何凌驾于其他科学之上的哲学了……在以往的全部哲学中仍然独立存在的，就只有关于思维及其规律的学说——形式逻辑和辩证法。其他一切都归到关于自然和历史的实证科学中去了”（738 页）。唯物辩证法只是为关于自然和历史的实证科学提供世界观和方法论。

（二）“两个伟大发现”使社会主义从空想变为科学（第 9～12 段）

1. 唯物史观的创立

19 世纪 40 年代，正当实现自然观的革命变革的时候，在历史观上引起决定性转变的历史事实早已发生，这就是 1831 年和 1834 年法国里昂工人两次大规模的武装起义，1838—1842 年英国的宪章运动，1844 年德国的西里西亚纺织工人起义。这些阶级斗争的事实日益令人信服地证明，资产阶级经济学、法学和英国空想社会主义、旧的唯心主义历史观都不能正确地认识阶级斗争的实质，以及阶级斗争在阶级社会历史发展中的作用。在这样的条件下，马克思、恩格斯运用唯物辩证法对以往的全部历史作了一番新的研究，揭示了社会发展的客观规律，创立了唯物史观。

唯物史观的创立使关于社会历史领域的一切科学同唯物主义的基础协调起来。唯物史观认为，以往的全部历史，除原始社会外，都是阶级斗争的历史；互相斗争的社会阶级在任何时候都是生产关系和交换关系的产物；每一个历史时期由法的设施和政治设施以及宗教的、哲学的和其他的观念形式所构成的全部上层建筑，归根到底都是以每一时代的社会经济结构为现实基础的。

唯物史观的创立把唯心史观从最后的避难所即历史领域中驱逐出去，改变了过去用人们的意识去说明他们的社会存在的错误道路。

2. 剩余价值学说的发现

空想社会主义同唯物主义历史观是不相容的。空想社会主义虽然批判了资本主义生产方式及其后果，但却不能说明资本主义生产方式的本质和基本矛盾，因而也就制伏不了这个生产方式，只能简单地把它当作坏的东西抛弃掉。但是，问题在于：“一方面应当说明资本主义生产方式的历史联系和它在一定历史时期存在的必然性，从而说明它灭亡的必然性，另一方面应当揭露这种生产方式的一直还隐蔽着的内在性质。”（740 页）也就是说，只有运用历史唯物主义理论和方法，才能获得关于资本主义生产方式的科学的认识。

马克思、恩格斯运用历史唯物主义的理论和方法，考察了资本主义的生产方式，创立了剩余价值学说。剩余价值学说证明：资本家手中日益增加的全部资本都是由剩余价值构成的，都是从工人身上剥削来的。这样，说明了资本主义生产的构成，揭示了资本主义剥削的秘密。

3. 唯物史观和剩余价值学说的伟大意义

恩格斯明确指出，由于唯物主义历史观和剩余价值学说的发现，“社会主义变成了科学”（740 页）。

马克思主义哲学是科学社会主义的世界观和方法论。但是，科学社会主义的结论并不是直接从马克思主义哲学中逻辑地推演出来，而是从研究资本主义的政治和经济中产生的。对于科学社会主义来说，哲学是通过政治经济学间接地发挥着理论的指导作用，而政治经济学，尤其是剩余价值学说，则是它的直接的理论基础。

空想社会主义者的学说之所以一开始就注定是空想的，除了生产状况、阶级状况不成熟之外，还与其世界观密切相关。他们不了解资本主义剥削的实质，因此，也就不知道应该依靠什么阶级、使用什么手段去实现社会主义。马克思主义的剩余价值学说则是以唯物史观为指导，揭示了资本主义生产方式的基本矛盾，资本主义产生、发展和灭亡的规律，社会主义代替资本主义的必然性，指明无产阶级的历史使命和无产阶级实现社会主义革命的道路和方法，从而把社会主义建立在科学的理论基础上。因此，唯物史观和剩余价值学说是科学社会主义的两大理论基石。

三

在这一部分里，恩格斯通过剖析资本主义生产方式的内在矛盾，揭示了资本主义必然灭亡、社会主义必然胜利的规律，指明了无产阶级革命依靠的力量和根本道路，阐述了社会主义、共产主义的基本特征。这一部分共 36 个自然段。

（一）科学社会主义是资本主义生产方式的内在矛盾在工人头脑中的反映（第 1～3 段）

1. 唯物史观是科学社会主义的理论基础

马克思、恩格斯运用唯物史观的基本理论和方法研究资本主义的生产方式，揭示了社会主义取代资本主义的历史必然性。恩格斯从三个方面阐述了唯物史观的基本思想。第一，“生产以及随生产而来的产品交换是一切社会制度的基础”（740 页），产品分配和阶级划分也是由生产方式和交换方式决定的；第二，一切社会变迁和政治变革的终极原因，不应当到人们的头脑中、人们对永恒的真理和正义的认识中、有关时代的哲学中去寻找，而应当从生产方式和交换方式的变更中去寻找；第三，消除社会弊病的手段“不应当从头脑中**发明出来**，而应当通过头脑从生产的现成物质事实中**发现出来**”（741 页）。

2. 现代社会主义是资本主义生产力和生产关系的冲突在思想上的反映

根据唯物史观的上述理论，“现代社会主义是怎么回事呢?”（741 页）通过研究资本主义的产生和发展，恩格斯指出：第一，资本主义的生产方式代替封建的生产方式，是由封建的生产方式的矛盾运动决定的。第二，资本主义制度的建立使生产力以前所未有的速度和规模发展起来。第三，随着资本主义大工业比较充分的发展，资本主义生产关系就变为束缚生产力发展的桎梏，生产力和生产关系发生了冲突。第四，资本主义生产力和生产关系的冲突是客观的事实，“现代社会主义不过是这种实际冲突在思想上的反映，是它在头脑中、首先是在那个直接吃到它的苦头的阶级即工人阶级的头脑中的观念的反映”（742 页）。

（二）资本主义的基本矛盾及其表现（第 4～21 段）

1. 资本主义的基本矛盾

资本主义是在摧毁封建制度的基础上建立起来的，资本主义生产关系在其开始的发展过程中是与生产力相适应的，但当生产获得一定发展以后就同资本主义生产关系发生矛盾了。恩格斯通过分析资本主义生产发展的三个阶段：简单协作、工场手工业和机器大工业，指出资本主义生产的显著特点是使生产成为社会化的大生产。但是，资本主义生产仍然是以私人占有制为基础的。生产的社会化形成后，生产资料和产品仍归私人占有，即归资本家占有。这样，社会化的大生产与私人占有制之间的矛盾就构成了资本主义生产方式的基本矛盾。这一矛盾是资本主义一切矛盾的总根源。随着资本主义生产方式的发展，这一矛盾通过许多方面表现出来。

2. 资本主义基本矛盾的表现

随着资本主义的发展，社会化的大生产与私人占有制之间的矛盾主要表现为：第一，无产阶级和资产阶级的矛盾。雇佣劳动不是资本主义的产物，在简单的商品生产中就有雇佣劳动。在简单协作和工场手工业时代，雇佣劳动是一种救急、副业、暂时的措施。在大工业阶段，由于生产资料集中到资本家手里，雇佣劳动就成了工人的唯一职业和终身职业，而且随着封建制度的崩溃，农民被赶出家园，雇佣劳动者的数量增加了，出现了生产资料和劳动者的彻底分离，生产资料日益集中于少数资本家手中，劳动者除了自己的劳动力之外一无所有，无产阶级和资产阶级的矛盾日益尖锐化。第二，个别工厂中生产的组织性和整个社会中生产的无政府状态之间的矛盾。在资本主义生产条件下，生产者之间的联系是通过商品交换来实现的。由于生产资料私人占有，商品生产和交换都没有计划，社会生产的无政府状态占统治地位。然而，为了在竞争中获胜，每个企业都要加强企业内部的计划性和组织性。于是，不可避免地产生了个别工厂生产的组织计划性和整个社会生产的无政府状态的矛盾。随着这一矛盾的尖锐化，爆发了资本主义的经济危机。

3. 资本主义的经济危机

资本主义发展的结果造成了贫富两极分化，一方面是资本家财富的积累，一方面是工人贫困的积累。生产的扩张大大超过了市场的扩张，生产相对过剩的经济危机便不可避免地爆发了。资本主义经济危机的爆发具有周期性。每一次经济危机都给社会生产力带来极大的破坏。这种周期性爆发的经济危机表明：一方面资产阶级已经不能驾驭自己创造的社会生产力；另一方面这种日益发展的社会生产力迫切要求摆脱资本主义私人占有制的束缚，建立适合生产力发展的生产资料公有制。

4. 资本主义的垄断和国有化不能解决资本主义的基本矛盾

资本主义基本矛盾的发展必然导致垄断组织的出现，垄断既是竞争的必然结果，也是资本主义生产的社会性质所要求的。英国早在 1890 年就在制碱业出现了统一的托拉斯。垄断组织的出现，并没有改变生产资料的资本主义性质。资本家的国家愈是把更多的生产力据为己有，就愈是成为真正的总资本家，愈是剥削更多的公民。由于资本主义剥削关系的存在，矛盾就不可能得到解决。垄断的出现，表明资本主义的矛盾发展到了顶点。生产力归国家所有，并不能解决资本主义的基本矛盾，但它为解决这一矛盾提供了形式上的手段和解决线索。

（三）无产阶级革命必然胜利（第 22～27 段）

1. 社会占有生产力是社会发展的规律

那么，怎样才能解决社会化的大生产与私人占有制之间的矛盾呢？恩格斯指出："这种解决只能是在事实上承认现代生产力的社会本性，因而也就是使生产、占有和交换的方式同生产资料的社会性相适应。而要实现这一点，只有由社会公开地和直接地占有已经发展到除了适于社会管理之外不适于任何其他管理的生产力。"（753 页）也就是说，只有实现社会占有生产力，才能解决资本主义的基本矛盾。相反，拒绝承认现代生产力的社会本性，就要受到经济危机的惩罚。一旦建立适应现代生产力本性的生产资料公有制，人们就能支配现代生产力，"社会的生产无政府状态就让位于按照社会总体和每个成员的需要对生产进行的社会的有计划的调节"（754 页），资本主义的占有方式就让位于那种以现代生产资料的本性为基础的产品占有方式。

2. 无产阶级革命是变革资本主义的根本途径

资本主义的生产方式决定了无产阶级是资本主义社会最有远见、最大公无私和最富于革命性的阶级，是变革资本主义社会的力量。那么，无产阶级通过什么途径变革资本主义制度呢？恩格斯指出：**"无产阶级将取得国家政权，并且首先把生产资料变为国家财产。"**（754 页）这一伟大变革完成后，也就消灭了作为无产阶级的自身，消灭了一切阶级差别和阶级对立，也消灭了作为国家的国家。实现这一变革，并不取决于人们的主观愿望，而是取决于具备了一定的新的经济条件，正如恩格斯所说的，阶级的消灭是"以生产高度发展的阶段为前提的"（756 页）。生产资料的社会占有是生产力加速发展的唯一先决条件；它可以消除"生产的现存的人为障碍""生产力和产品的有形的浪费和破坏"（757 页）；它可以保证社会一切成员有富足的物质生活，保证他们的体力和智力获得充分的自由的发展和运用。

3. "自由王国"的实现是人类进步的目标

恩格斯指出："一旦社会占有了生产资料，商品生产就将被消除……社会生产内部的无政府状态将为有计划的自觉的组织所代替……人们周围的、至今统治着人们的生活条件，现在受人们的支配和控制，人们第一次成为自然界的自觉的和真正的主人，因为他们已经成为自身的社会结合的主人了。”（757-758 页）只是从这时起，人们才能完全自觉地自己创造自己的历史，越来越多地达到自己所预期的结果，“这是人类从必然王国进入自由王国的飞跃”（758 页）。

（四）总结（第 28～36 段）

恩格斯简要概括了资本主义产生、发展的历史过程，揭示了资本主义必然灭亡、社会主义必然胜利的规律，阐述了科学社会主义的任务是考察无产阶级解放事业的历史条件和性质，使无产阶级认识到自己行动的条件和性质，从而更好地完成自己的历史使命——建立生产资料公有制的社会。这一部分的内容是恩格斯对此章的总结，这里不再详细介绍。

要点解析

1. 科学社会主义的内涵和研究方法

科学社会主义或现代社会主义包括三个方面的含义：是在资本主义经济关系充分发展的基础上生长出来的一种社会制度，是一种从无产阶级和资产阶级的先驱们开始的无产阶级反对资产阶级的革命运动，是从资本主义基本矛盾中引申出来的关于无产阶级的解放条件和历史使命的学说。研究社会主义不能在思想认识领域，而必须到生产方式和交换方式的变更中，到有关时代的经济中去寻找答案。

2. 社会占有生产资料的意义

从为别人的被迫劳动到为自己的自觉自愿的劳动，劳动者的积极性将获得极大调动；资本主义社会的浪费，包括经济危机对生产资料和产品的浪费，资产者穷奢极欲的浪费将消除。

商品生产将被取消，产品对生产者的统治也将随之消除。社会生产内部的无政府状态将为有计划的自觉的组织所代替。个体生存斗争停止了。人们从动物的生存条件进入真正的人的生存条件。随着生产力的发展，将会消灭一切阶级对立和阶级差别，国家也将逐步消灭。人类将会实现从必然王国到自由王国的飞跃。

3. 本文阐述了科学社会主义哪些基本原理

恩格斯在第三章围绕包括资本主义必然要转变为社会主义和无产阶级作为资本主义社会掘墓人、社会主义社会创造者这样两个紧密联系的侧面，阐发了资本主义社会基本矛盾的理论，经济危机的理论，资本主义必然灭亡、社会主义必然胜利的理论，无产阶级历史使命的理论，阶级和国家消亡的理论，未来社会基本特征的理论，等等。

思考题

1. 试述空想社会主义和科学社会主义的本质区别。

2. 为什么说“两个伟大发现”使社会主义从空想变为科学？

3. 试述资本主义社会基本矛盾的根源和表现方式。

阅读书目

1. 恩格斯．家庭、私有制和国家的起源（“九　野蛮时代和文明时代”）//马克思，恩格斯．马克思恩格斯选集：第4卷．2版．北京：人民出版社，1995：158-179．

2. 恩格斯．在马克思墓前的讲话//马克思，恩格斯．马克思恩格斯选集：第3卷．2版．北京：人民出版社，1995：776-778．

3. 列宁．卡尔·马克思（“社会主义”）//列宁．列宁选集：第2卷．3版．北京：人民出版社，1995：439-442．

恩格斯《路德维希·费尔巴哈和德国古典哲学的终结》导读

要点提示

● 全部哲学，特别是近代哲学的重大的基本问题，是思维和存在的关系问题。

● 对这些以及其他一切哲学上的怪论的最令人信服的驳斥是实践，即实验和工业。

● 宗教是在最原始的时代从人们关于他们本身和周围的外部自然界的错误的、最原始的观念中产生的。

● 在黑格尔那里，恶是历史发展的动力的表现形式。……但是，费尔巴哈就没有想到要研究道德上的恶所起的历史作用。历史对他来说是一个不愉快的可怕的领域。

● 为什么人们所期望的正是这个而不是别的呢？在寻求这个问题①的答案时，我们就发现，在现代历史中，国家的意志总的说来是由市民社会的不断变化的需要，是由某个阶级的优势地位，归根到底，是由生产力和交换关系的发展决定的。

● 现在无论在哪一个领域，都不再要从头脑中想出联系，而要从事实中发现联系了。这样，对于已经从自然界和历史中被驱逐出去的哲学来说，要是还留下什么的话，那就只留下一个纯粹思想的领域：关于思维过程本身的规律的学说，即逻辑和辩证法。

关键词

马克思主义哲学　德国古典哲学　思维和存在　自然界和人　历史

① “这个问题”是指作为形式上的意志有什么内容，这些内容从何而来？——编者注

导　读

恩格斯的《路德维希·费尔巴哈和德国古典哲学的终结》（简称《费尔巴哈论》）写于1886年初，最初发表于德国社会民主党的理论刊物《新时代》1886年的第4期和第5期上。1888年，又以单行本的形式在斯图加特出版。在出版单行本时，恩格斯撰写了序言，即"1888年单行本序言"，并在该书的附录中第一次发表了马克思写于1845年的《关于费尔巴哈的提纲》。《费尔巴哈论》被收入《马克思恩格斯全集》中文版的第21卷。19世纪90年代初，《费尔巴哈论》被译为俄文、保加利亚文和法文。20世纪20年代末30年代初，《费尔巴哈论》传入我国，先后出版过林超真、彭嘉生、张仲实等人的6种译本。1949年9月，北平解放社出版了张仲实重新校译的版本。1965年，中共中央马克思、恩格斯、列宁、斯大林著作编译局根据德文重新校译出版。选自《马克思恩格斯选集》，2版，第4卷，214-258页。

社会历史背景

19世纪40年代，马克思、恩格斯创立了自己的哲学。这种新哲学经过40多年的传播和发展，在工人运动中产生了广泛的影响，特别是由于在反对蒲鲁东主义和巴枯宁主义的斗争中取得巨大胜利，因而在德国、欧洲以及世界其他各地都得到广泛的传播。与此同时，资产阶级为了抵制马克思主义哲学的影响，企图把已经衰亡的德国古典哲学在英国和斯堪的纳维亚半岛的一些国家复活起来。在英国、瑞典、挪威、丹麦等国家中出现了新黑格尔主义。在德国，除了新黑格尔主义外，还出现了新康德主义。为了划清无产阶级世界观和资产阶级世界观的界限，使国际工人运动能够在马克思主义世界观的指导下继续前进，必须阐述马克思主义哲学与德国古典哲学，特别是与黑格尔哲学、费尔巴哈哲学的关系。在"1888年单行本序言"中，恩格斯对写《费尔巴哈论》一书专门阐述马克思主义哲学和德国古典哲学的关系的原因从三个方面进行了说明：一是为了实现他们40多年来的夙愿；二是为了适应共产主义运动和思想战线斗争的需要；三是为了剖析施达克对费尔巴哈的错误评价。

历史地位与现实意义

恩格斯的《费尔巴哈论》系统地总结了马克思主义哲学40多年的发展历史，在马克思主义哲学发展史上占有十分重要的地位。这部著作全面地论述了马克思主义哲学和德国古典哲学的关系，主要是与黑格尔哲学、费尔巴哈哲学的关系。在论述这一关系的过程中，恩格斯通过对黑格尔的著名命题"凡是现实的都是合乎理性的，凡是合乎理性的都是现实的"的剖析，肯定了黑格尔哲学的真实意义和革命性质，揭示了其唯心主义实质；通过对费尔巴哈唯物主义思想的分析，阐述了费尔巴哈唯物主义思想的进步性以及对他们的巨大影响，揭示了18世纪唯物主义以及费尔巴哈唯物主义的历史局限性。通过对这一关系的论述，说明了他们对黑格尔哲学和费尔巴哈哲学的继承和超越。这部著作第一次提出了哲学的基本问题。这是对哲学发展史，特别是对近代哲学发展史，以及马克思主义哲学产生后40多年历史的科学概括，是哲学史上关于哲学最高问题的第一次经典性的论述。进而，恩格斯论述了哲学基本问题的具体内容及其在哲学发展中的地位和作用，为人们认识和掌握哲学发展规律，为鉴别形形色色的唯心主义理论提供了重要的思想武器。这部著作系统地阐述了历史唯物主义的基本原理。唯物史观创立后，马克思和恩格斯在许多著作中对它又作了进一步的丰富和发展。《费尔巴哈论》则是对这些发展的概括。同时，恩格斯在这部著作中全面地论述了认识人类历史的立场、途径和方法。对于我们把握历史唯物主义的基本原理，对于在历史领域坚持唯物主义具有重要的指导意义。马克思主义哲学与德国古典哲学的关系问题，不仅是19世纪40年代、19世纪80年代的时代课题，也是20世纪20年代的时代课题，还是今天的时代课题。由于一些人对于这个问题有不理解、有恶意歪曲，因此，今天学习和研究恩格斯的这一经典著作仍然具有重要的现实意义。

主要思想内容

《费尔巴哈论》包括“1888年单行本序言”和正文四章共五部分。正文四章主要分析了黑格尔唯心主义辩证法的合理内核，阐明了费尔巴哈唯物主义的基本内核，批判了费尔巴哈的唯心史观，论述了马克思主义哲学的产生是哲学史上的伟大革命，全面系统地阐述了马克思主义哲学和德国古典哲学的关系。

一

在这一部分中，恩格斯说明了黑格尔哲学的历史背景和阶级实质，分析了黑格尔的著名哲学命题“凡是现实的都是合乎理性的，凡是合乎理性的都是现实的”（215页），揭示了其包含的辩证法思想，指出了黑格尔哲学方法和体系的矛盾，论述了黑格尔学派的解体过程以及费尔巴哈唯物主义出现的意义。这一部分共18个自然段。

（一）黑格尔哲学的历史背景和阶级性（第1~2段）

恩格斯说：“我们面前的这部著作使我们返回到一个时期，这个时期就时间来说离我们不过一代之久，但是它对德国现在的一代人却如此陌生，似乎已经整整一个世纪了。”（214页）“我们面前的这部著作”指的是丹麦哲学家施达克于1885年写的《路德维希·费尔巴哈》一书。我们返回到的时期就是“德国准备1848年革命的时期”。从哲学发展来看，这个时期是“黑格尔主义”占统治地位的时期，也是费尔巴哈进行理论创造的时期。这个时期是德国准备1848年革命而革命还没有发生的时期，之后德国所发生的一切，仅仅是1848年革命的继续，是完成德国资产阶级革命所没有完成的任务，是执行革命的遗嘱。这个时期与恩格斯写作《费尔巴哈论》的19世纪80年代相隔40多年，只不过一代人之久，但由于形势发生了巨大的变化，所以现代的一代人对那时的情况已经相当陌生，似乎已经过去一个世纪了。

恩格斯通过对19世纪德国资产阶级革命的回顾，指出“正像在18世纪的法国一样，在19世纪的德国，哲学革命也作了政治崩溃的前导”（214页）。哲学革命是政治崩溃的前导，这是从共性上对哲学变革与政治变革关系的科学论述，揭示了任何哲学总是服务于一定阶级的政治需要的。但是一定阶级政治需要的不同决定了与其适应的哲学革命也是不同的，18世纪法国的哲学革命与19世纪德国的哲学革命就是这样。18世纪法国的一些唯物主义哲学家受到封建势力的种种迫害，“而他们本人则随时都可能进巴士底狱”（214页）。之所以如此，是由他们的哲学性质决定的。他们的哲学反映了当时法国资产阶级的要求，具有彻底的革命性。19世纪德国的古典哲学家不仅没有受到迫害，而且得到了普鲁士政府的支持。这也是由他们的哲学性质决定的。他们的哲学反映了当时德国资产阶级的特点。19世纪德国的资产阶级在法国大革命的影响下，一方面要求变革封建制度；另一方面又害怕人民，在封建贵族面前卑躬屈膝，不敢采取实际的革命行动。黑格尔的哲学反映的就是资产阶级的这一特性，因此既具有革命性，又具有保守性。

黑格尔的哲学虽然被抬高到普鲁士王国的国家哲学的地位，但其中是“隐藏着革命”的。当时普鲁士政府和资产阶级自由派都没有看到黑格尔哲学的革命性，而德国进步诗人海涅却看到了。海涅曾在1842年写的诗篇《教义》中，把黑格尔哲学比喻为资产阶级革命的战鼓。他说：“把人们从昏睡中敲起，敲着起身鼓，用青春的力气，敲着鼓永远向前迈进，这就是全部学问。这是黑格尔的哲学，这是书里最深的意义！我聪明，又是一个好鼓手，所以我懂得这个道理。”①

（二）黑格尔哲学的“合理内核”及其革命意义（第3～7段）

黑格尔哲学是19世纪德国资产阶级革命的先导。那么，如何理解黑格尔哲学的革命性呢？恩格斯通过分析黑格尔的一个著名哲学命题，揭示了黑格尔哲学的革命性。

1. 恩格斯对黑格尔的一个著名哲学命题的分析

黑格尔于1820年在《法哲学原理》的序言中提出：“凡是现实的都是合乎理性的，凡是合乎理性的都是现实的。”这个命题提出后，曾经“引起近视的政府的感激和同样近视的自由派的愤怒”（215页）。

（1）这个命题的保守性。

普鲁士政府的感激和资产阶级自由派的愤怒是基于他们认为这个命题“显然是把现存的一切神圣化，是在哲学上替专制制度、警察国家、专断司法、书报检查制度祝福”（215页）。也就是说，他们认为这个命题把普鲁士王国的“现存”制度看成是合乎理性

① 海涅．海涅诗选．北京：人民文学出版社，1956：84-85．

的、现实的。因为黑格尔在《法哲学原理》中还说："它（哲学）主要是或者纯粹是为国家服务的。"① 显然，黑格尔的命题确实具有为现存国家服务的方面，因而引起政府的感激和自由派的愤怒。

（2）这个命题的革命性。

在恩格斯看来，这种认识是"近视的"。因为"在黑格尔看来，决不是一切现存的都无条件地也是现实的"（215页）。显然，在恩格斯看来，黑格尔认为"现实的"不同于"现存的"。那么，在黑格尔的理解中"现实的"与"现存的"的区别何在？区别在于：黑格尔认为"现实性这种属性仅仅属于那同时是必然的东西"，用黑格尔的话说就是"现实性在其展开过程中表明为必然性"（215页）。而"现存的"有的具有必然性，有的则不具有必然性。这一思想，黑格尔有明确的表述，他说："一个坏的国家是一个仅仅实存着的国家，一个病躯也是实存着的东西，但它没有真实的实在性。一只被砍下来的手看来依旧像一只手，而且实存着，但毕竟不是现实的。真正的现实性就是必然性，凡是现实的东西，在其自身中是必然的。"②

恩格斯把黑格尔的这一思想应用于当时的普鲁士王国，指出："这个国家只在它是必然的时候是合乎理性的，是同理性相符合的。如果说它在我们看来终究是恶劣的，而它尽管恶劣却继续存在，那么，政府的恶劣可以从臣民的相应的恶劣中找到理由和解释。"（215页）普鲁士王国的形成有它的必然性，在其必然性没有丧失之前，是现实的、合乎理性的。在我们看来，普鲁士王国当时已经失去了必然性，已经是不合乎理性的，但是它仍旧继续存在，其存在的原因是当时德国资产阶级既想革命，又害怕革命。

进而，恩格斯还把黑格尔这一思想应用于社会状态和政治状态，指出："根据黑格尔的意见，现实性决不是某种社会状态或政治状态在一切环境和一切时代所具有的属性。"（215页）也就是说，人类历史上的某种社会状态和政治状态都有其产生、发展、灭亡的历史，永恒的社会状态和政治状态是不存在的。在发展的进程中，一切现实的事物都会丧失自己存在的权利；一种新的、富有生命力的现实的东西，不管它开始如何弱小，但它终究是不可战胜的，迟早都要代替正在衰亡着的现实的东西。这样，黑格尔的这个命题就走向了自己的反面："凡是现存的，都一定要灭亡。"（216页）

2. 黑格尔哲学的真实意义和革命性质

这样，黑格尔的命题就内在地包含了一切事物永远处在生成、发展、灭亡的过程的思想。在这个意义上，恩格斯指出："黑格尔哲学……的真实意义和革命性质，正是在于它彻底否定了关于人的思维和行动的一切结果具有最终性质的看法。"（216页）人的思维的结果就是人类的认识，人的行动的结果就是人类的历史。也就是说，黑格尔认为人类的认识和人类的历史都是一个发展的过程。物质世界永恒发展的思想是辩证法的真实意义和革命性质，也是黑格尔哲学的真实意义和革命性质。

---

① 黑格尔．法哲学原理．北京：商务印书馆，1961：8.

② 同①280.

3. 辩证法的基本思想

恩格斯在阐述了黑格尔哲学的革命性的基础上，站在唯物主义的立场上，论述了包含在黑格尔哲学中的辩证法思想。这个论述主要包括三个方面的内容：首先，辩证法认为最终的、绝对的、神圣的东西是不存在的，事物、现象的存在是暂时的，客观世界的一切事物都是发展变化的，都是处于一个不断地发生、发展、灭亡以及无止境地由低级上升到高级的过程。其次，辩证法就其内容来说是客观世界本身的运动发展规律，人们的辩证法观念、思想、理论是对客观世界本身的运动发展规律的反映，其反映的过程是在人类的实践活动中进行的。最后，辩证法也有保守的方面。这里的保守方面是指辩证法也承认在事物发展过程中有相对稳定或静止状态，正因为有相对稳定或静止状态的存在，人们才能认识、利用事物。

（三）黑格尔哲学的体系和方法的矛盾（第 8～10 段）

恩格斯从黑格尔哲学的“合理内核”中，推论出社会历史和人类认识是无限发展的结论，但是，黑格尔却从来没有明确地得出这一结论，原因在于他的辩证法方法和他的体系是矛盾的。

1. 黑格尔的哲学体系

黑格尔哲学体系的出发点是宇宙精神。这个宇宙精神先于自然界和人类社会而存在，黑格尔把它称为“绝对精神”。这个“绝对精神”是整个宇宙的基础，是一切存在的源泉，是发展变化的。黑格尔的哲学就是对“绝对精神”发展、演变过程的论述。“绝对精神”的发展、演变经历了三个阶段，即逻辑阶段、自然阶段和精神阶段。逻辑阶段是“绝对精神”自我发展的阶段，它作为纯粹的逻辑范畴，经过一系列概念的推演和过渡而达到“绝对观念”。然后，“绝对精神”突破纯粹思维的范畴而外化为自然界，进入“绝对精神”发展的第二阶段，即自然阶段。再往后，当自然界出现人的时候，“绝对精神”又超出自然阶段而进入第三个阶段，即精神阶段。在这一阶段，绝对精神体现为人类社会，体现为个人意识和社会意识，并最后在黑格尔哲学中完成了自我认识，于是回到了原来的出发点——“绝对精神”自身，从而结束了绝对精神的发展过程。显然，黑格尔的哲学是从“绝对精神”出发，又回到“绝对精神”，首尾相接的封闭的圆圈。

2. 黑格尔哲学体系和方法矛盾的具体表现

黑格尔哲学的体系和方法是矛盾的，这一矛盾主要有三个方面的表现：第一，黑格尔的方法认为发展是普遍的，自然界是永恒发展的，但是在他的体系中，自然界是“绝对精神”在逻辑阶段规定的，没有时间上的历史。第二，黑格尔的方法认为人类的认识是没有止境的，但是在他的体系中，人类认识是有终点的，其终点就是他自己的哲学体系。第三，黑格尔的方法认为人类历史是一个从低级到高级的无穷发展过程，但是在他的体系中，人类历史必须有一个顶点。

3. 黑格尔哲学体系和方法的矛盾导致的结果

恩格斯指出："但是这样一来，黑格尔体系的全部教条内容就被宣布为绝对真理，这同他那消除一切教条东西的辩证方法是矛盾的；这样一来，革命的方面就被过分茂密的保守的方面所窒息。"（218页）同时，黑格尔认为，人类历史的"绝对观念应当在弗里德里希一威廉三世向他的臣民再三许诺而又不予兑现的那种等级君主制中得到实现，就是说，应当在有产阶级那种适应于当时德国小资产阶级关系的、有限的和温和的间接统治中得到实现；在这里还用思辨的方法向我们论证了贵族的必要性"（218页）。

4. 黑格尔哲学体系和方法矛盾的原因

恩格斯分析了黑格尔哲学存在这种内在矛盾的原因：一是由它的唯心主义体系决定的；二是受传统的束缚，"按照传统的要求，哲学体系是一定要以某种绝对真理来完成的"（218页）；三是德国资产阶级的两重性决定了黑格尔哲学包含着革命和保守的方面，"黑格尔是一个德国人，而且和他的同时代人歌德一样，拖着一根庸人的辫子"（218页）。

5. 恩格斯对黑格尔哲学的评价

黑格尔的哲学存在着体系和方法的矛盾。那么，对于黑格尔的哲学应该如何评价呢？恩格斯从四个方面对其进行了评价：第一，对黑格尔哲学的内容进行了评价。其一指出黑格尔哲学"包括了以前任何体系所不可比拟的广大领域"；其二指出黑格尔哲学"在这一领域中阐发了现在还令人惊奇的丰富思想"，并"力求找出并指明贯穿这些领域的发展线索"，所以"他在各个领域中都起了划时代的作用"（219页）。第二，对黑格尔哲学的结构进行了评价。恩格斯指出黑格尔为了满足自己体系的需要，常常不得不求救于"强制性的结构"（219页），但是只要深入结构里面，就会发现无数珍宝。第三，对黑格尔哲学存在的矛盾的评价。黑格尔哲学虽然存在体系和方法的矛盾，但这一矛盾的产生有其合理性：满足人类精神克服一切矛盾的需要。第四，对黑格尔哲学意义的评价。恩格斯指出，黑格尔哲学"给我们指出了一条走出这些体系的迷宫而达到真正地切实地认识世界的道路"（220页），这条道路就是"沿着实证科学和利用辩证思维对这些科学成果进行概括的途径去追求可以达到的相对真理"（220页）。

（四）黑格尔学派的解体和费尔巴哈哲学的产生（第11～18段）

黑格尔的哲学虽然存在矛盾，但是在"富有哲学味道"（220页）的德国却产生了巨大的影响。

1. 黑格尔哲学的成就及其影响

黑格尔哲学在当时的影响是巨大的，其表现主要是：第一，黑格尔逝世后，"黑格尔主义"的独占统治达到了顶点，甚至或多或少地感染了自己的敌人。第二，黑格尔的哲学成为当时最时髦的学说，它渗透到各个学科领域，甚至通俗读物和报纸中，“有教养的意识”也是从这些通俗读物和报纸中吸取自己的思想材料的。“但是，这一全线胜利仅仅是一种内部斗争的序幕罢了。”（220 页）

2. 黑格尔学派的解体

黑格尔学派分裂的原因，主要有两个方面：第一，德国资产阶级的分裂。随着国内阶级斗争的激化，资产阶级内部分裂为激进派和保守派。激进派反对普鲁士国家，保守派则拥护普鲁士国家。第二，黑格尔哲学自身的体系和方法之间的矛盾。黑格尔学派分裂为两大派：老年黑格尔派和青年黑格尔派。青年黑格尔派的施特劳斯和鲍威尔都反对宗教神学，都对基督教进行了批判。他们都认为《圣经》中的福音故事是荒诞无稽的东西。但是，他们在福音故事是如何产生的问题上，意见产生了分歧，由此引发了争论。这场争论，是在黑格尔哲学的两个范畴——“实体”和“自我意识”的争论的幌子下进行的。施特劳斯和鲍威尔的争论，后来发展为“什么是世界历史发展的动力”问题的争论。最后，在青年黑格尔派中出现了一个特殊人物施蒂纳。他狂热地鼓吹无政府主义思想，把自我意识推到了极端的地步，用至高无上的“唯一者”压倒了至高无上的“自我意识”。

3. 费尔巴哈哲学产生的意义

在黑格尔哲学分裂的过程中，产生了费尔巴哈的哲学。费尔巴哈哲学的产生具有重要的意义，这主要表现为：第一，直截了当地使唯物主义重新登上王位，结束了唯心主义在德国的长期统治。第二，揭开了宗教的神秘外衣，有力地批判了宗教有神论。第三，影响了马克思、恩格斯，促使他们“一时都成为费尔巴哈派了”（222 页）。

费尔巴哈突破了黑格尔的体系，但却用全盘否定的态度把它抛在一旁了。马克思、恩格斯批判地吸取了黑格尔辩证法的“合理内核”，抛弃了他的唯心主义的形式，在对黑格尔哲学扬弃的基础上，创立了马克思主义哲学。

二

在这一部分中，恩格斯阐述了哲学的基本问题，批判了不可知论，分析了费尔巴哈哲学的“基本内核”，指出了包括费尔巴哈哲学在内的一切旧唯物主义的局限性；批评了丹麦哲学家施达克对唯物主义与唯心主义界限的混淆。这一部分共 24 个自然段。

（一）哲学基本问题及对唯心主义和不可知论的批判（第 1～7 段）

哲学基本问题是思维和存在的关系问题。这一问题主要包括两个方面的内容：一是思维和存在何者是本原的问题，二是思维和存在有没有同一性的问题。

1. 对哲学基本问题的历史考察

恩格斯指出：“全部哲学，特别是近代哲学的重大的基本问题，是思维和存在的关系问题。”(223 页)那么，哲学基本问题是怎样产生的呢?

(1)哲学基本问题的产生。

对于哲学基本问题的产生，恩格斯是这样解释的，他说：“在远古时代，人们还完全不知道自己身体的构造，并且受梦中景象的影响，于是就产生一种观念：他们的思维和感觉不是他们身体的活动，而是一种独特的、寓于这个身体之中而在人死亡时就离开身体的灵魂的活动。从这个时候起，人们不得不思考这种灵魂对外部世界的关系。”(223-224 页)这个论述包括四个方面的内容：首先，哲学基本问题产生于远古时代；其次，哲学基本问题的产生与灵魂不死的观念的产生是密切相关的；再次，哲学基本问题的最初形式是“灵魂对外部世界的关系”(224 页);最后，哲学基本问题的产生根源于“人们还完全不知道自己身体的构造，并且受梦中景象的影响”(223 页),也就是说生产和科学水平的低下是哲学基本问题产生的根源。

(2)哲学基本问题的发展过程。

在灵魂不死观念产生的过程中，“由于十分相似的原因，通过自然力的人格化，产生了最初的神”(224 页)。这样，原始宗教产生了。开始时，人们只是对最有势力的自然力产生崇拜，产生了火神、水神、土地神、太阳神等，进而发展为万物有灵论。但是，万物有灵的“多神教”必然演变为“一神教”,这是由人类认识的发展、人类抽象思维能力的提高、社会的发展等所决定的。“但是，这个问题，只是在欧洲人从基督教中世纪的长期冬眠中觉醒以后，才被十分清楚地提了出来，才获得了它的完全的意义。”(224 页)这就是哲学基本问题演变的历史。

2. 哲学基本问题的内容

哲学基本问题是思维和存在的关系问题。思维和存在的关系是多方面的，恩格斯在这里主要论述了思维和存在关系的最主要的两个方面：一是思维和存在何者为第一性的问题，对这个问题的不同回答是划分唯物主义和唯心主义的标准；二是思维和存在有没有同一性的问题，对这个问题的不同回答是区别可知论和不可知论的根据。

3. 对不可知论的批判

对于思维和存在有没有同一性的问题，有一些哲学家作了否定的回答。这些哲学家就是不可知论者，其代表人物是休谟和康德。对于不可知论，黑格尔和费尔巴哈都进行过批判，但都没有真正驳倒不可知论。马克思主义哲学从实践出发真正驳倒了不可知论，其原因在于：第一，实践能够证明我们感性直觉的正确性；第二，实践能够不断创造出新的认识工具和手段；第三，实践过程中人的思维水平得到不断提高。

4. 实践是推动哲学家前进的动力

以往的哲学家认为，推动哲学家前进的是纯粹思想的力量，恩格斯则指出：“恰恰相反，真正推动他们前进的，主要是自然科学和工业的强大而日益迅猛的进步。”(226 页)也就是说，实践是推动哲学前进的动力。从理论上来说，马克思主义哲学认为认识依赖于实践，实践是认识发展的动力，也必然是哲学发展的动力。从哲学发展的历史来看，实践既是唯物主义哲学发展的动力——从霍布斯到费尔巴哈哲学发展的动力，也是唯心主义哲学发展的动力——从笛卡儿到黑格尔哲学发展的动力。

（二）费尔巴哈哲学的“基本内核”和旧唯物主义的局限性（第 8～18 段）

费尔巴哈认识到了黑格尔哲学的矛盾，他说：“凭什么理由可以从逻辑的范围转到自然的范围呢？这相互转化的不可避免性和原理又何在呢？”① 在批判黑格尔哲学的过程中，费尔巴哈提出了自己的唯物主义学说。

1. 费尔巴哈哲学的基本内容

费尔巴哈恢复了唯物主义的王位。他的唯物主义主要包括：第一，“物质不是精神的产物，而精神本身只是物质的最高产物”；第二，“我们的意识和思维，不论它看起来是多么超感觉的，总是物质的、肉体的器官即人脑的产物”；第三，“我们自己所属的物质的、可以感知的世界，是唯一现实的”（227 页）。这就是费尔巴哈哲学的“基本内核”。

2. 费尔巴哈拒绝唯物主义名称的原因

费尔巴哈正确解决了哲学基本问题，承认物质第一性、意识第二性的唯物主义原则，所以他是一个唯物主义者。但是，费尔巴哈不能克服哲学上的偏见，把唯物主义的一般世界观与其庸俗的、肤浅的形式混为一谈。费尔巴哈拒绝唯物主义名称有两个原因：第一，混淆了唯物主义一般世界观与这一世界观在 18 世纪的特殊表现形式；第二，混淆了唯物主义一般世界观与这一世界观在 19 世纪的特殊表现形式。

3. 18 世纪唯物主义的局限性

18 世纪的机械唯物主义是唯物主义一般世界观的特殊表现形式，虽然承认物质是世界的本原，但这种唯物主义存在着严重的局限性，主要表现在三个方面：第一，机械性，其特征是用机械的原因去解释一切现象，用力学的尺度去衡量化学和生物过程。第二，形而上学性，其基本特征就是不把世界理解为一种过程，理解为一种处在不断的历史发展中的物质。第三，历史领域中的非历史观点，这一局限性的形成有三个原因：一是错误地认为人的思想动机，尤其是少数英雄人物的思想动机，是社会历史发展的根源；二是生产规模狭小限制了人们的眼界，使存在于人类历史发展中的客观规律没能被认识；三是剥削阶级有意歪曲历史，把脑力劳动者的精神活动加以绝对化，极力夸大精神性因素的作用，从而陷入历史唯心主义。

4. 费尔巴哈哲学的缺点及其形成的原因

费尔巴哈虽然在当时的历史条件下恢复了唯物主义的王位，但是他的唯物主义也存在自己的缺点，没能克服 18 世纪法国唯物主义的局限性。其一，没有达到辩证的自然

① 费尔巴哈. 费尔巴哈哲学著作选集：上卷. 北京：生活·读书·新知三联书店，1959：224.

观，这是由自然科学发展的水平和费尔巴哈脱离社会实践所造成的；其二，不能把唯物主义贯彻到历史领域，这是因为他是一个资产阶级思想家，而且长期脱离社会，过着孤寂的生活。

（三）批评施达克混淆唯物主义和唯心主义界限的错误（第19～24段）

施达克在《路德维希·费尔巴哈》一书中，错误地认为费尔巴哈是一个唯心主义哲学家。之所以如此，原因在于他不懂得思维和存在何者为第一性是划分唯物主义和唯心主义的唯一标准。施达克认为唯心主义就是追求理想，唯物主义就是追求物质享受。对此，恩格斯从三个方面进行了批评：第一，施达克的标准同哲学事实不相符合。恩格斯指出施达克把“对理想目的的追求”（231页）叫作唯心主义，原因有二：一是他错误地认为康德哲学之所以是唯心主义，是由于康德伦理学提出了一个最高的道德标准——“绝对命令”；二是他受到德国庸人偏见的影响。第二，施达克的标准在逻辑上是错误的。恩格斯指出如果把追求理想看作唯心主义，“那么任何一个发育稍稍正常的人都是天生的唯心主义者了，怎么还会有唯物主义者呢？”（232页）第三，施达克的标准同历史事实是不符合的。恩格斯指出：“关于人类（至少在现时）总的说来是沿着进步方向运动的这种信念，是同唯物主义和唯心主义的对立绝对不相干的。”（232页）同时，恩格斯用伏尔泰和卢梭的事实说明相信人类进步的信念，与唯物主义和唯心主义的对立是不相干的。

三

在这一部分，恩格斯批判了费尔巴哈的唯心主义历史观，特别是集中批判了费尔巴哈宗教观和伦理学的唯心主义实质，揭露了费尔巴哈在社会历史观上陷入唯心主义的根源。这一部分共21个自然段。

（一）对费尔巴哈宗教观的批判（第1～8段）

恩格斯指出：“我们一接触到费尔巴哈的宗教哲学和伦理学，他的真正的唯心主义就显露出来了。”（233页）那么，在宗教哲学上费尔巴哈的唯心主义是怎样显露出来的呢？

1. 费尔巴哈的宗教哲学观点

费尔巴哈虽然对宗教进行了无情的批判，但“决不希望废除宗教，他希望使宗教完善化”（233页），这是费尔巴哈对待宗教的基本态度。他把宗教和人的感情混为一谈，认为宗教就是以男女的性爱为核心的人与人之间的感情联系。另外，他还夸大了宗教的作用，认为宗教是历史发展的决定力量，宗教的变迁是划分人类历史的标志。这是费尔巴哈宗教哲学的主要观点。

2. 批判费尔巴哈把宗教看作是人的感情关系的错误观点

恩格斯指出，“人与人之间的、特别是两性之间的感情关系，是自从有人类以来就存在的”（233 页），而宗教则是人类历史发展到一定阶段的产物。

3. 批判费尔巴哈把人类的历史归结为宗教的变迁史的错误观点

为了批判费尔巴哈夸大宗教的社会历史作用的错误，恩格斯研究了历史变迁和宗教变迁之间的关系，提出了三个基本观点：第一，“重大的历史转折点有宗教变迁**相伴随**”；第二，“一般的历史运动带有宗教的色彩”（235 页）；第三，社会历史的发展决定宗教的变迁。这样，正确地解决了历史变迁和宗教变迁之间的关系，批判了费尔巴哈。

（二）对费尔巴哈伦理学的批判（第 9～19 段）

那么，在伦理学上费尔巴哈的唯心主义是怎样显露出来的呢？

1. 费尔巴哈的伦理学思想

通过研究基督教，费尔巴哈得出一些正确的结论：上帝是人的虚幻反映，实际是不存在的；不是上帝创造了人类，而是人类按照自己的形象创造了上帝；上帝是抽象的结果，是对许多民族神的抽象。但是，费尔巴哈所说的人不是现实的人，而是生物学意义上的人，是脱离一定时代、一定社会、一定阶级的人。这种人是他建立其伦理学的出发点。费尔巴哈的伦理学与黑格尔的伦理学相比较是贫乏的、肤浅的。“追求幸福的欲望是人生来就有的”（239 页）是他的道德的基础；“对己以合理的自我节制，对人以爱（又是爱！）”（238 页）是他的道德的基本准则。这是费尔巴哈伦理学的主要观点。

2. 批判费尔巴哈道德论的基础

对于费尔巴哈的“追求幸福的欲望是人生来就有的”这句话，恩格斯认为这种不与他人发生关系的人“追求幸福的欲望只有在非常罕见的情况下才能得到满足，而且决不会对己对人都有利”（238 页），因为这种欲望是在社会生活中产生和实现的，而且即使是在人类的野蛮状态自己的这种欲望的满足也决不会“对己对人都有利”。恩格斯还指出实现追求幸福的欲望必须具备两个条件：一是必须“同外部世界打交道”，二是“要求有得到满足的手段”（238 页）。对于费尔巴哈“他人追求幸福的平等权利”（238 页），恩格斯提出了一个尖锐的问题：“这种要求从什么时候起被认为是适合的呢？”（239 页）也就是说，在阶级社会中这种平等的权利是不存在的。

3. 费尔巴哈道德论的阶级实质

费尔巴哈是属于一定的时代、一定的阶级的，因而他的道德理论、哲学也必然属于他自己的时代和阶级。因此，恩格斯指出，“根据费尔巴哈的道德论，证券交易所就是最高的道德殿堂”（239 页），也就是说，费尔巴哈的道德论、哲学是反映资产阶级的要求的，为资产阶级服务的。

4. 对费尔巴哈道德论的总批判

恩格斯在对费尔巴哈道德论的具体批判的基础上，还对其道德论进行了总结性的批判，这包括三个方面的内容：第一，费尔巴哈的道德论是超历史的，因而必然“在任何时候和任何地方都是不适用的，而在现实世界面前，是和康德的绝对命令一样软弱无力的”（240 页）；第二，在阶级社会中，道德是一种社会意识形态，具有强烈的阶级性，超阶级的道德是不存在的；第三，爱和恨是有阶级性的，不存在超阶级的博爱。

（三）费尔巴哈陷入唯心主义的根源（第 20～21 段）

费尔巴哈批判了宗教神学和黑格尔的唯心主义，对马克思主义哲学的创立起了很大的影响，但是在社会历史观上他仍然是一个唯心主义者。为什么这样说呢？恩格斯指出，“理由很简单，因为费尔巴哈不能找到从他自己所极端憎恶的抽象王国通向活生生的现实世界的道路”（240 页），这条道路就是社会实践。从实践出发研究人，“就必须把这些人作为在历史中行动的人去考察”（241 页）。马克思和恩格斯正是从实践出发考察人，超越了费尔巴哈，“这个超出费尔巴哈而进一步发展费尔巴哈观点的工作，是由马克思于 1845 年在《神圣家族》中开始的”（241 页）。

四

在这一部分，恩格斯说明了马克思和他是怎样改造黑格尔和费尔巴哈的哲学，创立马克思主义哲学，完成了哲学发展史上的革命性变革的，阐述了马克思主义哲学，特别是历史唯物主义的基本原理。这一部分共 26 个自然段。

（一）辩证唯物主义的创立及其基本理论（第 1～8 段）

马克思、恩格斯在无产阶级已经登上历史舞台的条件下，在总结无产阶级反对资产阶级的实践经验以及 19 世纪自然科学的最新成果的基础上，批判地吸收了黑格尔哲学的“合理内核”和费尔巴哈哲学的“基本内核”，创立了辩证唯物主义。

1. 辩证唯物主义的基本思想

恩格斯指出，在黑格尔学派的解体过程中还产生了“唯一的真正结出果实的派别”（242 页），这个派别就是马克思主义哲学。接着，恩格斯论述了辩证唯物主义的基本思想，他说：“人们决心在理解现实世界（自然界和历史）时按照它本身在每一个不以先入为主的唯心主义怪想来对待它的人面前所呈现的那样来理解；他们决心毫不怜惜地抛弃一切同事实（从事实本身的联系而不是从幻想的联系来把握的事实）不相符合的唯心主义怪想。除此以外，唯物主义并没有别的意义。”（242 页）一句话，从事实本身出发认识事实，这就是辩证唯物主义的基本思想。这里要注意两个问题：一是抛弃一切同事实不相符合的唯心主义怪想与从事实本身出发认识事实的关系问题。在一定意义上可以说，抛弃一切同事实不相符合的唯心主义怪想是从事实本身出发认识事实的前提。二是怎样理解唯物主义的含义问题。唯物主义有两个方面的含义，一方面是本原论上的，认为物质第一性，意识第二性，物质决定意识；另一方面是认识论上的，坚持从事实本身出发认识事实。显然，前者决定后者。

2. 马克思、恩格斯对黑格尔哲学的改造

辩证法是黑格尔哲学的“合理内核”，但是黑格尔的辩证法是唯心主义的，因此恩格斯指出：“这种意识形态上的颠倒是应该消除的。”（243 页）马克思、恩格斯把被黑格尔颠倒了的客观世界的辩证法与思维的辩证法的关系，重新颠倒过来。这个重新颠倒的过程，实际上就是他们对黑格尔的唯心主义辩证法进行唯物主义改造的过程。正是在这个意义上，恩格斯指出：“我们重新唯物地把我们头脑中的概念看作现实事物的反映，而不是把现实事物看作绝对概念的某一阶段的反映。”（243 页）也就是说，我们头脑中的概念是对现实事物的反映，现实事物不是绝对概念的某一阶段的反映。这样，恩格斯实现了对黑格尔唯心辩证法的改造，科学地、正确地解决了我们头脑中的概念与现实事物的关系，揭示了辩证法的唯物主义本性。

3. 唯物辩证法的基本思想

马克思、恩格斯改造了黑格尔的辩证法，创立了唯物辩证法。关于唯物辩证法的基本思想，恩格斯指出，“一个伟大的基本思想，即认为世界不是既成**事物**的集合体，而是**过程**的集合体，其中各个似乎稳定的事物同它们在我们头脑中的思想映象即概念一样都处在生成和灭亡的不断变化中，在这种变化中，尽管有种种表面的偶然性，尽管有种种暂时的倒退，前进的发展终究会实现”（244 页）。这一论述包括三个方面的内容：第一，辩证法认为世界是一个过程的集合体；第二，自然界、社会以及我们头脑中的概念处于生成和灭亡的过程中；第三，在这种变化中，虽然有许多偶然性发生，甚至有暂时的倒退，但其趋势是前进的。

（二）历史唯物主义的创立及其基本理论（第 9～25 段）

马克思、恩格斯把辩证唯物主义贯彻到历史领域，批判了历史领域的唯心主义，创立了历史唯物主义。历史唯物主义的创立，使社会主义理论有可能建立在科学的基础上。

1. 揭示历史运动规律的立场、途径和方法

在研究社会历史时如何坚持唯物主义世界观？遵循怎样的途径，利用什么方法才能发现社会运动的规律？恩格斯在这里科学地回答了这些问题。

第一，从社会历史的现实联系出发认识社会历史。恩格斯指出：“适用于自然界的，同样适用于社会历史的一切部门和研究人类的（和神的）事物的一切科学。”（246 页）唯物主义世界观适用于研究自然，同样也适用于研究社会历史。正是在这个意义上，恩

格斯进一步说："在这里也完全像在自然领域里一样，应该通过发现现实的联系来清除这种臆造的人为的联系"（247页），也就是说，要从社会历史的现实联系出发认识社会历史。只有这样，才能把唯物主义立场贯彻到历史领域。

第二，"历史进程是受内在的一般规律支配的"（247页）。认识社会历史就是要揭示历史运动的规律。那么，社会历史有没有规律？恩格斯明确指出"历史进程是受内在的一般规律支配的"。同时，恩格斯指出，"社会发展史却有一点是和自然发展史根本不相同的"（247页），这个不同在于：如果撇开人对自然界的能动作用不谈，在自然界中全是盲目的无意识的力量在起作用，自然规律通过这些不自觉的力量的相互作用表现出来，相反，社会历史的发展过程则是由人们有意识的活动形成的。但这不能改变这样一个事实：历史进程是受内在的一般规律支配的。人们有意识的活动之所以不能改变历史的必然性，有三个原因：首先，人们的预期目的是彼此冲突的；其次，人们有的预期目的违背了必然性；最后，人们的预期目的缺乏实现的手段。

第三，科学地研究历史的途径。既然社会历史的发展过程是由人们有意识的活动形成的，那么探索历史运动的规律就必须从人们历史活动的动机入手。但是，探索历史运动的规律不能仅仅停留在人们历史活动的动机上，而必须探索"动力的动力"（249页）是什么，也就是要探索思想动机背后的物质原因。总之，研究历史，一是要从思想动机出发，把思想动机看成是形成中的；二是要从动机和效果的统一出发；三是要进一步探索思想动机背后的物质原因、历史必然性。

第四，透过人们活动的动机发现社会发展规律的方法。怎样研究隐藏在人们历史活动的动机背后的物质原因呢？恩格斯从方法论的角度作了下面几个提示：一是必须探究推动广大群众行动的思想动机；二是要探究在历史发展中持久的、引起重大历史变迁的行动的动机；三是探究群众行动的动机，同时不能忽视对领袖人物行动的动机的研究；四是探究人们行动的动机在不同的情况下采取不同形式的原因。只有坚持这些方法，研究人们活动的动机背后的物质原因、动力的动力，才能揭示社会运动的规律。

2. 历史唯物主义的基本原理

马克思、恩格斯坚持了从自然界到社会历史领域的彻底的唯物主义的立场，从人们的思想动机入手，通过科学的方法揭示了隐藏在人们有意识活动背后的物质原因。恩格斯在这里着重强调了历史唯物主义以下几方面的内容：

第一，阶级斗争是阶级社会发展的直接动力。恩格斯指出："在以前的各个时期，对历史的这些动因的探究几乎是不可能的，因为它们和自己的结果的联系是混乱而隐蔽的，在我们今天这个时期，这种联系已经简化了，以致人们有可能揭开这个谜了。"（249页）也就是说，资本主义的建立，为揭示社会发展规律提供了可能性。同时，在总结英国、法国土地贵族和资产阶级的斗争以及19世纪以来无产阶级与资产阶级斗争的基础上，恩格斯得出了一个结论："三大阶级的斗争和它们的利益冲突是现代历史的动力"（250页）。

第二，生产方式的内部矛盾运动是社会发展的直接动力。由于阶级的起源和发展是由纯粹的经济原因所决定的，阶级斗争归根到底是围绕着经济解放进行的，因此阶级斗争推动历史的发展，是通过生产方式的内在矛盾运动实现的。

第三，经济基础决定上层建筑，上层建筑具有相对独立性。在这个问题上，恩格斯主要有两个方面的思想：一是经济基础决定国家、政治制度和法，国家和法具有相对独立性；二是经济基础决定意识形态，意识形态具有相对独立性。

（三）马克思主义哲学的创立是哲学发展史上的伟大革命（第 26 段）

为什么马克思主义哲学的创立是哲学发展史上的伟大革命呢？恩格斯进行了两个方面的论述：一是辩证唯物主义的自然观结束了形而上学的自然哲学在自然领域中的统治；二是唯物史观的创立，把唯心主义从历史领域这个最后的避难所中驱逐出去。这样，马克思主义哲学在研究对象、内容和作用上都发生了革命性的变革。

在结束语中，恩格斯通过对 1848 年以后德国理论及状况的分析，阐明了哲学的党性原则，指出德国工人运动是德国古典哲学的继承者。

要点解析

1. 恩格斯是怎样分析黑格尔“凡是现实的都是合乎理性的，凡是合乎理性的都是现实的”命题的

恩格斯指出，黑格尔的这个命题之所以引起近视的政府的感激和同样近视的自由派的愤怒，原因在于他们仅仅看到这个命题的保守方面。然后，恩格斯指出了黑格尔这个命题的革命方面：在黑格尔看来，第一，决不是一切现存的都无条件地也是现实的。第二，现实性在其展开过程中表现为必然性。第三，现实性决不是某种社会状态或政治状态在一切环境和一切时代所具有的属性。恩格斯明确地指出黑格尔这个命题就变为另一个命题：“凡是现存的，都一定要灭亡。”（216 页）

2. 怎样理解马克思、恩格斯对黑格尔和费尔巴哈的扬弃

关于对黑格尔哲学的扬弃。恩格斯指出，费尔巴哈“没有批判地克服黑格尔”（241 页），马克思主义哲学是黑格尔学派解体中唯一的“真正结出果实”的结果。通过对黑格尔唯心主义辩证法的扬弃和总结，恩格斯提出了“唯物主义辩证法”的概念，论述了“唯物主义辩证法”的“基本思想”。恩格斯还结合自然科学研究的成果，总结了自然科学的哲学方法。

关于对费尔巴哈哲学的扬弃。恩格斯指出，在所有黑格尔哲学的“分支”中，“唯有费尔巴哈是个杰出的哲学家”（241 页）。但是，“作为一个哲学家，他也停留在半路上，他下半截是唯物主义者，上半截是唯心主义者；他没有批判地克服黑格尔，而是简单地把黑格尔当作无用的东西抛在一边，同时，与黑格尔体系的百科全书式的丰富内容相比，他本人除了矫揉造作的爱的宗教和贫乏无力的道德以外，拿不出什么积极的东西”（241-242 页）。马克思、恩格斯通过对费尔巴哈在社会历史领域的唯心主义成分的扬弃，创立了历史唯物主义学说。

3. 恩格斯概述了历史唯物主义的哪些主要原理

恩格斯概述了历史唯物主义的以下四个原理：第一，关于历史的“动力的动力”的原理。恩格斯提出社会历史科学的研究要揭示历史发展的“动力的动力”，他认为历史人物的“动机”，不是历史事变的“最终原因”；推动历史前进的，与其说是个别人物的动机，不如说是广大群众的动机，而人民群众的动机则是由物质的原因引起的，因此探索历史发展的“动力的动力”才能揭示社会运动的必然性。第二，生产力与生产关系矛盾冲突以及关于阶级和阶级斗争的原理。第三，马克思主义的国家理论和法律思想。第四，哲学和宗教的形成与变化是由经济关系引起的原理。

思考题

1. 从哲学发展的逻辑来看，怎样理解费尔巴哈哲学的出现是一种历史的必然？

2. 唯物辩证法的基本思想是什么？

阅读书目

1. 恩格斯. 恩格斯致约·布洛赫//马克思，恩格斯. 马克思恩格斯选集：第4卷. 2版. 北京：人民出版社，1995：695-698.

2. 列宁. 卡尔·马克思（“马克思的学说”）//列宁. 列宁选集：第2卷. 3版. 北京：人民出版社，1995：418-428.

恩格斯《劳动在从猿到人的转变中的作用》导读

要点提示

● 劳动是整个人类生活的第一个基本条件，而且达到这样的程度，以致我们在某种意义上不得不说：劳动创造了人本身。

● 动物仅仅**利用**外部自然界，简单地通过自身的存在在自然界中引起变化；而人则通过他所作出的改变来使自然界为自己的目的服务，来**支配**自然界。这便是人同其他动物的最终的本质的差别，而造成这一差别的又是劳动。

● 但是我们不要过分陶醉于我们人类对自然界的胜利。对于每一次这样的胜利，自然界都对我们进行报复。每一次胜利，起初确实取得了我们预期的结果，但是往后和再往后却发生完全不同的、出乎预料的影响，常常把最初的结果又消除了。

● 到目前为止的一切生产方式，都仅仅以取得劳动的最近的、最直接的效益为目的。那些只是在晚些时候才显现出来的、通过逐渐的重复和积累才产生效应的较远的结果，则完全被忽视了。

关键词

劳动　人本身　人类社会　人与自然

导　读

《劳动在从猿到人的转变中的作用》是恩格斯为《奴役的三种基本形式》写的导言，后来，恩格斯将标题改为《对劳动者的奴役。导言》。但因该著作没有完成，恩格斯将其冠以《劳动在从猿到人的转变中的作用》的标题列入了《自然辩证法》的目录中。选自

《马克思恩格斯文集》，第 9 卷，550-563 页。

社会历史背景

关于人类起源的问题，历史上存在着唯物论与唯心论的斗争。由于人类早期征服和认识自然界能力的局限性，剥削阶级为了维护其统治、麻痹劳动人民的自我意识，编造了“上帝创造人类”的唯心史观，这种历史观曾长期占据着统治地位。随着生产实践和社会阶级斗争经验的不断积累，人们对自然界的认识不断加深，逐渐产生了与神学观念相对立的科学认识。法国的拉马克，英国的达尔文、赫胥黎，德国的海克尔等科学家从生物学的角度对人类起源进行了一系列的探究，最终提出人是从猿转变而来的。但是受历史条件阶级地位的局限以及唯心主义的影响，他们只是确定了人的来源，却没有说明猿是怎样转变成人的。19 世纪 70 年代，资产阶级利用进化论的内在矛盾，将其歪曲成社会达尔文主义，将人降低到一般动物的水平，否认人的社会性、阶级性，把动物界的生存斗争规律套用在人的社会发展方面，为资本主义剥削制度辩护，形成了一股反对社会主义、反对马克思主义的思潮。促使恩格斯撰写该文的另一个原因是工业革命促使社会生产力发展迅速，资本主义机器化大发展造成大批荒地被开垦，人口剧增，这种以破坏自然资源为代价的生产方式最终引发了生态问题。1876 年左右，恩格斯答应给德国社会主义工人党的机关报《人民国家报》写一篇题为《奴役的三种基本形式》的论文，这一写作任务直接促使这篇著作的产生。

历史地位与现实意义

《劳动在从猿到人的转变过程中的作用》一文，恩格斯以达尔文进化论等自然科学成果为基础，用辩证唯物主义和历史唯物主义观点全面论述了劳动在人类起源和发展中的决定作用，深刻阐明了人与动物之间的本质区别，批判了社会达尔文主义，明确指出人是自然界发展到一定历史阶段的产物，人类只有正确认识和运用自然界的规律才能更好地与自然界和谐相处，并阐述了资本主义生产关系对于生产力发展的阻碍，揭示了对现存社会制度实行完全的变革是解决人和自然关系的根本。该文在《自然辩证法》一书中占有十分重要的地位，它是从自然科学过渡到社会科学，从自然界的辩证法过渡到社会历史领域的辩证法的桥梁，丰富了马克思主义自然观理论体系与马克思主义哲学体系。历经一个多世纪的发展，人类文明与自然科学都发生了翻天覆地的变化，但这篇著作所阐释的基本理论、基本观点仍然是我们理解马克思主义自然辩证法、人与自然和谐共生的规律以及人类历史发展规律的理论基础与科学指导。

主要思想内容

恩格斯通过对人与自然的宏观历史进程的分析，论述了劳动是如何促使猿的手脚分离，语言、人脑的产生以及社会的形成，提出了“劳动创造人本身”的著名论断，阐明了人与动物的本质区别在于劳动，进而指出实现人与自然关系和谐的根本途径在于社会制度的变革。全文共25个自然段，可分为三个部分。

（一）劳动在人类起源过程中的作用（第1～12段）

恩格斯以批判拉萨尔的错误观点“劳动是一切财富的源泉”（550页）为开场白，否定了劳动与财富的单一逻辑关系，提出：“劳动和自然界在一起才是一切财富的源泉”（550页），并进一步指出“劳动的作用还远不止于此”（550页），而是人类生活的第一个基本条件，即“劳动创造了人本身”（550页）。随后，恩格斯对劳动怎样创造了“人本身”的问题进行了详细的论述。

首先，劳动使类人猿的手和脚的分工得以实现。古猿“攀援时手干着和脚不同的活”（550页），并慢慢养成在平地走路时“摆脱用手来帮忙的习惯”（550－551页），开始直立行走，**“迈出了从猿过渡到人的具有决定意义的一步”**（551页）。“我们的祖先在从猿过渡到人的好几十万年的过程中逐渐学会的使自己的手能做出的一些动作，在开始只能是非常简单的”（551页），伴随着劳动的进一步拓展，手总是需要去适应新的动作，从而使得手的职能慢慢地扩大。“手不仅是劳动的器官，**它还是劳动的产物**”（552页）。

其次，劳动产生了语言。“我们的猿类祖先是一种群居的动物，人，一切动物中最爱群居的动物”（553页）。伴随着手的发展与劳动的展开，成员之间“互相支持和共同协作的场合增多了”（553页），他们意识到“已经达到彼此间**不得不说些什么**的地步了”（553页）。因此，他们的喉头在不断增多的抑扬顿挫的声调中逐渐“学会发出一个接一个的清晰的音节”（553页）。语言就这样“从劳动中并和劳动一起产生出来”（553页）。

最后，劳动创造了人脑，即意识。劳动和劳动中产生的语言推动了猿脑向人脑的过渡。“随着脑的进一步的发育，脑的最密切的工具，即感觉器官，也进一步发育起来”（554页），“脑和为它服务的感官、越来越清楚的意识以及抽象能力和推理能力的发展，又反作用于劳动和语言，为这二者的进一步发展不断提供新的推动力”（554页）。

（二）劳动是人与动物的本质区别（第13～19段）

恩格斯指出：“人类社会区别于猿群的特征在我们看来又是什么呢？是**劳动**。”（555页）他从实践论的视角审视人与动物对自然的作用关系，进而阐述了有目的、有计划的劳动是人与动物的本质区别，体现了人类对自然界的能动性。

首先，“劳动是从制造工具开始的”（555页）。猿群没有能力获得自然界赐予以外的东西，受觅食地区食物的限制，它们“不能再扩大繁殖”以保持其数量的不变，但是它们不懂得爱护“胚胎状态中的新生的食物”而造成食物的“掠夺”。“在智力和适应能力远远高于其他一切猿种的某个猿种”（555 页）在“掠夺”过程中，他们“食物越来越多样化”，“从只吃植物过渡到同时也吃肉”（556 页），肉类为他们的新陈代谢提供了重要物质使他们有更多的“时间”“精力”过“真正动物的生活”，进而为其“转变成人”提供了重要的物质基础。慢慢地，他们开始制造“打猎的工具”“捕鱼的工具”，开始了“打猎”“畜牧”。开始学会“火的使用和动物的驯养”，还学会了盖房和制作衣服以适应“任何气候”的生活环境。“劳动本身经过一代又一代变得更加不同、更加完善和更加多方面了”（557 页）。“农业”“纺纱”“织布”“冶金”“制陶”“航海”“商业”“手工业”，最后出现了“艺术”、“科学”以及“法”与“政治”、“宗教”。这些行业的出现无不显示工具制造对人的发展的重要性。

其次，人类的劳动是有意识、有计划地改造自然的活动，具有主观能动性。恩格斯认为“动物对周围环境发生持久的影响，那么，这是无意的”（558 页），它们不知道自己在干什么。而人对自然界的影响则具有“经过事先思考的、有计划的、以事先知道的一定目标为取向的行为的特征”（558 页），他们能够通过劳动创造出符合自己意识需求的生存环境。在劳动过程中，他们不断积累实践经验及理性认知，进而提升其对自然的把控能力。“人消灭植物，是为了腾出土地播种五谷，或者种植树木和葡萄，他们知道这样可以得到多倍的收获。”（558 页）他们还会将植物或家畜进行迁移而进行品种改良，这一切的劳动都源自为人的生存与发展服务。或许一些动物会显示出一定的行动目的性，“但是一切动物的一切有计划的行动，都不能在地球上打下自己的意志的印记。这一点只有人才能做到”（559 页）。

最后，恩格斯总结道：“动物仅仅**利用**外部自然界，简单地通过自身的存在在自然界中引起变化；而人则通过他所作出的改变来使自然界为自己的目的服务，来**支配**自然界。这便是人同其他动物的最终的本质的差别，而造成这一差别的又是劳动。”（559 页）这一论断充分显示了恩格斯对人劳动的能动性、目的性、计划性的肯定。动物的行为虽然会引起自然界的变化，但是，他们的行为是生存本能的表现，缺少主观意识。人的劳动实践的目的性、计划性非常明确，人总是通过劳动创造出与意识相符的自己和周遭环境，总是在劳动过程中以自己的经验积累和理性认知对自然界进行改造，使其为人的生存与发展服务。

（三）人与自然界的和谐统一关系（第 20～25 段）

恩格斯认为人与自然界的和谐统一建立在人对自然界规律的认识、尊重，以及对自身实践行为“较远影响”的预见基础上。恩格斯指出，人类的劳动实践能动性的发挥是在尊重自然规律的基础上进行的，并非人的主观任性能动，而是受自然规律的限制，即人的劳动实践具有受动性。人与自然之间的联系与制约的辩证统一关系决定人类的生存与发展“决不像站在自然界之外的人似的”（560 页），而是将我们自身置于“自然界之中”，尊重自然规律，调整自我发展方式以能动地促进自然界的发展。因此，恩格斯指出

“我们连同我们的肉、血和头脑都是属于自然界和存在于自然界之中的；我们对自然界的整个支配作用，就在于我们比其他一切生物强，能够认识和正确运用自然规律”（560页）。人类只有将“支配自然界”的行为置于自然规律运行基础上，善于在劳动实践过程中寻找自然界发展规律，并以此为指导，才能避免或减少自然界“对我们进行报复”（560页），以促进人与自然的和谐相处。

此外，恩格斯强调我们不仅要“一天天地学会更正确地理解自然规律”，还要“学会认识我们对自然界习常过程的干预所造成的较近或较远的后果”（560页）。人的劳动实践活动的受动性规定着人的劳动需要建立在尊重自然界规律的基础上，并培养对自己的劳动实践行为的预见能力，能够预见人类当前行为的较远的社会影响。19世纪，资本主义生产方式给人与自然的生存带来了生态破坏，许多负面影响日益显现。“商人”在买卖商品时只关注“获得普通的利润”，而不关心“商品和买主”；“种植场主”为了获取“肥料”而烧毁整个森林，却不在乎“倾盆大雨”后的“赤裸裸的岩石”。“以自己的劳动为基础的私有制，必然进一步发展为劳动者丧失财产，同时一切财产越来越集中在不劳动的人的手中”（563页），这是资本主义生产方式的弊端造成的社会生态及自然生态失衡的结果。可见，人类的劳动实践活动在短时期内实现了预定目标，达到了预期效果。但从长远效果看，可能造成了生态环境的破坏，损害了大多数人的利益。人类对自然规律认识的不足与单纯追求眼前利益的行为使得人与自然的矛盾逐步加剧。因此，人类需要重视人与自然之间的矛盾消解，虽然这一过程需要“经过长期的、往往是痛苦的经验，经过对历史材料的比较和研究”（561页），最终才能学会认清那些远、近影响并进而对其进行控制和调节。

最后，恩格斯指出，“仅仅有认识还是不够的”，还要对“整个社会制度实行完全的变革”（561页）。他指出：“到目前为止的一切生产方式，都仅仅以取得劳动的最近的、最直接的效益为目的。那些只是在晚些时候才显现出来的、通过逐渐的重复和积累才产生效应的较远的结果，则完全被忽视了”（562页）。人与自然的关系受社会形态制约，人与自然的矛盾源自人与人之间的冲突，因此，他提出改变那些“仅仅以取得劳动的最近的、最直接的效益为目的”（562页）的生产方式，改变那些需求和供给之间两极对立的生产关系，推翻那些“只研究人以生产和交换为取向的行为在社会方面所产生的直接预期的影响”（562页）的学说。最终实现“资产阶级的垮台和一切阶级对立的消灭”（561页）。通过“变革”旧的生产关系来“调节”“我们的生产活动在社会方面的间接的、较远的影响”（561页）。

要点解析

1. 人与自然的辩证关系

恩格斯以辩证唯物主义的自然观为基础，阐释了人是伴随着自然界发展而产生的，是自然界发展到一定历史阶段的产物。人是自然界的一部分，“我们连同我们的肉、血和头脑都是属于自然界和存在于自然界之中的”（560页）。人类认识自然、改造自然具有极大的能动性。但是，自然界对人类的活动具有限制作用。人类对自然界的“胜利”，总是伴随自然界对人类的“报复”。人类要“认识和正确运用自然规律”，肯定人类“自身和自然界的一体性”（560 页），在尊重自然规律的前提下能动地改造自然。人与自然之间是辩证统一的关系，相互作用、相互影响，人类能动的实践活动促使自然界趋于人类需求形态发展，而自然界则用其自身客观规律制约人类行为。

2. 人与自然之间的矛盾化解

恩格斯认为人类对于自身劳动行为的影响主要来源于对自然规律的认识层面。人类的实践行为需要以自然规律为基础，人对自然规律的认识不是一蹴而就的，需要随着人类社会实践经验的积累、科学技术的发展而日益精进。人与自然之间的矛盾根源不仅受自然规律限制，还受社会形态的制约。人类的劳动实践行为对自然生态和人类社会造成了不同程度的“自然影响”和“社会影响”。资本主义生产方式决定了资本家的短期行为，忽视了大部分人的生存发展，影响了人与自然生态的和谐相处。化解人与自然之间的矛盾需要对“整个社会制度实行完全的变革”（561 页），消灭“劳动者丧失财产”“一切财产越来越集中在不劳动的人的手中”（563 页）的社会制度。

思考题

1. 联系劳动在从猿到人的转变过程中的作用谈谈劳动对改造社会和劳动者自我改造的现实意义。

2. 如何理解“劳动和自然界在一起才是一切财富的源泉”？

3. 结合人与自然的辩证关系，谈谈我国生态文明问题及其对策。

阅读书目

1. 马克思. 关于费尔巴哈的提纲//马克思，恩格斯. 马克思恩格斯选集：第 1 卷. 2 版. 北京：人民出版社，1995：54-57.

2. 恩格斯. 家庭、私有制和国家的起源//马克思，恩格斯. 马克思恩格斯选集：第 4 卷. 2 版. 北京：人民出版社，1995：18-24.

列宁《怎么办？——我们运动中的迫切问题》（节选）导读

要点提示

● 社会主义意识是一种从外面灌输到无产阶级的阶级斗争中去的东西，而不是一种从这个斗争中自发地产生出来的东西。

● 对工人运动自发性的**任何**崇拜，对“自觉因素”的作用即社会民主党的作用的任何轻视，**完全不管轻视者自己愿意与否，都是加强资产阶级思想体系对工人的影响。**

● 没有革命的理论，就不会有革命的运动。在醉心于最狭隘的实际活动的偏向同时髦的机会主义说教结合在一起的情况下，必须始终坚持这种思想。

● **只有以先进理论为指南的党，才能实现先进战士的作用。**

● 社会主义自从成为科学以来，就要求人们把它当作科学看待，就是说，要求人们去研究它。必须以高度的热情把由此获得的日益明确的意识传布到工人群众中去。

关键词

工联主义　自发性　自觉性　理论斗争　灌输

导　读

《怎么办？——我们运动中的迫切问题》的写作开始于1901年春天，后来由于情况变化，直到同年秋天才正式撰写，1902年2月完成，原译《做什么?》，1920年3月在德国斯图加特印成单行本。1902—1903年，《怎么办?》在俄国各地社会民主党组织中广为传播，不少人受其影响而成为党的拥护者，对于俄国工人阶级的革命和马克思主义政党的建立，对于以列宁为首的火星报派在俄国社会民主工党各委员会和组织中，以及在1903年党的第二次代表大会上取得胜利，都起到了特别重大的作用。选自《列宁选集》，3版，第1卷，310－315、320－330页。

社会历史背景

关于该书的背景，列宁在《〈十二年来〉文集序言》[①]中写了如下内容：

主要资本主义国家社会经济发生了深刻变化，资本主义进入了帝国主义阶段。几个发达的资本主义国家（英、美、日、意、法、俄、德等）从19世纪60年代起进入垄断阶段，特点是领土扩张，最早是德国卡特尔资本主义发展不平衡要求争夺殖民地成为主要资本主义国家的发展道路。当时这些国家共拥有殖民地2 500万平方公里，比宗主国面积多一半，其中英国就有2 250万平方公里，而当时德、美还没有殖民地，重新瓜分不可避免。1877年俄土战争、1898年美国对西班牙战争、1899年英布战争、1904—1905年日俄战争都是这一特点的集中表现。资本主义矛盾的进一步激化，使无产阶级革命日益成为实践问题。无产阶级革命迫切需要建立一个马克思主义政党，可是由于修正主义泛滥，无产阶级政党的创立和建设都受到影响。

恩格斯逝世以后，第二国际以伯恩施坦为代表的修正主义借口时代变了，攻击马克思主义在许多方面已经“陈旧”“过时”，在反对“教条主义”“学理主义”、消化和发展马克思主义的幌子下，公开要求修正马克思主义，并迅速形成一股国际思潮。

俄国社会民主工党虽然已经建立（1898年社会民主工党召开第一次代表大会，宣布党的成立），但没有纲领和章程，没有统一的领导机构，党内思想混乱、组织涣散的问题十分严重，特别是列宁等一些革命家被流放（1897年2月列宁被流放到西伯利亚，1900年2月，流放期满后又回到彼得堡）以后，党内一些新的领导人趁着党处于混乱、动摇和涣散状态下推行修正主义路线，主张搞单纯的经济斗争，崇拜工人运动的自发性，反对政治斗争和革命理论的指导作用，这个机会主义派别被称为“经济派”，这个派别在彼得堡出版《工人思想报》，公开鼓吹资本主义观点。在国外的经济派分子出版了《工人事业》杂志，以隐蔽的方式散布同样的观点。《怎么办？——我们运动中的迫切问题》就是为批判“经济派”和第二国际机会主义者而写的。

历史地位与现实意义

《怎么办?》是一部系统论述马克思主义党的建设和思想政治工作的著作。该书全面阐述了马克思主义关于革命理论的作用、社会主义意识必须灌输以及党是由以职业革命

① 《〈十二年来〉文集》收集了列宁1895—1905年的著作，见：列宁. 列宁选集：第1卷. 3版. 北京：人民出版社，1995：761-778.

家为核心，以用某种方式帮助党、接受党的领导的广大工人群众为主体，也包括同情党的分子在内的群众组织的理论而闻名，被公认为马克思主义党的建设和思想政治教育的必读书。美国著名政治学家詹姆斯·伯恩斯在其所著《领袖论》中高度评价了《怎么办?》一书，认为它是列宁作为政治领袖最杰出的理论贡献，解决了《共产党宣言》提出的无产阶级政党和工人阶级组织的问题。在我们党组织的马克思主义理论学习活动中，该书一直被列为必读书目。当前，世界多极化、经济全球化深入发展，科技进步日新月异，全球思想文化交流交融交锋呈现新特点，综合国力竞争和各种力量较量日趋激烈；我国经济建设、政治建设、文化建设、社会建设以及生态文明建设全面推进，正处在进一步发展的重要战略机遇期，呈现出一系列新的阶段性特征，出现了一系列新情况新问题，但是，我国仍处于并将长期处于社会主义初级阶段的基本国情没有变；党的领导水平和执政水平、党的建设状况、党员队伍素质总体上同党肩负的历史使命是相适应的，同时，党内也存在不少不适应新形势新任务要求、不符合党的性质和宗旨的问题，学习《怎么办?》一书有助于我们了解革命理论的意义，灌输的前提条件和本来含义，坚持马克思主义基本理论、基本立场，坚持用马克思主义中国化最新理论成果武装全党，增强理论学习的主动性和自觉性。

主要思想内容

《怎么办?》一书由序言、正文五章和结束语组成。全书主要内容可以概括为四个方面：一是揭露机会主义者鼓吹“批评自由”口号的实质和危害性，论述革命理论对革命斗争的重要意义；二是批判经济派崇拜自发性的错误，分析工人运动中自发性和自觉性的关系，提出和论证了向工人群众灌输社会主义意识的必要性；三是批判经济派在经济斗争与政治斗争问题上的错误观点，阐述无产阶级斗争的经济形式与政治形式的相互关系；四是批判经济派迷恋组织工作中的手工业方式，反对建立革命家组织的机会主义观点，论述了建立统一的无产阶级政党的必要性和计划。以下重点介绍第一章第四节和第二章第二节。

一　教条主义和“批评自由”

该章主要揭露机会主义者借反对“教条主义”鼓吹“批评自由”的实质和危害性。列宁指出，“批评自由”与创造性地发展马克思主义毫无共同之处，他们的目的是在“批评自由”的口号下，“自由”地抛弃马克思主义一切基本原理、一切主要的东西，而给机会主义、改良主义以活动的自由，给资产阶级思想以传播的自由。该章共四节，我们只介绍第四节的内容。

（四）恩格斯论理论斗争的意义

这一节共16个自然段，列宁揭露和批判了“经济派”主张自发性、反对理论斗争的机会主义观点，阐明了革命理论对革命斗争的指导意义。

主要内容包括三个方面：

（一）揭露了《工人事业》杂志轻视理论工作的机会主义面目（第 1～5 段）

（1）把理论问题提上党的议事日程的必要性。列宁指出，1899 年马克思主义受到机会主义的全面攻击和修正：以伯恩施坦、考茨基为首的第二国际机会主义者借口时代变了，攻击马克思主义"过时"了，要求全面修正马克思主义；经济派在自己的刊物《工人事业》上发表文章，攻击马克思主义是"教条主义""学理主义""党的僵化"，在这样的形势下，列宁认为理论工作十分重要而迫切，党要把这个问题提到议事日程上来。

（2）列宁举了两个例子说明社会民主党的两派哪一派更重视理论问题。列宁说我们面前有两份书刊出版声明，一个是《俄国社会民主党人联合会的定期机关刊物〈工人事业〉的纲领》（《工人事业》第 1 期单张），另一个是社会民主主义者《关于恢复"劳动解放社"出版物的声明》，前者丝毫没有提到理论问题及其在目前的迫切任务，而后者在自己的刊物《劳动解放社》的声明中则指出了近年来轻视理论的倾向，号召大家注意研究理论并批判了伯恩施坦主义。

（3）在比较的基础上，列宁揭露了伯恩施坦主义批评自由的实质，"并不是用一种理论来代替另一种理论，而是自由地抛弃任何完整的和周密的理论，是折中主义和无原则性"（311 页）。接着列宁论述了在什么情况下需要特别重视理论问题。列宁说，在党的理论水平出现某种程度的降低，在理论混乱的年代鼓吹实践的重要性是违背马克思的原意的，是不合时宜的，是别有用心的。经济派引用马克思在《哥达纲领批判》中"一步实际运动比一打纲领更重要"① 这句名言否定理论的意义，而《哥达纲领批判》还有另一句话："制定一个原则性纲领……这就是在全世界面前树立起可供人们用来衡量党的运动水平的里程碑。"② 这两句话的意思是说，为了运动的具体目的可以签订协议，但不能拿原则做交易，更不赞成在纲领上吵来吵去，但绝不是说理论、纲领问题不重要。

（二）论述了革命理论对革命运动的意义，提出了"没有革命的理论，就不会有革命的运动"这一名言（第 6～8 段）

列宁提出，在理论受到漠视的情况下，理论的意义就显得更加重要了。他具体谈了加强马克思主义教育对俄国社会民主工党的意义，主要有三点：

第一，重视理论是党的现状和党内斗争的要求。党刚刚形成，刚刚确定自己的面貌；有可能使党偏离正确道路的派别斗争还没有结束，而且非社会民主主义派别异常活跃；党内理论是非的混淆对社会民主党的前途有重大影响。在这种情况下，理论工作不是不重要，更不是多余的事，而是决定党的前途的大事。

---

①② 马克思，恩格斯．马克思恩格斯选集：第 3 卷．2 版．北京：人民出版社，1995：296.

第二，重视理论是社会民主主义运动性质的要求。社会民主主义运动具有国际性，是反对世界资本主义的国际斗争，虽然这种斗争首先和直接的任务是反对本国的资产阶级。因此，必须在借鉴别国经验的情况下才能成功，而这种借鉴必须是批判地并独立地加以检验，即必须与本国实际相结合。这就需要雄厚的理论力量和政治经验。

第三，重视理论是社会民主党所担负的斗争任务的要求。社会民主党所担负的民族任务是世界上任何一个政党都不曾有过的，这个任务就是要摧毁欧洲同时也是亚洲的反动势力的最强大的堡垒，使俄国无产阶级成为国际无产阶级的先锋队。列宁把革命理论对党的建设的意义概括为：**“只有以先进理论为指南的党，才能实现先进战士的作用。”**（312 页）

（三）恩格斯论理论斗争的意义（第 9～16 段）

列宁援引 1874 年恩格斯在《德国农民战争》的“1870 年第二版序言的补充”中关于革命理论的作用问题的一段论述，阐述了马克思主义理论对无产阶级运动的意义。恩格斯主要谈了如下观点：

（1）社会民主主义运动的形式。恩格斯指出，无产阶级的阶级斗争不只是在政治方面和实践经济方面，还应该在理论方面。他说，德国工人阶级之所以强大有力和不可战胜，是因为德国工人第一次在三个方面即理论方面、政治方面和实践经济方面展开斗争，并使这三种斗争形式互相配合、互相联系。

（2）欧洲几个主要资本主义国家工人运动发展不平衡的主要原因。恩格斯分析了欧洲几个主要资本主义国家工人运动的历史和现状，指出了革命理论对工人运动的影响，并从理论斗争方面对工人运动提出要求。恩格斯说，德国工人同欧洲其他各国工人相比有两个特点：一是理论感强，是欧洲最有理论修养的民族，英、法、比利时等国的工人都不同程度地受到非马克思主义的影响，而德国的工人始终没离开科学社会主义的轨道；二是德国工人运动发展较晚，可以直接借鉴别国用很高代价换来的经验，避免别人所犯的错误。

（3）理论问题对党的发展建设的意义。恩格斯预言，德国工人要想保持现在这个地位、保持这个光荣，就必须在斗争和鼓动的各个方面都加倍努力，特别是党的领袖们有责任愈来愈透彻地理解种种理论问题，愈来愈多地摆脱那些属于旧世界观的传统词句的影响，而时刻牢记，社会主义自从成为科学以来，就要求人们把它当作科学看待，也就是说，要求人们去研究它并以高度的热情把由此获得的日益明确的意识传播到工人中去。他特别强调：

第一，党的领袖的理论水平和对理论的重视程度决定党的兴衰成败，革命理论是党摆脱旧世界观影响的根本条件。工人政党掌握马克思主义的过程就是党向工人阶级灌输马克思主义的过程。

第二，社会主义理论对工人政党的意义在于，这个理论传播得越持久、越深刻、越普遍，将来如果有意外严峻的考验或者伟大的事变要求他们表现出更大的勇气、更大的决心和毅力时，他们才会越有充分的准备。也就是说，理论是对党的建设起长远作用的因素，是以信念、毅力、品格的方式存在于党的思想、组织、作风的一切方面，当遇到意外的严峻考验或伟大事变的时候，理论的作用才能得以充分显示。

二　群众的自发性和社会民主党的自觉性

这一章主要批判“经济派”崇拜自发性的错误。列宁分析了工人运动中自发性和自觉性的关系，强调了向工人群众灌输社会主义意识的重要性和必要性。此章共三节，这里主要介绍第二节的内容。

（二）对自发性的崇拜。《工人思想报》

此节共 11 个自然段，主要谈无产阶级的经济斗争与政治斗争的关系，强调了向工人群众灌输社会主义意识的重要性和必要性。

（一）经济派崇拜自发性的后果以及同经济派作斗争的必要性（第 1～3 段）

列宁回顾了“经济派”产生之前党内所经历的多次斗争。1897 年彼得堡的“老年派”社会民主党人和一部分“青年派”之间在组织问题上产生了尖锐的意见分歧，前者认为当前首先需要的是把彼得堡工人阶级解放斗争协会发展为“革命家的组织”，后者则拥护罢工储金会这类组织章程的主要原则，强调经济斗争的意义，这种分歧就是自发性和自觉性的分歧，后来形成了党内的两派。

经济派的产生以《工人思想报》的创办为标志。《工人思想报》在第一期社论中鼓吹，“工人运动如此富有生命力，是因为工人终于从领导者手里夺回了自己的命运，由自己来掌握了”（322 页），罢工储金会“对于运动比一百个其他的组织更有价值”“政治始终是顺从于经济的”（323 页）等等。这些口号都是从西欧资产者——英国工人联合会那里搬来的。这些观点对于马克思主义了解极少的青年产生了极大的影响，造成了俄国社会民主党内自觉性完全被自发性压倒的情况。德国希尔施-敦克尔工会主张建立储金会和文化教育团体，加强工人同资本家之间的和谐局面，一些工人接受了这样的说法：“每个卢布工资增加一戈比，要比任何社会主义和任何政治都更加实惠和可贵”；工人的“斗争不是为了什么未来的后代，而是为了自己本人和自己的儿女”（323 页）。工人轻信这些口号，对政治斗争冷漠了。

（二）分析了自发性压倒自觉性的原因，提出了向工人群众灌输社会主义思想的任务（第 4～11 段）

（1）俄国出现自发性压倒自觉性的现象不是由于一种观点战胜了另一种观点，而是由于社会民主党内“老年派”革命家被捕，一些带着经济主义观点的年轻知识分子走上党的领导舞台。

（2）纯粹的工人运动不能产生社会主义意识，社会主义意识只能从外面灌输进去。崇拜自发性的经济派为了替自己的立场辩护不得不利用纯粹工联主义的论据，这个事实表明，强调自发性而轻视党的领导作用，不管愿意与否，都是加强资产阶级思想体系对工人的影响，而那种认为纯粹的工人运动本身能够而且事实上会创造出一种独立的思想体系的观点是极其错误的。列宁引用了考茨基 1901 年说过的一段话来说明社会主义意识同工人运动的关系。

考茨基说："社会主义这种学说，也同无产阶级的阶级斗争一样，根源于现代经济关系，也同无产阶级的阶级斗争一样，是从反对资本主义所引起的群众的贫穷和困苦的斗争中产生的，但社会主义和阶级斗争是并列地产生的，而不是一个从另一个中产生出来，它们是在不同的前提下产生的。现代社会主义意识，只有在深刻的科学知识的基础上才能产生出来。"（325-326 页）列宁在引证了考茨基的论述之后说，既然工人群众不能在他们的运动的进程中创造独立的思想体系，那么自发的工人运动就只能是工联主义运动，就必然受到资产阶级思想的支配。因为资产阶级思想体系的渊源比社会主义思想体系久远得多，它经过了加工，它拥有的宣传工具也多得不能相比，因此，对社会主义思想体系的任何轻视和任何脱离，都意味着资产阶级思想体系的加强。在分析的基础上列宁提出，俄国社会民主党的任务就是要反对自发性，使工人群众摆脱工联主义的影响。列宁还以德国工人运动的历史经验说明，工人群众只有同自发性和非社会主义的思想体系进行坚决斗争，才能由资产阶级政党的支柱变成社会民主党的堡垒。德国的工人运动受到包括天主教和保皇派、希尔施-敦克尔工会等多种组织的影响，德国社会民主党正是在同其他政治派别和思想体系的斗争中才取得了统治地位，这是工人运动和党的发展建设的基本经验。列宁认为，德国社会民主党的经验对工人运动处于幼年状态的俄国显得特别重要。

（3）《工人思想报》的政治倾向是工联主义的。列宁说，《工人思想报》有时也奢谈政治斗争，但他们所谈的政治不是社会民主党的政治，而是工联主义的政治。他们的政治只是"要求由国家采取某些措施来减轻工人的地位所固有的困苦，但不是摆脱这种地位即消灭劳动受资本支配的现象"（329 页），因为他们认为政治始终是顺从经济的。

要点解析

1. 革命理论的意义和作用

革命理论是党组织和党员保持先进性的基本条件。一般说来，在人们对理论的兴趣减弱，醉心于狭隘的实际活动的倾向同机会主义的时髦宣传密切融合的情况下，在革命高潮时期，大量理论修养较差的人员加入革命队伍，党的理论水平出现某种程度的降低的情况下，理论更加重要。理论的作用主要表现在：影响党的纲领和党员理想信念的形成和巩固，使党和阶级在遇到意外考验和伟大事变需要表现毅力和决心的时候能够经得起检验。

2. 工人运动中自发性和自觉性的关系

自发性和自觉性是反映工人阶级成熟程度和斗争的两种状态、两个阶段。自发性是工人斗争早期阶段的特征，表现为分散的、盲目的、单纯经济的斗争。自觉性是工人阶级斗争的高级阶段的特征，是一种受到政党和革命理论指导的产物。自发性是自觉性的萌芽表现，是自觉性得以形成的基础，从这个意义上说，没有自发性就没有自觉性。对无产阶级政党来说，要重视群众的自发性，因为自发性是群众斗争的基础和起点，否则就会脱离实际，脱离群众。但也不能盲目崇拜自发性。加强对自发性的研究、引导是无产阶级政党对待群众的正确态度。

3. 灌输理论的内涵和现实意义

马克思、恩格斯比较早地提出了灌输思想。1844 年，马克思在《〈黑格尔法哲学批判〉导言》中说："哲学把无产阶级当作自己的**物质**武器，同样，无产阶级也把哲学当作自己的**精神**武器；思想的闪电一旦彻底击中这块素朴的人民园地，**德国人**就会解放成为**人**。"① 同年 11 月，恩格斯在谈到社会主义在德国的传播时曾特别提到德国画家许布纳尔的一幅画，这幅画在几个城市展出过。恩格斯说展览"当然给不少人灌输了社会的思想"②。恩格斯 1874 年在《德国农民战争》的"1870 年第二版序言的补充"中说，"社会主义自从成为科学以来，就要求人们把它当作科学看待，就是说，要求人们去研究它。必须以高度的热情把由此获得的日益明确的意识传布到工人群众中去"③。1875 年，马克思在《哥达纲领批判》中说："他们一方面企图把那些在某个时期曾经有一些意义，而现在已变成陈词滥调的见解作为教条重新强加于我们党，另一方面又用民主主义者和法国社会主义者所惯用的、凭空想象的关于权利等等的废话，来歪曲那些花费了很大力量才灌输给党而现在已在党内扎了根的现实主义观点。"④

列宁从社会主义意识不能自发产生和社会主义同资本主义两种不同思想的对立斗争，工人不是受社会主义思想影响就是受资产阶级思想影响的角度谈了灌输的重要性和必要性。

对于"灌输"历来有不同看法，有的认为"灌输"是不考虑受教育者的思想基础和心理、情感，强迫受教育者接受某种思想观念。因此"灌输"不会取得好的效果。事实上，马克思主义只是在强调社会主义意识不能自发产生，而是需要从外部注入这一点上使用灌输概念，因此，灌输只能采取说服、启发、诱导的方式。灌输在思想政治教育中既是原则也是方法。

思考题

1. 试述思想理论建设在马克思主义政党建设中的地位和作用。
2. 试述坚持灌输理论的现实意义。

---

① 马克思，恩格斯. 马克思恩格斯选集：第 1 卷. 2 版. 北京：人民出版社，1995：15-16.
② 马克思，恩格斯. 马克思恩格斯全集：第 2 卷. 北京：人民出版社，1957：590.
③ 马克思，恩格斯. 马克思恩格斯选集：第 2 卷. 2 版. 北京：人民出版社，1995：636.
④ 马克思，恩格斯. 马克思恩格斯选集：第 3 卷. 2 版. 北京：人民出版社，1995：306.

阅读书目

1. 恩格斯.《德国农民战争》序言（“1870 年第二版序言的补充”）//马克思，恩格斯. 马克思恩格斯选集：第 2 卷. 2 版. 北京：人民出版社，1995：631-637.

2. 列宁. 我们运动的迫切任务//列宁. 列宁选集：第 1 卷. 3 版. 北京：人民出版社，1995：283-287.

列宁《论工人政党对宗教的态度》导读

要点提示

● 宗教是人民的鸦片，——马克思的这一句名言是马克思主义在宗教问题上的全部世界观的基石。

● 马克思主义者应当是唯物主义者，即宗教的敌人，但是他们应当是辩证唯物主义者，就是说，他们不应当抽象地对待反宗教斗争问题，他们进行这一斗争不应当立足于抽象的、纯粹理论的、始终不变的宣传，而应当具体地、立足于当前**实际上**所进行的、对广大群众教育最大最有效的阶级斗争。

● 无产阶级政党要求**国家**把宗教宣布为私人的事情，但决不认为同人民的鸦片作斗争，同宗教迷信等等作斗争的问题是“私人的事情”。

关键词

工人政党　宗教　辩证唯物主义

导　读

《论工人政党对宗教的态度》是列宁 1909 年 5 月为《无产者报》写的社论，载于 1909 年 5 月 13 日《无产者报》第 45 号。选自《列宁选集》，3 版，第 2 卷，247－258 页。

社会历史背景

1905年革命首先是资产阶级民主革命，推翻沙皇和消灭了半农奴制，同时，又是无产阶级领导的社会主义革命的起点。这次革命一方面结束了资本主义的和平发展，使沉寂多年的工人运动重新走向高涨；另一方面，极大地推动了马克思主义建党学说、民主革命学说等的发展。这些新的变化和发展为以后俄国十月革命的胜利创造了有利条件，进行了有益的试验。从1905年1月起，工人、农民、士兵发动了多次罢工、起义，最后以12月武装起义的失败宣告了1905年革命的失败。革命失败后，俄国进入斯托雷平的反动时期（斯托雷平是当时沙皇政府的首相），这个时期一方面政府采取高压政策残害参加起义的工农，有数千人被杀。摧残工人代表苏维埃、工会以及工人、农民、士兵的群众性组织。另一方面，通过国家杜马选举在群众中散布和平幻想，瓦解农民和工人在斗争中结成的联盟，结果立宪民主党在第一届国家杜马中占了上风，地主和资本家的代表在杜马中占了优势。与此同时沙皇政府还极力复兴宗教，扶植宗教势力，扩大宗教影响，妄图从思想上腐蚀、麻醉工农群众，以达到瓦解和破坏无产阶级革命的目的。布尔什维克党内的机会主义者屈服于反动势力的压力，背叛革命，歪曲马克思主义的宗教理论和宗教政策，公开鼓吹“造神说”，宣扬要创立一种新的社会主义宗教。当第三届国家杜马讨论主教公会预算时，俄国各政党和派别都表明了自己对宗教的态度。国家杜马中的教会代表在发言中提出了改革宗教，用“更文明的高尚的宗教”代替旧宗教的欺骗口号。布尔什维克代表苏尔科夫在发言中指出“宗教是人民的鸦片”，并宣布“宗教为私人的事情”（249页），由于他没有详细阐明观点，给机会主义者留下了歪曲的空间，在这种情况下，系统阐述无产阶级政党对宗教的观点和策略就成为一个非常重要而紧迫的问题。为此列宁写了这篇文章。

历史地位与现实意义

关于宗教的理论和策略在马克思主义学说中占有很重要的地位。马克思、恩格斯在同唯心主义、无政府主义、机会主义的斗争中多次论及宗教问题。马克思在《〈黑格尔法哲学批判〉导言》等文章中谈到了宗教的本质、起源和无产阶级政党对待宗教的策略等有关问题。列宁的这篇文章在深入研究马克思主义宗教理论、政策和策略的基础上，阐明了马克思主义关于宗教本质、起源、消亡以及工人政党对宗教的政策和策略等问题，是一篇集中阐述工人阶级政党关于宗教的理论和策略的重要文章。

学习该文有助于我们全面理解马克思主义关于宗教的理论和策略，正确认识和解决社会主义条件下的宗教问题。了解马克思主义宗教理论和宗教策略对研究宗教起源和消亡问题，对区分宗教和邪教、保护合法宗教活动、依法坚决打击邪教有重要意义。正确理解列宁提出的宗教是“个人的事情”对贯彻党的宗教政策、加强党的建设有直接的现实意义。

主要思想内容

该文共 21 个自然段，中心思想是运用马克思主义辩证唯物主义世界观，揭示了宗教本质，剖析了宗教产生的根源，并重点阐述了工人政党对宗教应当采取的正确策略等问题。

（一）关于宗教的本质（1～2 段）

宗教和马克思主义的科学世界观是根本对立的。列宁指出，马克思主义是社会民主党的世界观基础，而这个基础是马克思主义的辩证唯物主义，这个唯物主义是继承了法国 18 世纪唯物主义和德国 19 世纪上半期费尔巴哈的唯物主义，是绝对无神论的，是反对一切宗教唯心主义的。马克思主义始终认为现代所有的宗教和教会、各式各样的宗教团体，都是资产阶级用来捍卫剥削制度、麻醉工人的机构。马克思说："就德国来说……对宗教的批判是其他一切批判的前提。"① "反宗教的批判的根据是：**人创造了宗教**，而不是宗教创造了人。就是说，宗教是还没有获得自身或已经再度丧失自身的人的自我意识和自我感觉。但是，**人**不是抽象的蛰居于世界之外的存在物。人就是**人的世界**，就是国家，社会。这个国家、这个社会产生了宗教，一种**颠倒的世界意识**，因为它们就是**颠倒的世界**……因此，反宗教的斗争间接地就是反对以宗教为精神**抚慰**的**那个世界**的斗争。"② "**宗教里的**苦难既是现实的苦难的**表现**，又是对这种现实的苦难的**抗议**。宗教是被压迫生灵的叹息，是无情世界的心境，正像它是无精神活力的制度的精神一样。宗教是人民的**鸦片**。"③ 可见，宗教是相信和崇拜超自然的神灵的一种社会意识形态，是支配人们日常生活的外部力量在人们头脑中虚幻的歪曲的反映，这种反映是人间的力量采取了超人间的形式，就是说，不是天国、上帝创造了人，是人按照自己的原形创造了上帝和天国。教徒以此做解脱，统治阶级则利用它进行统治。马克思接着说道："**真理的彼岸世界**消逝以后，**历史的任务**就是确立**此岸世界的真理**。人的自我异化的**神圣形象**被揭穿以后，揭露具有**非神圣形象**的自我异化，就成了为历史服务的**哲学的**迫切**任务**。于是，对天国的批判变成对尘世的批判，**对宗教的批判**变成**对法的批判**，**对神学的批判**变成**对政治的批判**。"④ 从以上论述中可以看出，马克思主义认为宗教是麻醉人民的，无产阶级政党应当揭露宗教的欺骗本质，应当引导无产阶级和广大人民群众把对"天国""来世"的追求变为对现实幸福的追求。

---

① 马克思，恩格斯. 马克思恩格斯选集：第 1 卷. 2 版. 北京：人民出版社，1995：1.
② 同①1-2.
③④ 同①2.

（二）马克思主义者对待宗教的策略（第3～21段）

宗教同马克思主义的世界观——辩证唯物主义是根本对立的，但马克思主义从策略出发，一贯反对对宗教采取过“左”的策略。1874年恩格斯就批评布朗基企图在党的纲领中直接承认无神论，即向宗教宣战是一种愚蠢的举动，企图用强制性的行政手段禁止宗教不仅不能消灭宗教，反而会提高人们对宗教的兴趣，妨碍宗教真正的消亡。1877年恩格斯在《反杜林论》中批判了杜林向唯心主义和宗教让步，同时也严厉批判了杜林提出要在社会主义社会禁止宗教存在的表面上革命的主张。恩格斯以俾斯麦反教权派斗争的教训（19世纪70年代俾斯麦政府打着“文化斗争”的旗号用警察迫害天主教徒，结果不仅没有消灭天主教，反而使信仰天主教的人大增，使天主教中央党在议会的席位增加，最后不得不废止所谓“文化斗争”）痛斥杜林。恩格斯关于工人政党的宗教斗争策略被德国党接受并写进党的纲领（爱尔福特纲领），其中一条就是“宣布宗教是私人的事情”。这个观点被布尔什维克代表苏尔科夫在发言中加以引用，由于表述不全面，结果造成了思想混乱，有人把这一观点理解成社会民主党人认为宗教是私人的事情。列宁指出，恩格斯的观点是社会民主党认为宗教对于国家来说是私人的事情，但对社会民主党本身，对于马克思主义，对于工人政党来说，绝不是私人的事情。列宁针对一些人对党在宗教问题上的策略的不理解，责备社会民主党一方面主张“彻底地”无神论，另一方面又宽容宗教；一方面主张同上帝进行最革命的战争，另一方面又怯懦地想“迁就”信教工人，怕把他们吓跑等等的说法，指出，这些人不懂得马克思的辩证法。他说，谁把理论上宣传无神论同群众斗争的实践看成是绝对对立的那就是不懂得辩证法。为了说明问题，列宁举了三个例子。第一个例子，某个地方、某个部门的无产阶级分两部分，一部分是先进的、无神论的，一部分是落后的，信上帝，进教堂，甚至接受基督教工会的影响。如果这个地方引起了罢工斗争，马克思主义首要的任务当然是争取罢工胜利，如果这时去划分有神无神则是多余的、有害的。第二个例子，祭司能不能成为社会民主党党员。按通常经验，回答是无条件的、肯定的。在特殊情况下无条件的肯定回答是不行的。如果他愿意同我们进行政治工作，真心诚意完成党的任务，不反对党纲，那我们就可以吸收他，因为这种情况下党纲同他们信仰的矛盾是同一个人的矛盾。而如果政治组织用考试的方式检验自己成员的政治信仰同党纲的矛盾那是做不到的。第三个例子，假定有的社会民主党党员声明，“社会主义是我的宗教”（254页），并且宣传与此相应的观点，对这种党员能不能在任何情况下都一概加以申斥呢？不能这样做。这种声明确实背离了马克思主义（因而也就背离了社会主义），但这种背离的意义和所谓的比例在不同的环境下可能是不相同的。一个鼓动员或一个对工人群众讲话的人，为了说得明白一点，为了给自己的解释开个头，为了用不觉悟的群众最熟悉的说法更具体地说明自己的观点而说了这样一句话这是一回事。如果一个作家宣传“造神说”，或造神社会主义，那是另一回事。在前一种情况下，是吹毛求疵，甚至是过分限制鼓动员的自由，限制运用“教育手段”来影响群众的自由，在后一种情况下进行申斥是必须和应该的。

从以上分析中列宁得出结论，无产阶级政党要求国家把宗教宣布为私人的事情，但绝不认为同人民的鸦片作斗争，同宗教迷信等作斗争是私人的事情，这是无产阶级在对宗教问题发表意见时应当遵循的，但是在对群众教育方面就用不着把无神论发挥得更详细，因为无产阶级反宗教的斗争要服从于争取社会主义的斗争，服从于争取和教育群众的需要。

（三）现代宗教的社会根源和宗教的消亡问题（第7段）

列宁指出，马克思主义者不仅应该同宗教作斗争，而且要善于同宗教作斗争，要善于用唯物主义的观点来说明群众中信仰宗教和宗教存在的根源。

在宗教存在的根源方面，马克思主义反对简单地把信仰宗教看作愚昧无知，而是通过宗教信仰的表面现象揭示出现代资本主义国家宗教信仰的社会根源，这就是："劳动群众受到社会的压制，面对时时刻刻给普通劳动人民带来最可怕的灾难、最残酷的折磨的资本主义……捉摸不定的力量，他们觉得似乎毫无办法"（251页）。所以现代宗教的社会根源就是对资本主义捉摸不定力量的恐惧，是"恐惧创造神"（251页）。

宗教不是被消灭的，是随着产生宗教的社会根源的消失而逐步消失的。铲除宗教社会根源的第一个实际步骤就是组织群众参加反对剥削、争取社会主义的斗争。群众对社会生活的广泛参与和经济社会发展将极大促进宗教的消亡。

要点解析

1. 宗教的起源、本质和消亡

宗教起源于人对自然界和自身的无知，（自然宗教）"恐惧创造神"。宗教的本质（人为宗教）是人的统治采取了超自然的形式，"宗教是人民的鸦片"（247页）。宗教的消亡是产生宗教的基础的消亡。

2. 党的宗教政策

同宗教作斗争是整个唯物主义的起码原则，也是马克思主义的起码原则。同宗教作斗争不应该限于抽象的、思想上的宣传；而应该把这一斗争同消灭产生宗教的社会根源的阶级运动的具体实践联系起来，教育群众"学会团结一致地、有组织地、有计划地、自觉地反对宗教的这种**根源**，反对任何形式的**资本统治**"（251页）。无产阶级政党应该使反宗教的斗争"**服从**争取社会主义的斗争"（256页）。无产阶级政党要求国家把宗教宣布为"私人的事情"，但绝不认为同宗教迷信等作斗争的问题是"私人的事情"，"社会民主党认为宗教**对于国家来说**是私人的事情，但是对于社会民主党本身、对于马克思主义、对于工人政党来说决不是私人的事情"（249页）。

思考题

1. 马克思主义者如何理解宗教的起源、本质和消亡？

2. 无产阶级及其政党为什么不能抽象地对待反宗教的斗争？

3. 宗教是不是“私人的事情”？

阅读书目

1. 马克思.《黑格尔法哲学批判》导言//马克思，恩格斯. 马克思恩格斯选集：第1卷. 2版. 北京：人民出版社，1995：1-16.

2. 恩格斯. 论原始基督教的历史//马克思，恩格斯. 马克思恩格斯选集：第4卷. 2版. 北京：人民出版社，1995：457-483.

列宁《国家与革命》(节选) 导读

要点提示

● 马克思的全部理论，就是运用最彻底、最完整、最周密、内容最丰富的发展论去考察现代资本主义。自然，他也就要运用这个理论去考察资本主义的**即将到来的**崩溃和**未来**共产主义的**未来的**发展。

● 这个结论①是马克思根据他对无产阶级在现代资本主义社会中的作用的分析，根据关于这个社会发展情况的材料以及关于无产阶级与资产阶级对立的利益不可调和的材料所得出的。

● 可见，在共产主义第一阶段还不能做到公平和平等，因为富裕的程度还会不同，而不同就是不公平。但是……这个社会最初**只能**消灭私人占有生产资料这一"不公平"现象，却**不能**立即消灭另一不公平现象："按劳动"（而不是按需要）分配消费品。

● 国家完全消亡的经济基础就是共产主义的高度发展，那时脑力劳动和体力劳动的对立已经消失，因而现代**社会**不平等的最重要的根源之一也就消失，而这个根源光靠把生产资料转为公有财产，光靠剥夺资本家，是决不能立刻消除的。

● 计算和监督，——这就是把共产主义社会**第一阶段**"调整好"，使它能正常地运转所必需的**主要条件**……当社会全体成员或者哪怕是大多数成员**自己**学会了管理国家，自己掌握了这个事业，对极少数资本家、想保留资本主义恶习的先生们和深深受到资本主义腐蚀的工人们"调整好"监督的时候，对任何管理的需要就开始消失……到那时候，从共产主

① "这个结论"是指从资本主义到共产主义之间有一个过渡时期，在过渡时期必须坚持无产阶级专政。——编者注

义社会的第一阶段过渡到它的高级阶段的大门就会敞开，国家也就随之完全消亡。

关键词

无产阶级专政　国家消亡　经济基础　共产主义的第一阶段　共产主义的高级阶段

导　读

《国家与革命》是列宁在十月革命前完成的一部系统阐述马克思主义国家学说的著作。写作时间是1917年8—9月，1917年12月17日，《真理报》发表了序言和第一章的前两节，1918年5月在彼得格勒出版。导读节选的是该著作第一、五章的内容。选自《列宁选集》，3版，第3卷，112-128、185-203页。

社会历史背景

关于这部著作的写作背景和目的，列宁在“第一版序言”中写了三点：

首先，19世纪末20世纪初资本主义发展到帝国主义阶段。帝国主义国家间的争霸爆发了第一次世界大战，战争加速了帝国主义的垄断过程，即加速了私人垄断向国家垄断的过渡，国家政权同垄断组织的结合使资本主义对劳动人民的剥削和压迫进一步加剧，战争也促进了殖民地半殖民地国家的民族解放运动的发展，无产阶级革命的条件日益成熟，夺取政权的问题开始提上日程。

其次，俄国革命发展到了一个紧要关头，布尔什维克党正面临夺取政权、建立无产阶级专政的任务。1917年3月（俄历2月）俄国爆发了推翻沙皇统治的二月革命，这次革命是无产阶级领导下的资产阶级民主革命。由于孟什维克和社会革命党人的叛变，无产阶级缺乏斗争经验，政权落在资产阶级手中，成立了以克伦斯基为首的临时政府。资产阶级临时政府成立以后，镇压革命运动，迫害布尔什维克党领导人，查封《真理报》。在这种情况下，无产阶级对待国家的态度问题不仅具有政治实践的意义，而且具有最迫切的意义——这个问题是要向群众说明，为了使自己从资本的枷锁下解放出来，他们在最近的将来应该做些什么。

最后，为了澄清在国家问题上马克思主义同修正主义的本质区别。第二国际修正主义者为了阉割马克思主义，对马克思主义国家学说进行了全面的攻击和歪曲。在理论上，他们以超阶级国家观美化资产阶级的民主、自由，鼓吹议会道路与和平进入社会主义，反对暴力革命和无产阶级专政；在实践上，主张维护本国资产阶级的利益，打着“保卫祖国”的旗号，积极支持帝国主义战争，支持对弱小民族的剥削和奴役。在这种形势下，如果不在国家问题上反对机会主义偏见，就无法使劳动群众摆脱资产阶级偏见，利用帝国主义战争来发动无产阶级革命。正是在这样的情况下，列宁写了《国家与革命》一书，回答了无产阶级应当怎样对待资产阶级国家机器，胜利了的无产阶级需要建立一个什么样的国家以及国家的职能和国家消亡的问题。

历史地位与现实意义

《国家与革命》是列宁在大量研究马克思主义国家学说（写这部著作前，列宁曾在1916—1917年侨居瑞士期间详细研究了马克思主义国家学说，写了大量读书笔记）的基础上完成的一部系统阐述马克思主义关于国家起源、本质、消亡以及无产阶级革命对待资产阶级国家的态度，无产阶级国家的特点、职能，无产阶级国家的消亡与经济建设和社会主义民主的关系的著作。这部著作集马克思主义国家学说之大成，是研究马克思主义国家学说不可多得的教材，同《共产党宣言》一样，也是一部意义重大、影响深远的著作。这部著作在我国广为流传，是自延安整风以来党员干部的必读之书。

学习《国家与革命》一书有助于澄清国家本质问题上的各种错误观点。资本主义经过长期发展，特别是20世纪下半叶以来，国家的统治方式、管理职能发生了很大变化，国家对经济的干预范围愈发广泛、力度愈发增强，一些资本主义国家实行了覆盖甚广的社会福利政策。一些资产阶级学者据此说资本主义国家已经消灭了阶级对立，国家已经成为全民利益和意志的代表者。国内个别理论家也据此说资本主义自身正在生长着社会主义因素。特别是近年来有些研究者推崇西欧社会福利制度，甚至将我国的社会主义改革方向和路径说成是民主社会主义。那么事实情况是不是这样呢？也就是说，资本主义国家的基本矛盾（社会化大生产和私人占有生产资料的矛盾）有没有改变？资本主义国家的本质（是资产阶级的代表还是全社会的代表）有没有改变？资本主义能否和平进入社会主义呢？学习《国家与革命》将使我们对这些问题有比较明确的认识。学习此书有助于我们对国家职能的正确认识。我们过去对国家职能，特别是社会主义时期的国家职能认识存在诸多偏差，认为阶级压迫是国家的唯一职能，而且认为这种职能由于内外部原因会日益加强，忽视了社会主义阶段国家的社会管理特别是劳动组织职能。劳动组织、产品分配、生产领域的民主管理和民主监督是社会主义国家职能的重要方面，也是国家走向消亡的必要前提。国家职能的核心是保护和发展生产力问题，因为向共产主义过渡最根本的还是生产力发展问题，没有这一条就不可能战胜资本主义。

主要思想内容

《国家与革命》包括两篇序言（“第一版序言”“第二版序言”），内容已在历史背景部分作了介绍。正文六章。第一章谈国家的本质、职能和国家消亡问题，以及马克思主义对待国家的态度。第二、三、四章总结了1848—1851年欧洲革命、1871年巴黎公社革命的经验，阐明了无产阶级必须用暴力打碎资产阶级国家机器建立无产阶级新型国家的思想。第五章论述了无产阶级国家职能及其消亡问题。第六章批判机会主义者在国家问题上对马克思主义的歪曲和篡改。以下重点介绍第一、五章的内容。

第一章　阶级社会和国家

本章共 4 节，论述了国家的本质、起源和消亡问题，主要观点是：国家是阶级矛盾不可调和的产物和表现，是阶级统治的机关。无产阶级需要国家是因为没有其他办法能够阻止资产阶级的反抗。无产阶级国家代替资产阶级国家必须通过暴力革命才能实现。国家是**“自行消亡的”**（123 页），但资产阶级国家只能被消灭，只有无产阶级国家才能**“自行消亡”**（123 页）。

1. 国家是阶级矛盾不可调和的产物

本节共 9 个自然段，主要谈 3 个问题。

（一）列宁针对机会主义者否定马克思主义暴力革命思想，强调当时的首要任务是恢复真正的马克思主义国家学说（第 1～2 段）

列宁首先揭露了第二国际机会主义者诋毁马克思主义的卑劣手法：革命家在世的时候，迫害他们，攻击、诽谤他们的学说。在他们逝世以后，又企图把他们变成无害的偶像，把他们的学说庸俗化，把它们变成资产阶级可以接受的东西加以颂扬。这种歪曲马克思主义的风气空前流行，在第二次世界大战期间达到顶峰。在暴力革命问题上，伯恩施坦曲解马克思关于“工人阶级不能简单地掌握现成的国家机器，并运用它来达到自己的目的”① 这句的本意，说马克思是警告工人阶级不要在夺取政权时采取过激的行动。考茨基则说，根据马克思的意见，工人阶级不能简单地掌握现成的国家机器，但一般说是能够掌握这个国家机器的。考茨基故意不谈打碎旧机器，似乎是不打碎也能夺取政权，并把夺取政权解释为争取议会多数。在无产阶级与国家的关系上，考茨基说，在资产阶级民主制度下，无产阶级可以利用资产阶级提供的民主条件，不必诉诸武力，不必打碎资产阶级的国家机器就可以通过议会道路和平地过渡到社会主义。俄国社会民主党内的孟什维克分子则公开主张参加帝国主义战争。在这种情况下恢复真正的马克思主义国家学说就成了马克思主义者的迫切任务。

（二）批判了国家起源问题上的历史唯心主义观点，阐明了马克思主义关于国家起源的理论（第 3～5 段）

在资产阶级国家学说中关于国家起源有各种各样的说法，有的说是上帝的安排，这

---

① 马克思，恩格斯. 马克思恩格斯选集：第 3 卷. 2 版. 北京：人民出版社，1995：52.

是西欧中世纪占统治地位的国家学说。这一学说是基督教会及其僧侣为了维护封建统治并确立教会在世俗的绝对统治地位而杜撰的一种反动政治思想，其核心就是认为一切国家和权力都来自上帝。有的说国家是人类根据自己的需要通过社会契约建立的，即国家契约说。有的说国家是“客观精神的发展”，是“理性的形象和现实”。代表人物黑格尔（1770—1831），德国古典哲学的集大成者，在其《法哲学原理》一书中阐述了国家观。他没有正面回答国家起源问题，但他认为国家起源问题与国家的理念无关。他所说的理念不仅指国家制度，也指文化实体。在黑格尔看来“国家直接存在于**习惯**中，而间接存在于单个人的**自我意识**中”①。关于国家到底是怎样产生的，列宁摘引了恩格斯在《家庭、私有制和国家的起源》中的一段论述：“国家决不是从外部强加于社会的一种力量。……国家是社会在一定发展阶段上的产物；国家是表示：这个社会陷入了不可解决的自我矛盾，分裂为不可调和的对立面而又无力摆脱这些对立面。而为了使这些对立面，这些经济利益互相冲突的阶级，不致在无谓的斗争中把自己和社会消灭，就需要有一种表面上站在社会之上的力量来抑制冲突，把冲突保持在‘秩序’的范围以内；这种从社会中产生但又居于社会之上并且日益同社会相异化的力量，就是国家。”（113 页）国家的产生标志着阶级矛盾的不可调和。国家从表面上看是代表整个社会的，实际上国家总是为一定阶级服务的，是占统治地位的阶级的国家。国家起源问题的要害是承认不承认国家的阶级性、历史性。承认国家的阶级性就应该承认它是可以和应该被打碎的。承认国家的历史性就应该承认国家在一定社会发展阶段上的必然性和消亡的必然性。

（三）批判了超阶级的国家观（第 6～9 段）

列宁驳斥了小资产阶级的国家观。小资产阶级承认国家起源于阶级矛盾和阶级斗争，但又说国家是“阶级**调和**的机关”，是“保卫公共秩序的机关”。考茨基既不否认国家是阶级统治的机关，也不否认阶级矛盾的不可调和，但他反对用暴力打碎资产阶级国家机器，反对建立无产阶级专政。针对这些观点，列宁阐述了国家的起源以及国家与革命的关系，指出：“既然国家是阶级矛盾不可调和的产物，既然它是站**在**社会**之上**并且‘**日益**同社会**相异化**’的力量，那么很明显，被压迫阶级要求得解放，不仅非进行暴力革命不可，**而且非消灭**统治阶级所建立的、体现这种‘异化’的国家政权机构不可。”（115 页）这就明确了无产阶级革命对待资产阶级国家的态度：打碎资产阶级国家机器，建立无产阶级专政，而这样的态度是马克思主义国家学说绝对肯定的东西。

2. 特殊的武装队伍，监狱等等

本节共 16 个自然段。列宁根据恩格斯关于国家本质和基本特征的论述指出，军队、警察是国家最本质的特征，是国家最主要的强力工具，是统治阶级镇压被统治阶级的暴力组织。主要观点是：

---

① 马克思，恩格斯．马克思恩格斯全集：第 3 卷．2 版．北京：人民出版社，2002：127.

（一）列宁以国家和氏族组织相比较的两个基本特点指出，军队、警察是国家最本质的特征（第1~5段）

氏族和国家的两个不同点是：氏族组织是按血缘来划分居民，而国家则是按地区来划分它的国民；在社会权力的设置上，氏族有自己的自动武装，这种武装同居民直接符合，不脱离生产劳动，不从属于某个人或某个集团。国家则有与居民分离的专门武装，并有这些武装的物质附属物，如监狱和各种强制机关。

（二）军队、警察是社会分裂为敌对阶级的产物，是剥削阶级维护其统治的工具（第6~11段）

列宁仍以氏族和国家的根本区别论述了国家的阶级本质。氏族武装是原始社会没有阶级、没有剥削为保卫氏族安全而出现的维护公共利益、不脱离劳动的居民的自动武装，有情况一发布号令就集中起来，情况一解除就回到生产中去。少数民族中这类组织在解放前还有，一些原始部落至今还有这种遗存。军警是在社会分裂为敌对阶级以后产生的专门从事统治和镇压的特殊武装组织，是常设的。简言之，社会没有分裂为对立阶级是氏族自动武装存在的基础，社会分裂为敌对阶级是军警一类特殊武装力量产生的基础。列宁还以不可辩驳的事实证明：阶级对立、阶级矛盾的不可调和是国家产生的基础。因为如果每个阶级都有自己的武装，就会征战不休。从国家职能看，也是凌驾于社会之上的，为占统治地位的阶级服务的。所以当革命破坏统治阶级的国家机构，统治阶级就会利用自己的统治地位恢复它的暴力统治。被压迫阶级为了改变自己的地位，就必须建立这样的新型组织。

（三）国家暴力职能日益加强的原因（第12~16段）

列宁指出，国家暴力日益加强的原因是由帝国主义经济政治发展不平衡规律决定的，是资本主义国内矛盾尖锐化和对外侵略战争加剧的结果。一方面是托拉斯、大银行或大规模的殖民政策使资本主义获得高额利润，另一方面是后起的帝国主义要求按实力重新瓜分殖民地、投资场所和商品销售市场。第一次世界大战、日俄战争等都是这种性质的。正是帝国主义强盗之间争霸引起的国内矛盾和战争才使国家暴力日益加强。各帝国主义国家军备增长，战争不断说明革命（打碎资产阶级国家机器）条件成熟，在这种情况下，第二国际社会沙文主义却用“保卫祖国”“保卫共和国和革命”等词句来欺骗人民，用心是险恶的。

3．国家是剥削被压迫阶级的工具

本节共15个自然段，列宁根据经济基础和上层建筑相互关系的原理，指出国家是经济上占统治地位的阶级进行阶级统治的机关。阶级压迫是国家的本质。

（一） 阐明了一切剥削阶级国家都是用来镇压被统治阶级的工具（第1~5段）

列宁仍以恩格斯关于氏族的管理人员和国家官吏的区别，证明官吏的特权是统治阶级为维护自己统治所规定的特权，这种特权是神圣不可侵犯的，一个警察的权力要比氏族首领大得多。接着又引证恩格斯的另一段话证明：官吏政治上的这种特权是由这个阶级在经济上的统治地位决定的。只有经济上占统治地位的阶级才有力量，有条件建立自己的国家。

（二）揭露资产阶级普选制的本质（第6~12段）

普选制是资产阶级在同封建专制制度作斗争的过程中逐步建立起来，又是在无产阶级反对资产阶级的斗争中逐步发展和完善起来的。普选制起源于英国，公民对议会和政府首脑进行直接或间接的选举，实现从中央到地方的管理。议会是资产阶级统治的装饰品。这一节列宁首先援引恩格斯的论述，揭露了资产阶级是如何运用普选制这种貌似公正、民主的方式进行统治的，主要谈了两点：一是直接收买官吏，二是政府和交易所结成联盟。列宁还以俄国二月革命后建立的资产阶级临时政府官员营私和官商勾结为例说明议会这种统治本质上是官吏间接地受财富的操纵，是为经济上占统治地位的阶级服务的工具。其次，列宁揭露了资产阶级民主共和制的欺骗性：以形式上的民主掩盖了资本主义统治的实质。可以任意挑选代理人，可以利用虚伪的民主进行欺骗，但人员、机构、政党的任何更换都不会动摇资本主义的统治。最后，列宁批判了机会主义者对普选制的迷信。普选制是资产阶级统治的工具，这是它的本质，不认识到这一点是愚昧无知的，但是在无产阶级争取解放的斗争中普选制是可以利用的，看不到这一点也是愚蠢的，但不能迷信普选制，因为资产阶级可以根据自己的需要对普选制进行限制，当普选制妨碍资产阶级的统治时资产阶级可以解散议会。所以恩格斯说，对普选制的态度是“测量工人阶级成熟性的标尺”（182页）。

（三）论述了国家产生、发展和消亡的一般规律（第13~15段）

列宁引恩格斯的话阐明了马克思主义的国家观，即：“国家并不是从来就有的。曾经有过不需要国家、而且根本不知国家和国家权力为何物的社会。在经济发展到一定阶段而必然使社会分裂为阶级时，国家就由于这种分裂而成为必要了。现在我们正在以迅速的步伐接近这样的生产发展阶段，在这个阶段上，这些阶级的存在不仅不再必要，而且成了生产的直接障碍。阶级不可避免地要消失，正如它们从前不可避免地产生一样。随着阶级的消失，国家也不可避免地要消失。在自由平等的生产者联合体的基础上按新方式组织生产的社会，将把全部国家机器放到那时它应该去的地方，即放到古物陈列馆去，同纺车和青铜斧陈列在一起。”（121页）马克思主义国家学说强调了国家同一定的社会发展阶段主要是同社会经济发展水平相联系，因生产力的一定发展而又相对不足使社会分裂为利益互相对立的阶级而产生，又因经济的充分发展、阶级的消灭而消亡。

4. 国家“自行消亡”和暴力革命

这一节共18个自然段，列宁批判机会主义者歪曲恩格斯关于暴力革命和国家消亡的理论，阐明了资产阶级国家必须通过暴力革命来摧毁，而无产阶级的国家才能“**自行消亡**”（123页）。

（一）恩格斯关于国家消亡的基本思想（第1～2段）

恩格斯在《反杜林论（欧根·杜林先生在科学中实行的变革）》中论述了国家消亡问题。恩格斯认为，在阶级对立中运动的社会需要国家，需要一个维护当时的生产方式所决定的压迫条件，这样的国家始终都是当时独自代表整个社会的那个阶级的国家。在古代是占有奴隶的公民的国家，在中世纪是封建贵族的国家，在我们现在的时代是资产阶级的国家。当不再有需要加以镇压的任何社会阶级的时候，当根源于现代生产无政府状态的生存斗争以及由此产生的冲突和极端行动都消失的时候，也就不再需要这种实行镇压的特殊力量了。国家真正作为整个社会的代表所采取的第一个行动也是最后一个行动就是以整个社会的名义占有生产资料。那时国家政权对社会关系的干预将先后在各个领域成为多余的事情而自行停止。那时，对人的统治就将由对物的管理和对生产过程的领导所代替。国家不是“被废除”的，国家是“**自行消亡的**”（123页）。无产阶级取得国家政权并且把生产资料变为国家财产是国家真正走向消亡的第一步。

（二）列宁认为恩格斯的精彩论述划清了马克思主义在国家消亡问题上同无政府主义、机会主义的界限（第3～18段）

列宁对恩格斯的上述思想进行了归纳阐述，并特别强调了国家消亡和暴力革命的关系，他指出：

第一，无产阶级夺取政权是国家消亡的第一步。无产阶级夺取政权，建立以生产资料公有制为基础的社会，才能真正实现阶级对立状态的消失。

第二，资产阶级国家由无产阶级来代替，决不能靠“**自行消亡**”（123页）来实现，只能通过暴力革命来实现。因为这是两种特殊力量的相互代替，少数人的统治只能靠暴力才能维持。

第三，国家“**自行消亡**”（123页）是社会主义革命以后的事，即进入共产主义以后的事。国家作为政治形式（政治职能）的消亡就是民主的消亡。资产阶级国家只有通过革命才能消灭，而无产阶级国家才能“**自行消亡**”（123页）。

第四，国家“**自行消亡**”（123页）是既反对机会主义也反对无政府主义的。机会主义者否认资产阶级国家消亡必须经过无产阶级暴力革命来实现，无政府主义不懂得国家产生和发展规律，要废除国家，而国家不是被消灭或废除的，是“**自行消亡的**”

（123 页）。

第五，国家消亡同暴力革命是密切联系的，是一个统一的整体。资产阶级的国家要用暴力来消灭，只有无产阶级的国家才能**“自行消亡”**（123 页）。列宁认为，恩格斯的这一思想是极其重要的，在机会主义盛行的年代，必须深刻理解暴力思想在马克思主义学说中的地位和作用。列宁引证了恩格斯在《反杜林论》中关于暴力革命的论述，高度评价暴力革命的作用。“暴力，用马克思的话说，是每一个孕育着新社会的旧社会的助产婆；它是社会运动借以为自己开辟道路并摧毁僵化的垂死的政治形式的工具”（126 页），恩格斯还引了马克思在《哲学的贫困》以及他和马克思合著的《共产党宣言》结尾部分关于暴力革命不可避免的声明，指出，暴力革命是“马克思和恩格斯全部学说的基础”（128 页）。无产阶级国家代替资产阶级国家非通过暴力革命不可。无产阶级国家的消灭，即任何国家的消灭，只能通过**“自行消亡”**（123 页）。

第五章　国家消亡的经济基础

这一章共 4 节，主要阐述了共产主义社会的发展与国家消亡的联系；提出了从资本主义到共产主义之间有一个过渡时期，在过渡时期必须坚持无产阶级专政；强调了经济发展对国家消亡的决定性作用，指出在共产主义第一阶段还不具备国家消亡的经济基础，只有到了共产主义高级阶段，国家才会完全消亡。

1. 马克思如何提出问题

这一节共 13 个自然段，主要谈马克思研究国家消亡的方法。马克思一直是从社会经济基础的发展变化，从经济基础和上层建筑的相互关系角度去研究国家消亡问题的。

（一）马克思、恩格斯研究国家消亡问题的不同角度（第 1～4 段）

马克思、恩格斯在 1875 年上半年几乎同时谈到了国家消亡问题。1875 年 5 月 5 日，马克思在给威廉·白拉克的信中主要论述了共产主义社会的发展问题，提出了共产主义社会分两个阶段，即共产主义第一阶段和高级阶段，提出了从资本主义到共产主义之间存在一个过渡时期，以及过渡时期的国家性质问题。也谈到了国家消亡问题。提法是：未来共产主义社会的一定阶段，还需要国家。恩格斯在 1875 年 3 月 28 日给奥古斯特·倍倍尔的信中也谈到了国家问题。他说，根据巴黎公社的经验，无产阶级打碎资产阶级国家机器后，建立的政权已经不是原来意义上的国家了。他说，既然国家是暴力镇压的机关，那么无产阶级需要它的时候，说明不是为了自由，但是当我们可以谈自由的时候，国家就不需要了。恩格斯甚至建议把“国家”改成“公团”。“公团”是德文古字，相当于法文的“公社”一词。机会主义者、修正主义者认为马克思、恩格斯在国家消亡的看法上不一致。其实根本不是那么回事，马克思、恩格斯所指的国家都是无产阶级专政，表面上的差异是因为他们研究问题的角度不同。恩格斯的提法是表示无产阶级国家同资产阶级国家的本质区别，马克思则是在谈到未来共产主义发展时提及在共产主义的一定发展阶段（第一阶段）还有国家。

（二）马克思研究共产主义发展问题的科学方法（第 5～13 段）

列宁指出，马克思用彻底的发展观考察资本主义社会，提出共产主义社会的发展问题，其根据是社会的经济发展、经济基础和上层建筑的矛盾运动，或者说是资本主义社会基本矛盾和阶级斗争发展的必然结果。共产主义脱胎于资本主义社会，它是资本主义社会中产生的那种社会力量发生作用的结果，现代国家尽管发展程度有差别，但都是建立在资本主义多少已经发展的现代资产阶级社会的基础上的，这是现代国家的共同特征，因此研究国家消亡问题必须研究社会经济基础的变化。马克思认为，研究共产主义社会国家职能的变化，必须研究资本主义国家怎样才能转变为共产主义，根据一般规律，他提出了从资本主义到共产主义过渡的特别阶段问题。

2. 从资本主义到共产主义的过渡

这一节共 22 个自然段，主要论证了过渡时期国家职能的变化，强调了过渡时期坚持无产阶级专政的重要性和必要性。

（一）论述了马克思提出过渡时期的理论依据（第 1～4 段）

马克思在《哥达纲领批判》中指出：“在资本主义社会和共产主义社会之间，有一个从前者变为后者的革命转变时期。同这个时期相适应的也有一个政治上的过渡时期，这个时期的国家只能是**无产阶级的革命专政**。”① 列宁认为，马克思在《哥达纲领批判》中的提法比《共产党宣言》中“工人革命的第一步就是使无产阶级上升为统治阶级”② 的提法前进了一步，即说明了这个专政的过渡性质。列宁认为，马克思提出过渡时期的理论根据是资本主义的发展和阶级斗争状况。他说：“这个结论是马克思根据他对无产阶级在现代资本主义社会中的作用的分析，根据关于这个社会发展情况的材料以及关于无产阶级与资产阶级对立的利益不可调和的材料所得出的。”（188 页）

（二）过渡时期国家本质的变化（第 5～18 段）

列宁以过渡时期民主和专政的关系变化阐述了国家的本质变化。资产阶级民主，即使是最典型的民主共和制也始终只是供少数人、有产阶级、富人享受的民主制度，它或者由于资本主义的剥削条件使无产阶级被贫困压得喘不过气，“无暇过问政治”，或者由

① 马克思，恩格斯．马克思恩格斯选集：第 3 卷．2 版．北京：人民出版社，1995：314．
② 马克思，恩格斯．马克思恩格斯选集：第 1 卷．2 版．北京：人民出版社，1995：293．

于资产阶级的法律规定的种种限制，如财产、居住年限、性别等，把穷人“排斥在社会政治生活之外”（189 页）。而无产阶级民主不仅把民主的规模扩大为多数人的民主，而且使民主第一次成为供穷人享受、供人民享受而不是供富人享受的民主。绝大多数人享受民主，对那些剥削和压迫人民的分子实行强力镇压，即把他们排斥于民主之外，这就是从资本主义向共产主义过渡的条件下形态改变了的民主。只有到了共产主义社会才能提供真正完全的民主，而民主才开始消亡。

（三）坚持无产阶级专政的必要性（第 19～22 段）

列宁指出，资本主义制度下的国家是少数剥削者对大多数被剥削者的专政，在从资本主义向共产主义过渡的整个历史时代，由于剥削者存有复辟希望，并力图把这种希望变为现实，因此在过渡时期无产阶级对剥削阶级镇压的职能还是必要的，但是这种专政已经不是原来意义上的国家了。过渡时期国家的性质和职能的变化主要表现在两个方面：一是无产阶级专政是被剥削者多数对剥削者少数的专政，是比较容易和比较自然的事，而资产阶级专政是少数对多数的专政，因此是极凶恶、极残酷的。二是无产阶级在实行镇压的同时，还把民主扩展到绝大多数居民身上，也就是民主的范围在扩大，专政的对象在逐渐缩小，专政的职能在逐渐消失。国家专政职能的完全消亡是共产主义实现以后的事。国家专政职能仅对社会上某一部分居民进行系统的斗争，不是对个别人违反公共生活规则的捣乱行为的斗争。而且列宁预言，随着各种捣乱行为存在的社会根源（贫困、受压迫）的消失，这种行为也将改变原来的意义而逐渐“消亡”。

3. 共产主义社会的第一阶段

这一节共 20 个自然段，列宁根据马克思在《哥达纲领批判》中提出的关于共产主义社会两个阶段划分的理论，论述了共产主义第一阶段的特征，指出了共产主义第一阶段存在资产阶级权利的必然性和国家职能的变化。

（一）共产主义第一阶段的基本经济特征（第 1～5 段）

按照马克思的看法，共产主义是从资本主义社会脱胎出来的，因此它在经济、道德和精神方面还都带着它脱胎出来的那个旧社会的痕迹。在经济方面，生产资料已经不是个人的私有财产，它已归整个社会所有。社会的每个成员都应完成社会所必需的某一部分劳动并从社会方面领得一张证书，证明他完成了多少劳动量，根据这张证书，他从消费品的社会储存中领取相当数量的产品，即实行没有货币的按劳分配。马克思批判了拉萨尔关于社会主义条件下劳动者将领取“不折不扣的”或“全部的劳动产品”的思想，提出共产主义第一阶段的产品分配还不能实行不折不扣的劳动所得，而只能是“有折有扣”的，即在对社会总产品作了后备基金（扩大再生产的费用）和用于公益事业的基金（管理、教育、医疗、保险等）的扣除以后才能按劳动数量和质量进行分配。

（二）共产主义第一阶段存在资产阶级权利的必然性（第6～17段）

列宁指出，在共产主义第一阶段，资产阶级权利没有完全取消，只是部分地取消了，即在生产资料占有关系上取消了，资本家没有了，阶级没有了。但是在消费品分配方面，资产阶级权利仍占统治地位。他说，实现按劳分配，消灭了不劳而获，这是一个进步，但是“每人有获得同等劳动产品的平等的权利”仍然是资产阶级权利，它同样是以不平等为前提的。这种不平等表现在：各个人是不同等的——体质强弱、技术高低、子女多少，如此等等，这样就会出现不同程度的富裕。按照共产主义的原则，权利就应当是不平等的，也就是说劳动是一种义务，不应该是分配产品的依据。但是根据马克思的看法，这种不平等在共产主义第一阶段是不可避免的，因为“权利决不能超出社会的经济结构以及由经济结构制约的社会的文化发展”①。列宁指出，共产主义第一阶段资产阶级权利存在的必然性在于：推翻资本主义之后，人们不能立即学会不需要任何法律规范而为社会劳动；资本主义的废除也不能立即为这种变更创造经济前提。

（三）共产主义第一阶段的国家职能和国家消亡问题（第18～20段）

列宁指出了三点：第一，“还需要有国家”。共产主义第一阶段之所以需要国家是因为除了资产阶级权利，没有其他规范。国家的存在就是为了保卫生产资料公有制，保卫劳动的平等和产品分配事实上的不平等。第二，“国家正在消亡”。这个阶段的国家已经不是原来意义上一个阶级压迫另一个阶级的国家了，因为资本家已经没有了，阶级没有了，没有什么阶级可以镇压了。第三，“国家还没有完全消亡”。资产阶级权利在消费品分配方面还将存在较长时间，保卫事实上的不平等将作为国家的长期任务。国家的完全消亡必须有完全的共产主义，即实现了各尽所能，按需分配。

4. 共产主义社会的高级阶段

这一节共30个自然段，主要内容是列宁根据马克思关于共产主义高级阶段基本特征的描述，阐明了国家完全消亡的经济基础是共产主义的高度发展的理论。

（一）国家消亡的经济基础是共产主义的高度发展（第1～12段）

列宁根据马克思关于共产主义高级阶段的描述，指出国家完全消亡的经济基础是共产主义的高度发展，是生产力的蓬勃发展。马克思对共产主义高级阶段的特征作了如下描绘：旧的分工消失，脑力劳动和体力劳动差别消失，劳动成为生活第一需要，随着个人的全面发展，生产力高度增长，社会财富充分涌流。很显然，这些特征中最基本最重

① 马克思，恩格斯．马克思恩格斯选集：第3卷．2版．北京：人民出版社，1995：305.

要的是生产力的发展。没有生产力的高度发展，光靠推翻旧世界，光靠生产资料转归为社会所有，光靠剥夺资本家是不能实现共产主义的。接着列宁论证了推翻剥削阶级同生产力的发展和社会全面进步的辩证关系：对剥削者的剥夺会为生产力的蓬勃发展提供可能性，而人们觉悟的提高，"超出'资产阶级权利的狭隘眼界'"（198 页），习惯于遵守公共生活基本准则，"因而会大大提高劳动生产率"[①]。列宁认为，提高劳动生产率的关键是对劳动进行极严格的监督，这种监督是提高劳动生产率的重要手段，这种监督是应该从剥夺资本家和由工人监督资本家开始。

列宁在论述国家消亡的理论时，批判了资产阶级对科学共产主义理论的种种歪曲。列宁指出，资产阶级歪曲马克思的共产主义理论不是无知就是替资产阶级辩护。说"无知"是因为社会主义者所预见的共产主义的前提既不是现在的劳动生产率，也不是现在的庸人。说"替资产阶级辩护"是因为他们一味争论遥远的未来，而不谈目前政治上的迫切问题，即剥夺资本家，建立人民当家作主的国家政权问题。

（二）社会主义和共产主义两个阶段的差别（第 13～18 段）

列宁根据马克思对共产主义两个阶段的论述提出，共产主义第一阶段（社会主义）同高级阶段在经济和政治方面都存在很大差别，政治上的差别在资本主义条件下谈不清楚，经济上的差别是明显的。马克思的划分正是根据社会主义和共产主义是经济上成熟程度不同的两个阶段。社会主义（或第一阶段）在经济上还不可能完全成熟，还不能完全摆脱资本主义的传统痕迹，在消费品分配方面还会存在着资产阶级权利，正是从这个意义上说，社会主义社会还会保留没有资本家的资产阶级国家。说共产主义第一阶段已经是共产主义了，就是因为生产资料已经公有。新事物中有旧事物的残余，资产阶级权利就是旧事物的残余，但也正是在旧的残余中逐渐生长着共产主义的新事物，这是共产主义必需的物质基础，同时，从按劳分配中也必然生长出能够实行按需分配的精神因素和全新的人。

（三）社会主义民主与共产主义发展和国家完全消亡（第 19～30 段）

列宁从三个方面论述了社会主义民主问题。第一，论述了社会主义民主的实质。民主是一种国家形式，是一种国家形态，民主同任何国家一样是有系统地对人们使用暴力。民主意味着平等，而且仅仅是形式上的平等。第二，论述了民主对无产阶级解放和共产主义建设的意义。在争取自身解放的斗争中，民主是无产阶级争取解放的武器。无产阶级夺取政权，实现了占有生产资料的平等，即劳动的平等和工资平等以后，民主就应该由形式上的平等转到事实上的平等，即实现各尽所能、按需分配的原则。第三，民主建设是一个由量到质的过程，是一个由社会生活到私人生活、由大多数居民到全体居民广泛参加的真正的民主运动。这个民主是由经济基础决定，与社会经济生活和国家管理同

① 马克思，恩格斯. 马克思恩格斯全集：第 43 卷. 2 版. 北京：人民出版社，2016：402.

步进行的过程。在这个过程中，对生产、分配实行严格监督是社会主义民主建设的主要途径。在社会主义条件下必须发扬民主，让千百万在资本主义条件下经受了锻炼的劳动群众参加国家管理和经济管理，使整个社会成为一个管理处。当所有的人都学会了管理、学会了对不劳而获者实行监督，习惯于遵守社会公共生活的基本原则并养成习惯时，任何管理都成为多余的了。管理既是改造剥削者的过程，也是提高劳动者民主素质和提高劳动生产率的过程。所以当人人都学会管理时，共产主义高级阶段的大门就敞开了。民主愈完全，它成为多余的东西的时候也就愈接近，完全的民主实现了，民主也就不需要了，国家也就消亡了。

要点解析

1. 暴力革命和国家消亡的关系

国家消亡是建立在对国家起源、本职和职能的科学认识的基础上的，即国家是社会发展一定阶段的产物，是随着私有制的产生，社会上一部分人压迫另一部分人成为可能的时候和地方出现的。这种社会政治现象只存在于经济发展相对不足的条件下，当社会经济发展到能够满足社会全体成员共同需要的时候，国家就成为多余的东西了。既然国家是阶级压迫的工具，是少数人维护统治的机关，那么这种压迫转变为多数人乃至全体人进行管理的机关需要一定的条件，马克思主义和机会主义不同的是马克思主义看到了这种替代需要通过暴力的形式来完成。这种暴力同以往一切阶级不同的是：它不再是继续维持新的阶级统治的机器，而是创造使阶级和国家消亡、使国家阶级压迫职能消亡和民主消亡的条件。

2. 共产主义第一阶段存在资产阶级权利的必然性和对待资产阶级权利的态度

社会主义是共产主义的第一阶段。这个阶段是刚刚从资本主义脱胎出来的、各方面还都带着旧社会痕迹的阶段。其中，经济方面的最主要特点是在消费品分配方面实行按劳分配，也就是说劳动者向社会提供的劳动数量和质量是从社会获得生活资料的唯一依据。由于劳动者个人能力、体力和家庭状况的差别，不可避免地会出现个人消费品实际拥有份额的差别，即贫富差距，而这在社会主义阶段由于生产力发展水平和人们的觉悟程度的限制又是不可避免的，这就是马克思称为“资产阶级权利”的东西。对于资产阶级权利，一方面要承认它存在的必然性、合理性，不承认这一点会导致经济政策的“左”倾，而资产阶级权利从共产主义发展过程和未来状态来说又是要加以限制和最终消灭的东西，是共同富裕要最终解决的问题，忽视这一点就难以在经济上体现社会主义的本质和优越性。问题的关键在于要科学理解消灭资产阶级权利问题，要用符合经济规律的方式渐进地由量到质地去解决资产阶级权利问题，处理好效率和公平的关系，管好用好可以直接用于社会发展和公共利益的那部分在进行分配之前已经扣除的社会总产品，否则就是空想主义。

3. 列宁提出的社会主义革命以后自行消亡的是“无产阶级的国家或半国家”的含义

对未来国家的态度是马克思主义与无政府主义的主要区别。马克思主义主张消灭国家，无政府主义也主张消灭国家，但马克思主义认为消灭国家必须与消灭阶级联系起来，只有阶级消灭了，国家才会消亡，在消灭阶级的过程中，仍然需要国家。无政府主义主张一天之内完全消灭国家。关于未来国家恩格斯的提法是公社“已经不是原来意义上的国家”，列宁对这个论断作了很多解释，提出了“半国家”的概念。列宁说，应该用暴力摧毁资产阶级官僚军事机器，用新的“半国家”代替它。又说，资产阶级国家是不会**“自行消亡的”**（123 页），而要由无产阶级在革命中去消灭它，在这个革命以后，自行消亡的是“无产阶级的国家或半国家”，这个概念既反对了无政府主义，也反对了改良主义对国家的迷信。

首先，列宁的“半国家”是指“不是原来意义上的国家”。原来意义上的国家是指一个阶级压迫另一个阶级、少数人压迫多数人的特殊机构，为了达到剥削者少数有系统地镇压被剥削者多数的目的，就必须采取极其残酷的镇压手段，就需要复杂的镇压机器。而当无产阶级夺取政权、被剥削者多数去镇压剥削者少数时就比较容易、比较简单、比较自然了，只要很简单的机器，即简单到几乎可以不要机器、不要特殊的机构，只要有武装的群众组织就够了。所以“半国家”是指被剥削者多数对剥削者少数实行镇压的国家。

其次，“半国家”是指从国家到非国家的过渡形式，是正在消亡的国家制度。按照列宁的设想，在这样的国家里，没有常备军，没有同人民对立的警察，也没有站在人民头上的官僚。所以列宁认为，无产阶级在夺取政权后，国家就从两个方面开始消亡：一方面由于是多数对少数的镇压，特殊力量是不需要了，国家就在这个意义上开始消亡；另一方面，旧官吏的特殊“经济职能”也可以并且应该在一天内就开始由“监工和会计”的简单职能来代替，这些职能只要有一般市民的水平就可以胜任，只要给予普通“工人的工资”就可以了，这样官僚机构开始消亡。

最后，“半国家”是指无产阶级国家只存在着“国家制度的残余”。列宁认为剥削阶级国家的基本特征，就是公职人员是社会的主人，而无产阶级的国家、“半国家”，劳动人民是国家主人，一切公职人员都是社会公仆，人民拥有最大的权力、最充分的民主，人民自己管理国家，所以无产阶级国家已经不具备一般国家的特征了。

思考题

1. 试述共产主义第一阶段的基本经济特征。
2. 试述共产主义第一阶段的国家职能变化和国家基本职能。
3. 试述经济发展、民主建设与国家消亡的关系。

阅读书目

1. 恩格斯. 家庭、私有制和国家的起源（“九　野蛮时代和文明时代”）//马克思，恩格斯. 马克思恩格斯选集：第 4 卷. 2 版. 北京：人民出版社，1995：158-179.

2. 毛泽东. 论人民民主专政//毛泽东. 毛泽东选集：第 4 卷. 2 版. 北京：人民出版社，1991：1468-1482.

列宁《谈谈辩证法问题》导读

要点提示

● 统一物之分为两个部分以及对它的矛盾着的部分的认识……是辩证法的**实质**。

● 对立面的同一（它们的"统一"，也许这样说更正确些？虽然同一和统一这两个术语的差别在这里并不特别重要。在一定意义上二者都是正确的），就是承认（发现）自然界的（也**包括**精神的和社会的）**一切**现象和过程具有矛盾着的、**相互排斥的**、对立的倾向。

● 人的认识不是直线（也就是说，不是沿着直线进行的），而是无限地近似于一串圆圈、近似于螺旋的曲线。

● 辩证法本来是人类的全部认识所固有的。

● 辩证法内容的这一方面的正确性必须由科学史来检验。

关键词

辩证法　对立统一　普遍规律　认识论　唯心主义

导　读

《谈谈辩证法问题》是列宁《哲学笔记》中的一篇文稿。写于1915年，是列宁在研究德国哲学家黑格尔和古希腊哲学家赫拉克利特的辩证法思想时所写下的心得笔记。它不是为公开发表而撰写的正式文章，因此没有做文字加工整理工作。但这篇笔记式的文稿凝结了列宁多年来研究辩证法的思想精华。选自《列宁选集》，3版，第2卷，556-560页。

社会历史背景

《哲学笔记》是列宁在1895—1916年研读各种哲学著作时所写的摘要、批注、评语、札记和短文的汇总，1933年出版单行本。《谈谈辩证法问题》是列宁用一年多时间研究辩证法问题和反对第二国际社会沙文主义的诡辩论的总结。这是一篇笔记式的短文，内容极其丰富而深刻，在马克思主义辩证法发展史上具有极其重要的意义。

历史地位与现实意义

列宁在这篇文章中，比较明确地阐明了自己的辩证法的基本观点，提出对立统一规律及其意义，探讨了认识论中的辩证法，并从认识论角度分析唯心主义产生的原因，表明列宁的思想发展上升到一个新的阶段。在当代坚持和发展理论，必须全面而深入地研究列宁关于辩证法问题的基本命题及其所蕴含的深邃思想，并在这些基本命题的相互规定中去理解辩证法，这样才能真正理解辩证法的批判本性，才能使辩证法理论具有巨大的历史感和强烈的时代感。对列宁《谈谈辩证法问题》这一经典著作的当代反思，是坚持和发展辩证法理论的首要前提。

主要思想内容

列宁在总结他所提出的辩证法要素时指出："可以把辩证法简要地规定为关于对立面的统一的学说。这样就会抓住辩证法的核心，可是这需要说明和发挥。"① 而《谈谈辩证法问题》一文就是这种"说明和发挥"。列宁把这一短文分为三大部分，第一部分论述了作为客观世界的规律和认识规律的对立统一规律；第二部分论述了认识过程的辩证法；第三部分论述了唯心主义的认识论根源。而对立统一规律是辩证法的核心思想则贯穿全文。

（一）对立统一规律及其意义（第1～12段）

在该文中列宁第一次明确指出对立统一规律是唯物辩证法的实质和核心。列宁在开头指出："统一物之分为两个部分以及对它的矛盾着的部分的认识……是辩证法的**实质**（是辩证法的'本质'之一，是它的基本的特点或特征之一，甚至可说是它的基本的特点或特征）。"（556页）他认为事物内部相互对立的两个方面之间的统一具有客观性和普遍性。他

① 列宁．列宁选集：第2卷．3版．北京：人民出版社，1995：412.

列举了数学、力学、物理学、化学和社会科学中的基本矛盾来加以说明，认为这必须由全部科学史来检验。但他反对把对立统一当作实例和现象的总和，而认为它是一种客观规律和人的认识的普遍规律。列宁认为，自然、社会和精神领域的一切现象和过程中都具有矛盾着的、相互排斥的、对立的倾向。矛盾双方的统一是有条件的、暂时的、相对的，而斗争则是无条件的、绝对的。当然相对和绝对作为一对矛盾也有统一性，不能把二者完全割裂开来和对立起来。

是否承认对立统一（矛盾）是事物发展的源泉和动力，是两种发展观的根本区别。辩证法的发展观认为：事物的发展是自己运动和自我发展；发展是新东西的产生和旧东西的灭亡，是渐进过程的中断和飞跃；发展的源泉和动力在于其内部的矛盾，即对立面的统一和斗争。形而上学的发展观认为：事物的发展是数量的减少和增加，是重复；事物发展的原因不是内部矛盾，而在于外部的力量（如上帝）。

（二）认识论中的辩证法（第13～14段）

列宁考察了人类认识活动中的辩证法，并提出一个著名论断：辩证法就是认识论。在谈论两者的关系时，列宁指出："辩证法是**活生生的**、多方面的（方面的数目永远增加着的）认识，其中包含着无数的各式各样观察现实、接近现实的成分……"（559页）在最简单的命题中就包含辩证法。比如，"张三是人""哈巴狗是狗"这样的句子，就是把个别与一般联系起来，说明"个别是一般"。列宁指出，个别与一般相联系，一般只能存在于个别之中。但个别和一般不是完全等同的，一般是对个别的抽象，因此它排除了每一个别所具有的个性和偶然性的方面，每一个别不能完全地包括在一般之中，一般只能大致地包括一切个别事物。他还指出，在这些简单的认识命题中，在人的认识活动中，不仅包含个别与一般的辩证关系，而且包含偶然与必然、现象与本质的辩证关系。列宁从对一个简单问题的矛盾分析中得出结论："可见，在**任何**一个命题中，很像在一个'单位'（'细胞'）中一样，都可以（而且应当）发现辩证法**一切**要素的胚芽，这就表明辩证法本来是人类的全部认识所固有的。"（558-559页）

人类认识过程中也体现着辩证法。人的认识是对无比生动丰富的客观世界的矛盾运动的反映。既然是一个矛盾运动的过程，是对立面的相互斗争和相互转化的过程，它就不能不是复杂的、曲折的、丰富的、活生生的。这个矛盾运动过程必然表现为对立面不断反复的前进过程，即否定之否定的过程。列宁经常把这一过程比作一连串的圆圈或螺旋形曲线，指出："人的认识不是直线（也就是说，不是沿着直线进行的），而是无限地近似于一串圆圈、近似于螺旋的曲线。"（560页）比如，从黑格尔唯心主义辩证法，经过费尔巴哈的形而上学唯物主义，到马克思的辩证唯物主义，就是一个否定之否定的过程。

（三）从认识论角度分析唯心主义产生的原因（第15～18段）

列宁认为考察人类认识活动时，缺少辩证法，把无限丰富和曲折发展的认识过程的某一特征、方面或片段加以夸大，使之脱离认识总体，脱离物质世界，就会走向唯心主义。因此，考察认识活动的片面性和直线性是唯心主义产生的认识论根源。唯心主义和宗教就是“把认识的某一特征、某一方面、某一侧面，**片面地**、夸大地……**脱离了**物质、**脱离了**自然的、神化了的绝对”（560页）。“直线性和片面性，死板和僵化，主观主义和主观盲目性就是唯心主义的认识论根源。”（560页）可见，唯心主义不是无缘无故地出现的，它是人类认识之树上的一个花朵，但它是不结果实的花朵。

要点解析

1. 对立统一规律及其意义

列宁认为，事物内部相互对立的两个方面之间的统一具有客观性和普遍性。自然、社会和精神领域的一切现象和过程中都具有矛盾着的、相互排斥的、对立的倾向。矛盾双方的统一是有条件的、暂时的、相对的，而斗争则是无条件的、绝对的。当然相对和绝对作为一对矛盾也有统一性，不能把二者完全割裂开来和对立起来；是否承认对立统一（矛盾）是事物发展的源泉和动力，是两种发展观的根本区别。辩证法的发展观认为：事物的发展是自己运动和自我发展；发展是新东西的产生和旧东西的灭亡，是渐进过程的中断和飞跃；发展的源泉和动力在于其内部的矛盾，即对立面的统一和斗争。形而上学的发展观认为：事物的发展是数量的减少和增加，是重复；事物发展的原因不是内部矛盾，而在于外部的力量（如上帝）。

2. 认识论中的辩证法问题

列宁考察了人类认识活动中的辩证法，并提出一个著名论断：辩证法就是认识论。在谈论两者的关系时，列宁指出：“辩证法是**活生生的**、多方面的（方面的数目永远增加着的）认识，其中包含着无数的各式各样观察现实、接近现实的成分……”（559页）最简单的命题也包含辩证法。在人的认识活动中，不仅包含个别与一般的辩证关系，而且包含偶然与必然、现象与本质的辩证关系。人类认识过程中也体现着辩证法。人的认识是对无比生动丰富的客观世界的矛盾运动的反映。既然是一个矛盾运动的过程，是对立面的相互斗争和相互转化的过程，它就不能不是复杂的、曲折的、丰富的、活生生的。这个矛盾运动过程必然表现为对立面不断反复的前进过程，即否定之否定的过程。

思考题

1. 如何理解对立统一规律及其认识是辩证法的实质？
2. 如何理解“两种发展观”的对立？

阅读书目

1. 恩格斯. 反杜林论（第一编　哲学“十二 辩证法。量和质”“十三 辩证法。否定的否定”）//马克思，恩格斯. 马克思恩格斯文集：第9卷. 北京：人民出版社，2009：125-150.

2. 列宁. 唯物主义和经验批判主义//列宁. 列宁专题文集（“论辩证唯物主义和历

史唯物主义”）. 北京：人民出版社，2009：1-130.

3. 恩格斯. 自然辩证法（“辩证法作为科学”）//马克思，恩格斯. 马克思恩格斯文集：第9卷. 北京：人民出版社，2009：463-502.

4. 列宁. 辩证法的要素//列宁. 列宁选集：第2卷. 3版. 北京：人民出版社，1995：411-412.

列宁《共产主义运动中的“左派”幼稚病》（节选）导读

要点提示

- 无产阶级专政是新阶级对**更强大的**敌人，对资产阶级进行的最奋勇和最无情的战争。资产阶级的反抗，由于资产阶级被推翻（哪怕是在一个国家内）而**凶猛十倍**；资产阶级的强大不仅在于国际资本的力量，在于它的各种国际联系牢固有力，而且还在于**习惯的力量**，**小生产**的力量。这是因为世界上可惜还有很多很多小生产，而小生产是经常地、每日每时地、自发地和大批地**产生着**资本主义和资产阶级的。由于这一切原因，无产阶级专政是必要的……

- 无产阶级实现无条件的集中和极严格的纪律，是战胜资产阶级的基本条件之一。

- 无产阶级革命政党的纪律是靠什么来维持的？是靠什么来检验的？是靠什么来加强的？第一，是靠无产阶级先锋队的觉悟和它对革命的忠诚，是靠它的坚韧不拔、自我牺牲和英雄气概。第二，是靠它善于同最广大的劳动群众，首先是同无产阶级劳动群众，**但同样也同非无产阶级**劳动群众联系、接近，甚至可以说在某种程度上同他们打成一片。第三，是靠这个先锋队所实行的政治领导正确，靠它的政治战略和策略正确，而最广大的群众根据**切身经验**也确信其正确。

- 群众是划分为阶级的……阶级是由政党来领导的；政党通常是由最有威信、最有影响、最有经验、被选出担任最重要职务而称为领袖的人们所组成的比较稳定的集团来主持的。

- 无产阶级专政是对旧社会的势力和传统进行的顽强斗争……没有铁一般的在斗争中锻炼出来的党，没有为本阶级一切正直的人们所信赖的党，没有善于考察群众情绪和影响群众情绪的党，要顺利地进行这种斗争是不可能的。

关键词

无产阶级政党　严格的集中制　铁的纪律　领袖　群众

导　读

《共产主义运动中的“左派”幼稚病》是1920年4—5月列宁为即将召开的共产国际第二次代表大会撰写的一部系统阐述马克思主义战略和策略思想的著作。为了能赶在共产国际第二次代表大会开会之前出书，列宁曾亲自过问该书的排印计划，1920年6月12日该书俄文本出版，接着法文本和英文本于7月在俄国出版。选自《列宁选集》，3版，第4卷，134-137、149-156页。

社会历史背景

1919年3月，世界各国共产党在莫斯科召开第一次代表大会，成立共产国际。共产国际成立以后，国际共产主义运动有了进一步发展。在此形势下，原第二国际一些政党也纷纷退出第二国际，要求参加共产国际，但它们并没有改变原来的立场，因此国际共产主义运动仍然面临着右的倾向，这是当时的主要危险。同时，由于国际共产主义运动高涨的形势和出于对第二国际机会主义的憎恨，欧美许多国家刚刚成立的共产党、工人党在许多重大问题上产生了“左”的倾向，其共同特点是：反对议会斗争，拒绝参加反动工会，反对任何妥协，反对纪律，甚至在领袖、政党、阶级和群众的关系上发生思想混乱。到1920年初，这股思潮在德国、瑞典、奥地利、美国等国家的共产党、工人党中已日益泛滥。列宁认为，这股思潮虽然刚刚产生，但危害严重，如果任其发展，就会使党脱离群众，使正在兴起的革命运动遭到损害，为此列宁撰写了这部著作。

历史地位与现实意义

《共产主义运动中的“左派”幼稚病》是系统阐述马克思主义战略和策略思想的一部重要著作。这部著作总结了国际共产主义运动和俄国革命的经验，丰富和发展了马克思主义策略思想，其最重要之处是分析小资产阶级革命性的特点、革命高潮和低潮时期革命形势的特点、革命者容易发生的主要问题，提出必须依据客观环境变化灵活调整斗争策略的思想。此书流传很广，对各国马克思主义政党产生了重要影响。长期以来，它一直是我党开展马克思主义理论教育的重要教材。此书对小资产阶级革命性特点的分析（形势有利时头脑发热，形势不利时悲观失望）、对革命形势特点的分析（革命道路艰难曲折，有进有退，有高潮也有低潮）以及提出的斗争策略，对处于社会主义运动低潮时期的各国共产党人，对肩负建设中国特色社会主义重任的中国共产党人，坚持最低纲领和最高纲领的统一，坚定社会主义和共产主义信念，坚持中国特色社会主义道路，推进社会主义现代化建设，实现中华民族伟大复兴，加强和改进党的领导，提高党的建设的科学化水平都具有极强的现实意义。

主要思想内容

《共产主义运动中的“左派”幼稚病》一书由正文十章，增补四节和一封信组成（2016 年人民出版社单行本）。主要内容是列宁全面剖析“左派”共产党人的错误：俄国“左派”共产党人 1908 年反对参加议会，1918 年反对签订《布列斯特和约》；德国“左派”共产党人把领袖和群众对立起来，反对参加黄色工会；英国“左派”共产主义者反对参加议会活动，认为新成立的共产党不能与其他工人政党和组织保持联系。针对“左派”的错误，列宁结合俄国三次革命（1905 年革命、1917 年二月革命、十月社会主义革命）的经验，批判了极左思潮，回答了对国际无产阶级革命有重要意义的若干重大问题。以下重点介绍该书第二、五章内容。

二　布尔什维克成功的基本条件之一

该章共 9 个自然段，论述了加强党的集中统一和组织纪律的重要性，并且在总结布尔什维克党的成功经验的基础上，提出了党的纪律的形成条件问题。主要内容有：

（一）在无产阶级专政条件下，党坚持无条件的集中制和极严格的纪律的必要性（第 1～4 段）

党的集中制和极严格的纪律是在革命斗争的艰苦环境中形成的，它是党保持战斗力、保持同最广大群众的密切联系、得到群众拥护的根本条件。党在创建时期之所以要把集中制和严格纪律提到首位，是由党处在极度秘密的状态和党的初创时期的复杂状况两个因素决定的。党的工作者大部分是职业革命家，根据党的需要被指派到特定的组织中工作，每个人的任务是经过严格划分的，为了保密常常只同一两个人联系，在党的文件、信函中，重要工作人员都用化名。即使这样，党的活动还经常遭到破坏。严格的保密限制了党公开工作的范围，党的预定的活动不可能让大家知道，党的机关要进行比较广泛和定期的选举更是不可能的。为了完成党的事业，必须强调集中，强调纪律，因为只有集中制和严格的纪律才能保证中央的领导，才能克服机会主义、无政府主义和各种瓦解组织的行为。

在无产阶级取得政权以后，还要不要实行集中制和纪律，列宁认为还是需要的。这种需要主要来自两个方面：一是敌人的反抗。列宁指出，无产阶级专政是新阶级对更强大的敌人、对资产阶级进行的最奋勇和最无情的战争，资产阶级的反抗，由于自己被推翻而凶猛十倍。二是习惯的力量、小生产的力量。小生产是受资本主义压迫的，是革命的积极拥护者和参加者，但小生产是私有者。小生产是经常地、每日每时地、自发地和大批地产生着资本主义和资产阶级的。俄国社会当时存在五种经济成分，即宗法式的自然的农民经济、小商品生产、私人资本主义、国家资本主义和社会主义。后两种形式所占比例不高，主要是小商品生产。小商品生产和私人资本主义共同一致地反对国家资本主义，也反对社会主义。对小商品生产，既不能镇压，也不能驱逐，只能进行引导和改造。无产阶级为了能有效地教育改造小生产者，就必须使无产阶级的先锋队保持头脑清醒，自觉抵制资本主义思想腐蚀，坚持社会主义道路，用无产阶级的意识影响小生产。因此，列宁特别强调，在无产阶级专政时期，“无产阶级实现无条件的集中和极严格的纪律，是战胜资产阶级的基本条件之一”（135 页）。

（二） 无产阶级政党极严格的集中制和铁的纪律得以建立的前提条件（第 5～6 段）

列宁提出无产阶级政党的纪律是自觉的纪律，维持、检验和加强党的纪律需要三个条件：第一是靠无产阶级先锋队的觉悟和它对革命的忠诚，它的坚韧不拔、自我牺牲和英雄气概；第二是靠它善于同最广大的劳动群众，首先是同无产阶级劳动群众，但同样也同非无产阶级劳动群众联系、接近，甚至可以说在某种程度上同他们打成一片；第三是靠这个先锋队所实行的政治领导正确，靠它的政治战略和策略正确，而最广大的群众根据切身经验也确信其正确。没有这些条件，任何建立纪律的企图都必然成为空谈。可是，这些条件又不能一下子就产生，只有经过长期的努力和艰苦的实践才能造成。正确的革命理论会使这些条件容易造成，但只有同真正群众性的和真正革命的运动实践密切地联系起来，这些条件才能最终形成。

（三） 布尔什维克党能够制定并顺利实施极严格的集中制和铁的纪律的原因（第 7～9 段）

列宁从党的理论基础和革命实践两个方面总结了布尔什维克党的集中制和铁的纪律形成的原因。列宁指出，布尔什维克党是建立在马克思主义理论基础上的。马克思主义是被整个 19 世纪全世界无产阶级革命的经验同时也是为俄国革命的经验所证实的科学理论。俄国的进步思想家、俄国革命的先驱者在探寻革命道路的过程中，一直在密切注视工人阶级先锋队（欧美无产阶级）的每一种“最新成就”。正是通过长期的寻求、学习和实验，经过成功和失败的检验，才找到马克思主义这一唯一正确的革命理论。关于革命实践对党的纪律形成的影响，列宁主要谈了两个方面，一是斗争历程的时间长达 15 年，二是斗争形式更替迅速且具有多样性。在这个漫长的斗争历程中，党经历了合法的和不合法的、和平的和激烈的、地下的和公开的、小组的和群众的、议会的和恐怖主义的革命运动形式，这些形式几乎“集中了现代社会**一切**阶级进行斗争的如此丰富的形式、特色和方法”（137 页）；俄国的落后和沙皇专制制度的残酷压迫加速了斗争的成熟过程，提高了无产阶级掌握和运用欧美政治经验的能力，这些都是布尔什维克党铁的纪律得以实施的原因。

五 德国“左派”共产党人。领袖、政党、阶级、群众间的相互关系

该章共 21 个自然段，指明了“左派”共产党人在领袖、政党、阶级、群众相互关系上的错误观点，分析了错误产生的原因，并阐明了马克思主义关于领袖、政党、阶级、群众间的相互关系。

（一）德国、荷兰等国“左派”共产党人在领袖、政党、阶级、群众相互关系上的主要错误观点（第 1～13 段）

列宁以德国“左派”（自称“原则上的反对派”）共产党人的一本名叫《德国共产党（斯巴达克联盟）的分裂》的小册子的观点为例，指出了“左派”共产党人的错误。该小册子在论及从资本主义向社会主义过渡问题时把党和阶级、领袖和群众对立起来，提出：“谁应当是专政的执行者，**是共产党，还是无产阶级**?”（150 页）“现在有两个共产党彼此对立着：**一个是领袖的党**，它力图**从上面**来组织和指挥革命斗争……**另一个是群众的党**，它等待革命斗争**从下面**高涨起来……”“那里是领袖专政，这里是群众专政”（151 页），进而荒谬地提出通过扩大共产党的队伍（以工人联合会取代共产党）在原则上力求实现无产阶级专政。“左派”共产党人还提出“共产党是进行最坚决的阶级斗争的政党”（150 页）。因此，凡是同其他政党妥协，凡是回头再去采用历史上和政治上已经过时了的议会制度斗争形式，凡是实行机动和通融的政策，“都应当十分坚决地拒绝”（150 页）等等。这就混淆了党和阶级、党的领袖和广大党员，以及无产阶级和广大劳动阶级群众的相互关系，也混淆了过渡时期的性质和任务。

列宁指出：“参加过或仔细观察过 1903 年以来布尔什维主义发展过程的布尔什维克，读了这些议论，一定会立刻说：‘这是多么熟悉的陈词滥调！这是多么‘左的’孩子气！’”（151 页）

（二）领袖、政党、阶级、群众的正确的相互关系及“左派”共产党人在上述相互关系上陷入思想混乱的原因（第 14～17 段）

列宁首先论述了领袖、政党、阶级、群众的正确的相互关系。列宁说：“谁都知道，群众是划分为阶级的；只有把不按照生产的社会结构中的地位区分的大多数同在生产的社会结构中占有特殊地位的集团对立时，才可以把群众和阶级对立起来；在通常情况下，在多数场合，至少在现代的文明国家内，阶级是由政党来领导的；政党通常是由最有威信、最有影响、最有经验、被选出担任最重要职务而称为领袖的人们所组成的比较稳定的集团来主持的。”（151 页）按照马克思主义的一般原理，领袖是政党的政治灵魂，是

无产阶级的政治家，是无产阶级和广大劳动群众的组织者和领导者。阶级的斗争、群众的斗争需要领袖，也必然会产生领袖，领袖来自群众，依靠群众又服务于群众。政党是一定阶级的政治代表，是阶级的最觉悟的部分，政党又总是以一定的阶级为基础。但是政党的阶级属性并不完全是由它的成员的阶级构成决定的，决定的因素是党的理论基础、党的纲领和党的思想教育。阶级和群众只是在对社会中的绝大多数人按生产资料占有关系进行划分时才有这种区分。

列宁分析了造成"左派"共产党人思想混乱的原因，指出两点：一是由于党的合法状态和不合法状态的迅速更替破坏了领袖、政党和阶级之间那种通常的、正常的和简单的关系。在德国，人们过分习惯于合法状态，习惯于政党定期以代表大会形式自由选举"领袖"，习惯通过议会选举、群众大会、报章杂志、工会和其他团体的情绪变化来检验各政党的阶级成分。革命斗争形势的变化迫使党放弃通常的办法，采用了"不方便的"和"非民主的"方法来推选或组成或保留"领导集团"，因此造成思想混乱和惊慌失措。二是在帝国主义战争末期和战后时期，在一切国家里，"领袖"和"群众"的分离表现得特别明显而突出。主要表现在英国。英国在国际上的垄断地位使"群众"中分化出一部分半市侩的机会主义的"工人贵族"，这种工人贵族具有两重身份，既是工人的组成部分，但又总是投靠资产阶级，直接或间接地受资产阶级豢养。第二国际的领袖们站在机会主义、沙文主义立场上对待帝国主义战争，他们维护民族利益、行会利益、工人贵族利益，于是这些党就脱离群众，站到群众的对立面。正是对以上两种现象认识不清，才混淆了领袖、政党、阶级、群众的相互关系。

（三）"左派"共产党人制造领袖和群众对立的目的及其危害性（第18～21段）

列宁指出，"左派"共产主义者把群众专政和领袖专政根本对立起来，目的是在"打倒领袖"的口号掩饰下，"实际上竟把一些胡说八道、满口谬论的**新领袖**拉出来代替那些对普通事物还能持常人见解的老领袖"（153页）。

"左派"共产主义的直接危害就是否认党性、否认纪律，而否认党性、否认纪律就是迎合小资产阶级的散漫、动摇、不能坚持、不能团结、不能步调一致，其结果就等于解除无产阶级的武装使革命归于失败。列宁特别强调从资本主义向共产主义过渡时期坚持无产阶级的党性原则、坚持无产阶级的铁的纪律的极端重要性。他指出，俄国在推翻资产阶级以后，采取的最初步骤——从资本主义过渡到社会主义即共产主义的低级阶段，由于三个方面的原因使无产阶级政党的党性和纪律显得十分重要：其一是阶级还存在，而且在任何地方，在无产阶级夺取政权之后都还要存在好多年。其二是改造小商品生产者。列宁说，消灭阶级不仅意味着要驱逐地主和资本家，而且意味着要消灭小商品生产者。可是对小商品生产者不能驱逐，不能镇压，只能同他们和睦相处，教育和改造他们。而小资产阶级的自发势力会从各方面包围、浸染无产阶级，腐蚀无产阶级，经常使小资产阶级的懦弱性、涣散性、个人主义以及由狂热转为灰心等旧病在无产阶级内部复发起来。无产阶级政党内部需要实施极严格的集中制和铁的纪律，才能抵制这种恶劣影响，才能使无产阶级正确地、有效地、胜利地发挥自己的组织作用。其三是对旧社会的势力和传统进行的斗争。这种斗争包括了流血的和不流血的、暴力的和和平的、军事的和经济的、教育的和行政的。千百万人的习惯势力是最可怕的势力。没有铁一般的在斗争中锻炼出来的党，没有为本阶级一切正直的人们所信赖的党，没有善于考察群众情绪和影响群众情绪的党，要顺利地进行这种斗争是不可能的。列宁强调，谁要是把无产阶级政党铁的纪律哪怕是稍微削弱一点（特别是在无产阶级专政时期），那他事实上就是帮助资产阶级来反对无产阶级。

列宁认为德国“左派”共产主义者在阶级专政和领袖专政问题上的“幼稚病”是由来已久的，没有什么新东西，也没有什么可怕的，是可以治愈的，一旦治愈，甚至可以使党的肌体更加强壮。值得注意的是由于党的斗争方式和党的领袖的活动方式使我们正面临着敌人以各种伪装混入党的领袖群体中，从内部瓦解党的危险，这是必须加以考虑和防范的问题。

要点解析

1. 坚持无产阶级政党严格的集中制和铁的纪律的必要性

列宁认为，从资本主义向社会主义过渡必须坚持党的集中制和极严格的纪律，是由于阶级的存在、小生产的存在、旧的传统和习惯势力的存在，而这一切由于国际资本的存在变得更加复杂。实践证明，社会主义制度建立以后，由于内外部的原因，社会主义制度和执政党都面临严峻挑战。为了使党的肌体能够经受住资产阶级的腐蚀、小生产的腐蚀，必须坚持无产阶级的集中制和极严格的纪律。

2. 布尔什维克党的集中制和铁的纪律的形成条件和形成过程

列宁提出无产阶级政党的极严格的集中制和铁的纪律形成需要三个基本条件，即无产阶级先锋队的觉悟、党同群众的联系、党的政治领导和战略策略的正确。按照俄国布尔什维克党的经验，这些条件主要靠党对革命理论的探索、追求、实践，使理论与革命的具体实践结合；靠长期的历史实践，靠在各种复杂斗争环境中积累起来的丰富经验。一般来说，党对理论的追求的热情越高，革命理论与本国革命实践结合的程度越高，革命斗争所经历的过程越长，斗争的环境越复杂，斗争的形式越多样化，这种集中统一和严格纪律就越牢固、越自觉。

3. 无产阶级、政党、领袖和群众的关系

列宁认为，群众以在同一社会结构中所处相同或相近的经济地位和共同利益为依据划分为阶级，作为阶级的群众在竞争中相互对立；相互对立的群众只有团结起来才能在为自身利益的斗争中取得胜利。政党是群众斗争发展到一定阶段的产物，团结组织本阶级群众是政党的主要任务，即阶级是由政党领导的；而政党通常是由若干具有最高威信、最大影响和最富有经验和责任的领袖集团来领导。无产阶级政党、领袖和群众的关系根本区别于其他阶级、政党和群众的关系的地方在于，无产阶级运动本身代表着先进生产力的发展方向，是反抗一切压迫制度和压迫基础的运动；无产阶级政党强调严格的集中制和领袖的作用的根本原因是阶级的存在、小资产阶级的腐蚀和旧势力及传统的强大等因素的长期存在。

思考题

1. 试述无产阶级政党实行严格的集中制和铁的纪律的现实意义。

2. 结合领袖、政党、阶级和群众的关系原理，谈谈反对个人崇拜与推进党内民主的历史经验和现代启示。

阅读书目

1. 列宁. 论“左派”幼稚性和小资产阶级性//列宁. 列宁选集：第3卷. 3版. 北京：人民出版社，1995：511-540.

2. 邓小平. 吸取历史经验，防止错误倾向//邓小平. 邓小平文选：第3卷. 北京：人民出版社，1993：226-229.

列宁《青年团的任务》导读

要点提示

● 全体青年的任务，尤其是共产主义青年团及其他一切组织的任务，可以用一句话来表达：就是要学习……学习共产主义。

● 只有了解人类创造的一切财富以丰富自己的头脑，才能成为共产主义者。

● 我们否定从超人类和超阶级的概念中引出的这一切道德……我们不相信有永恒的道德，并且要揭穿一切关于道德的骗人的鬼话。道德是为人类社会上升到更高的水平，为人类社会摆脱对劳动的剥削服务的。

● 青年们只有把自己的训练、培养和教育中的每一步骤同无产者和劳动者不断进行的反对剥削者的旧社会的斗争联系起来，才能学习共产主义。

关键词

青年团　学习　教育　共产主义知识　共产主义道德

导　读

《青年团的任务》是列宁 1920 年 10 月 2 日在俄国共产主义青年团第三次代表大会上的讲话，同年 10 月 5—7 日载于《真理报》。当年用《青年团的任务（在俄国共产主义青年团第三次代表大会上的讲话）》作书名并印成小册子出版。此后，各出版社曾用《学什么和怎样学》《共青团员应当成为什么样的人》《伊里奇的遗训》《伊里奇对青年的遗训》《青年的任务》《青年怎样学习共产主义》《论共产主义教育和共产主义道德》等书名多次重印这个讲话。选自《列宁选集》，3 版，第 4 卷，281-297 页。

社会历史背景

俄国共产主义青年团第三次代表大会于1920年10月2—10日在莫斯科斯维尔德洛夫共产主义大学举行。出席这次代表大会的人约有600名。列宁于10月2日晚在代表大会第一次会议上发表了讲话，并回答了与会代表提出的许多问题。

随着战争状态的基本结束，社会主义的一些理论和实践问题逐步被提上日程，这就是什么是社会主义、怎样建设社会主义，青年一代应该怎样学习、工作和生活等。列宁在这次会议之前曾多次谈到社会主义的特征、本质和社会主义建设问题。在《在俄共（布）莫斯科市代表会议上关于星期六义务劳动的报告》中列宁说："社会主义的前提是在没有资本家帮助的情况下进行工作，是在劳动者的有组织的先锋队即先进部分施行最严格的计算、监督和监察下进行社会劳动；同时还应该规定劳动量和劳动报酬。"① 在《伟大的创举》一文中列宁说："共产主义就是利用先进技术的、自愿自觉的、联合起来的工人所创造的较资本主义更高的劳动生产率。"② 在《从破坏历来的旧制度到创造新制度》一文中列宁提出，共产主义劳动从比较狭窄、比较严格的意义上说，是一种自愿的劳动，无定额的劳动，是不指望报酬和没有报酬条件的劳动。面对当时战争的破坏和人们对帝国主义、对旧社会旧制度的仇视心理，列宁提出，当前俄国的主要政治任务是从事国家的经济建设，并强调要在现代科学技术的基础上恢复和发展工农业生产。可见，正处于由战争向和平、由战时共产主义政策转向新经济政策转折时期的苏维埃俄国面临的一个重要而迫切的任务是满足对人才和知识的大量需要。

然而当时在意识形态方面由于以波格丹诺夫为首的无产阶级文化派从极左的立场出发，打着创造无产阶级文化的旗号，鼓吹无产阶级必须"和旧的文化完全决裂""用革命手段""打倒资产阶级科学"等一系列谬论，使极左思潮日益泛滥，并给文化教育事业和青年的成长造成一定的影响，一些青年甚至把"无产阶级文化派"的极左言论当作真理，误认为革命就是要否定一切、推翻一切。

为了实现党和国家工作重点的转移，为了说明社会主义的一般原理和社会主义建设中面临的一些重要问题，以便更好地动员团员青年和广大青年积极参加社会主义建设，列宁发表了这篇演讲。

历史地位与现实意义

《青年团的任务》系统阐述了青年团和青年工作的性质、任务、内容、方法、途径以及青年工作中一些重要原则，并针对青年团的任务提出了一系列的问题，如青年应该学

---

① 列宁．列宁选集：第4卷．3版．北京：人民出版社，1995：91.

② 同①17.

习什么、怎样学习，如何处理学习中的各种关系等问题，对这些问题的回答其意义远远超过青年工作本身，进而成为整个苏维埃俄国进行社会主义思想建设和文化建设的纲领性文献。它提出的把青年培养成共产主义建设者和接班人的思想，掌握马克思主义学说和掌握人类创造的一切文化知识相统一的思想，把培养青年的共产主义道德作为青年团的根本任务和把学校教育同社会实践结合起来的思想，对社会主义国家青年团工作和青年教育都产生了深远影响。

《青年团的任务》一直是我国共青团工作和共青教育的必读教材。它的思想哺育了一代又一代青年。在我国进一步完善社会主义市场经济体制、全面推进社会主义现代化建设的新阶段，这篇演讲所阐释的培养共产主义新人的意义、学习共产主义的科学内涵、学习共产主义要正确处理的几个关系以及共产主义道德的本质和共产主义教育的途径等问题，特别是反复强调的理论教育和社会实践相结合，青年教育同工人阶级反对旧制度的斗争，同工人、农民建设新生活的实践紧密联系起来的思想在当代仍具有重要意义。

主要思想内容

列宁在这篇演讲中以学习是青年团和一般青年的任务为主题，从建设共产主义的需要出发，深刻论证了在当时的情况下学习什么和怎样学习的问题，进而全面阐述了共产主义青年团的性质及青年教育的途径等问题。《青年团的任务》全文共 56 个自然段，前两个自然段交代了演讲的主题，接着分两个部分谈了青年团和一般青年组织的任务是什么以及如何理解青年团的任务；怎样对青年进行共产主义教育，突出强调了共产主义道德教育的本质和方法问题。

（一）阐明演讲的主题（第 1～2 段）

列宁在开篇就指出自己演讲的题目是“共产主义青年团的基本任务是什么，以及社会主义共和国内青年组织应当是怎样的组织”，并随后指出选择这样的题目其原因在于“从某种意义上可以说，真正建立共产主义社会的任务正是要由青年来担负”（281 页）。

（二）青年团的基本任务（第 3～23 段）

这部分主要谈青年团任务的定位和内涵。由于当时俄国社会中对于青年一代在共产主义新社会建设中的地位和作用有着各种模糊认识，列宁在演讲刚开始就明确提出：“全体青年的任务，尤其是共产主义青年团及其他一切组织的任务，可以用一句话来表达：就是要学习。”（281 页）于是，列宁从共产主义建设对青年们提出的特殊要求，进一步说明了学习什么和怎样学习的问题。

1. 学习什么

列宁说：“青年团和所有想走向共产主义的青年都应该学习共产主义。”（282 页）理解学习共产主义的内涵，当时最关键的是要回答“为了学到共产主义知识，我们应该从一般知识的总和中吸取哪些东西”（282 页）这个问题。列宁指出学习共产主义不能理解为只是学习共产主义的教科书、小册子和著作里的知识以及领会共产主义的口号，因为那只会“造就出一些共产主义的书呆子或吹牛家”（282 页），还应该将书本和实践相结合，并从所有一般知识中吸取对共产主义有用的东西。列宁指出：“只有了解人类创造的一切财富以丰富自己的头脑，才能成为共产主义者。”（285 页）

由于一般知识的主要传播载体是旧学校，因此我们的任务是“从这种学校中只吸取我们实行真正共产主义教育所必需的东西”（283 页）。列宁在这里强调了几个方面：

其一，我们“要善于把旧学校中的坏东西同对我们有益的东西区别开来，要善于从旧学校中挑选出共产主义所必需的东西”（284 页）。

其二，马克思创立共产主义理论的过程告诉我们，共产主义是从人类知识的总和中产生出来的，因此我们不能把共产主义同人类一般知识割裂开来。

其三，关于无产阶级文化，列宁指出，“无产阶级文化应当是人类在资本主义社会、地主社会和官僚社会压迫下创造出来的全部知识合乎规律的发展”（285 页），而不是毫无根据地从天上掉下来或自命为无产阶级文化专家的人杜撰出来的。

2. 怎样学习共产主义

列宁认为，对担负着改造资本主义和建设共产主义社会的新一代人的学习、教育和训练应当同以前的教育不同了，应当对青年的学习、组织和训练的事业加以根本改造。但这种不同并不是也不可能是完全离开旧社会遗留给我们的材料，而只能利用旧社会遗留给我们的全部知识、组织和机关，在旧社会遗留下来的人力、物力的条件下建设共产主义。列宁以旧学校的本质、弊端为例，谈了共产主义教育中理论和实践，批判、继承和创新的关系问题。列宁说，旧社会留给我们的最大祸害之一，就是书本与社会生活实践完全脱节，死记硬背，用数不胜数、九分无用一分歪曲的知识来充塞青年的头脑。旧学校总是说，它要教育出有全面教养的人，它教的是一般科学，这是骗人的。旧社会把人分成阶级，分成等级，旧学校渗透着阶级精神，它实行的是资产阶级的奴化教育，它培养的是对资本家有用的、为维护资本主义制度服务的人。旧学校只让资产阶级的子女受教育，剥夺了工农子女受教育的权利，即使个别工农子女进了学校也会被资产阶级的教育奴化，因此，我们要“否定旧学校”（283 页）。但是我们还要把旧学校的坏东西同对我们有用的东西区别开，“要善于从旧学校中挑选出共产主义所必需的东西”（284 页）。怎样去区分资本主义不好的东西和进行共产主义建设所必需的东西，列宁认为，应该学习马克思研究资本主义基本矛盾并从中发现人类社会发展规律的科学思维方法，即“凡是人类社会所创造的一切，他都有批判地重新加以探讨，任何一点也没有忽略过去。凡是人类思想所建树的一切，他都放在工人运动中检验过，重新加以探讨，加以批判”（284 页）。接着列宁谈到了共产主义教育在对待资产阶级文化、对待旧教育等方面的基本要求。列宁说，当我们谈到无产阶级文化教育的时候，我们应当明确地认识到，只有确切地了解人类全部发展过程所创造的文化，只有对这种文化加以改造，才能建设无产阶级文化，没有这样的认识，我们就不能完成这项任务。无产阶级文化并不是从天上掉下来的，也不是那些自命为无产阶级文化专家的人杜撰出来的。无产阶级文化应当是人类在资本主义社会、地主社会和官僚社会压迫下创造出来的全部知识合乎规律的发展。

列宁说，当我们批判旧学校，废除以前死读书、实行强迫纪律、死记硬背的方式时，必须明确，我们需要“用对基本事实的了解来发展和增进每个学习者的思考力”（285页），我们需要具备现代有学识的人所必备的一切实际知识，我们需要从旧学校“吸取人类所积累起来而为人们所必需的一切”（286页）。

列宁说，当我们废除资产阶级社会内部违反大多数人意志而实行的强迫纪律的时候，必须明白，没有统一意志，没有千百万人的团结，没有工农的自觉纪律，我们的事业就毫无希望，我们就不能战胜地主和资本家，我们就不能巩固我们的基地，更谈不到在这个基地上建成共产主义新社会了。

在谈到学习共产主义同当前的共产主义建设任务时，列宁指出，就当前来说青年团的基本任务——学习共产主义可以具体化为学习旧时代遗留给我们的一切有用的东西，一切民族先进的东西，学习现代最新科学成就（电气化知识），并运用学习和掌握了的一切知识“把共产主义由背得烂熟的现成公式、意见、方案、指示和纲领变成能把你们的直接工作统一起来的活生生的东西，把共产主义变成你们实际工作的指针”（288页）。

（三）怎样对青年进行共产主义教育（第24~56段）

在前面已经明确了青年团及青年的任务是学习共产主义之后，这部分的主要内容是谈青年教育的本质和青年教育的途径。列宁在谈到对青年进行共产主义教育的方法途径时，首先谈到了共青团组织的性质、共产主义教育的本质。他指出，青年是共产主义社会的捍卫者和建设者，全部建设共产主义的任务都要靠青年来担负。从这个意义上说，青年团的任务是把自己和自己所领导的一切人都培养成共产主义者。青年团的性质和任务决定了我们应当把培养青年的共产主义道德作为培养、教育和训练青年的全部事业并根据这样的要求来安排自己的活动。

1. 关于共产主义道德教育

列宁主要谈了两点：

（1）共产主义者对以往一切道德的态度。针对资产阶级攻击共产主义摒弃一切道德的谬论，列宁指出，我们并不是否定一切道德，而只是否定在资产阶级宣传意义上的道德，因为这种道德是从上帝的旨意中引申出来的，或者是从同上帝的旨意很相似的唯心主义、半唯心主义论调中引申出来的。列宁尖锐地指出，僧侣、地主和资产阶级宣扬这种超人类、超阶级的道德，是假借上帝的名义说话，是为了地主和资本家的利益来愚弄工农、禁锢工农的头脑。这种社会道德的原则是：你不是奴隶主，就是奴隶。列宁说：“我们的道德完全服从无产阶级阶级斗争的利益。我们的道德是从无产阶级阶级斗争的利益中引伸出来的。”（289页）这种道德同资产阶级的道德是根本对立的，在我们的社会里有地位的人千方百计想保住自己的地位，并总是想爬到剥削者的位置上去。有地种、有余粮的农民希望饿肚子的人多，自己可以抬高粮食价格。总之，每个人都只关心自己不关心别人，这就是资本主义道德，这就是资本主义留给人们的心理和习惯。

列宁说，对资产阶级所鼓吹的超人类、超阶级的所谓永恒不变的道德，对资本主义私有制基础上生长起来并被资本家和资产阶级政权用来毒害无产阶级、复辟旧制度的资本主义道德，我们必须摒弃，但是我们并不排斥一切道德。并不否认共产主义道德同人类以往的道德的联系。共产主义道德是从无产阶级阶级斗争中引申出来，完全服从于无产阶级斗争利益的道德。

（2）共产主义道德的本质。列宁主要从共产主义道德的基础和共产主义道德的作用两个方面进行了阐述。

首先，列宁指出共产主义道德是从无产阶级斗争的利益中引申出来的。无产阶级的特点和使命使它成为包括农民在内的其他劳动阶级的组织者和领导者。无产阶级运动的发展造成了现代工人运动，并且在一国取得了胜利，这个胜利又促进了无产阶级革命在全世界范围的高涨。俄国革命的胜利是全世界无产阶级对资产阶级的胜利。只有无产阶级的斗争才创造出了一种团结一致的力量，也只有无产阶级的斗争才能把全体劳动者联合起来、团结起来，这种团结是共产主义道德最深厚的基础。

其次，列宁充分估计到共产主义道德教育任务的艰巨性和长期性。他说，“赶走沙皇并不困难，这总共用了几天的工夫。赶走地主也不很困难，这在几个月内就做到了；赶走资本家同样也不是很困难的事情。但是，要消灭阶级就无比困难了”（290 页），因为这实质是在改变私有制社会里人们从吃奶的时候起就染上的小私有者的心理、习惯和观点——做一个只关心自己而不顾别人的人。也就是说比赶走地主、资本家更困难的事情是改造农民，使他们放弃私有观念而与工人阶级一道同剥削者作斗争，开展反对“我赚我的钱，其他一切都与我无关”的心理和习惯的教育。

最后，列宁指出从这个意义上说，共产主义道德就是把劳动者团结起来反对一切剥削者和一切小私有者的道德。这种道德与资本主义社会中的“我赚我的钱，其他一切都与我无关”的思想是完全不相容的。为无产阶级团结一致的纪律和反对剥削者的自觉斗争服务，为人类摆脱剥削制度服务，为建立和发展共同劳动服务，这就是共产主义道德的全部。

2. 共产主义教育的途径和规律

共产主义道德（信念）是怎么形成的，青年应该在什么样的条件下和通过什么途径被培养成共产主义者。列宁说，教育共产主义青年绝不是向他们灌输关于道德的各种美丽动听的言辞和准则，而是要他们在同资产阶级作有纪律的斗争中把自己培养成共产主义者。具体说，就是：

（1）青年应当使自己学习、教育和训练的每一步骤都服从这个斗争，都同这个斗争联系起来。列宁以战争环境中青年们被培养成共产主义新人的实践说明应当怎样学习共产主义。他用了三个“当”：“当人们看到他们的父母在地主和资本家的压迫下怎样生活的时候，当他们自己分担那些开始同剥削者作斗争的人们所受的痛苦的时候，当他们看到为了继续这一斗争以保卫已经取得的成果，付出了多大的牺牲，看到地主和资本家是多么疯狂的敌人的时候，他们就在这种环境中培养成为共产主义者。”（292 页）

（2）列宁反对理论脱离实际的说教式的道德教育方法，认为革命斗争的实践经验是共产主义青年团全部任务的基础。他说："训练、培养和教育要是只限于学校以内，而与沸腾的实际生活脱离，那我们是不会信赖的。"（292 页）对此，列宁首先肯定了学校传播知识的功能，他说，学校应当使青年获得基本知识，使他们能够养成共产主义观点，把他们培养成有学识的人。同时他更强调，要使青年们在学习期间就成为推翻剥削者这一斗争的参加者，要他们了解和热爱自己的工人国家，让他们知道随时可能遭到资本主义的进攻，要他们学会团结一致来巩固自己的国家，并在这个斗争中形成真正的团结和自觉的纪律。为了阐明实践教育的重要性，列宁特别举了苏俄内战时期农民态度转变的例子来说明实践经验的基础性作用。

（3）青年们要按照共产主义原则参加"共同劳动"，经过艰苦努力和创造，在斗争进程中，在帮助劳动人民完成共产主义学说提出的任务的过程中，在完成共同劳动中的某种任务哪怕是最微小、最平常的任务的过程中，在共产主义竞赛中，靠自己的生活经验，靠工农的启迪和根据共产主义建设的成绩，并用共产主义的原则不断地检视自己，才能成为真正的共产主义者。列宁说，这个过程既是青年团帮助工农认识工人国家、培养新的劳动观念和心理的过程，也是共青团在共同的劳动中培养自己和所有青年的集体劳动观念的过程。需要指出的是列宁主要把组织星期六义务劳动当作道德教育的形式和方法，他提倡的是一种精神，一种新的劳动态度。

要点解析

1. 共产主义青年团的根本任务

青年团是青年的先进组织，是青年学习共产主义的学校，青年团要帮助党去教育和引导全体工农青年参加共产主义建设，青年团员要接替老一辈在旧社会的基地上进行实际的共产主义建设，因此青年团必须把组织青年学习共产主义作为第一位的任务。学习共产主义不是一个口号。不能只是学习共产主义的教科书、小册子，还要学习各种现代科学知识，学习人类全部发展过程所创造的经过批判的改造的文化。学习共产主义要理论联系实际，反对死记硬背。

2. 共产主义道德的本质和共产主义道德教育的主要任务

共产主义道德是从破坏资本主义和建设共产主义新世界中产生出来的，是由无产阶级的阶级本质决定的。共产主义道德教育的主要任务是培养青年一代的团结一致和自觉纪律。老一辈的团结纪律是在夺取政权的过程中形成的，青年一代的团结和纪律要在巩固政权、建设共产主义的实践中来培养。

3. 青年学习共产主义的基本途径

共产主义教育是培养共产主义建设者和接班人的教育，是全面发展的教育，是按照共产主义原则改造旧社会的教育。按照共产主义教育的本质要求，青年的学习、教育和训练应该紧紧围绕巩固社会主义制度的斗争，围绕党领导人民建设社会主义的实践来进行；应该把学校教育和社会教育、课堂的书本知识学习和参加社会实践结合起来；在接触工农、帮助工农和参加共同劳动的过程中，通过亲身实践把自己培养成共产主义者。

思考题

1. 试述青年学习共产主义的科学内涵及其现实意义。
2. 试述青年学习共产主义的途径及其当代价值。

阅读书目

1. 恩格斯. 致国际社会主义者大学生代表大会//马克思，恩格斯. 马克思恩格斯选集：第4卷. 2版. 北京：人民出版社，1995：435-436.

2. 毛泽东. 青年运动的方向//毛泽东. 毛泽东选集：第2卷. 2版. 北京：人民出版社，1991：561-569.

列宁《在全俄省、县国民教育局政治教育委员会工作会议上的讲话》导读

要点提示

● 所谓教育“不问政治”，教育“不讲政治”，都是资产阶级的伪善说法，无非是对99%受教会控制和私有制等等压迫的群众的欺骗。

● 无产阶级专政的一个更为重要的作用，即教育任务，这个任务对于无产阶级在人口中占少数的俄国尤其重要。

● 现在我们主要的政治应当是：从事国家的经济建设，收获更多的粮食，开采更多的煤炭，解决更恰当地利用这些粮食和煤炭的问题，消除饥荒，这就是我们的政治。

● 整个共产主义宣传归根到底要落实到实际指导国家建设。

● 过去都认为宣传员是属于一定的小组或一定的组织的，现在各级党委对每一个宣传员都应该有新的看法了。每一个宣传员都属于管理和领导整个国家、领导苏维埃俄国同全世界资产阶级制度进行斗争的党。

关键词

政治教育　无产阶级专政　党的政治领导　经济建设　宣传鼓动

导　读

《在全俄省、县国民教育局政治教育委员会工作会议上的讲话》是列宁在第三次全俄省、县国民教育局政治教育委员会工作会议第三次会议上的讲话，发表于1920年11月5日和6日《真理报》第248号和第249号，还刊登于莫斯科出版的《全俄政治教育委员会工作会议公报（1920年11月1—8日）》。全文共有27个自然段，主要论述了教育与

政治的关系、无产阶级专政下教育工作者的基本任务，以及工作重点转移到经济建设上来以后怎样改进党的宣传教育工作等问题。选自《列宁选集》，3 版，第 4 卷，301-310 页。

社会历史背景

全俄教育人民委员部于 1917 年 11 月 9 日成立以来，在列宁和布尔什维克党的正确领导下，在团结广大教师和改造旧的教育制度等方面，做了大量工作。1920 年底，苏俄国内战争即将结束，党的工作重点也将转移到经济建设上来，国家建设迫切需要大量具有社会主义觉悟且精通建设技术和经济管理的人才。因此，提高广大教师和群众的社会主义觉悟，帮助他们清除资产阶级思想的影响，积极投入和搞好国民教育工作，日益成为党和国家的重要任务。为此，苏维埃政府决定将教育人民委员部所属的政治教育机构改名为政治教育总委员会，并于 1920 年 11 月召开了工作会议。这里所选取的就是列宁在此次工作会议上的讲话。

历史地位与现实意义

《在全俄省、县国民教育局政治教育委员会工作会议上的讲话》是学习和研究列宁的教育思想和无产阶级专政条件下思想政治教育理论的一篇重要文章。列宁在这篇文章中详细论述了教育和政治的关系，提出思想政治教育工作中必须坚持共产党的政治领导等原则，强调在党的工作重心转移到经济建设上来时，不断改进社会主义的宣传教育工作的重要性，要求党的思想政治教育工作要善于鼓励和吸收旧教师参加思想教育工作，这些主要思想对于做好当前党的思想政治工作有着极强的现实意义。当前，国际意识形态碰撞日趋激烈，“去政治化”的教育主张的市场日渐广阔，“唯 GDP 至上”的发展逻辑使思想政治教育在现实层面常常处于尴尬境地。深入学习列宁有关无产阶级专政下的思想政治教育理论，有助于我们澄清错误认识，增强做好思想政治工作的自觉性和主动性，有助于马克思主义中国化最新理论成果的学习和宣传。

主要思想内容

《在全俄省、县国民教育局政治教育委员会工作会议上的讲话》共有 27 个自然段，主要论述了政治的内涵、政治和教育的关系、党的政治教育机关和教育工作者的任务等问题。

（一）关于"教育人民委员部"更名的意见（第1~4段）

列宁在讲话之初就指出他曾竭力反对苏维埃政府的教育机构的更名问题，然后又意味深长地说，"我担任苏维埃工作以来，已经习惯于把各种名称看作儿戏，本来每个名称也就是一种游戏"（301页）。后来，他再度谈到这个更名问题，说"对政治教育总委员会这个名称的理解可能不正确"（308页），因为对于这个名称中"政治"这一核心概念的理解可能会存在偏差。接着，列宁说道，"这个问题既然已经决定，你们就把我的意见当作个人意见看待好了"（301页）。与此同时，列宁十分看重党的机关组成人员的更新工作，他指出如果新更名的机构能够吸收新的成员来参加教育工作，那么这种给新事物加头衔的"癖好"就可以原谅了，且党的教育事业也将取得更大的成绩。

（二）系统阐述了教育和政治的关系（第5~13段）

列宁认为，教育和政治的关系是文化教育工作中最重要的问题。在阶级社会里，教育是有阶级性的，是为一定阶级的政治、经济服务的，这是教育的本质和职能的体现。据此，列宁从批判资产阶级旧教育观入手，阐述了教育和政治的一般关系和无产阶级专政条件下将教育和政治紧密相连的极端重要性。

1. 资产阶级教育观是虚假的教育观

列宁指出，在资本主义社会一直盛行的教育观反对教育过问政治，反对教育和政治相联系，亦即教育"不问政治""不讲政治"，这是资产阶级的伪善说法，是拥有社会绝大多数财富和国家权力的有产阶级对无产阶级的欺骗。事实上，按照资本主义的一般规律，"机构愈重要就愈不能摆脱资本和资本的政治"（302页）。资本主义的一切现有教育同资本主义政治机构有着密切联系。况且，以生产资料私有制为基础的经济形式和受教会控制的意识形态每时每刻都在影响和渗透着群众的思想政治品德，只是资本主义不肯坦率承认这一点。在这个意义上，无产阶级专政下的思想政治教育的基本任务之一"就是用我们的真话来揭穿资产阶级的'真话'，并使人们承认我们讲的是真话"（302页）。

2. 教育对于无产阶级专政是极端重要的

列宁着重论述了无产阶级专政条件下教育的重要地位。他首先指出，从资本主义社会转向无产阶级政治是一个很艰难的过程，伴随于其中并由其所决定的教育转变亦是艰难的，况且资产阶级拥有较为完整和先进的意识形态宣传输出渠道，他们会开动全部鼓动宣传的机器不断诬蔑无产阶级专政，以扰乱无产阶级的视线，跟无产阶级争夺群众的支持。同时，他指出，无产阶级专政的一个更重要的作用，就是教育任务，这个任务对于无产阶级在人口中只占少数的俄国尤为重要，因此，这个任务在俄国应当提到首位，因为我们要为社会主义建设训练群众。它的重要性不仅表现在提高人们的科学文化素质方面，更表现在提高人们的思想政治素质方面。列宁指出："无产阶级如果没有培养出高度的觉悟、严格的纪律以及在对资产阶级作斗争时的无限忠诚……那就谈不到实现无产阶级专政。”（302 页）此外，他认为，俄国劳动群众尚没有具备建立社会主义的思想理论基础，这一点可以从工人社会主义运动的全部历史中得出证明，因此，无产阶级必须善于运用已经夺得的政权，教育和训练群众。最后，他认为，我们所处的历史时期，是同比我们强大许多倍的世界资产阶级进行斗争的时期。世界资产阶级总是用军事打击、思想渗透的方法企图扼杀无产阶级专政，任何人都不可能置身于这个政治之外。我们在这个时期内，要坚持革命和建设，除了军事的方法外，用思想的教育的方法同资产阶级进行斗争尤其重要。

3. 帮助培养和教育劳动群众是共产党和教育工作者的基本任务

列宁在这里富有远见地强调，这一基本任务就是要使劳动群众“克服旧制度遗留下来的旧习惯、旧风气，那些在群众中根深蒂固的私有者的习惯和风气”（303 页）。这是国际无产阶级运动第一次提出党的思想理论教育的基本任务问题。强调党在注意局部问题的时候，不能忽视这一社会主义革命的主要任务。但是，谈到如何建立政治教育的专责机关——政治教育总委员会，并使之同其他机关相互协调和沟通，与中央和地方相联系，列宁谦逊地说，这要由“在这方面经验丰富、有专门研究的更在行的同志来回答了”，他只是再度强调无产阶级专政要“公开承认教育不能不联系政治”（303 页）。

（三）在政治教育工作中必须坚持共产党的领导（第 14～15 段）

关于这一问题，列宁首先强调资产阶级教育观和无产阶级教育观之间的矛盾不可调和。他说：“任何人都必须决定是站在我们这边还是站在另一边。谁想既不站在这边又不站在那边，到头来总是身败名裂。”（304 页）在这里，他对比西欧和苏俄的革命，指出“到处都是一样，不可能有任何中间立场，只能有一个明确的认识，不是白色专政……就是无产阶级专政”（304 页），政治教育机构的一切教育活动应以这个结论为基础。接下来，列宁深刻指出在政治教育机构的一切工作中，“首先应该公开承认共产党的政治领导”（304 页）。在党的领导中，可能会存在这样那样的缺点，但是“我们还不知道有什么更好的形式”可以替代党领导无产阶级革命及其专政，“没有其他的形式，也没有一个国家创造了其他的形式”（304 页），而且任何一个人都可以看到，党是根据无产阶级的利益工作的。在苏维埃俄国三年抗击帝国主义武装进攻的斗争中，俄共（布）发挥了教育者、组织者和领导者的作用。没有党的领导就不可能有这一斗争的伟大胜利。在转向社会主义建设的斗争中，需要进行复杂的组织工作，需要清除旧的习惯势力，劳动人民也要在斗争实践中改造自己，没有党的坚强领导，也就无法实现这些艰巨的任务。

（四）要善于吸收和领导旧教师参加政治教育工作（第 16～22 段）

列宁从苏维埃共和国宪法的基础出发，提出党在纠正缺点、制定措施和进行建设时所遵循的基本原则，也是无产阶级专政条件下的教育工作须坚持的基本原则，即“要使那些同无产阶级息息相关的共产主义分子能够引导无产阶级贯彻他们的精神，服从他们的领导，摆脱我们一直在努力铲除的资产阶级的欺骗”（305 页）。进而，列宁分析了对旧教师进行无产阶级教育和改造的长期性、艰巨性和基本任务。当时，在苏维埃俄国的几十万教育工作者中，大部分人是从旧社会过来的。这些教师过去受的是资产阶级教育，对无产阶级专政及其教育存在顽固偏见，长期抗拒社会主义革命，常常公开怠工和坚持资产阶级立场。但是，列宁认为：“这并不影响我们吸收他们参加政治教育工作者的行列，因为他们有知识，而没有知识我们就达不到我们的目的。”（307 页）人们“只有掌握教师从资产阶级那里继承来的一切知识”（306 页），才能建设一个没有剥削者的新国家。他提出：“我们应该吸收数十万有用的人才来为共产主义教育服务。”（307 页）“要善于领导教师群众”（306 页），使教师们“同党和党的思想保持紧密联系，贯彻党的精神”（305 页），并通过这支教育大军去完成教育群众的工作。这是无产阶级专政战胜资产阶级在思想上的反抗的重要保障。为此，政治教育总委员会除了要造就新一代知识分子外，特别突出的任务就是团结、教育、吸引从旧社会来的广大教师参加共产主义教育事业。

（五） 要根据党的工作重心转移不断改进共产主义的宣传教育工作（第 23～27 段）

列宁根据当时苏俄共产党工作重心由武装夺取政权开始转向经济建设的新形势，在讲话的最后部分，从分析什么是政治入手，深刻阐明了社会主义建设时期改进宣传教育工作的问题。列宁指出，在形势业已发生深刻变化之时，“要是用旧观点来理解政治，就要犯很大的严重的错误”（308 页）。一般而言，“政治就是各阶级之间的斗争，政治就是无产阶级为争取解放而与世界资产阶级进行斗争的关系”（308 页）。这在广泛开展阶级斗争以夺取政权的时期当然正确，但是我们的斗争有两个方面：一方面是反对资产阶级遗留下来的东西，粉碎资产阶级复辟的企图；另一方面则是建设政权的任务，“军事战线上的每一个胜利都能使我们腾出手来从事对内斗争，从事国家建设的政治”（308 页）。因此，“我们走向战胜白卫分子的每一步都会使斗争的重心逐渐转向经济方面的政治”（308 页）。列宁明确指出，“现在我们主要的政治应当是：从事国家的经济建设”（308 页）。他要求全党必须随着形势的变化把党的工作重心转移到经济建设上来，并根据这一转向改进以讲解或举例说明什么是共产主义为主要方法的老式宣传方法，“需要在实践中说明应该如何建设社会主义”（308 页）。根据党的新的中心任务来安排整个鼓动工作和宣传教育工作，使之发挥更加重大的作用。列宁指出，鼓动宣传工作“应当少说空话，因为空话满足不了劳动人民的需要”（309 页）。列宁提出，马克思主义思想政治教育的一个基本原则就是将理论教育与解决实际问题结合起来，他说，“应该告诉人们，要成为一个共产主义者，应当知道、应当阅读哪本小册子，哪本书”，以确立人们对共产主义和社会主义建设的正确认识；同时，“整个共产主义宣传归根到底要落实到实际指导国家建设”上来，为此应该用我们过去战争年代的失败和新时期工作失误的实例教育工人和农民；应该使“共产党员领导者变成名副其实的建设者，首先是经济事业的建设者”，应该以“克服旧制度遗留下来的、不可能一下子就排除的障碍”（309 页）为目标，重新教育群众，而重新教育群众则“应该首先把群众同国家经济生活的建设联系起来。这应该是每一个宣传鼓动员工作中主要的和基本的内容，谁领悟了这一点，谁在工作中就一定能做出成绩来”（309－310 页）。

要点解析

1. 教育与政治

列宁在讲话中，较为系统地论述了马克思主义教育观，深刻揭示了教育的阶级本质。他指出，为一定阶级的政治、经济服务是教育的本质和职能，那些强调教育“阶级中立”“不问政治”“不讲政治”的主张是资产阶级欺骗群众、粉饰其阶级压迫的伪善说法。马克思主义从来不回避自己的政治立场，始终将教育放置在由一定的经济基础所决定并反映一定阶级经济政治要求的社会环境中来考察。关于政治，列宁指出，在形势业已发生深刻变化之时，“要是用旧观点来理解政治，就要犯很大的严重的错误”（308 页）。一般而言，“政治就是各阶级之间的斗争，政治就是无产阶级为争取解放而与世界资产阶级进行斗争的关系”；“现在我们主要的政治应当是：从事国家的经济建设”（308 页）。因此，无视教育的阶级性，一味倡导教育去政治化是掩耳盗铃、别有用心的选择。特别是思想政治教育，作为教育的主要形态之一其根本功能在于传承社会的主流意识形态，解决人的现实思想政治品德状况与社会主流意识形态对人的思想政治品德要求之间的矛盾，而社会主流意识形态则是经济上占统治地位的阶级的利益的集中反映。

2. 教育与无产阶级专政

无产阶级专政本身就蕴含着教育因素，同时教育也是实现无产阶级专政的基础，无产阶级专政条件下的教育也能对其产生积极的促进作用。列宁在文中指出，无产阶级专政还有一个更为重要的作用，就是教育任务。在阶级社会里，教育是有阶级性的，是为一定阶级的政治、经济服务的，这是教育的本质和职能的体现。在无产阶级专政的条件下，教育就是要为无产阶级、为建设社会主义和巩固无产阶级专政服务。这种服务功能主要就在于为社会主义建设训练群众，使他们摆脱旧有习惯和风气，从而在思想政治素质和科学文化素质方面提升自己。无产阶级如果没有培养出高度的觉悟、严格的纪律以及在对资产阶级作斗争时的无限忠诚，就是说，如果不能完成战胜其宿敌所必需的一切任务，那就谈不到实现无产阶级专政。教育是实现无产阶级专政的基础，无产阶级专政的建立和巩固有赖于教育的发展。

3. 宣传教育工作与党的中心工作

列宁在讲话中着重阐述了无产阶级政治的两大方面，即夺取并巩固政权和建设政权，创造性地提出无产阶级政党在取得政权之后的工作重心转移问题，要求党的宣传教育工作必须随着党的工作重心的转移而发生相应的变化，必须围绕党的中心工作而展开。我国社会主义改革建设实践恰恰证明了这一科学结论。无产阶级政党应当大胆而公开地承认教育与政治的联系，重视在教育工作中必须把坚定正确的政治方向放在第一位的政治原则，并运用教育的方法进行反对国际敌对势力对我们进行分化和西化图谋的斗争。坚持共产党在教育工作中的政治领导，针对党的工作重心的转变及时改进教育。

思考题

1. 结合教育与政治的关系谈谈高校改革如何坚持社会主义的原则和方向。

2. 如何理解社会主义建设时期经济建设是最大的政治?

阅读书目

1. 列宁. 新经济政策和政治教育委员会的任务（“政治教育工作者的任务”）//列宁. 列宁选集：第4卷. 3版. 北京：人民出版社，1995：588-589.

2. 毛泽东. 对晋绥日报编辑人员的谈话//毛泽东. 毛泽东选集：第4卷. 2版. 北京：人民出版社，1991：1318-1322.

3. 邓小平. 在中国共产党全国代表会议上的讲话//邓小平. 邓小平文选：第3卷. 北京：人民出版社，1993：143-145.

列宁“1923年1—3月口授完成的文章（三篇）”导读

导 读

《日记摘录》《论合作社》《论我国革命》《我们怎样改组工农检察院》《宁肯少些，但要好些》这5篇文章被认为是列宁的政治遗嘱，是列宁晚年口授完成的。导读选其中3篇：《论合作社》《论我国革命》《宁肯少些，但要好些》加以介绍。《论合作社》由列宁于1923年1月4日、6日两次口授完成，5月26日、27日《真理报》刊载。《论我国革命》是列宁于1923年1月16日、17日两次口授完成，同年5月30日在《真理报》上发表。《宁肯少些，但要好些》是《我们怎样改组工农检查院》的续篇，由列宁于1923年3月2日口授，3月4日《真理报》刊载。这三篇均选自《列宁选集》，3版，第4卷，767-778、784-798页。

社会历史背景

1922年底，苏维埃社会主义共和国联盟成立，一个多民族的社会主义国家建立起来。1923年是十月革命胜利的第七个年头，也是苏联实行新经济政策的第三个年头。新经济政策取得了初步成效。苏联的巩固和发展极大地推动了国际共产主义运动。国际共产主义运动和社会主义建设都积累了许多经验。1922年底，列宁病情严重，卧床不起，在病中，列宁以口授的方式总结了十月革命以后苏俄社会主义建设的经验，向全党提出了关系苏维埃社会主义共和国生存、发展的一系列重要思想，包括国家工业化、农业社会主义改造、国家政权建设、民族团结和民族统一、文化建设等，体现了列宁在经济文化落后的国家建设社会主义的完整思想。

历史地位与现实意义

这三篇文章是列宁对社会主义建设经验的总结，是继续推进社会主义建设的总体思路，是研究列宁社会主义建设思想的重要材料，在列宁著作中占有十分重要的地位。列宁在这三篇文章中阐述的文化革命和文化建设、农业合作化和国家政权建设等思想，对社会主义建设特别是经济文化落后国家建设社会主义有重要的指导意义。这些文章从理论和实践方面指明了经济文化落后国家建设社会主义的主要任务，进行文化革命和文化建设应当遵循的正确方针原则，提供了改造旧的国家机关，加强国家政权建设，同官僚主义和各种腐败现象作斗争的理论和经验。对改革开放以来推进我国政治体制改革、扩大社会主义民主、发展社会主义政治文明、完善惩治和预防腐败体系有着重要的现实意义。

《论合作社》

要点提示

● 在生产资料公有制的条件下，在无产阶级对资产阶级取得了阶级胜利的条件下，文明的合作社工作者的制度就是社会主义的制度……对我们来说，合作社的发展也就等于……社会主义的发展。

● 在私人资本主义下，合作企业与资本主义企业不同，前者是集体企业，后者是私人企业。在国家资本主义下，合作企业与国家资本主义企业不同，合作企业首先是私人企业，其次是集体企业。在我国现存制度下，合作企业与私人资本主义企业不同，合作企业是集体企业，但与社会主义企业没有区别，如果它占用的土地和使用的生产资料是属于国家即属于工人阶级的。

● 任何一种社会制度，只有在一定阶级的财政支持下才会产生。不待说，“自由”资本主义的诞生曾花了亿万卢布。目前我们应该特别加以支持的一种社会制度就是合作社制度，这一点我们现在必须认识到而且必须付诸行动。

● 为了使全体居民人人参加合作社的业务，并且不是消极地而是积极地参加，我们还须要完成在一个“文明的”（首先是识字的）欧洲人看来并不很多的工作……为要完成这一“仅有”的事情，就需要一场变革，需要有全体人民群众在文化上提高的一整个阶段。

关键词

社会主义　新经济政策　国家资本主义　合作社　文化革命

主要思想内容

《论合作社》这篇文章共22个自然段，列宁精辟地论述了合作社在社会主义革命和建设中的地位与作用，阐明了通过合作社改造小生产并吸引广大农民参加社会主义建设的伟大思想。第一次全面地、系统地提出了农业社会主义改造的一系列方针、政策和步骤。主要内容包括：

（一）对农业实行社会主义改造是无产阶级国家的一项基本任务（第1～5段）

列宁指出，旧日合作社工作者的理想中有很多幻想，这些幻想就在于他们不懂得工人阶级为推翻剥削阶级统治而进行的政治斗争的根本意义。这种斗争直接的经济意义就是变小生产为大生产，变小私有为合作社的生产和占有，这是消灭私有制、消灭剥削、消灭贫困的唯一的途径。列宁说，分土地在开始的时候是好的，表明土地离开地主归农民所有，但这是不够的，只有共耕制，才是根本出路。在工人阶级掌握国家政权、占有生产资料以后，解决居民的合作化问题就成为一项迫切的任务了。合作社是私人利益服从公共利益的尺度，是吸引农民参加社会主义建设的阶梯。只有合作社才是使农民感到简便易行和容易接受的过渡到社会主义的方法。

（二）要用无产阶级国家政权推进农业社会主义改造（第6～10段）

列宁说，过渡到共耕制只能是自愿的，在这方面任何强迫手段都是工农政府所不能采取的，而且是法律所不容许的。妄图用某种快速的办法，下命令从外部、从旁边去强迫小农改造是荒谬的。只能采取谨慎的逐步过渡的办法，只能采取在经济、财政、银行方面给合作社以种种优惠，找出我们能用来充分帮助合作社的奖励方式，找出我们能用来培养出文明的合作社工作者的奖励方式。

从个体的简单的小商品经济过渡到公共的大生产经济，起决定作用的因素是生产力的发展水平。列宁说，由个体小农经济到共耕制过渡，显而易见需要很长时间，无论如何是不能一下子完成的。要使全体居民个个参加合作社，还需要整整一个历史时代，在最好的情况下，我们度过这个时代也需要一二十年。因为改造小农，改造他们的整个心理和习惯，是需要经过几代人的事。只有有了物质基础，有了现代技术才能解决关于小农的问题，才能使他们的全部心理健全起来。列宁认为，农民的普遍的文化水平也是实现合作化的一个重要条件。他说："我们的第二个任务就是在农民中进行文化工作。这种在农民中进行的文化工作，就其经济目的来说，就是合作化。"（773页）没有一场文化革命，要完全合作化是不可能的。"不做到人人识字，没有足够的见识，没有充分教会居民读书看报，没有做到这一点的物质基础，没有一定的保障，如防备歉收、饥荒等等的保障——没有以上这些条件，我们就达不到自己的目的。"（770页）

（三）在无产阶级专政条件下，合作社是社会主义性质的（第 11～22 段）

列宁认为，合作社的性质是同国家政权和占统治地位的经济形式相联系的。在资本主义制度下，国家政权是资产阶级专政，经济上占统治地位的是资本家私有制，因此合作社在资本主义条件下是集体的资本主义机构，是资本主义的经济形式。在社会主义制度下，无产阶级掌握国家政权和国民经济命脉，合作社就是社会主义性质的。他说，从无产阶级夺得政权的时候起，合作社就起了根本的原则的变化，在公有制条件下，在无产阶级专政下，文明的合作社工作者的制度就是社会主义制度。合作社的发展就等于社会主义的发展。

列宁还谈到同农业合作化密切相关的文化工作。这是一个同党的工作重心转移密切相关的任务。他说，在我们面前摆着两个划时代的主要任务：一个是改造从旧时代接收过来的国家机关，另一个是在农民中进行文化工作。旧的国家机关“还来不及也不可能来得及认真加以改造”（773 页）。文化工作既包括提高农民文化水平的问题，也包括使农民在观念上、行为习惯上适应我们正在进行的“政治和社会变革”（774 页）的问题。而在农民中进行文化工作的直接目的就是合作化。因此政权建设和文化建设又是密切联系的，没有广泛深刻的文化变革就不可能完成对国家政权的全面改造，而国家政权的改造又会影响到合作社的巩固和发展。

《论我国革命》

要点提示

● 他们都自称马克思主义者，但是对马克思主义的理解却迂腐到无以复加的程度。马克思主义中有决定意义的东西，即马克思主义的革命辩证法，他们一点也不理解。马克思说在革命时刻要有极大的灵活性，就连马克思的这个直接指示他们也完全不理解，他们甚至没有注意到……

● 世界历史发展的一般规律，不仅丝毫不排斥个别发展阶段在发展的形式或顺序上表现出特殊性，反而是以此为前提的。

● 俄国是个介于文明国家和初次被这场战争最终卷入文明之列的整个东方各国即欧洲以外各国之间的国家，所以俄国能够表现出而且势必表现出某些特殊性，这些特殊性当然符合世界发展的总的路线，但却使俄国革命有别于以前西欧各国的革命，而且这些特殊性到了东方国家又会产生某些局部的新东西。

● 既然建立社会主义需要有一定的文化水平……我们为什么不能首先用革命手段取得达到这个一定水平的前提，**然后**在工农政权和苏维埃制度的基础上赶上别国人民呢？

关键词

社会主义　经济前提　马克思主义革命辩证法　俄国革命　特殊性

主要思想内容

《论我国革命》驳斥了以苏汉诺夫《革命札记》为代表的俄国小资产阶级民主派和第二国际机会主义分子关于俄国没有实行社会主义的客观前提、俄国的生产力和文化水平还没有达到能够实行社会主义的程度的谬论，阐述了革命发展的一般规律和某些情况下的特殊性，提出了一国可以建成共产主义的思想。全文共14个自然段，主要内容如下：

（一）问题的提出（第1段）

根据马克思主义唯物史观关于社会发展的一般规律，资本主义社会生产关系和生产力之间的矛盾必然导致社会主义革命，在落后于西欧发达资本主义国家的俄国，首先开始了社会主义的历史进程是否违背历史发展规律，是否违背生产关系一定要适应生产力发展的规律，是不是"历史的误会"和"历史的悲剧"？这个问题是当时列宁同考茨基、普列汉诺夫、苏汉诺夫论战的焦点。他们打着唯物史观的旗号反对列宁，他们的论据是：我们还没有成长到实现社会主义的地步，我们还没有实行社会主义的客观的经济前提，俄国生产力还没有发展到可以实行社会主义的高度。列宁认为，他们的错误除了改良主义的政治立场，还有过于"学究气"的原因。把唯物史观、社会经济形态学说看成简单划一的历史模式，他们对于这种常态的了解是极其死板、极其狭隘的，不懂得历史的发展是曲折、迂回的。他们自认为了解马克思主义，但这种了解是迂腐的，不知道除了理论的辩证法还有实践的辩证法。

（二）论证了马克思主义革命辩证法是马克思主义中有决定意义的东西（第2～14段）

列宁指出，历史发展具有一般的内在规律，这种一般规律在某种情况下是以特殊性为前提的，是以特殊性的方式表现出来的。列宁从三个方面对这种特殊性作了分析。

1. 马克思说在革命时期要有极大的灵活性

在《法兰西内战》中马克思称"公社是一个高度灵活的政治形式"①，称赞公社社员

① 马克思，恩格斯．马克思恩格斯全集：第17卷．北京：人民出版社，1963：361.

在反对资产阶级的斗争中表现出的高度灵活性、历史主动性和自我牺牲精神，因为打碎旧机器不是按某种理论和预先的安排。1871 年马克思在与库格曼的通信中说：“如果斗争只是在有极顺利的成功机会的条件下才着手进行，那末创造世界历史未免就太容易了。另一方面，如果‘偶然性’不起任何作用的话，那末世界历史就会带有非常神秘的性质。这些偶然性本身自然纳入总的发展过程中，并且为其他偶然性所补偿。”① 一定的灵活性并不违背历史发展的一般规律，而是对一般规律的发展和补充。

2. 特殊国情和特殊的国际环境会使历史规律在某些国家某些发展阶段表现出特殊性

俄国之所以不是按照一般规律走上社会主义发展道路，是因为俄国卷入了第一次“世界帝国主义战争”，战争使俄国的发展被纳入一种可以实现“‘农民战争’同工人运动的联合”的环境，“十倍地增强了工农的力量”（777 页）。正是这个特点使俄国的发展可能表现出而且势必表现出某些特殊性，使俄国能够用与西欧一切国家不同的方式来创造发展文明的根本条件。列宁还进一步断言，这种特殊性在转向东方国家时又会有“某些局部的新东西”（776 页）。在东方人口无比众多、社会情况无比复杂的国家里，“今后的革命无疑会比俄国革命带有更多的特殊性”（778 页）。中国革命所走的农村包围城市的道路就是例证。

3. 个别国家、个别发展阶段所表现出的特殊性并不违背历史发展的一般规律

列宁指出，社会历史发展在通常情况下是遵循一般规律的，但“通常的历史顺序”（778 页）不是不容许有或不可能有任何变化的。革命就是改变原有的秩序。因此对革命来说“首先要投入真正的战斗，然后便见分晓”（778 页）（拿破仑语）。俄国也是在 1917 年 10 月投入真正的战斗，实践证明，我们基本上是胜利了。建设社会主义确实需要有一定的文化水平，需要文明，但是我们为什么不可以“首先用革命手段取得达到这个一定水平的前提，**然后**在工农政权和苏维埃制度的基础上赶上别国人民呢?”（777 页）

《宁肯少些，但要好些》

要点提示

● 在改善我们国家机关的问题上，我认为工农检查院不应当追求数量和急于求成……在开始的时候，我们能够抛掉资产阶级制度以前的糟糕之极的文化，即官僚或农奴制等等的文化也就不错了。在文化问题上，急躁冒进是最有害的。我们许多年轻的著作家和共产党员应该牢牢记住这一点。

① 马克思，恩格斯. 马克思恩格斯全集：第 33 卷. 北京：人民出版社，1973：210.

● 在任何真正伟大的革命中，也历来如此，因为真正伟大的革命是从旧事物同改造旧事物的意向和追求新事物（要新得连一丁点旧事物也没有）的抽象愿望这种矛盾中产生的。这种革命来得愈猛，许多这样的矛盾就会存在愈久。

● 我知道，这条准则很难坚持，很难用于我们的实际生活。我知道，相反的准则会通过无数渠道在我们这里得到奉行。我知道，需要大力抵制，需要表现出无比坚韧的精神，这方面的工作至少在头几年内是极难收效的。然而我深信，我们只有通过这样的工作才能达到我们的目的，而只有达到这个目的，我们才能建立名副其实是苏维埃的、社会主义的共和国，以及其他等等。

● 为了革新我们的国家机关，我们一定要给自己提出这样的任务：第一是学习，第二是学习，第三还是学习，然后是检查，使我们学到的东西真正深入血肉，真正地完全地成为生活的组成部分，而不是学而不用，或只会讲些时髦的词句……

● 在我的思想上，我就是这样把我们的工作、我们的政策、我们的策略、我们的战略等等的总计划同改组后的工农检查院的任务联系起来的。

关键词

改善国家机关　质量　速度　任务　策略

主要思想内容

《宁肯少些，但要好些》主要提出和论证了党的中央监察委员会和苏维埃政府的工农检查院改革的速度和质量的关系。全文共 71 个自然段，主要观点如下：

（一）对国家机关的改革不能急于求成（第 1～3 段）

列宁指出，在改革国家机关的问题上，过去只管数量，而忽视了质量。他认为，对工农检查院的改组不能急于求成，而应稳扎稳打，踏踏实实，把真正有现代水平的、不逊色于西欧优秀模范的人才集中到工农检查院里来，这个要求对苏维埃社会主义共和国来说是十分不够的。但在人们的脑子里充满了对国家机关不信任和怀疑的时候，能做到这一点也就足够了。列宁指出，正像在文化问题上不能急躁冒进一样，我国社会制度中好的东西还没有经过考虑，没有被理解和体会，没有经过检查和考验，没有为经验所证实，没有被固定下来，等等。我们应当采取"理智""有益的怀疑态度"来检查我们的前进步骤，把我们正在实行的每一个步骤搞扎实。要舍得花钱，花时间，花许多许多年的时间。

（二）培养名副其实的国家机关所需要的人才（第4～9段）

列宁说，建立真正新的机关、名副其实的社会主义机关需要人才。能够来建立这种机关的人才有两种，一种是一心为社会主义奋斗的工人，他们是热爱工人国家的，他们很想给我们建立优秀的国家机关，但是他们不知道该怎样建立，他们缺少建立这种机关所必需的知识和文化，而做这个工作所必需的正是文化。在这里靠蛮干和突击，靠机智和毅力，或者任何优良的个人品质，都是无济于事的。第二是有知识的、受过教育和训练的人，这种人在当时的俄国是极少的。列宁同时还指出，没有这种知识的缺陷是不能够用“热心”和“急于求成”来弥补的。因此为了建立名副其实的国家机关，我们一定要给自己提出这样的任务：第一是学习，第二是学习，第三还是学习，然后是检查，使学问真正深入我们的血肉里面去，真正地完全地成为生活的组成部分，而不是使学问变成僵死的条文或时髦的词句。

（三）要通过极严格的程序挑选工农检查院的工作人员（第10～25段）

列宁说，为了把工农检查院改造成为真正的模范机关，使工农检查院达到应有的水平，我们应当提出这样的目标：“第一，它应当是模范的，第二，它应当得到大家绝对信任，第三，能向所有的人证明，我们所做的确实不愧为中央监察委员会这样一个高级机关所做的工作”（787页）。我们应该遵守一条准则：“宁可数量少些，但要质量高些”“七次量，一次裁”（786页），应该十分认真地好好地研究一下国家机关问题。列宁说，我们应该立即永远废除一般的编制标准，用完全特殊的办法，经过极严格的考核来挑选工农检查院的职员。对进入工农检查院的工作人员应当帮助他们学会工作方法和胜任工作任务，应当对他们进行长期培养，应当给他们配备助手。对拟任用的工作人员应当进行严格的审查，凡是要破例立刻录用的，必须符合下列条件：必须有几个共产党员介绍；必须通过关于国家机关的知识考试；必须通过关于国家机关问题的基本理论、行政管理和公文处理等等基础知识的考试；必须同中央监察委员和本院秘书处配合工作。

（四）要有计划地推进国家机关改革（第26～36段）

列宁认为，改革国家机关的工作必须从理论和实践两个方面有计划地不断向前推进。既不要急躁，也不要拒绝重做已经做过的事情。列宁建议做以下几件事：从在高级劳动研究所等方面已经搞起来的那些机构（试点）中挑出一两个来，检查他们是否认真工作，只有当他们的工作确实符合现代科学水平，并提供一切保证，才能继续工作。这样就可以为我们有步骤地、坚持不懈地改善我们的国家机关树立榜样。

发布征稿启事，争取写出两本或更多的关于组织一般劳动、特别是管理方面的劳动的教科书。列宁认为，叶尔曼斯基1922年出版的《科学组织劳动和生产与泰罗制》一书可以作为基础，克尔任采夫1922年出版的《组织原则》一书也可以作为基础，其他一些参考材料也可以使用。

改善国家机关必须注意学习国外的先进管理经验。列宁提出，派几个有学问的切实可靠的人到德国或英国去搜集书籍和研究这个问题。如果有可能美国或加拿大也可以去。

成立一个委员会来草拟工农检查院职员候选人和中央监察委员会候选人的考试大纲。

成立一个筹备委员会来选拔能够充当中央监察委员的人。列宁认为，各部门有经验的工作人员、苏维埃大学生中这样的人是很多的。他还提出应当把国家机关改造成为多种素质和不同优点结合的群体。

（五）中央监察委员会要加强自身建设（第37～54段）

列宁提出，中央监察委员会除了在自己的主席团的领导下，经常有系统地检查政治局的一切文件，对各种机关的公文处理进行检查，还应当研究自己工作范围内的理论并在老同志或劳动组织高级研究所教师的指导下进行实习。还要用非常巧妙的办法同官僚主义等现象作斗争。

列宁提出，为了工作的需要，苏维埃机关应该和党的机关结合起来。工农检查院是为一切国家机关而设立的，它的活动毫无例外地涉及一切国家机关。对于活动范围这样广，又需要非常灵活的活动形式的机关，应当允许它用特殊的形式同党的监察机关结合起来，这种结合是使工作顺利的唯一保证。外交人民委员部已经在这方面取得了成功经验。

列宁提出，为了改进国家机关的工作作风，应当把学习和业务结合起来。他说，在社会生活中，常常可以看到一种十分有趣的现象，一方面非常迅速地跃进，另一方面实行细小的变革时却过分缩手缩脚。例如，在社会关系、经济关系和政治关系上是极端革命的，而在尊敬上司、遵守公文处理形式和礼节上，革命性往往被腐败的因循守旧习气取而代之了。列宁认为存在这种差异的原因是，革命最早发生在理论上论证过的领域，这种理论建设往往同变革生活的具体事物脱离了。而革命的迅速到来和追求新东西的意图与现实的巨大反差又不可能使这个认识过程变得太短。

（六）苏维埃政权面临的形势、任务和斗争策略（第55～71段）

第一次世界大战结束后，新的革命形势不会马上出现，帝国主义虽然没有能力推翻俄国的革命制度，但也不想让新制度顺利发展。

俄国革命摧毁了中世纪和资本主义所有制，但整个国民劳动生产率还处在极低的水平，经济遭到严重破坏，在这样的国际国内形势下，只要我们策略正确，“社会主义的最终胜利是完全和绝对有保证的”（796页）。

我们应当采取的策略是：必须极其慎重地维护苏维埃俄国的工人政权，保持住工人政权在小农和极小农中间的威望和对他们的领导，同时要利用帝国主义国家之间酝酿新的冲突和东方民族争取自身解放的斗争的高潮来保持苏维埃政权。

苏维埃政权面临的最重要最紧迫的任务就是把国内的事情办好，迅速建立社会主义得以生存和发展的物质基础，具体说还是保持对农民的领导，保持农民对工人国家的信任，厉行节约，铲除国家机构中的官僚主义和浪费现象，把任何一点积蓄都保存起来，发展机器大工业和电气化，只有这样才能把苏维埃俄国由落后的农业国变为先进的工业国，才能从农民的、庄稼汉的、穷苦的马上，跨到大机器工业、电气化的马上，才能奠定社会主义的物质技术基础并最终过渡到共产主义。

工农检查院肩负着苏维埃国家生存发展的崇高任务，因此它的改组应该同苏维埃政权现实任务和战略策略结合起来。

要点解析

1. 社会主义文化建设的意义及途径

社会主义文化建设是列宁全面建设社会主义纲领中的重要组成部分。列宁指出，文化革命的任务就是改变俄国居民的识字状况，提高他们的文化水平，使他们能够读书看报，能够直接参加对国家事务的管理。对国家机关来说，文化革命意味着实行科学的组织和管理，同官僚主义作斗争。列宁认为，广泛而深刻的文化革命是改变农民的小私有者观念，实现农业合作化；是改革国家机关，建设模范工作者机关；是加强城乡文化联系，巩固工农联盟，实现国家工业化的重要条件。社会主义制度中一切好的东西只有在文化的层面才能得到巩固，资本主义、封建主义一切坏的东西也只有在文化的层面上才能被消灭。文化革命不能急躁冒进，必须从现有的基础出发，从普遍识字和遵守规章制度做起。不能靠专政的力量去创造所谓“无产阶级文化”。进行文化革命并不是完全否定传统文化，也不是完全排斥其他民族包括西方资产阶级的一切优秀的文化。

2. 国家机关改革和社会主义经济建设、文化建设的关系

列宁在论述国家机关改革的同时，一直高度重视社会主义经济建设和文化建设。在论及提高全民文化水平需要解决教师的待遇问题时，列宁提出要增加教育投入和提高教师待遇；在解决城乡关系方面，列宁强调，在我们“奠定共产主义的物质基础之前”（765页），不给自己提出向农村推行共产主义这种事先定下的目标。在论及马克思主义的一般原理同俄国革命的关系时，列宁首先承认实行社会主义需要一定的客观前提，但革命的特殊机遇使俄国率先走上社会主义道路，工农政权和苏维埃制度可以通过发展生产力赶上别国人民。在论及以工农检查院改组为主要任务的国家机关改革时，列宁强调了改革国家机关必须同进行文化革命、同经济建设紧密联系起来。改革国家机关是为了发展经济，实现现代化，没有机关改革、没有深刻的文化建设就不能实现现代化。就不能从农民的、庄稼汉的、穷苦的马上，跨到大机器工业、电气化的马上。这就是文化建设的目标，这就是工农检察院改组的崇高任务。

3. 改革社会主义国家机关的主要任务和基本思路

改组工农检查院是改革旧的国家机关的一项重要的和基础性的工作。改组工农检查院的任务是建立模范的国家机关，使国家机关真正成为为工农服务的机关，成为巩固工农联盟的机关，成为接受党的领导的机关。改组工农检查院必须依靠工农，必须从工农中选拔和培养忠于工人国家的人。改组工农检查院必须坚持人员精干的原则。改组工农

检查院是一项长期的任务，不能靠热情和性急，要靠制度和按程序办事，要通过实践考验和知识考核来选拔人才，要通过系统的培训来提高工作人员的素质。

思考题

1. 试述文化革命与农业合作化的关系。
2. 论述历史发展的“一般规律”和它在实践中表现出的“某些特殊性”的关系。
3. 谈谈列宁推进国家机关改革的思想对改革开放以来我国国家机构改革的启示。

阅读书目

1. 列宁．在莫斯科苏维埃全会上的讲话//列宁．列宁选集：第4卷．3版．北京：人民出版社，1995：730-738.

2. 列宁．给代表大会的信//列宁．列宁选集：第4卷．3版．北京：人民出版社，1995：743-749.

毛泽东《实践论》导读

要点提示

● 实践的观点是辩证唯物论的认识论之第一的和基本的观点。

● 理性认识依赖于感性认识，感性认识有待于发展到理性认识，这就是辩证唯物论的认识论。

● 客观现实世界的变化运动永远没有完结，人们在实践中对于真理的认识也就永远没有完结。马克思列宁主义并没有结束真理，而是在实践中不断地开辟认识真理的道路。

● 马克思主义的哲学认为十分重要的问题，不在于懂得了客观世界的规律性，因而能够解释世界，而在于拿了这种对于客观规律性的认识去能动地改造世界。

● 通过实践而发现真理，又通过实践而证实真理和发展真理。从感性认识而能动地发展到理性认识，又从理性认识而能动地指导革命实践，改造主观世界和客观世界。实践、认识、再实践、再认识，这种形式，循环往复以至无穷，而实践和认识之每一循环的内容，都比较地进到了高一级的程度。这就是辩证唯物论的全部认识论，这就是辩证唯物论的知行统一观。

关键词

辩证唯物论　实践　认识　真理　改造世界

导　读

《实践论》写于1937年7月，是毛泽东系统阐述马克思主义认识论的著作，这篇文章是为用马克思主义认识论的观点去揭露党内的教条主义和经验主义——特别是教条主义这些主观主义的错误而写的，因为重点是揭露看轻实践的教条主义，因而题为《实践论》。这篇文章原是作者在延安抗日军事政治大学讲授哲学时的讲义中的一部分。1951年收入《毛泽东选集》第1卷。选自《毛泽东选集》，2版，第1卷，282-298页。

社会历史背景

《实践论》发表于1937年7月，是党内两条路线激烈斗争的产物。当时，正值土地革命战争结束，全民族抗日战争刚刚开始，中国革命进入了一个新的转折关头。在我们党内，曾经有一部分教条主义的同志长期拒绝中国革命的经验，不从实际出发，而从书本上的个别词句出发，根本否认“马克思主义不是教条而是行动的指南”这个真理，他们不是运用马克思主义的立场、观点和方法来研究中国革命的实际情况，总结中国革命的实际经验，而是只生吞活剥马克思主义书籍中的只言片语去吓唬人们。另外，还有一部分经验主义的同志长期拘守于自身的片面经验，不了解理论对于革命实践的重要性，看不见革命的全局，虽然也是辛苦地——却是盲目地工作。这两类同志的错误思想，特别是教条主义思想，曾在1931—1934年使得中国革命遭受了极大的损失，而教条主义者却披着马克思主义的外衣迷惑了广大的同志。不彻底揭露和批判教条主义，就不能使马克思主义的普遍真理同中国革命具体实际相统一的观点深入全党，革命就不能取得胜利。同样，经验主义，也是一种主观主义。因此，我们不但要克服教条主义，而且要克服经验主义，只有这样，全党的马克思主义理论水平才能得到提高，革命才能取得胜利。

历史地位与现实意义

《实践论》所阐述的主要思想内容即认识和实践的关系的思想，既是对马克思主义的继承，又是对马克思主义的发展，在马克思主义发展史上，特别是在马克思主义中国化的历史上具有十分重要的地位。

《实践论》从思想上清算了教条主义和经验主义，特别是教条主义的错误，深刻地揭露和批判了“左”、右倾机会主义的认识论根源。用马克思主义的认识论武装中国共产党，教育全党树立马克思列宁主义必须同中国具体实际相结合的观点，为延安整风运动作了理论准备，为中国共产党实事求是的思想路线奠定了哲学基础，为夺取全民族抗日战争的胜利、解放全中国提供了锐利的思想武器。同时，《实践论》又发展了马克思主义的认识论。它科学地解决了几千年来中国哲学史上争论不休的知行关系问题，大大提高了全党的马克思主义理论水平。为实现全党在马列主义、毛泽东思想基础上的统一奠定了理论基础。

《实践论》所揭示的马克思主义认识论的基本原理，为我们改造世界观指出了正确的方向，它教导我们怎样正确地认识世界和改造世界。它的每一个原理对于我们树立正确的世界观、做好一切实际工作都具有方法论的意义。认真学习《实践论》，使我们能够进一步认识到克服教条主义和经验主义，树立辩证唯物论，改造资产阶级世界观、树立无产阶级世界观的必要性和努力方向。对于坚持和发扬一切从实际出发、理论联系实际、实事求是的优良传统和作风，把建设中国特色的社会主义事业推向前进具有非常现实的指导意义。

主要思想内容

《实践论》一文主要揭示了认识与实践的关系即知和行的关系问题，系统地阐述了辩证唯物主义革命的、能动的反映论。《实践论》共由 26 个自然段组成，主要包括实践是认识的基础、认识的辩证发展过程、批判了右倾机会主义和“左”倾冒险主义两种错误的思想倾向、改造客观世界和改造主观世界是辩证的统一以及结论等。

一、实践是认识的基础（第 1～5 段）

这部分主要阐述了实践性是马克思主义的基本特征，并具体分析了实践对认识的基础作用，包括：认识活动依赖于实践活动，实践活动是认识活动的源泉和动力，实践活动决定认识活动的产生和发展，是认识活动的基础。

（一）实践性是马克思主义的基本特征

《实践论》明确提出：“马克思以前的唯物论，离开人的社会性，离开人的历史发展，去观察认识问题，因此不能了解认识对社会实践的依赖关系，即认识对生产和阶级斗争的依赖关系。”（282 页）这里有两层含义：一方面是马克思以前的唯物论（包括法国的唯物主义和费尔巴哈唯物主义）不了解认识对社会实践的依赖关系，在认识论上坚持了反映论但不能揭示出认识对实践的真正关系；另一方面是马克思主义的认识论是能动的反映论，强调了实践性这一基本特征。

（二）实践是认识的基础

1. 实践是认识的来源

第 2 段主要阐述生产活动是人的认识发展的基本来源。马克思主义把实践的观点引入认识论，强调认识对社会实践的依赖关系。从认识的来源问题上说明认识对社会实践的依赖关系。第 3 段讲阶级斗争和其他社会实践也是人的认识的来源，并着重指出阶级斗争对人的认识发展的深刻影响。所有生产斗争、阶级斗争的知识和理论，都是从三大革命实践中获得的，社会实践是认识的唯一来源。

在这里肯定实践是认识的来源，并不排斥人们接受学习间接知识的重要性。就人类整体、人类认识整体来说，实践是认识的唯一来源，人类不可能在实践之外寻找出另外的知识源泉，同样也不可能找出哪一种知识不是归根到底来源于实践的。但就具体一个人的知识来源来说，不可能、也不必要全部来自个人的亲身实践，而是大部分知识来自书本或他人的实践经验。

强调实践是认识来源而轻视接受间接知识的必要性是错误的；相反，只看到接受间接知识的必要性，从根本上放弃实践是一切知识的源泉的思想，那就离开了唯物主义认识路线。要注意，一个人对间接知识的接受程度、理解和巩固程度，往往又是由实践决定的。

2. 实践是认识发展的动力

正如恩格斯所说："社会一旦有技术上的需要，则这种需要就会比十所大学更能把科学推向前进。"① 辩证唯物主义认为，人的认识不是一次完成的，而是一个不断发展的过程，推动这一过程的动力就是实践。第 4 段从人类认识的发展史来说明人的认识归根到底是随着生产实践的发展而发展的。毛泽东指出："人类社会的生产活动，是一步又一步地由低级向高级发展，因此，人们的认识，不论对于自然界方面，对于社会方面，也都是一步又一步地由低级向高级发展，即由浅入深，由片面到更多的方面。"（283 页）因而，实践在发展，革命在前进，人们只有在不断的实践中，才能不断提高自己的认识。

3. 实践是检验真理的唯一标准

马克思主义认为，判断认识或理论是否为真理，不是依照主观上如何而定，而是依客观上的社会实践的结果如何而定，真理的标准只能是社会实践。实践的观点是辩证唯物论的认识论的第一的和基本的观点。

当然，对于实践是检验认识的真理性的唯一标准这个问题，必须辩证地来理解。实践标准既是绝对的，又是相对的。其绝对性表现在它是检验认识是否正确的唯一标准，此外再没有其他的标准。其相对性表现在随着实践本身的发展，此时此地的被实践检验过的正确认识，在彼时彼地就可能是不正确的，同时，在一定的历史阶段，实践也是有局限性的。如果否认实践标准的绝对性，就势必导致唯心论和不可知论；如果否认实践标准的相对性，就可能把前人的认识绝对化和片面化。

二、认识的辩证发展过程（第 6～21 段）

这部分主要分析了认识活动的辩证发展过程，揭示了认识究竟怎样从实践中产生而又服务于实践，阐明认识活动的产生离不开实践而又反作用于实践。

（一）从实践到认识的过程

毛泽东说，认识是"社会的人在他们的生产和阶级斗争的复杂的、经常反复的实践

① 马克思，恩格斯. 马克思恩格斯全集：第 39 卷. 北京：人民出版社，1974：198.

中，由感性认识到论理认识的推移的运动”（286 页）。这就是说，认识在实践中产生，是由感性认识到理性认识的发展过程。

1. 从感性认识到理性认识

由实践到认识，即在实践基础上由感性认识上升到理性认识的飞跃。认识从社会实践中产生的首先是感性认识，即是对“事物的现象，事物的各个片面以及这些事物的外部联系”（285 页）的反映，是整个认识的起点，是认识的初级阶段。它的特点是具体的、生动的、直观的、形象的，但不是深刻的。它还没有深入事物的内部，还不能认识事物的本质。

随着社会实践的继续，使人们在实践中引起感觉和印象的东西越来越多，这样的感性材料积累到一定程度，在人们的脑子里就会产生认识过程的飞跃。产生概念、运用概念进行判断和推理，就成为理性认识。理性认识阶段的特点主要是表现出其抽象性和深刻性。

在实践的基础上由感性认识上升到理性认识，这个过程是变客观的东西为主观的东西的过程，是物质变精神的过程，是个别到一般的过程。这是认识发展过程中的第一次飞跃。

2. 感性认识和理性认识的关系

感性认识和理性认识，是统一于认识过程的两个不可分割的阶段。

（1）理性认识依赖于感性认识。只有感觉的材料十分丰富和合乎实际，才能根据这样的材料创造出正确的概念和理论来。没有丰富的感性认识，就不可能有正确的理性认识。理性认识之所以靠得住，正是因为它来源于感性。如果以为理性认识可以不从感性认识得来，那就是唯心论者。哲学史上的“唯理论”就是只承认理论的实在性，以为只有理性靠得住，而感性经验是靠不住的，这一派的错误在于颠倒了事实，理性的东西之所以靠得住，在于它来源于感性，否则理性认识就成了无源之水、无本之木。

（2）感性认识有待于发展到理性认识。毛泽东指出：“认识有待于深化，认识的感性阶段有待于发展到理性阶段——这就是认识论的辩证法。”（291 页）感性认识固然重要，是认识的来源或起点。但是，感觉只解决现象问题，理论才解决本质问题。在感性材料的基础上，经过科学抽象而获得的理性认识，虽然离开了个别的具体事物，但是，正如列宁所说：“**物质**的抽象，自然**规律**的抽象，**价值**的抽象等等，一句话，**一切**科学的（正确的、郑重的、不是荒唐的）抽象，都更深刻、更正确、**更完全地**反映自然。”[①] 如果仅将认识停留在感性阶段，认为只有感性认识是可靠的，理性认识是不可靠的，那就陷入“经验论”的错误。

（3）感性认识和理性认识在具体的认识过程中不可能截然分开，而是相互交织、相互渗透的。“唯理论”和“经验论”的错误在于它们看不到两个不同认识阶段的内在联

---

① 列宁．列宁全集：第 55 卷．2 版．北京：人民出版社，1990：142.

系，人为地割裂了人类认识的统一过程。在实际工作中，就表现为教条主义和经验主义。教条主义的错误在于脱离具体实践，轻视感性经验，不从实际出发，而是从本本出发，把马克思主义当作教条到处乱套，否认马克思主义的普遍真理同中国革命具体实践相结合。经验主义的错误在于拘守于感性经验，否认上升到理性认识的必要性。教条主义和经验主义，都是违反马克思主义的，都会给革命造成极大的危害。

综上所述，感性认识与理性认识是辩证统一的关系。它们在实践的基础上统一起来了。

（二）从理性认识到实践的过程

在实践基础上，从感性认识上升到理性认识，实现了认识过程的第一次飞跃，但认识过程并没有结束，还必须由认识到实践，实现认识过程的第二次飞跃。正如《实践论》所说："辩证唯物论的认识运动，如果只到理性认识为止，那末还只说到问题的一半。而且对于马克思主义的哲学说来，还只说到非十分重要的那一半。"（292 页）马克思主义哲学认为，十分重要的问题不在于能够解释世界，而在于能动地改造世界。也就是说，认识从实践开始，经过实践得到了理论的认识，还需再回到实践中去。认识的能动作用，不但表现在从感性的认识到理性的认识之能动的飞跃，更重要的还表现为从理性的认识回到实践这一次飞跃并且这次飞跃比起前一次飞跃，意义更加伟大。

这可以从以下几个方面来理解。首先，理性认识只有回到实践中去才能得到检验和发展。只有把理论应用于实践，看它能否达到预期的目的，通过实践的检验，正确的理论才能得到证实，错误的理论才能被发现和纠正。只有使理论再回到实践中去，才能使它进一步向前发展。其次，实践是认识的目的，认识世界是为了改造世界。根据已形成的认识指导改造世界的具体实践，使人的行为表现出自觉性、目的性和主动性。

总之，从理性认识到实践这个过程是变主观的东西为客观的东西的过程，是精神变物质的过程，是由一般到个别的过程，是认识发展过程中的第二次飞跃。这一次飞跃比前一次飞跃意义更重要、更伟大。

（三）认识发展的总过程和总规律

实践、认识、再实践、再认识是人类认识发展的总过程和总规律。正如毛泽东所说："实践、认识、再实践、再认识，这种形式，循环往复以至无穷，而实践和认识之每一循环的内容，都比较地进到了高一级的程度。"（296－297 页）这些教导，深刻揭示了人类认识运动的总规律，说明了人类的认识发展的曲线性，即主观与客观、认识与实践的统一，不是直线式前进，而是在多次失败和反复调整中实现的；也说明了人的认识发展的无限性，由实践到认识，由认识到实践，这样多次反复，由浅入深，无限发展；此外，这个总过程和总规律还说明了人类认识发展的前进性，即认识是一个由低级到高级、由简单到复杂的前进过程。

三、批判了右倾机会主义和“左”倾冒险主义两种错误的思想倾向（第22～24段）

（一）批判了右倾机会主义和“左”倾冒险主义错误思想

右倾机会主义和“左”倾冒险主义都是以主观和客观相分裂、以认识和实践相脱离为特征的。右倾机会主义表现为思想不能随变化了的客观情况而前进，看不出矛盾的斗争已将客观过程推向前进了，认识仍然停留在旧阶段。“左”倾冒险主义表现为思想超越客观过程的一定发展阶段，有些把幻想当作真理，有些则把仅在将来有现实可能性的理想，勉强地放在现时来做，离开了当前的现实性。

（二） 阐明了以实践为基础的马列主义、毛泽东思想的认识论即辩证唯物主义认识论

“社会实践中的发生、发展和消灭的过程是无穷的，人的认识的发生、发展和消灭的过程也是无穷的。”（295页）马克思主义的认识论是以科学的社会实践为特征，是主观和客观、理论和实践、知和行的具体的历史的统一。

四、改造客观世界和改造主观世界是辩证的统一（第25段）

本段主要在系统地论述认识和实践的关系的基础上，阐明改造客观世界和改造主观世界是辩证的统一，并提出改造客观世界和改造主观世界的任务。

改造世界、改造社会是用马列主义武装起来的无产阶级及其政党的历史使命。改造世界的具体任务包括“改造客观世界，也改造自己的主观世界”（296页）。改造客观世界包括改造自然界、社会及阻碍社会进步和人类发展的一切反动势力。改造主观世界包括改造自己的认识能力、改造主观世界同客观世界的关系。改造客观世界与改造主观世界是统一的。为了更好地改造客观世界，必须改造主观世界，而主观世界的改造也不可能是孤立进行的，而必须是在改造客观世界的过程中实现的。《实践论》从认识与实践的关系入手，落脚到主观世界和客观世界的改造上，从而达到肃清教条主义和经验主义等错误思想、提高全党马列主义水平之目的，具有较强的实践意义和现实价值。

五、结论（第26段）

本段以精练而又深刻的语言对全文作了总结：“通过实践而发现真理，又通过实践而证实真理和发展真理。从感性认识而能动地发展到理性认识，又从理性认识而能动地指导革命实践，改造主观世界和客观世界。实践、认识、再实践、再认识，这种形式，循环往复以至无穷，而实践和认识之每一循环的内容，都比较地进到了高一级的程度。这

就是辩证唯物论的全部认识论，这就是辩证唯物论的知行统一观。”（296-297 页）

要点解析

1.《实践论》中的马克思主义的实践思想

毛泽东运用马克思主义的唯物主义的基本观点，分析了认识活动如何依赖于实践活动，揭示了实践活动是认识活动的源泉，实践活动决定了认识活动的产生和发展。马克思主义唯物主义的诞生使实践和认识结合起来，解决了历史上实践和认识相脱节的问题。认识活动依赖于实践活动，实践活动是认识活动发展的源泉。实践活动给予认识活动以深刻影响，认识活动随着实践活动由低级向高级发展。实践活动是检验认识真理性的唯一标准。马克思主义认为，判定认识或理论是否为真理，不是依主观上如何而定，而是依客观上的社会实践的结果而定，检验真理的标准只能是社会实践。

2.《实践论》的马克思主义认识论思想

毛泽东运用马克思主义理论分析了认识活动的发展过程，揭示了认识究竟怎样在实践中产生而又反作用于实践，感性认识是认识活动发展的第一个阶段，理性认识是认识活动发展的第二个阶段；马克思主义以前，感性认识和理性认识是割裂开来的，而马克思主义的唯物论第一次正确地解决了这个问题，唯物地而且是辩证地指出认识活动是不断由感性认识到理性认识的深化运动过程。感性认识是认识活动的第一步，是开始接触外界事物，属于感觉阶段。理性认识是认识活动发展的第二步，是综合感觉的材料加以整理和改造，属于概念、判断和推理的阶段，理性认识依赖于感性认识，否则理性的东西就成了无源之水、无本之木，而只是主观自生的靠不住的东西了。感觉经验是第一的东西，认识开始于经验，这是认识论的唯物论。认识有待于深化，感性认识有待于发展到理性认识，这就是认识论的辩证法。感性认识只有发展到理性认识才能获得对事物全面的正确的认识。感性认识发展到理性认识，实践起了决定作用。

3. 从相对真理逐步走向绝对真理的过程

认识发展的辩证过程在真理上的表现，就是相对真理逐步走向绝对真理的过程。真理是客观的、绝对的，又是相对的。认识的发展过程，也就是从相对真理不断走向绝对真理的过程。

真理是人们对客观事物及其规律的正确反映。真理是客观的，是有阶级性的。承认真理是客观的，这是真理问题上的唯物论。同时真理既是绝对的，又是相对的。承认真理是绝对的，又是相对的，这是真理问题上的辩证法。对于绝对真理和相对真理以及二者之间的辩证关系，《实践论》进行了精辟概括：“马克思主义者承认，在绝对的总的宇宙发展过程中，各个具体过程的发展都是相对的，因而在绝对真理的长河中，人们对于在各个一定发展阶段上的具体过程的认识只具有相对的真理性。无数相对的真理之总和，就是绝对的真理。”（295 页）

对此我们可以这样来理解，相对真理是人们在一定条件下，对于有限的、具体的客观过程的正确认识。而绝对真理是由无数相对真理的总和构成的。绝对真理和相对真理是真理发展过程中不可分割的两个方面，绝对真理寓于相对真理之中，通过相对真理表现出来；无数相对真理的总和构成绝对真理，它们之间是辩证统一的关系。整个人的认识过程就是由相对真理走向绝对真理的无限发展过程。在这个过程中逐步得到对客观现实世界的比较确切、比较完全的知识。

思考题

1. 如何理解“实践的观点是辩证唯物论的认识论之第一的和基本的观点”?
2. 认识发展的辩证过程是怎样的? 具体包括哪些内容?
3. 根据《实践论》揭示的真理，具体分析唯心论和机械唯物论、经验主义和教条主义的认识论根源。

阅读书目

1. 毛泽东. 反对本本主义//毛泽东. 毛泽东选集：第 1 卷. 2 版. 北京：人民出版社，1991：109-118.

2. 毛泽东. 中国革命战争的战略问题（“第一章　第四节　重要的问题在善于学习”，“第三章　第二节　中国革命战争的特点是什么”）//毛泽东. 毛泽东选集：第 1 卷. 2 版. 北京：人民出版社，1991：178-183，188-191.

毛泽东《矛盾论》导读

要点提示

● 事物的矛盾法则，即对立统一的法则，是唯物辩证法的最根本的法则。

● 这一共性个性、绝对相对的道理，是关于事物矛盾的问题的精髓，不懂得它，就等于抛弃了辩证法。

● 无论什么矛盾，矛盾的诸方面，其发展是不平衡的……矛盾着的两方面中，必有一方面是主要的，他方面是次要的。其主要的方面，即所谓矛盾起主导作用的方面。事物的性质，主要地是由取得支配地位的矛盾的主要方面所规定的。

● 在同一性中存在着斗争性，在特殊性中存在着普遍性，在个性中存在着共性。拿列宁的话来说，叫做“在相对的东西里面有着绝对的东西”。

● 对抗只是矛盾斗争的一种形式，而不是它的一切形式，不能到处套用这个公式。

关键词

两种宇宙观　矛盾　对立统一

导　读

《矛盾论》是毛泽东哲学的代表著作。它是毛泽东继《实践论》之后，为了批判当时党内存在的严重的教条主义思想而写作的。原文写于1937年，是毛泽东在延安抗日军政大学讲授哲学课时使用的《唯物辩证法〈讲演提纲〉》中的一部分。新中国成立后，毛泽东对这部分内容进行修改、补充，以《矛盾论》为题在1952年4月1日的《人民日报》上公开发表。选自《毛泽东选集》，2版，第1卷，299-340页。

社会历史背景

《矛盾论》写于1937年8月，此时正是我国由土地革命战争转入全民族抗日战争的历史转折时期。在土地革命战争时期，党内的主要错误倾向是教条主义和经验主义。以王明为首的“左”倾教条主义者打着马列主义的旗号，用德波林学派的唯心论和形而上学冒充马克思主义唯物论和辩证法。他们看轻实践，无视中国革命的具体实践；他们根本否认中国革命发展规律的特殊性，只知生吞活剥马克思主义书籍中的只言片语，把马克思列宁主义教条化，把共产国际决议和苏联经验神圣化，“唯书”“唯上”。王明的这条“左”倾教条主义路线，在党内统治的时间最长，影响极深，危害极大，给中国革命造成了极大损失。在教条主义盛行的同时，党内也存在着严重危害革命的经验主义的错误倾向。经验主义和教条主义虽然形式不同，但实质是一样的，都否认和违背马列主义普遍原理同中国革命具体实践相结合的原则。因此，如何从哲学上、世界观上概括总结马列主义普遍原理同中国革命具体实践相结合的经验，彻底批判和粉碎教条主义与机会主义的错误，加强党的思想建设，便成为摆在全党面前的一项重大任务。

1937年7月，日本帝国主义侵略中国的战争全面爆发，使中国社会的主要矛盾发生了新的变化。如何应用唯物辩证法观察和分析这种新形势，以制定正确的政策和策略，同样成为全党面临的一项紧迫任务。《矛盾论》正是在这样的历史背景下应运而生的。

历史地位与现实意义

《矛盾论》继承和发展了马克思、恩格斯特别是列宁的辩证法思想，吸收了列宁逝世后辩证法研究的积极成果和中国古代辩证法思想的精华，从世界观和方法论的高度总结了我们党内两条路线斗争的经验，着重批判了党内教条主义和经验主义，紧紧抓住矛盾的普遍性和矛盾的特殊性的辩证关系这个精髓，对辩证法的实质和核心，即对立统一规律的各个方面，系统、完整地展开了论述，不仅丰富和发展了马克思主义的辩证法思想，而且为中国人民分析国内外各种矛盾，争取革命和建设的胜利提供了理论武器。

《矛盾论》虽然源于马克思的矛盾规律，但毛泽东对矛盾问题进行了充分的发挥和发展，提出了许多新的卓越的思想，尤其运用矛盾规律的思想观点解决中国社会的实际问题，正确认识和区分了中国革命和建设中出现的各种矛盾，克服和避免了两种错误的思想倾向，即教条主义和经验主义，使中国的革命与建设能够沿着正确的方向发展和前进，这对于树立和坚持辩证唯物主义世界观，抵制唯心主义和形而上学错误思想倾向，正确认识和解决社会主义现代化建设中的矛盾和问题，具有重大现实意义。

《矛盾论》是马克思主义哲学中国化的产物，也是毛泽东哲学思想成熟化和理论化的标志，是中国共产党结合中国实际研究与把握马列主义的新阶段和新水平。《矛盾论》一书所阐述的思想对我们正确认识和解决社会主义初级阶段的矛盾产生了重大影响，推动了中国特色社会主义理论的形成和发展。

主要思想内容

《矛盾论》继承和发展了马列主义的辩证法思想，围绕矛盾的普遍性和特殊性的辩证关系这个精髓，系统、完整地论述了对立统一规律这一辩证法的实质和核心，深刻地批判了教条主义的主观性、片面性和表面性的形而上学路线，继承、捍卫和发展了马克思主义的唯物辩证法。

序言的内容

《矛盾论》的序言部分共由两个自然段组成，概括了《矛盾论》所要阐述的主要问题：两种宇宙观、矛盾的普遍性、矛盾的特殊性、主要的矛盾和主要的矛盾方面、矛盾诸方面的同一性和斗争性、对抗在矛盾中的地位。同时还指出，以扫除教条主义思想为主要的研究目标。

正文的内容

正文由六部分加结论组成，主要阐述了两种宇宙观、矛盾的普遍性、矛盾的特殊性、主要的矛盾和主要的矛盾方面、矛盾诸方面的同一性和斗争性、对抗在矛盾中的地位等问题。

一　两种宇宙观

该章共 6 个自然段，主要内容是毛泽东运用马克思主义的辩证唯物主义理论，阐述了形而上学和唯物辩证法两种宇宙观的产生和发展，深刻分析了两种宇宙观的根本对立，揭示了它们是两种不同的宇宙观，批判了形而上学宇宙观用孤立的、静止的和片面的观点去看世界的错误，论述了唯物辩证法关于宇宙发展学说的根本观点，只有用唯物辩证法的宇宙观才能科学地解决事物的矛盾。此外，还阐明了内因和外因的辩证关系。

两种宇宙观作为《矛盾论》的正文的第一部分，具有总论的性质。两种宇宙观的对立是贯穿全文的一个根本思想。我们在学习《矛盾论》时，要抓住这一思想，从两条思想路线斗争的高度去领会《矛盾论》各部分所阐明的问题。

（一）唯物辩证法和形而上学是两种根本对立的宇宙观（第 1 段）

分析了唯物辩证法与形而上学两种宇宙观的根本对立，指出形而上学的宇宙观就是用孤立的、静止的和片面的观点去看世界；而唯物辩证法的宇宙观则是用联系的、发展的、矛盾的观点看世界。

（二）形而上学的宇宙观（第 2～3 段）

第 2 段阐述了形而上学宇宙观的历史演变。第 3 段分析了形而上学宇宙观的特征：用孤立的、静止的和片面的观点去看世界，其结果就必然要否定事物的内部是包含着矛盾的。这种宇宙观把世界一切事物、一切事物的形态和种类，都看成是永远彼此孤立和永远不变化的。

由于看不到事物内部包含着矛盾，因此形而上学在解释宇宙的发展的时候，就无法说明一种质变为他种质的现象，并且把推动事物发展的动力、源泉、动因从事物的内部转到了事物的外部。形而上学或者直截了当地否认事物是运动变化的，或者虽承认事物有变化，但认为这种变化只是数量的增减和场所的变更。“而这种增减和变更的原因，不在事物的内部而在事物的外部，即是由于外力的推动。形而上学家认为，世界上各种不同事物和事物的特性，从它们一开始存在的时候就是如此。后来的变化，不过是数量上的扩大或缩小。”（300－301 页）因此，“一种事物永远只能反复地产生为同样的事物，而不能变化为另一种不同的事物”（301 页）。这是一种错误的宇宙观，在历史上起着反动的作用，一切腐朽没落的阶级都把形而上学当作他们反对革命、阻碍历史前进的反动思想武器。

（三）唯物辩证法的宇宙观（第 4～5 段）

第 4 段集中说明唯物辩证法关于宇宙发展规律的根本见解。“和形而上学的宇宙观相反，唯物辩证法的宇宙观主张从事物的内部、从一事物对他事物的关系去研究事物的发展”（301 页）。“唯物辩证法认为外因是变化的条件，内因是变化的根据，外因通过内因而起作用。”（302 页）因而，唯物辩证法把事物发展的内因摆到第一位，但并不认为外因无关紧要。外因的重要性，在于它是变化的条件，缺少一定的必要的条件，事物就不会发生变化。条件的好坏，对事物的变化又有加速或延缓的影响。例如，一颗种子，如果缺少空气、养料、水分这些条件，其内部的矛盾斗争的力量就不会向着生长的方向起变化，这颗种子就不会发芽生长。在具备了这些条件以后，如果养料丰富、水分适中，那就长得好一些，否则就长得差一些。

第 5 段说明唯物辩证法宇宙观的发展过程。

（四）唯物辩证法中宇宙观和方法论的一致性（第 6 段）

这一段主要说明掌握唯物辩证法宇宙观的重要意义。“这个辩证法的宇宙观，主要地就是教导人们要善于去观察和分析各种事物的矛盾的运动，并根据这种分析，指出解决矛盾的方法。”（304 页）毛泽东在这里提出了马克思主义哲学一个极为重要的原则，即宇宙观和方法论的一致性。

二　矛盾的普遍性

该章共22个自然段，主要内容是运用马克思主义的辩证唯物论，对矛盾的特性进行分析，揭示矛盾是普遍存在的道理。

矛盾的普遍性和绝对性问题有两方面的含义：

（一）矛盾存在于一切事物的发展过程中（第1～16段）

一切事物中包含的矛盾方面的相互依赖和相互斗争，决定一切事物的生命，推动一切事物的发展。没有什么事物是不包含矛盾的，没有矛盾就没有世界。矛盾是简单运动形式的基础，更是复杂的运动形式的基础。不论是简单的运动形式，还是复杂的运动形式，不论是客观现象，还是思想现象，矛盾都是普遍地存在的。矛盾普遍地存在于自然界、社会和人们的思想中。

（二）每一事物的发展过程中存在着自始至终的矛盾运动（第17～22段）

矛盾是普遍的、绝对的，存在于事物发展的一切过程中，又贯穿于一切过程的始终。新过程代替旧过程是指旧的统一和组成此统一的对立成分让位于新的统一和组成此统一的对立成分。事物发展过程的自始至终的矛盾运动，是研究任何事物发展过程所必须应用的方法。

三　矛盾的特殊性

该章共25个自然段，是《矛盾论》的重点。主要内容是运用马克思主义理论，对矛盾的特殊性进行分析，阐述了矛盾特殊性的复杂情况，明确指出矛盾的普遍性和矛盾的特殊性的关系，就是矛盾的共性和个性的关系，二者既相互区别、相互联结又相互转化。并提出了“共性个性、绝对相对的道理，是关于事物矛盾的问题的精髓，不懂得它，就等于抛弃了辩证法”（320页）的论断。阐发了对具体事物作具体分析是“马克思主义的活的灵魂”的思想，为马克思主义唯物辩证法增添了新的内容。

（一）矛盾着的事物及其每一个侧面各有其特点（第1～20段）

矛盾的特殊性就是“矛盾着的事物及其每一个侧面各有其特点”（336页），明确矛盾的特殊性是我们认识事物的基础和解决矛盾的前提。任何运动形式，其内部都包含着本身特殊的矛盾。这种特殊的矛盾，就构成一事物区别于他事物的特殊本质。这是世界上诸种事物之所以千差万别的内在原因，或者叫根据。只有充分注意事物的质的特点，才有可能区别事物，才能深刻认识事物的本质，找到解决矛盾的具体方法。毛泽东在具体分析了矛盾特殊性的几种情形后，作出总结："由此看来，不论研究何种矛盾的特性——各个物质运动形式的矛盾，各个运动形式在各个发展过程中的矛盾，各个发展过程的矛盾的各方面，各个发展过程在其各个发展阶段上的矛盾以及各个发展阶段上的矛盾的各方面，研究所有这些矛盾的特性，都不能带主观随意性，必须对它们实行具体的分析。离开具体的分析，就不能认识任何矛盾的特性。"（317 页）

毛泽东对矛盾特殊性五种情形的分析，最根本之点，就是教导我们要对具体事物作具体分析。列宁说，马克思主义的最本质的东西，马克思主义的活的灵魂，就在于具体地分析具体的情况。"离开具体的分析，就不能认识任何矛盾的特性。"（317 页）要做到对具体问题作具体分析，就必须划清不同事物的界限；分析矛盾的性质和特点，找出正确解决矛盾的方法；还必须注意克服主观性、片面性、表面性。

（二）矛盾的普遍性和特殊性的关系（第 21～25 段）

正确理解矛盾的普遍性和特殊性的关系，就必须从两个方面入手。首先，矛盾的普遍性和特殊性是相互转化和相互联结的。其次，矛盾的普遍性和特殊性的关系，就是矛盾的共性和个性的关系：共性是绝对的，个性是相对的。共性与个性的关系是客观辩证法的本质关系，是贯穿矛盾学说全部内容的一条主线，是理解一切矛盾及其相互关系的基础，是科学的认识方法。因而，共性个性、绝对相对的道理，是关于事物矛盾的问题的精髓，不懂得它，就等于抛弃了唯物辩证法。

四　主要的矛盾和主要的矛盾方面

该章共 20 个自然段，主要内容是毛泽东运用了马克思主义的辩证唯物主义的观点，全面深刻地论述了主要矛盾和非主要矛盾、主要矛盾方面和非主要矛盾方面及其相互关系，指出主要矛盾的存在和发展规定或影响着其他矛盾的存在和发展，而矛盾的主要方面是在矛盾的两方面中起主导作用的方面，并说明了抓主要矛盾和矛盾的主要方面的重要性；揭示了只有认真研究主要矛盾和次要矛盾以及主要矛盾方面和次要矛盾方面这两种情形，才能具体地懂得矛盾的情况，找出解决矛盾的正确方法。这是对矛盾特殊性的进一步分析，是从分析矛盾和矛盾方面在事物发展过程中的不平衡性，来研究矛盾的特殊性问题。

（一）主要矛盾和次要矛盾（第 1～9 段）

"在复杂的事物的发展过程中，有许多的矛盾存在，其中必有一种是主要的矛盾，由于它的存在和发展规定或影响着其他矛盾的存在和发展。"（320 页）"任何过程如果有多数矛盾存在的话，其中必定有一种是主要的，起着领导的、决定的作用，其他则处于次要和服从的地位。"（322 页）这里就明确指出了什么是主要矛盾和次要矛盾以及它们之间的关系。研究任何过程，如果是存在着两个以上矛盾的复杂过程的话，就要用全力找出它的主要矛盾。抓住这个主要矛盾，一切问题就迎刃而解了。

（二）主要的矛盾方面和次要的矛盾方面（第 10～19 段）

重点区分主要的矛盾方面和次要的矛盾方面，明确指出："无论什么矛盾，矛盾的诸方面，其发展是不平衡的……矛盾着的两方面中，必有一方面是主要的，他方面是次要的。其主要的方面，即所谓矛盾起主导作用的方面。事物的性质，主要地是由取得支配地位的矛盾的主要方面所规定的。"（322 页）然而这种情形是不固定的，矛盾的主要和非主要方面互相转化着，事物的性质也随着发生变化。事物的性质是主要由取得支配地位的矛盾的主要方面所规定的。主要矛盾和次要矛盾、主要矛盾方面和次要矛盾方面之间是辩证统一关系。

（三）注意主要矛盾和次要矛盾及主要的矛盾方面和次要的矛盾方面的研究，这是革命政党正确地决定其政治上和军事上的战略战术方针的重要方法之一（第 20 段）

在研究矛盾的特殊性的问题中，如果不研究过程中主要的矛盾和非主要的矛盾以及矛盾之主要的方面和非主要的方面两种情形，也就是说不研究这两种矛盾情况的差别性，那就将陷入抽象的研究，不能具体地懂得矛盾的情况，因而也就不能找出解决矛盾的正确方法。因而，矛盾不平衡性理论有重要的方法论意义。它不仅是革命政党正确地决定其政治上和军事上的战略战术方针的重要方法，也是我们处理日常工作的重要方法。

五　矛盾诸方面的同一性和斗争性

该章共 27 个自然段，主要内容是运用马克思主义的基本理论，分析了矛盾的同一性和斗争性的辩证关系。认为对立的统一是有条件的、暂时的、相对的，对立的互相排斥的斗争则是绝对的；有条件的相对的同一性和无条件的绝对的斗争性相结合，构成了一切事物的矛盾运动。

（一）矛盾的同一性及其意义（第 1～18 段）

同一性是事物存在和发展的条件，矛盾双方互相依存、互相联结，矛盾一方的发展以另一方的发展为条件。"矛盾着的各方面，不能孤立地存在。假如没有和它作对的矛盾的一方，它自己这一方就失去了存在的条件。"（328 页）这是同一性的第一种意义。同一性的第二种意义就是指矛盾双方相互包含、相互吸收有利于自身的因素，在相互作用、相互促进中使各自得到发展。同一性的第三种意义是指矛盾的同一性提供了矛盾转化的内在根据。

（二）矛盾的斗争性及同一性和斗争性的关系（第 19～27 段）

无论什么事物的运动都采取两种状态，相对的静止状态和显著的变动状态。两种状态的运动都是由事物内部包含的两个矛盾着的因素互相斗争所引起的。斗争性即指矛盾双方相互对立、相互排斥和相互否定。斗争性贯穿于事物发展的全部过程，一方面，推动着矛盾双方力量的变化，引起事物的量变；另一方面，则促使旧统一体分解，使事物发生质变。

同一性和斗争性是矛盾自身固有的两种相反的根本属性，但二者又相互联结，不可分离，形成辩证统一关系。矛盾的斗争性是无条件的、绝对的，而矛盾的同一性是有条件的、暂时的、相对的。斗争性即寓于同一性之中，没有斗争性就没有同一性。

六 对抗在矛盾中的地位

该章共 8 个自然段，主要内容是运用马克思主义的唯物辩证法，分析了对抗在矛盾中的地位，揭示了对抗只是矛盾斗争的一种形式。根据事物的具体发展，有些矛盾由原来非对抗性的发展成为对抗性的；也有些矛盾则是由原来对抗性的发展成为非对抗性的。对抗只是矛盾斗争的一种形式，而不是它的一切形式，不能到处套用这个公式。

（一）认识对抗的含义（第 1～2 段）

对抗是矛盾斗争的一种形式，是就矛盾的性质和解决矛盾的方式而言的。就矛盾的基本性质来说，有对抗性矛盾和非对抗性矛盾；就解决矛盾的方式来说也有对抗和非对抗两种形式。

（二）对抗在矛盾中的作用（第 3～8 段）

对不同性质的矛盾，用不同的方法解决。“我们必须具体地研究各种矛盾斗争的情况，不应当将上面所说的公式不适当地套在一切事物的身上。”（334－335 页）对于对抗性的矛盾，用对抗的方式来解决，非对抗性的矛盾用非对抗的办法来解决。同时，还要创造条件促使矛盾向有利于事物顺利前进的方面转化。

总之，“对抗和矛盾断然不同”，“对抗只是矛盾斗争的一种形式，而不是它的一切形式，不能到处套用这个公式”（336 页）。

结论的内容

结论部分共 1 个自然段，主要内容是指出事物矛盾的法则，即对立统一的法则，是自然和社会的根本法则，因而也是思维的根本法则。它和形而上学的宇宙观是相反的。

它对于人类的认识是一场革命。矛盾的普遍性和特殊性、共性和个性、绝对性和相对性的关系，是矛盾学说的中心内容。矛盾存在于一切客观事物和主观思维的过程中，矛盾贯穿于一切过程的始终，这是矛盾的普遍性和绝对性。矛盾着的事物及其每一个侧面各有其特点，这是矛盾的特殊性和相对性。矛盾着的事物依一定的条件有同一性，因此能够共居于一个统一体中，又能互相转化到相反的方面去，这又是矛盾的特殊性和相对性。然而矛盾的斗争是不断的，不管在它们共居的时候，还是在它们互相转化的时候，都有斗争的存在，这又是矛盾的普遍性和绝对性。当我们研究矛盾的特殊性和相对性的时候，要注意矛盾和矛盾方面的主要的和非主要的区别；当我们研究矛盾的普遍性和斗争性的时候，要注意矛盾的各种不同的斗争形式的区别，否则就要犯错误。

要点解析

1. 矛盾普遍性思想的主要内容

矛盾的普遍性或绝对性问题有两方面的含义：其一，矛盾存在于一切事物的发展过程中。没有什么事物是不包含矛盾的，没有矛盾就没有世界。一切事物中包含的矛盾方面的相互依赖和相互斗争，决定一切事物的生命，推动一切事物的发展。矛盾是简单运动形式的基础，更是复杂的运动形式的基础。无论是简单的运动形式，还是复杂的运动形式，无论是客观现象，还是思想现象，矛盾都是普遍地存在的。其二，每一事物的发展过程中都存在着自始至终的矛盾运动。矛盾是普遍的、绝对的，存在于事物发展的一切过程中，又贯穿于一切过程的始终。

2. 对立统一规律是唯物辩证法的实质和核心

首先，对立统一规律，即事物的矛盾运动规律揭示了事物发展的内在动力。在事物发展的实质、形式、道路、动力等诸问题中，最核心的是动力问题。因为动力问题解决了，其他问题也就迎刃而解了。其次，对立统一规律是理解唯物辩证法全部理论的关键。事物发展中为什么会出现量变和质变及其相互转化这种形式？为什么会形成否定之否定这样的前进性与曲折性相统一的道路？最根本的原因在于事物的内部矛盾。唯物辩证法的其他范畴，其实质也是对立面的统一。最后，矛盾分析法是最根本的认识方法。事物就是矛盾，认识事物就是认识事物的矛盾。作为科学的认识方法的唯物辩证法，就是教导人们运用对立统一规律，具体分析事物的矛盾，掌握解决矛盾的方法，推动事物的发展。

3. 矛盾的普遍性和特殊性、共性和个性的辩证关系

矛盾的普遍性即绝对性、共性，是指矛盾存在于一切过程中，并贯穿于一切过程的始终。矛盾是普遍存在的，是绝对的。矛盾的特殊性即相对性、个性，是指任何事物的内部都包含着自身的特殊的矛盾，这种特殊的矛盾，就构成一事物区别于其他事物的特殊的本质，是人们认识事物的基础。

由于特殊的事物是和普遍的事物联结的，每个事物内部不但包含了矛盾的特殊性，而且包含了矛盾的普遍性，普遍性寓于特殊性之中，而且，普遍性和特殊性之间可以相互转化。在一定场合为普遍性的东西，在另一场合则变为特殊性，反之，在一定场合为

特殊性的东西，在另一场合则变为普遍性。矛盾的普遍性和特殊性之间的关系，就是矛盾的共性和个性的关系。这一共性和个性、绝对性和相对性的关系，是关于事物矛盾问题的精髓，在所有矛盾问题中居于主导地位，不懂得它，就等于抛弃了辩证法。

思考题

1. 论述矛盾特殊性思想的现实意义。
2. 为什么说具体问题具体分析是马克思主义活的灵魂？
3. 运用矛盾思想谈谈构建社会主义和谐社会应当如何认识和处理社会矛盾。

阅读书目

1. 毛泽东．论持久战//毛泽东．毛泽东选集：第 2 卷．2 版．北京：人民出版社，1991：447－471.

2. 邓小平．目前的形势和任务（“第三，要有一股艰苦奋斗的创业精神”）//邓小平．邓小平文选：第 2 卷．2 版．北京：人民出版社，1994：257－261.

3. 邓小平．政治上发展民主，经济上实行改革//邓小平．邓小平文选：第 3 卷．北京：人民出版社，1993：115－118.

毛泽东《新民主主义论》(节选) 导读

要点提示

- 一定的文化是一定社会的政治和经济在观念形态上的反映。
- 在中国文化战线或思想战线上,“五四”以前和“五四”以后,构成了两个不同的历史时期。
- 文化革命是在观念形态上反映政治革命和经济革命,并为它们服务的。在中国,文化革命,和政治革命同样,有一个统一战线。
- 民族的科学的大众的文化,就是人民大众反帝反封建的文化,就是新民主主义的文化,就是中华民族的新文化。

关键词

新民主主义文化　民族　科学　大众

导　读

《新民主主义论》是毛泽东1940年1月9日在陕甘宁边区文化协会第一次代表大会上的讲演,原题为《新民主主义的政治与新民主主义的文化》,载于1940年2月15日延安出版的《中国文化》创刊号。同年2月20日在延安出版的《解放》第九十八、九十九期合刊登载时,题目改为《新民主主义论》。《新民主主义论》全文共十五部分,这里重点介绍第十一到第十五部分。选自《毛泽东选集》,2版,第2卷,694-711页。

社会历史背景

1939年冬至1940年春，日本帝国主义侵占武汉、广州后，由于自身兵力不足和中国共产党领导下的敌后游击战争的广泛开展，不得不停止对正面战场的进攻，抗日战争进入战略相持阶段。日本帝国主义对国民党政府采取以政治诱降为主、军事打击为辅的方针。在这种情况下，以汪精卫为首的国民党亲日派公开投降日本，在南京建立傀儡政府。以蒋介石为首的国民党顽固派掀起了第一次反共高潮，企图在军事方面削弱共产党的力量。与此同时，他们还在政治思想上展开了对共产党的进攻。他们高叫“一个主义”“一个政党”“一个领袖”，鼓吹什么共产主义“不适合中国国情”，共产党“不需要存在”，“三民主义”可以满足中国现在和将来的一切要求，等等。他们要求实行国民党“一党政治”，对国民党最高统治者“绝对信任”“绝对服从”。这样就把“如何建国”“建设什么样的国家”即“中国向何处去”的问题，尖锐地提到每一个关心国家前途命运的国人面前。此时，民族资产阶级虽然对国民党的独裁统治和抗战不力表示不满，但对共产党的主张也抱有疑虑，有些人还企图在国共两党之间走另外一条道路，即欧美式的资产阶级共和国道路。而共产党内部曾经发生过的在革命基本问题上的各种错误还未从理论上完全澄清，党内对中国革命的性质及前途等一系列问题还缺乏统一的、明确的理解和认识。面对严峻的形势，中国共产党必须从根本上向全国人民阐明自己对中国革命的见解，回答中国向何处去的问题，同时澄清党内的分歧，从理论上统一全党的认识。1939年10月和12月，毛泽东先后发表了《〈共产党人〉发刊词》和《中国革命和中国共产党》。1940年1月，又发表了《新民主主义论》，系统地回答了人们十分关心的中国前途问题，创立了新民主主义革命的科学理论。

历史地位与现实意义

《新民主主义论》是毛泽东思想成熟的重要标志。它是以毛泽东同志为主要代表的中国共产党人，在领导中国人民进行新民主主义革命的进程中，把马列主义基本原理与中国革命实际相结合产生的伟大成果。文章全面系统地回答了在中国这样一个落后的东方大国怎样开展新民主主义革命的一系列问题。《新民主主义论》的发表为新民主主义革命的胜利奠定了理论基础，为新中国文化建设指明了方向。

主要思想内容

《新民主主义论》由十五部分组成，主要介绍了中国的革命和新民主主义的政治、经济和文化等方面的情况。这里仅学习“新民主主义文化”部分，即第十一至第十五部分。

一一 新民主主义的文化

本部分共7个自然段，主要阐述了新民主主义文化的基本理论。

文章在这一部分开宗明义地指出了“一定的文化是一定社会的政治和经济在观念形态上的反映”（694页）。这样就厘清了政治、经济与文化的关系，也为我们理解新民主主义文化提供了一个新的视域。毛泽东把中国旧文化分成两个部分：一是帝国主义文化，二是半封建文化。并指出：帝国主义文化——“除了帝国主义在中国直接办理的文化机关之外，还有一些无耻的中国人也在提倡。一切包含奴化思想的文化，都属于这一类”（694-695页）；半封建文化——“凡属主张尊孔读经、提倡旧礼教旧思想、反对新文化新思想的人们，都是这类文化的代表”（695页）。这两类反动文化是替帝国主义和封建阶级服务的，都是应该被打倒的东西。

随后，毛泽东又强调指出，新文化“是在观念形态上反映新政治和新经济的东西，是替新政治新经济服务的”（695页）。中国自从出现了资本主义经济以来，中国社会就逐渐改变了性质，它不是完全的封建社会了，变成了半封建社会，虽然封建经济还是占优势。这种资本主义经济，对于封建经济来说，它是新经济。同这种资本主义新经济同时发生和发展着的新政治力量，就是资产阶级、小资产阶级和无产阶级的政治力量。而在观念形态上作为这种新的经济力量和新的政治力量之反映并为它们服务的东西，就是新文化。

一二 中国文化革命的历史特点

本部分共6个自然段。毛泽东以“五四”作为中国文化战线或者思想战线上的转折点，以此为界限将整个中国文化分为前后两个阶段，并分别对每个阶段文化的特点予以详尽的论述。

在“五四”以前，中国文化战线上的斗争，是资产阶级的新文化和封建阶级的旧文化的斗争。中国的新文化是旧民主主义性质的文化，属于世界资产阶级的资本主义的文化革命的一部分。由此，文化运动、文化革命的领导阶级是资产阶级。

在“五四”以后，中国的新文化是新民主主义性质的文化，属于世界无产阶级的社会主义的文化革命的一部分。由于无产阶级作为一支独立的政治力量登上历史舞台以及无产阶级先锋队——中国共产党的成立，使得中国产生了崭新的文化生力军。这个时期，资产阶级的“文化思想却比较它的政治上的东西还要落后，就绝无领导作用，至多在革命时期在一定程度上充当一个盟员，至于盟长资格，就不得不落在无产阶级文化思想的肩上”（698页）。也就是说，“五四”之后，领导中国新文化的阶级是无产阶级。毛泽东强调了无产阶级生力军在社会科学领域和文学艺术领域各个方面所取得的进展，并着重指出，鲁迅是这个文化新军的最伟大和最英勇的旗手，“他不但是伟大的文学家，而且是伟大的思想家和伟大的革命家。鲁迅的骨头是最硬的，他没有丝毫的奴颜和媚骨，这是殖民地半殖民地人民最可宝贵的性格。鲁迅是在文化战线上，代表全民族的大多数，向着敌人冲锋陷阵的最正确、最勇敢、最坚决、最忠实、最热忱的空前的民族英雄。鲁迅的方向，就是中华民族新文化的方向”（698 页）。

最后，毛泽东进一步明确了新民主主义文化的概念：“所谓新民主主义的文化，一句话，就是无产阶级领导的人民大众的反帝反封建的文化。”（698 页）

一三　四个时期

本部分共 11 个自然段。论述了 20 年来中国文化统一战线的四个时期。

第一个时期是 1919 年五四运动到 1921 年中国共产党成立。这部分着重论述了五四运动的性质和意义。指出，五四运动既是反帝国主义的运动，又是反封建的运动。五四运动的杰出的历史意义，在于它带着辛亥革命还不曾有的姿态，这就是彻底地不妥协地反帝国主义和彻底地不妥协地反封建主义。同时，五四运动又为中国共产党的成立及后来五卅运动、北伐战争作了思想和干部上的准备。

第二个时期，以中国共产党的成立和五卅运动、北伐战争为标志，继续并发展了五四运动时三个阶级的统一战线，吸引了农民阶级加入，并且在政治上形成了各阶级的统一战线，这就是第一次国共两党的合作。

第三个时期是 1927 年至 1937 年的新的革命时期。这一时期，既是反革命的“围剿”，又是革命深入的时期。

第四个时期就是全民族抗日战争时期。在中国革命的曲线运动中，又来了一次四个阶级的统一战线，但是范围更放大了，上层阶级包括了很多统治者，中层阶级包括了民族资产阶级和小资产阶级，下层阶级包括了一切无产者，全国各阶层都成了盟员，坚决地反抗日本帝国主义。

一四　文化性质问题上的偏向

本部分共 6 个自然段。在批判资产阶级顽固派在文化性质问题上的偏向的同时，进一步明确了中国现阶段文化的性质。

一切新的东西都是从艰苦斗争中锻炼出来的。新文化也是这样。文章分析了资产阶级顽固派对待文化的态度，指出：“在文化问题上，和他们在政权问题上一样，是完全错误的。”（704 页）原因在于“他们不知道中国新时期的历史特点，他们不承认人民大众的新民主主义的文化。他们的出发点是资产阶级专制主义，在文化上就是资产阶级的文化专制主义”（704 页）。这种文化专制主义还是“收起”为妙。

在批判了资产阶级文化专制后，毛泽东着重分析了新民主主义经济政治的基本情况，并指出了国民文化的性质。他认为：“现阶段上中国新的国民文化的内容，既不是资产阶级的文化专制主义，又不是单纯的无产阶级的社会主义，而是以无产阶级社会主义文化思想为领导的人民大众反帝反封建的新民主主义。”（706 页）

在此基础上，毛泽东又语重心长地告诫大家：“既应把对于共产主义的思想体系和社会制度的宣传，同对于新民主主义的行动纲领的实践区别开来；又应把作为观察问题、研究学问、处理工作、训练干部的共产主义的理论和方法，同作为整个国民文化的新民主主义的方针区别开来。”（706页）这体现了党的最高纲领和最低纲领的统一。

一五　民族的科学的大众的文化

本部分共8个自然段。阐述了新民主主义文化的基本内容或原则。毛泽东把它概括为“民族的、科学的、大众的”三个方面。

从形式上来看，新民主主义的文化是民族的。它是反对帝国主义压迫，主张中华民族的尊严和独立的。但这并不代表我们的文化故步自封，毛泽东认为，中国应大量吸收外国的进步文化，作为自己文化食粮的原料，但要把它分解为精华和糟粕两部分，然后剔除其糟粕，吸收其精华，不能生吞活剥地毫无批判地吸收。并指出，中国共产主义者对于马克思主义在中国的应用“必须将马克思主义的普遍真理和中国革命的具体实践完全地恰当地统一起来，就是说，和民族的特点相结合，经过一定的民族形式，才有用处，决不能主观地公式地应用它”（707页）。

从内容上看，新民主主义的文化是科学的。它是反对一切封建思想和迷信思想，主张实事求是，主张客观真理，主张理论和实践相一致的。毛泽东认为，对中国封建社会创造的光辉灿烂的古代文化，要剔除其封建性糟粕，吸收其民主性的精华。但是决不能无批判地兼收并蓄。必须将古代封建统治阶级的一切腐朽的东西和古代优秀的人民文化即多少带有民主性和革命性的东西区别开来。

从方向上看，新民主主义的文化是大众的，因而是民主的。它应该为全民族中90%以上的工农劳苦大众服务，并逐渐成为他们的文化。毛泽东强调了文化对革命的重要意义，指出：“革命文化，对于人民大众，是革命的有力武器。革命文化，在革命前，是革命的思想准备；在革命中，是革命总战线中的一条必要和重要的战线……因此，一切进步的文化工作者，在抗日战争中，应有自己的文化军队，这个军队就是人民大众”（708页）。

最后，毛泽东指出，新民主主义的政治、新民主主义的经济和新民主主义的文化相结合，就是新民主主义共和国，并号召大家举起双手迎接它的到来。这充分表现了毛泽东对中国革命取得胜利的坚定信心。

要点解析

1. 结合中国近代经济政治发展谈文化同经济政治的关系

按照马克思主义唯物史观，一定的文化是一定社会的政治和经济在观念形态上的反映。至于新文化，则是在观念形态上反映新政治和新经济的东西，是为新政治、新经济服务的。

中国自从出现了资本主义经济，社会就逐渐改变了性质。同这种资本主义新经济同时发生和发展着的新政治力量，就是资产阶级、小资产阶级和无产阶级的政治力量。而在观念形态上作为这种新的经济力量和新的政治力量之反映并为它们服务的东西，就是新文化。没有资本主义经济，没有资产阶级、小资产阶级和无产阶级，没有这些阶级的政治力量，所谓新的观念形态，所谓新文化，是无从发生的。同时，这种新文化又是为新政治和新经济服务的。在新民主主义文化的指导下，我们建立了新中国，取得了新民主主义革命的胜利。

2. 新民主主义文化的性质与无产阶级的领导

由于现时的中国革命是世界无产阶级社会主义革命的一部分，因而现时的中国新文化也是世界无产阶级社会主义新文化的一部分，是它的一个伟大的同盟军；新民主主义文化虽则包含社会主义文化的重大因素，但是就整个国民文化来说，却还不是社会主义的，而是新民主主义的。由于现时中国革命不能离开中国无产阶级的领导，因而现时的中国新文化也不能离开中国无产阶级文化思想的领导，即不能离开共产主义思想的领导。但是这种领导，是指领导人民大众去进行反帝反封建的政治革命和文化革命。

思考题

1. 试述新民主主义文化的基本内容及其现实意义。
2. 社会主义文化建设是如何体现大众化要求的?

阅读书目

1. 毛泽东. 中国革命和中国共产党（“第二章　中国革命”）//毛泽东. 毛泽东选集：第2卷. 2版. 北京：人民出版社，1991：632-652.

2. 毛泽东. 唯心历史观的破产//毛泽东. 毛泽东选集：第4卷. 2版. 北京：人民出版社，1991：1509-1517.

毛泽东《为人民服务》导读

要点提示

● 我们的共产党和共产党所领导的八路军、新四军，是革命的队伍。我们这个队伍完全是为着解放人民的，是彻底地为人民的利益工作的。

● 人总是要死的，但死的意义有不同……为人民利益而死，就比泰山还重；替法西斯卖力，替剥削人民和压迫人民的人去死，就比鸿毛还轻。

● 因为我们是为人民服务的，所以，我们如果有缺点，就不怕别人批评指出。不管是什么人，谁向我们指出都行。只要你说得对，我们就改正。你说的办法对人民有好处，我们就照你的办。

● 我们都是来自五湖四海，为了一个共同的革命目标，走到一起来了……我们的干部要关心每一个战士，一切革命队伍的人都要互相关心，互相爱护，互相帮助。

关键词

革命队伍　人民利益　生命意义　批评　团结

导　读

《为人民服务》是毛泽东在中共中央警备团追悼张思德[①]的会上的讲演。选自《毛泽东选集》，2版，第3卷，1004-1006页。

---

① 张思德，四川仪陇人，中共中央警备团的战士。他在1933年参加红军，经历长征，负过伤，是一个忠实为人民服务的共产党员。1944年9月5日在陕北安塞县（今安塞区）山中烧炭时因炭窑崩塌而牺牲。

社会历史背景

1944 年 9 月 5 日，忠诚为人民服务的共产党员、中共中央警备团战士张思德在陕北安塞县（今安塞区）山中烧炭时，因炭窑崩塌不幸牺牲。毛泽东听到消息后很难过，当即指示：要把张思德同志的遗体挖出来，擦洗干净，换上新衣服，用棺材装殓好，要开追悼会，他要亲自去讲话。9 月 8 日，中共中央警备团和中央机关部分同志在延安枣园操场为张思德同志举行了隆重的追悼会。《为人民服务》就是毛泽东在追悼会上的讲演。

历史地位与现实意义

毛泽东在这篇讲演里向全党、全军和全体同志提出了一个在思想建设上带有根本性质的问题，即树立全心全意为人民服务的世界观、人生观和价值观。每一个革命者，都必须解决这个问题，不然，就不懂得自己生活的意义，就不能成为一个自觉的无产阶级革命战士。《为人民服务》一文是马克思主义发展史上对党的根本宗旨，共产党人的世界观、人生观、价值观，党内生活准则，同志关系，党同人民群众关系的一次比较全面系统的阐述，具有重要的理论和实践意义。党领导人民进行革命、建设和改革的根本目的，就是通过发展社会生产力，不断提高人民的物质文化生活水平，促进人的全面发展。新时代，以人民为中心理念的提出，就是对党的根本宗旨和执政理念的集中体现。

主要思想内容

《为人民服务》共 5 个自然段，系统阐述了为人民服务的科学理论。

（一）中国共产党是彻底地为人民的利益工作的党（第 1 段）

毛泽东指出："我们的共产党和共产党所领导的八路军、新四军，是革命的队伍。我们这个队伍完全是为着解放人民的，是彻底地为人民的利益工作的。"（1004 页）这是坚持党的工人阶级先锋队性质，坚定党的为共产主义奋斗信念的集中体现。人民，是历史发展的动力。为人民的利益服务，是我们党一切工作的出发点。离开了这个内容，为人民服务就变成了没有意义的空洞口号。

（二）为人民利益而死，死得其所（第 2 段）

毛泽东引用司马迁的话来证明和阐述自己对生死的看法。他指出："人总是要死的，但死的意义有不同。中国古时候有个文学家叫做司马迁的说过：‘人固有一死，或重于泰山，或轻于鸿毛。’为人民利益而死，就比泰山还重；替法西斯卖力，替剥削人民和压迫人民的人去死，就比鸿毛还轻。张思德同志是为人民利益而死的，他的死是比泰山还要重的。”（1004 页）

（三）无产阶级革命战士对待批评和自我批评问题的根本态度（第 3 段）

毛泽东指出：“因为我们是为人民服务的，所以，我们如果有缺点，就不怕别人批评指出。不管是什么人，谁向我们指出都行。只要你说得对，我们就改正。你说的办法对人民有好处，我们就照你的办……只要我们为人民的利益坚持好的，为人民的利益改正错的，我们这个队伍就一定会兴旺起来。”（1004－1005 页）正因为中国共产党是全心全意为人民服务的，是彻底地为人民利益工作的，所以党能够随时听取人民群众的批评，纠正自己的缺点；能够随时采纳各界人士的好的意见，并照着去办。实现好、维护好、发展好人民的根本利益，党的队伍和党的事业才能够兴旺发达。

（四）提倡互相关心、互相爱护、互相帮助的共产主义精神（第 4～5 段）

毛泽东指出：“我们都是来自五湖四海，为了一个共同的革命目标，走到一起来了。我们还要和全国大多数人民走这一条路。”“我们的干部要关心每一个战士，一切革命队伍的人都要互相关心，互相爱护，互相帮助。”（1005 页）毛泽东这些生动形象的论断为党群干群关系指明了方向。

要点解析

毛泽东在讲演中阐述了为人民服务作为党的宗旨的如下内容和要求：一是共产党人的生命态度和生死观。人民利益是衡量生命的最高价值。人总是要死的，但死的意义不同。为人民利益而死，就比泰山还重。二是共产党人对批评的态度。是否对人民有好处是接受批评的前提。只要对人民有好处，不管什么人，谁向我们指出都行。只要你说得对，我们就改正。你说的办法对人民有好处，我们就照你的办。三是革命队伍内部要加强团结。共同革命目标和人民利益是团结的基础。革命者要有理想，参加到革命队伍里的人不分职务高低，要互相关心、互相爱护、互相帮助。还要把革命队伍的团结扩展到群众中，使整个人民团结起来。

思考题

1. 试述中国共产党“为人民服务”思想同古代“民本思想”及西方“人本主义”思想的区别。

2. 谈谈毛泽东在《为人民服务》一文中提出的革命队伍人际关系理论对构建新型人

际关系的意义。

阅读书目

1. 毛泽东. 在延安文艺座谈会上的讲话（“结论”）//毛泽东. 毛泽东选集：第3卷. 2版. 北京：人民出版社，1991：852-877.

2. 毛泽东. 论联合政府（“五　全党团结起来，为实现党的任务而斗争”）//毛泽东. 毛泽东选集：第3卷. 2版. 北京：人民出版社，1991：1093-1098.

3. 毛泽东. 纪念白求恩//毛泽东. 毛泽东选集：第2卷. 2版. 北京：人民出版社，1991：659-661.

毛泽东《关于正确处理人民内部矛盾的问题》(节选)导读

要点提示

● 在我们的面前有两类社会矛盾，这就是敌我之间的矛盾和人民内部的矛盾。这是性质完全不同的两类矛盾。

● 敌我之间的矛盾是对抗性的矛盾。人民内部的矛盾，在劳动人民之间说来，是非对抗性的；在被剥削阶级和剥削阶级之间说来，除了对抗性的一面以外，还有非对抗性的一面。

● 敌我之间和人民内部这两类矛盾的性质不同，解决的方法也不同。简单地说起来，前者是分清敌我的问题，后者是分清是非的问题。

● 在社会主义社会中，基本的矛盾仍然是生产关系和生产力之间的矛盾，上层建筑和经济基础之间的矛盾。不过社会主义社会的这些矛盾，同旧社会的生产关系和生产力的矛盾、上层建筑和经济基础的矛盾，具有根本不同的性质和情况罢了。

关键词

社会基本矛盾　两类不同性质的矛盾　人民内部矛盾　根源　方法

导　读

《关于正确处理人民内部矛盾的问题》是毛泽东在1957年2月27日召开的最高国务会议第十一次（扩大）会议上所做的重要讲话。后来，毛泽东又作了若干重要的修改和补充，于1957年6月19日在《人民日报》上公开发表，并定名为《关于正确处理人民内部矛盾的问题》。选自《毛泽东著作选读》，下册，756-798页。

社会历史背景

国际方面，1956年社会主义国家发生了几个互有联系的大事件：一是苏共召开二十大。苏共二十大在分析资本主义制度和社会主义制度将长期并存的局面后，提出了两种社会制度和平共处，以及各国向社会主义过渡的形式多样化问题。赫鲁晓夫作了题为《关于个人迷信及其后果》的秘密报告，全盘否定斯大林，报告的流传对当时的国际共产主义运动产生了极大冲击，在社会主义国家引起了严重的思想混乱。二是波兹南事件。1956年3月，波兰党内和社会上对赫鲁晓夫秘密报告的后果展开激烈争论，同时也涉及波兰党的领导人贝鲁特对过去政治经济工作中的错误及违背社会主义民主法制所应负的责任问题。同年6月上旬，波兰西部重要工业城市波兹南机车车辆制造厂工人因对生活现状不满，提出增加工资的要求，工人推选30名代表到华沙请愿，遭到拒绝。消息传出后，6月28日波兹南上万名工人举行示威游行，部分示威者冲击军事检察署、监狱和电台，同军警发生冲突，造成流血事件。据统计，这次事件中，有53人死亡，300多人受伤，320余人被捕。三是匈牙利事件。1956年10月23日，匈牙利首都布达佩斯大学生举行示威，要求领导人纠正严重错误，主要指前总书记拉科西·马加什和现任总书记格罗·艾尔诺的“左”倾路线，要求改革和支持改革派人物伊姆雷·纳吉的斗争。这次活动被反革命分子所利用。反革命地下组织和一些反动分子蜂拥而出，趁机进行破坏活动。当晚反革命武装力量袭击了广播电台、党报办公大楼、电话局、武器库、兵营，并造成流血冲突。由于没有采取有力措施，事态进一步扩大，10月30日，反革命分子经过3小时战斗，攻占了劳动人民党布达佩斯市委大楼，国家保安局新兵被活活打死，市委第一书记也不幸遇难。与此同时，一些城乡也出现了反革命分子袭击党政机关、杀害共产党人和革命群众的事件，后来在苏联的支持和帮助下匈牙利粉碎了反革命分子的阴谋。

国内方面，由于国际影响和一些干部中的官僚主义问题，也出现了一些不安定因素。1956年冬至1957年春，先后发生少数学生罢课、工人罢工、部分地方农民退社、一些人进京上访等情况，思想理论界也出现了一些混乱。在这种情况下，如何认识和正确处理社会主义社会的矛盾就成为迫切的问题了，《关于正确处理人民内部矛盾的问题》就是在这样的背景下发表的。

历史地位与现实意义

《关于正确处理人民内部矛盾的问题》是对我们党探索社会主义建设规律的初步总结，是马克思主义发展史上第一次对社会主义社会的矛盾问题进行系统的表述，是毛泽东在社会主义时期最重要的理论贡献。《关于正确处理人民内部矛盾的问题》中提出的一系列重要观点构成了探索中国特色社会主义道路的理论起始和源头，也为我国和社会主义国家正确区分和处理社会主义社会的矛盾提供了科学指导。

社会主义社会也是充满矛盾的。我国的特殊国情（人口多、经济落后）和所处的国际环境（经济一体化、政治多极化和文化多元化）使得我国的社会矛盾具有特殊性。毛泽东在《关于正确处理人民内部矛盾的问题》中所阐述的我国社会存在两类不同性质矛盾的根源、两类矛盾划分的依据、人民内部矛盾的主要特点和表现形式、正确处理人民内部矛盾的方法等理论，对解决我国现阶段人民内部矛盾问题仍有重要指导作用。

主要思想内容

《关于正确处理人民内部矛盾的问题》一文论述了我国社会主义建设过程中需要处理的十二个主要关系（十二对矛盾），即两类不同性质的矛盾；肃反问题；农业合作化问题；工商业者问题；知识分子问题；少数民族问题；统筹兼顾、适当安排；关于百花齐放、百家争鸣、长期共存、互相监督；关于少数人闹事问题；坏事能否变成好事；关于节约；中国工业化的道路。

这里主要介绍第一部分：

一　两类不同性质的矛盾

这部分共 18 个自然段，是文章的总论。在这个部分，毛泽东运用唯物辩证法的对立统一规律，从总体上分析了社会主义社会的矛盾及其根源，阐述了正确区分和处理两类不同性质矛盾的基本理论、原则和方法等。主要包括五个方面的内容：

（一）指出了社会主义社会存在两类不同性质的矛盾（第 1 段）

社会主义从根本上改变了旧中国的面貌，实现了国家的统一，民族的完全独立和各民族的团结，消灭了剥削制度，荡涤了旧社会的污泥浊水。社会主义制度带来的根本变化曾使一些人产生了社会主义没有矛盾的想法，这种想法与现实生活又是有矛盾的。毛泽东经过大量分析提出，社会主义社会仍然存在矛盾，他说："在我们的面前有两类社会矛盾，这就是敌我之间的矛盾和人民内部的矛盾。这是性质完全不同的两类矛盾。"（757 页）

（二）提出了区分两类矛盾的前提和两类矛盾的特点（第 2～4 段）

1. 区分两类矛盾的前提

毛泽东认为，区分两类矛盾的前提是区分"什么是人民，什么是敌人"，即分清敌我

（这个问题毛泽东1925年在《中国社会各阶级的分析》一文中就提了出来，认为是革命的根本问题）。什么是人民？人民是一个具体的历史的范畴，不同时期，革命的任务不同，人民的概念所包含的内容也不同。民主革命时期，帝国主义、官僚资本、地主、军阀、买办，是人民的敌人，一切赞成民族独立，为推翻三座大山而战的人们，都属于人民的范畴。在社会主义建设时期，一切反抗社会主义革命和敌视、破坏社会主义建设的社会势力和社会集团，都是人民的敌人；一切赞成、拥护和参加社会主义建设事业的阶级、阶层和社会集团，都属于人民的范畴。实际上，在同一时期不同阶段，人民和敌人的含义也有不同，如全民族抗日战争时期，民族矛盾上升，一切抗日的人们都属于人民的范畴。社会主义现代化建设新时期，人民的范围更加扩大，中共中央《关于社会主义精神文明建设指导方针的决议》中关于人民的概念的提法是：一切用诚实劳动建设美好生活的劳动者、拥护祖国统一的爱国者。

2. 两类矛盾的特点

第一，敌我矛盾，是敌对阶级之间的利害冲突。“敌”主要指国际帝国主义、国内地主阶级、官僚资本主义，反对和敌视社会主义的反革命分子，各种严重破坏社会秩序的坏分子。我们同他们的斗争是对抗性的，表现为矛盾和冲突，具有不可调和性。

第二，人民内部矛盾，是在人民利益根本一致的基础上的矛盾。人民内部矛盾有两种情况，一种是人民之间，人民的这一部分同那一部分，党内这一部分同那一部分，政府和人民，社会主义国家间，政党间的矛盾，是非对抗性的；另一种是在剥削阶级和被剥削阶级（指工人、农民同民族资产阶级）之间，除了有对抗的一面（剥削被剥削），还有非对抗的一面（愿意接受改造）。

第三，人民内部矛盾处理得不适当，也可能发生对抗。毛泽东根据矛盾的普遍性和特殊性的原理提出，人民内部矛盾虽然在本质上是非对抗性的，但如果处理得不适当，或者丧失警觉、麻痹大意，也可能发生对抗。他结合匈牙利事件所表现的范围相当宽广的对抗行动指出，人民内部矛盾转化为敌我矛盾的社会阶级根源是社会主义国家内部的反动派，他们同帝国主义者互相勾结，利用人民内部的矛盾，挑拨离间，兴风作浪，企图实现他们的阴谋，值得特别注意。社会主义国家内部的敌我矛盾常常不是以直接对抗的形式表现出来的，而是借助人民内部矛盾间接表现出来的，这一点在整个社会主义时期都是必须加以注意的。1957年的反右派斗争就是将两类矛盾混淆在了一起。直接的表现是少数别有用心的人利用了我们工作中的问题和不足，煽动不明真相的群众，而我们又缺乏警惕。敌对分子利用人民内部矛盾达到他们的预谋，这就是社会主义时期敌我矛盾的特殊表现方式，也是我们经常犯阶级斗争扩大化毛病的根源。

（三）科学地阐明了正确处理两类不同性质矛盾的原则和方法（第5～15段）

1. 正确处理两类矛盾的原则

毛泽东指出，敌我矛盾和人民内部矛盾性质不同，解决的方法也不同，“前者是分清敌我的问题，后者是分清是非的问题”（759页）。毛泽东把处理两类矛盾同人民民主专政的学说联系起来，提出了解决两类矛盾的原则和方法，就是用专政的方法解决敌我矛盾，用民主的方法、说服教育的方法解决人民内部矛盾，具体地说就是对某些反革命分子逮捕判罪，必要时不让其参加政治活动，不给选举权，不给言论自由，强迫他们服从法律，从事劳动，改造为新人。对危害社会的坏分子，实行专政。解决敌我矛盾主要是为社会主义建设提供和平安定的环境。

2. 解决人民内部矛盾的基本方法

毛泽东着重谈了三种方法：

第一，实行民主集中制。

民主集中制是党和国家政治生活的基本制度。毛泽东说，在社会主义制度下，人民是国家的主人，享有广泛的民主和自由，“但是这个自由是有领导的自由，这个民主是集中指导下的民主，不是无政府状态。无政府状态不符合人民的利益和愿望”（760页）。他针对一些人对资产阶级自由、民主的迷信，指出，民主和自由都是具体的、历史的、相对的，必须把民主和集中、自由和纪律统一起来，要坚持民主基础上的集中和集中指导下的民主相结合，不能片面地强调某一个侧面而否定另一个侧面。“在人民内部，不可以没有自由，也不可以没有纪律；不可以没有民主，也不可以没有集中。这种民主和集中的统一，自由和纪律的统一，就是我们的民主集中制。在这个制度下，人民享受着广泛的民主和自由；同时又必须用社会主义的纪律约束自己。”（762页）

第二，团结——批评——团结。

毛泽东说，团结——批评——团结，即“从团结的愿望出发，经过批评或者斗争使矛盾得到解决，从而在新的基础上达到新的团结……这是解决人民内部矛盾的一个正确的方法”（763页）。根据历史经验，毛泽东强调，运用这个方法关键在于团结，团结是前提，也是目的。只有从团结的愿望出发，经过批评或者斗争，分清是非，才能在新的基础上达到新的团结。如果在主观上没有团结的愿望，一斗势必把事情斗乱，变成互相攻击，甚至残酷斗争，无情打击，那样既不能分清是非，也不能团结同志。毛泽东还强调，批评和自我批评的方法是自我教育的基本方法，要通过吸引群众参与政治活动，在活动中自觉提高觉悟，而不是强迫他们做这做那。

第三，思想教育为主，行政手段为辅。

毛泽东认为，人民内部矛盾就其表现来说，主要是一些思想问题、认识问题、是非问题。主要表现是走社会主义道路还是走资本主义道路。在社会主义改造基本完成以后，这个问题还不能马上解决，我们还要进行思想政治战线上的革命，这个革命实质上是用无产阶级世界观还是用资产阶级世界观改造世界的问题，在很多情况下也表现为人民内部矛盾。毛泽东从人民内部矛盾主要是思想认识这一看法出发，提出，人民内部的思想认识问题，是非辨别问题，只能用民主的方法去解决，只能用讨论的方法、批评的方法、说服教育的方法去解决，而不能用强制的、压服的方法去解决。毛泽东也看到单纯的思想教育手段不能完全解决问题，需要行政手段相配合，他说：“人民为了有效地进行生产、进行学习和有秩序地过生活，要求自己的政府、生产的领导者、文化教育机关的领导者发布各种适当的带强制性的行政命令。没有这种行政命令，社会秩序就无法维持，这是人们的常识所了解的。这同用说服教育的方法去解决人民内部的矛盾，是相辅相成的两个方面。”（762 页）同时强调：发布和执行行政命令必须与思想政治教育相伴随，否则行政命令就行不通。

（四）深刻分析了社会主义社会的基本矛盾及其特殊性，揭示了人民内部矛盾的根源（第 16～17 段）

马克思在《〈政治经济学批判〉序言》中把生产力与生产关系、经济基础与上层建筑的矛盾运动看作推动人类社会发展的基本动力，并据此揭示了人类社会发展的客观必然性。毛泽东根据这一历史唯物主义基本思想，第一次把生产力与生产关系、经济基础与上层建筑的矛盾概括为社会基本矛盾，并分析了社会主义社会基本矛盾的特殊性，其具体表现为：

1. 在社会主义条件下，生产力和生产关系的对抗消失了

按照社会发展的一般规律，生产力和生产关系总是既相适应又相矛盾的，两者的矛盾是由生产力和生产关系本身的特点决定的，生产关系总是相对稳定的，生产力是活跃的，特别是生产要素中的劳动者和生产工具。劳动者素质的提高、新生产工具的应用，使生产力迅速发展，必然要求生产关系变革。在剥削制度的社会里，生产关系作为受上层建筑影响的领域与生产力的矛盾是对抗性的。社会主义的生产关系是优越的，是适应生产力发展的，这在社会主义制度建立初期得到了体现。苏联 1938 年奠定了工业基础，当时工业产值达到美国同期的 60%，欧洲第一，世界第二。东欧的社会主义各国一直到 20 世纪 80 年代初，发展都是很快的，超过同期资本主义各国。中国除了三年困难时期和“文化大革命”时期，其余大部分时间发展也都是很快的，特别是 20 世纪 80 年代以后国内生产总值年平均递增 9%，高于西方七国的平均增长速度。

2. 生产关系还有不完善的方面，这些不完善的方面又是同生产力发展相矛盾的

在社会主义条件下生产关系还要不断进行变革，也就是说，社会主义条件下仍然存在进一步解放生产力的问题。毛泽东在《关于正确处理人民内部矛盾的问题》一文中提出的生产关系中不适应生产力的方面包括：

第一，在所有制关系方面，还有剥削，民族资产阶级在合营企业里还拿取定息（这项政策在“文化大革命”时停了，“文化大革命”后又补发）；农业方面还有半社会主义性质的经济成分（没有完全实现合作化；各经济部门间的生产、交换以及全民集体两种所有制形式之间积累和消费的分配比例还没有完全解决好。集体积累过多，24%就不少了，有些甚至达 40%以上）。从以上分析看出，评价生产关系优劣不是以与生产力的适应情况，而是以公有化程度。这反映了当时的认识是不全面的，对社会主义了解不够。

第二，在上层建筑方面，资产阶级意识形态的存在，国家机构中某些官僚主义作风的存在，国家制度（政治、法律）中人民参加国家管理问题的某些环节上缺陷的存在，

等等。这里实际上提出了社会主义国家制度的完善和改革问题，社会主义条件下进一步解放和发展生产力问题。

（五）根据社会矛盾和阶级关系变化的情况，提出了党的工作重心转移问题（第18段）

毛泽东指出，“革命时期的大规模的急风暴雨式的群众阶级斗争基本结束”（769页），我们的主要任务已经由解放生产力变为在新的生产关系下发展生产力，“向自然界开战”“巩固我们的新制度，建设我们的新国家”（770页）。

要点解析

1. 毛泽东两类矛盾学说的历史贡献

社会主义社会是否存在矛盾，马克思、恩格斯由于他们的实践所限，没能回答。列宁注意到了社会主义国家政治生活的主要内容的变化，并在一定程度上预见到社会主义社会内部矛盾及其性质。1920年5月，列宁写了《对布哈林〈过渡时期的经济〉一书的评论》。布哈林说，把社会分裂成为两个基本阶级的阶级对抗，到处都有它的表现。列宁在旁边写了评论：对抗和矛盾完全不是一回事，在社会主义条件下对抗将会消失，矛盾仍将存在。在谈到对小生产的改造时列宁提出只能引导其自愿，而不能强迫。列宁处在从资本主义向社会主义过渡的时期，不可能对社会主义社会的矛盾作深入研究。斯大林对苏联社会存在的矛盾作过一些分析，使用过内部矛盾（工农之间）和外部矛盾（社会主义与资本主义）的概念。1936年宣布苏联建成社会主义以后就认为内部已经没有矛盾了，有矛盾就是帝国主义及其代理人的暗杀、破坏和间谍活动。这样就在较长时间里混淆了两类矛盾。斯大林逝世以后，苏联理论界讨论过这一问题，但没有形成完整的理论。第二次世界大战结束后，形成了社会主义阵营，社会主义实践的多样性使社会主义社会的矛盾逐渐显露，从而使这一问题从理论到实践都被提上议事日程。1956年毛泽东在《论十大关系》中谈到了社会主义社会的矛盾，并提出了“两类矛盾”的概念。1957年2月，毛泽东结合国际国内的重大事件，分析了社会主义社会的矛盾，明确提出了我国社会存在两类基本的社会矛盾，就是敌我矛盾和人民内部矛盾，并提出了区分两类矛盾和解决人民内部矛盾的主要方法。毛泽东的两类矛盾思想最可贵的地方是立足于社会主义社会的内部矛盾，依据社会主义经济政治关系的实际而提出的。这个思想在我们刚进入社会主义就提出，意义是巨大的。

2. 社会主义时期人民内部矛盾的特点和处理人民内部矛盾的方法

毛泽东指出，人民内部矛盾是人民利益根本一致的基础上的矛盾。人民内部矛盾一种是人民之间，人民的这一部分同那一部分，党内这一部分同那一部分，政府和人民，社会主义国家间，政党间的矛盾；另一种是在剥削阶级和被剥削阶级（指工人、农民同民族资产阶级）之间的矛盾。毛泽东从人民内部矛盾主要是思想认识问题这一看法出发，提出人民内部的思想认识问题、是非辨别问题，只能用民主的方法去解决，只能用讨论的方法、批评的方法、说服教育的方法去解决，而不能用强制的、压服的方法去解决。毛泽东也看到单纯的思想教育手段不能完全解决问题，需要行政手段相配合，他说："人民为了有效地进行生产、进行学习和有秩序地过生活，要求自己的政府、生产的领导者、文化教育机关的领导者发布各种适当的带强制性的行政命令。没有这种行政命令，社会秩序就无法维持，这是人们的常识所了解的。这同用说服教育的方法去解决人民内部的矛盾，是相辅相成的两个方面。"(762 页)

思考题

1. 试述新时期人民内部矛盾的根源和表现。
2. 谈谈新时期处理人民内部矛盾的基本思路。

阅读书目

1. 邓小平. 坚持四项基本原则("二　实现四个现代化必须坚持四项基本原则")//邓小平. 邓小平文选：第2卷. 2版. 北京：人民出版社，1994：163-178.

2. 江泽民. 正确处理社会主义现代化建设中的若干重大关系//江泽民. 江泽民文选：第1卷. 北京：人民出版社，2006：460-475.

邓小平《解放思想，实事求是，团结一致向前看》导读

要点提示

● 解放思想，开动脑筋，实事求是，团结一致向前看，首先是解放思想。

● 为了保障人民民主，必须加强法制。必须使民主制度化、法律化，使这种制度和法律不因领导人的改变而改变，不因领导人的看法和注意力的改变而改变。

● 我们要学会用经济方法管理经济。自己不懂就要向懂行的人学习，向外国的先进管理方法学习。

● 实现四个现代化是一场深刻的伟大的革命。在这场伟大的革命中，我们是在不断地解决新的矛盾中前进的。因此，全党同志一定要善于学习，善于重新学习。

关键词

解放思想　民主　法制　管理　学习

导　读

《解放思想，实事求是，团结一致向前看》是邓小平1978年12月13日在中共中央工作会议闭幕会上的讲话。邓小平的这个讲话实际上是随后召开的党的十一届三中全会的主题报告，是社会主义现代化建设新历史时期思想解放的宣言书。选自《邓小平文选》，第2卷，2版，140-153页。

社会历史背景

1976年10月粉碎江青集团以后，党和国家的各项工作开始出现转机，特别是1977年7月邓小平重新恢复工作以后，在各条战线拨乱反正，恢复党的优良传统和作风，取得了很大成绩。但由于当时党中央主要负责人坚持两个“凡是”，继续推行“左”的路线，党的工作仍然没有走出徘徊前进的局面。为了统一思想，实现全党工作重心的转移，1978年11月10日至12月15日中共中央在京召开工作会议，就中央政治局提出的把全党工作重心转移到实现社会主义现代化建设上来的根本决策进行了认真的讨论。党的许多老一辈无产阶级革命家和领导干部对粉碎江青集团两年多来党的领导工作中的失误提出了中肯的批评；对党的工作重心转移中经济和政治方面的重大决策、党的优良传统的恢复和发扬、如何评价党的一些重要领导人的功过是非等，提出了积极的建议。《解放思想，实事求是，团结一致向前看》是邓小平在这次会议闭幕会上所做的重要讲话。

历史地位与现实意义

1978年底召开的党的十一届三中全会是党的历史上有重大影响的一次会议，这次会议从根本上冲破了长期“左”的思想的束缚，实现了党的工作重心的转移，重新确立了马克思主义的思想路线、政治路线和组织路线，开始提出和确立了改革开放的重大方针政策，揭开了社会主义建设新篇章。此前（1978年11月10日至12月15日）召开的中共中央工作会议是党的十一届三中全会的预备会议。这次会议为即将召开的十一届三中全会作了充分准备，邓小平的讲话实际上成为随后召开的党的十一届三中全会的主题报告。邓小平的这篇讲话集中了全党全国人民的意志，提出了进一步解放思想的历史任务，打破了“左”倾思想的长期束缚，为重新确立马克思主义的思想路线、政治路线、组织路线提供了强大的理论支持。讲话提出了社会主义现代化建设的根本任务和方针，为党的十一届三中全会作了思想理论上的准备，也为三中全会后党的各项工作提供了根本的指导方针，是一篇马克思主义的光辉文献，是邓小平理论发展的一个重要里程碑。

主要思想内容

邓小平这次讲话的中心是解放思想问题，围绕解放思想谈了四个方面内容，即解放思想的重要性和紧迫性；民主与解放思想的关系和社会主义民主建设；处理历史遗留问题的方针；研究新情况，解决新问题。

一　解放思想是当前的一个重大政治问题

这部分共14个自然段，主要谈三个问题。

（一）解放思想的意义（第1段）

邓小平从解放思想同党的思想路线，同解决历史遗留问题，同解决社会发展中的新情况新问题，同改革和现代化建设的关系等方面谈了解放思想的重要性。邓小平说，只有解放思想才能使各方面工作符合马克思主义的思想路线，符合中国的实际情况。

（二）思想僵化的原因和表现（第2～11段）

邓小平指出，在我们的干部特别是领导干部中间，不少人的“思想还很不解放，脑筋还没有开动起来，也可以说，还处在僵化或半僵化的状态”（141页）。邓小平从江青集团的政治破坏、党内生活、工作机制和传统影响方面分析了原因。紧接着又分析了由于思想僵化而导致的党的领导方面的以党代政；党内生活方面的随风倒，不讲党性，不讲原则；实际工作中的本本主义，照抄照搬照转等严重问题。邓小平说：“不打破思想僵化，不大大解放干部和群众的思想，四个现代化就没有希望。”（143页）

（三）真理标准问题讨论的理论和实践意义（第12～14段）

邓小平高度肯定了正在进行的关于实践是检验真理的唯一标准问题的讨论，认为这个问题争论的实质“是要不要解放思想的争论”，是“一切从本本出发”，还是“一切从实际出发”（143页）的问题。邓小平说，从这个意义上说，关于真理标准问题的争论，“是个思想路线问题，是个政治问题，是个关系到党和国家的前途和命运的问题”（143页）。邓小平认为，解放思想和实事求是是互为条件的，实事求是是无产阶级世界观的基础。无产阶级的世界观就是辩证唯物主义和历史唯物主义，承认世界的物质性、可变性和作为历史创造者人的主观能动性，强调人在认识和改造客观世界的过程中必须从实际出发。解放思想是实事求是的前提，不解放思想就做不到实事求是。“过去我们搞革命所取得的一切胜利，是靠实事求是；现在我们要实现四个现代化，同样要靠实事求是。”（143页）从中央到地方的各级党委，每一个生产单位都要实事求是，都要解放思想，“都来鼓励、支持党员和群众勇于思考、勇于探索、勇于创新”（143-144页）。

二　民主是解放思想的重要条件

这部分共10个自然段，主要内容是：

（一）要真正实行民主集中制（第1~8段）

邓小平说："解放思想，开动脑筋，一个十分重要的条件就是要真正实行无产阶级的民主集中制。"（144页）针对长期"左"的影响，特别是林彪、江青集团对党内民主和人民民主的践踏，邓小平提出"当前这个时期，特别需要强调民主"（144页）。为什么要特别强调民主问题，"因为在过去一个相当长的时间内，民主集中制没有真正实行，离开民主讲集中，民主太少"，以至于"许多人还不是那么敢讲话"，"这种状况不改变，怎么能叫大家解放思想，开动脑筋？"（144页）所以，邓小平提出要在政治和经济两个方面发扬民主。

在党内和人民内部的政治生活中，要重申"三不主义"，即"不抓辫子，不扣帽子，不打棍子"（144页），坚决保障宪法和党章规定的民主权利。针对扩大民主可能出现的情况和问题，邓小平以马克思主义的群众观和政治家的远见卓识提出，群众提了些意见应该允许，当然群众提出的意见"有对的，也有不对的，要进行分析。党的领导就是要善于集中人民群众的正确意见，对不正确的意见给以适当解释"（145页）。少数人利用民主闹事是一些人反对发扬民主的借口和忧虑。对此，邓小平说："即使有个别心怀不满的人，想利用民主闹一点事，也没有什么可怕。"（144页）对一个革命政党来说最可怕的是"听不到人民的声音"，是"鸦雀无声"（144-145页）。要健全党内生活，疏通党内民主渠道，坚持"双百"方针，坚决制止"一听到群众有一点议论，尤其是尖锐一点的议论，就要追查所谓'政治背景'、所谓'政治谣言'，就要立案，进行打击压制"（145页）的恶劣作风。

关于发扬经济民主，邓小平提出并论证了民主管理与劳动者的积极性、管理水平和劳动生产率的关系。他说，在保证中央权威的前提下应当给地方以经济计划和财政、外贸等方面的更多的自主权，给企业和生产队以生产经营的自主权，"要切实保障工人农民个人的民主权利"（146页）。

（二）为了保障人民民主，必须加强法制（第9~10段）

邓小平总结我国社会主义民主建设的教训时指出："为了保障人民民主，必须加强法制。必须使民主制度化、法律化，使这种制度和法律不因领导人的改变而改变，不因领导人的看法和注意力的改变而改变。"（146页）为了从根本上改变党和国家长期形成的以人代法、以言代法的局面，邓小平提出要集中力量制定基本法律和部门法、专门法等各种法律法规，做到有法可依。要加强检察机关、司法机关建设。强调立法要依靠群众，逐步完善提高。他还从我国现代化建设的未来着眼，要求"大力加强对国际法的研究"（147页）。在强调依法治国的同时，邓小平也从党领导国家的实际出发把依法（党章是最根本的党规党法）治党作为依法治国的重要组成部分，强调了维护党规党法和搞好党风建设的重要性。他说："没有党规党法，国法就很难保障。各级纪律检查委员会和组织部门的任务不只是处理案件，更重要的是维护党规党法，切实把我们的党风搞好。"（147页）

三　处理遗留问题为的是向前看

这部分共7个自然段，主要内容是：

（一）处理遗留问题的必要性和主要目标（第1、3段）

邓小平首先强调了处理遗留问题的重要性，指出处理历史遗留问题是解放思想的需要，也是安定团结的需要。“安定团结十分重要”（148页），而安定团结首先是指建立在马列主义、毛泽东思想基础上的全党团结。要通过厘清理论是非、路线是非，通过开展批评与自我批评，相互帮助，相互监督，最终实现全党的团结。

处理遗留问题的目标是为了向前看，通过处理遗留问题，进一步推动思想解放，顺利实现工作重心的转移，开辟社会主义现代化建设的新局面。

（二）处理遗留问题的原则（第2、4、5段）

处理遗留问题要坚持“有错必纠”的原则。即“凡是过去搞错了的东西，统统应该改正。”（147页）对于遗留问题要“尽快实事求是地解决，干脆利落地解决，不要拖泥带水”（147页）。处理遗留问题宜粗不宜细，“要大处着眼，可以粗一点，每个细节都弄清不可能，也不必要”（148页）。对人的处理要十分慎重，“对过去的错误，处理可宽可严的，可以从宽；对今后发生的问题，要严些。对一般党员处理要宽些，对领导干部要严些，特别是对高级干部要更严些”（148页）。干部的选拔任用要严格。“对于那些搞打砸抢的、帮派思想严重的、出卖灵魂陷害同志的、连党的最关紧要的利益都不顾的人，决不能重用”（148页）。

（三）正确评价毛泽东和毛泽东思想（第6段）

要科学、正确地评价毛泽东和毛泽东思想。首先，毛泽东在长期的革命斗争中立下的伟大功勋是不可磨灭的。“没有毛主席就没有新中国，这丝毫不是什么夸张”（148页）。毛泽东思想培育了我们整整一代人，“没有毛泽东思想，就没有今天的中国共产党，这也丝毫不是什么夸张”；“我们要完整地准确地理解和掌握毛泽东思想的科学原理，并在新的历史条件下加以发展”（149页）。其次，“毛泽东同志不是没有缺点、错误的，要求一个革命领袖没有缺点、错误，那不是马克思主义”（149页）。

（四）正确评价“文化大革命”（第7段）

“文化大革命”已经成为我国社会主义历史发展中的一个阶段，要科学地历史地认识和评价“文化大革命”。毛泽东是出于反修防修的目的来发动“文化大革命”的，对于其中的缺点和错误，“适当的时候作为经验教训总结一下”（149 页）。但不必匆忙去做，需要经过更长一点时间后，再回过头来看“文化大革命”，才能充分地理解和作出评价，“那时再来说明这一段历史，可能会比我们今天说得更好”（149 页）。

四　研究新情况，解决新问题

这部分共 21 个自然段，主要内容是：

（一）要重视经济和管理问题（第 1 段）

邓小平站在“向前看”的战略高度，从适应现代化建设要求、转变经营机制、提高经济效益的角度提出当前和今后一个时期要注意研究和解决经济政策、管理制度和方法等问题。

（二）关于管理方法问题（第 2～5 段）

邓小平提出：“在管理方法上，当前要特别注意克服官僚主义。”（149 页）他说，“官僚主义是小生产的产物，同社会化的大生产是根本不相容的”，要搞四个现代化，“非克服官僚主义这个祸害不可”（150 页）。他在列举经济管理工作中官僚主义的种种表现后指出，克服官僚主义的根本办法就是改革，“如果现在再不实行改革，我们的现代化事业和社会主义事业就会被葬送”（150 页）。如何改革管理，邓小平提出了两个重要方法：一是用经济方法管理经济。邓小平说，我们要学会用经济方法管理经济，我们的管理人员要“向懂行的人学习，向外国的先进管理方法学习”（150 页）。这种学习应当贯彻到引进和改造企业的全过程，不仅新引进的企业要按先进的方法去管，原有企业的改造也要采用先进的管理方法。二是用经济标准衡量经济。邓小平认为，我们过去把经济工作完全政治化了，不仅违反经济规律，也违反了社会主义政治。他说，我们应当把发展经济当作“今后主要的政治”，应当把经济部门“实行了先进的管理方法没有，技术革新进行得怎么样，劳动生产率提高了多少，利润增长了多少，劳动者的个人收入和集体福利增加了多少”作为衡量经济部门的党委、各条战线的各级党委“善不善于领导，领导得好不好”（150 页）的基本标准。

（三）关于管理制度问题（第 6～13 段）

邓小平提出，在管理制度上，当前要特别注意“加强责任制”（150 页）。邓小平指出，我国的企事业单位，党和国家的各级机关普遍存在的一个突出问题就是“无人负责”，表面上名义上的集体负责，实际上也是无人负责，所以“急需建立严格的责任制”（151 页）。邓小平强调，责任制要落实到“任何一项任务、一个建设项目”，落实到“具体人”，“奖励也必须奖到具体的集体和个人”（151 页）。在实行党委领导下的厂长负责制的时候要明确党政各自的职责，防止推诿扯皮。总之，要做到每一项工作，工作过程中的每一个环节，都要有人负责，出了问题能够打到具体人的“屁股”。为了使责任制真正落实，邓小平提出三项措施：一是“扩大管理人员的权限”，使处在不同职务和岗位的每一个人都“各有各的权力”，各有各的责任，“别人不能侵犯”（151 页）。二是“善于选用人员，量才授予职责”。邓小平认为，社会主义现代化需要大批各行各业的专家，但我们过去对专家的认识和要求有问题，需要改变。他提出现在专家太少，“要发现专家，培养专家，重用专家，提高各种专家的政治地位和物质待遇”（151 页）。为了彻底改变用人问题上“左”的影响，邓小平提出了新时期用人的政治标准，“为人民造福，为发展生产力、为社会主义事业作出积极贡献，这就是主要的政治标准”（151 页）。三是“严格考核，赏罚分明”。邓小平提出：“所有的企业、学校、研究单位、机关，都要有对工作的评比和考核，要有学术职称、技术职称和荣誉称号。要根据工作成绩的大小、好坏，有赏有罚，有升有降。而且，这种赏罚、升降必须同物质利益联系起来。”（151 页）

（四）关于经济政策问题（第 14～16 段）

邓小平提出了一个与过去发展思路完全不同的能够影响和带动整个国民经济的大政策，这就是“允许一部分地区、一部分企业、一部分工人农民，由于辛勤努力成绩大而收入先多一些，生活先好起来”（152 页），然后在生活先好起来的这部分人的示范作用下“使整个国民经济不断地波浪式地向前发展，使全国各族人民都能比较快地富裕起来”（152 页）。对西北、西南等其他落后地区国家应从物质等多方面给予有力的支持。这是邓小平对一部分地区、一部分人先富和共同富裕思想的最早表述。

（五）关于重新学习的问题（第 17～21 段）

邓小平预见到改革将会引发的“我们不熟悉的、预想不到的新情况和新问题”，他告诫全党对改革中一定会出现的“各种各样的复杂情况和问题”，一定会遇到的“重重障碍”要有“足够的思想准备”（152 页）。他提出要教育党员和群众以大局为重，领导干部对改革要充满信心，要坚持群众路线，要通过经济发展克服一切困难，解决一切问题。邓小平提出，当前最迫切的是“全党同志一定要善于学习，善于重新学习”（153 页），除了要学好马列主义、毛泽东思想还要抓紧学好经济学、科学技术和管理。他要求中央委员、中央和地方的所有高级干部要带头学习，带头钻研现代化经济建设。

要点解析

1. 解放思想的重要性和紧迫性

邓小平指出：“在我们的干部特别是领导干部中间，解放思想这个问题并没有完全解决。不少同志的思想还很不解放，脑筋还没有开动起来，也可以说，还处在僵化或半僵化的状态。”（141 页）同时，思想不解放、思想僵化也会导致很多怪现象。比如，思想一僵化，条条框框就多起来了，随风倒的现象也多起来了，不从实际出发的本本主义也就严重起来了。同样，不打破思想僵化，不大大解放干部和群众的思想，四个现代化就没有希望。因而，邓小平提出“解放思想是当前的一个重大政治问题”（141 页）。

2. 发扬经济民主的意义和要求

经济民主是政治民主的基础。一方面政治民主是经济民主的必然要求，因为任何政治行为都是经济的原因引起的；另一方面经济民主又是巩固和发展政治民主不可缺少的条件。经济民主主要体现为生产组织的经营自主权，生产者对生产过程和管理者的监督，在全社会范围内对关系社会发展和公共利益的经济决策的参与，等等。经济民主有利于调动生产组织和生产者的积极性，有利于提高劳动生产率，有利于提高包括管理者在内的全体人民的素质，有利于克服官僚主义，防止各种腐败现象的发生。

3. 邓小平对“全党必须再重新进行一次学习”提出了哪些要求

在学习的目的和意义上，邓小平指出：“学习好，才可能领导好高速度、高水平的社会主义现代化建设。”（153 页）在学习内容上，他强调根本的是要学习马列主义、毛泽东思想，要努力把马克思主义的普遍原理同我国实现四个现代化的具体实践结合起来。就当前的实际来看，还需要着重学习的内容有三：经济学、科学技术和管理。在学习的方法上，不仅要从书本上学，还要从实践中学，从自己和人家的经验教训中学。“要克服保守主义和本本主义”（153 页）。

思考题

1. 试述解放思想和实事求是的辩证关系。
2. 在中国特色社会主义建设中为什么要始终注重解放思想？
3. 谈谈管理工作中加强责任制的意义。

阅读书目

1. 邓小平. 完整地准确地理解毛泽东思想//邓小平. 邓小平文选：第 2 卷. 2 版. 北京：人民出版社，1994：42-47.

2. 邓小平. 思想更解放一些，改革的步子更快一些//邓小平. 邓小平文选：第 3 卷. 北京：人民出版社，1993：264-265.

邓小平《建设有中国特色的社会主义》导读

要点提示

● 中国搞资本主义不行，必须搞社会主义。如果不搞社会主义，而走资本主义道路，中国的混乱状态就不能结束，贫困落后的状态就不能改变。

● 马克思主义最注重发展生产力……社会主义阶段的最根本任务就是发展生产力，社会主义的优越性归根到底要体现在它的生产力比资本主义发展得更快一些、更高一些，并且在发展生产力的基础上不断改善人民的物质文化生活。

● 社会主义要消灭贫穷。贫穷不是社会主义，更不是共产主义。

● 我们的政治路线，是把四个现代化建设作为重点，坚持发展生产力，始终扭住这个根本环节不放松，除非打起世界战争。即使打世界战争，打完了还搞建设。我们提出四个现代化的最低目标，是到本世纪末达到小康水平。

● 我们提出要发展得快一点，太快不切合实际，要尽可能快一点，这就要求对内把经济搞活，对外实行开放政策。

关键词

有中国特色的社会主义　发展生产力　改革开放　小康社会

导　读

《建设有中国特色的社会主义》是 1984 年 6 月 30 日邓小平在会见第二次中日民间人士会议日方委员会代表团时重要谈话的一部分，其主要内容最早发表在《瞭望》杂志

1984年第34期（1984年8月20日）上，1984年12月中共中央文献研究室编辑了以这篇文章为题的小册子，1987年2月人民出版社出版了该书的增订本。选自《邓小平文选》，第3卷，62-66页。

社会历史背景

1978年党的十一届三中全会的召开标志着当代中国改革开放的开始和现代化建设的重新启动，也标志着中国社会主义建设进入一个新的历史时期。从十一届三中全会到党的十二大，全党通过拨乱反正，有步骤地解决了新中国成立以来的许多历史遗留问题和现实生活中出现的新问题，同时开始对内进行改革，对外实行开放。这一时期也是邓小平理论主要观点的形成时期：关于以经济建设为中心的观点、关于实行改革开放的观点、关于坚持四项基本原则的观点、关于中国式现代化建设道路的观点等。以此为基础，邓小平在党的十二大明确提出了“建设有中国特色的社会主义”这一科学命题，开始了探索有中国特色的社会主义道路的历程。

中国的改革是从农村实行家庭联产承包责任制起步的。党的十二大以后，农村改革进一步深入，改革的重点由农村转向城市，城市经济体制改革由试点向全面发展。工业经济体制、科学技术体制和教育体制的改革也提上了日程，全国处于改革的大潮中。与此同时，对外开放也有大的举措，取得了可喜的成就。虽然这一时期我国的社会主义改革事业获得了较好的发展，但也存在着很多问题，主要集中在对改革开放的认识上。一方面，有些人将以经济建设为中心、实行改革开放等新理论、新方针看作搞资本主义，认为“改革是要改掉社会主义”；另一方面，也有极少数人从右的方面扩散对党和社会主义、对改革开放的不满情绪，希望照抄照搬资本主义的一些做法。更多的人是担心我们的路线方针会不会变。每当经济发展中需要作些调整、政治思想领域出现某些错误倾向需要加以纠正时，这种疑虑就会凸显出来。尤其是在1983—1984年，随着改革开放的深入，各种问题相继浮出水面，改革与传统、开放与保守之间的矛盾日益尖锐。人们的这类追问就更加多了起来。实践中提出和面临的这些问题，促使以邓小平同志为核心的党中央领导集体进一步思考“什么是社会主义”“什么是有中国特色的社会主义”等问题。邓小平会见日本友人的这次谈话，正是为了回答中国改革开放提出的现实问题。

历史地位与现实意义

邓小平这次谈话深刻总结了党的十二大以来我国探索社会主义建设的基本经验，提出了建设有中国特色的社会主义的基本构想，是邓小平对建设有中国特色的社会主义理论的第一次完整表述，是对马克思主义关于社会主义本质、根本任务和社会主义建设理论的重大发展，是邓小平理论发展的一个重要里程碑。学习这篇谈话，对我们正确认识邓小平理论的形成过程，理解和掌握邓小平建设有中国特色的社会主义理论的精髓，对进一步解放思想，研究社会主义现代化建设遇到的新情况、新问题都有重要的指导意义。

主要思想内容

《建设有中国特色的社会主义》共9个自然段，主要观点是邓小平通过对中国近现代史、中国革命和建设的历史经验的总结，强调了坚持马克思主义、坚持社会主义的极端重要性，提出了对马克思主义与社会主义的再认识和从实际出发建设有中国特色的社会主义的基本构想。

（一）中国必须坚持马克思主义、坚持社会主义（第1~2段）

邓小平在总结中国近现代历史和我党领导革命和建设经验的基础上，指出了中国坚持社会主义的必要性。邓小平强调："坚持马克思主义对中国十分重要，坚持社会主义对中国也十分重要。中国自鸦片战争以来的一个多世纪内，处于被侵略、受屈辱的状态，是中国人民接受了马克思主义，并且坚持走从新民主主义到社会主义的道路，才使中国的革命取得了胜利。"（62页）"建国以后，我们从旧中国接受下来的是一个烂摊子……我们解决吃饭问题，就业问题……在这个基础上进行了大规模经济建设。靠的是什么？靠的是马克思主义，是社会主义。"（63页）对于中国为什么只能走社会主义道路，不能走资本主义道路，邓小平从中国革命和建设实践两个方面作了回答。邓小平说："如果我们不是马克思主义者，没有对马克思主义的充分信仰，或者不是把马克思主义同中国自己的实际相结合，走自己的道路，中国革命就搞不成功……如果不搞社会主义，而走资本主义道路，中国的混乱状态就不能结束，贫困落后的状态就不能改变……可以使中国百分之几的人富裕起来，但是绝对解决不了百分之九十几的人生活富裕的问题。而坚持社会主义，实行按劳分配的原则，就不会产生贫富过大的差距。"（63-64页）

（二）从中国的实际出发，建设有中国特色的社会主义（第3~4段）

在强调中国必须坚持社会主义的基础上，邓小平进一步指出："我们多次重申，要坚持马克思主义，坚持走社会主义道路。但是，马克思主义必须是同中国实际相结合的马克思主义，社会主义必须是切合中国实际的有中国特色的社会主义。"（63页）这是继党的十二大提出"走自己的路"的思想后，邓小平再次提出走有中国特色的社会主义道路的基本要求。

邓小平说，坚持社会主义，建设社会主义，首先要搞清楚什么是社会主义，但是相当长一个时期，我们"对这个问题的认识不是完全清醒的"（63页）。这就提出了一个问题，即社会主义的基本制度建立起来，并不等于社会主义的优越性就能自然而然地发挥出来，也不等于人们对于社会主义本质的认识就完全搞清楚了。针对这种状况，邓小平重申了马克思主义关于发展生产力的论述，指出，马克思主义的最终目的就是实现共产主义，而共产主义是建立在生产力高度发达的基础之上的。因此，他提出了重新认识社会主义的一个著名论断："贫穷不是社会主义，更不是共产主义。"（64 页）邓小平强调："社会主义阶段的最根本任务就是发展生产力，社会主义的优越性归根到底要体现在它的生产力比资本主义发展得更快一些、更高一些，并且在发展生产力的基础上不断改善人民的物质文化生活。"（63 页）这就从根本上明确了社会主义的本质特征和根本任务，而在当时绝大多数人的认识中，社会主义和贫穷、和平均主义存在某种必然联系。

（三）建设有中国特色的社会主义的构想（第 5～9 段）

在回答了中国必须坚持马克思主义、坚持社会主义以及提出社会主义的根本任务之后，邓小平系统阐述了建设有中国特色的社会主义的目标、途径和步骤。邓小平指出，我们的政治路线，是把四个现代化建设作为重点，坚持发展生产力，最低目标是到 20 世纪末使全国人民普遍过上小康生活。邓小平总结中国近代闭关自守的教训时指出，现今的世界是开放的世界，在这种历史潮流中闭关自守，只能限制自己的发展。邓小平指出："中国在西方国家产业革命以后变得落后了，一个重要原因就是闭关自守……三十几年的经验教训告诉我们，关起门来搞建设是不行的，发展不起来。"（64 页）正是在这种前瞻性思想的指引下，邓小平提出了"对内把经济搞活，对外实行开放政策"（65 页）的要求。他还从中国发展和稳定的战略高度提出了首先解决农村问题，由农村改革逐步转到城市改革，从经济改革到全面改革，从开放沿海城市到全面对外开放的战略步骤。这就是邓小平对建设有中国特色的社会主义的初步构想。我国社会主义现代化建设的实践发展证明了邓小平的构想是完全正确的。

要点解析

1. 中国走社会主义道路的历史必然性

社会主义是人类社会发展的必然，每一个国家、每一个民族最终都必将走向社会主义和共产主义，但是实现共产主义需要一定的物质基础，需要一定的时机。中国革命和建设在当时的条件下为什么只能走社会主义道路，根本原因是社会主义更加符合中国的实际，更加能够解决中国的实际问题。中国人口多，经济落后，社会主义能够防止两极分化，使绝大多数人有饭吃，能够使中国社会稳定，而资本主义只能使少数人富裕。中国走资本主义道路，不能使中国人民站起来，也不能使中国翻身，更不能改变中国贫穷落后的状态，这已经被中国革命和建设的实践证实，但同样得到证实的是社会主义必须与中国实际相结合。

2. 有中国特色的社会主义的科学内涵

邓小平在《建设有中国特色的社会主义》一文中对"有中国特色的社会主义"作了基本界定："我们多次重申，要坚持马克思主义，坚持走社会主义道路。但是，马克思主义必须是同中国实际相结合的马克思主义，社会主义必须是切合中国实际的有中国特色的社会主义。"（63 页）有中国特色的社会主义是社会主义在中国发展的新阶段，是毛泽东思想的新发展，是当代中国的马克思主义。有中国特色的社会主义突出了中国特色，是把马克思主义普遍原理与当代中国的具体实际相结合的产物。

思考题

1. 试述有中国特色的社会主义理论的初步形成及其标志。
2. 如何理解贫穷不是社会主义？

阅读书目

1. 邓小平. 中国共产党第十二次全国代表大会开幕词//邓小平. 邓小平文选：第3卷. 北京：人民出版社，1993：1-4.

2. 邓小平. 改革是中国发展生产力的必由之路//邓小平. 邓小平文选：第3卷. 北京：人民出版社，1993：136-140.

邓小平《一靠理想二靠纪律才能团结起来》导读

要点提示

● 我们在建设具有中国特色的社会主义社会时，一定要坚持发展物质文明和精神文明，坚持五讲四美三热爱，教育全国人民做到有理想、有道德、有文化、有纪律。这四条里面，理想和纪律特别重要。

● 为什么我们过去能在非常困难的情况下奋斗出来，战胜千难万险使革命胜利呢？就是因为我们有理想，有马克思主义信念，有共产主义信念。我们干的是社会主义事业，最终目的是实现共产主义。

● 我们这么大一个国家，怎样才能团结起来、组织起来呢？一靠理想，二靠纪律。组织起来就有力量。没有理想，没有纪律，就会像旧中国那样一盘散沙，那我们的革命怎么能够成功？我们的建设怎么能够成功？

● 共产党员一定要严格遵守党的纪律。无论是不是党员，都要遵守国家的法律，对于共产党员来说，党的纪律里就包括这一条。遵守纪律的最高标准，是真正维护和坚决执行党的政策，国家的政策。所以，有理想，有纪律，这两件事我们务必时刻牢记在心。

关键词

理想　纪律　团结　社会主义　共产主义

导　读

《一靠理想二靠纪律才能团结起来》是 1985 年 3 月 7 日邓小平在全国科技工作会议上作题为《改革科技体制是为了解放生产力》的讲话后，即席作的一次讲话。选自《邓小平文选》，第 3 卷，110－112 页。

社会历史背景

粉碎江青集团以来，尤其是1978年12月召开党的十一届三中全会以来，中国共产党从严重的挫折中重新奋起，我国在政治、经济、思想等各个方面发生了深刻而巨大的变化，中国进入了改革开放和社会主义现代化建设的历史新时期。以农村家庭联产承包责任制为标志的经济体制改革取得突破性进展。中共十二大以后，经济体制改革全面展开，改革重点从农村转向城市。我国先后实施创办经济特区、开放沿海港口城市、建立沿海经济开放区，实行对外开放、对内搞活经济等一系列政策和举措，为经济的发展注入了新的生机和活力。随着改革开放，我国多领域的发展取得了显著的成就，但当时的社会思想政治状况和党内也出现了许多值得注意和令人警觉的问题。各种各样的社会思潮交错混杂，纷纷涌入中国并渗入人们的文化、生活之中。人们尤其是青年人深受其影响，主流意识形态则相对弱化，甚至导致有些人对共产主义信念发生了动摇。有些党政机关以权谋私、化公为私，少数干部背离了共产党人的崇高理想，乘改革之机搞不正之风、违法乱纪等等。所有这些，都是与社会主义事业、与共产主义信念背道而驰的。在此情况下，如何引导全党和全国人民形成团结奋斗的强大力量，积极开展经济建设，抵制西方资本主义腐朽思想文化的侵蚀，保证党和国家的政策得到维护和执行，保证改革开放的正确方向，防止社会主义事业偏离马克思主义，偏离社会主义、共产主义道路，已经成为迫切需要解决的问题了，《一靠理想二靠纪律才能团结起来》就是在这样的背景下发表的。

历史地位与现实意义

邓小平在这篇讲话里向全党和全国人民提出了理想和纪律对于建设有中国特色的社会主义社会的重要性，即一靠理想二靠纪律才能团结起来。为了确保社会主义现代化建设的奋斗目标如期实现，全党和全国人民都要树立共产主义理想，维护和执行党的政策，有理想，有纪律，这两件事务必时刻牢记在心。不然，就会像旧中国那样一盘散沙，社会主义现代化建设就不能取得成功。改革开放后，邓小平多次谈及理想和纪律问题，《一靠理想二靠纪律才能团结起来》则是邓小平第一次正式将理想和纪律教育两个重要问题单列出来联系起来进行阐释的一次讲话，也是对多年来中国共产党革命成功经验的科学总结，为党的思想政治教育工作提供了科学指导。这篇讲话中切中时弊的精辟论断，在当时的社会背景下，发挥了凝聚全党和全国人民共识、纠正错误思想倾向的重要作用。当前，中国特色社会主义进入新时代，面对错综复杂的国际形势、艰巨繁重的国内改革发展稳定任务，我们党团结带领人民进行伟大斗争，建设伟大工程，推进伟大事业，实现伟大梦想，必须坚持党的全面领导，必须同心同德，形成推动发展的强大合力。重温邓小平的这篇讲话，对于我们在新时代搞好党的建设和精神文明建设，以理想和纪律聚合全党和全国人民的磅礴之力夺取全面建设社会主义现代化国家新胜利，有着重要的现实指导意义。

主要思想内容

《一靠理想二靠纪律才能团结起来》共4个自然段，主要论述了在建设具有中国特色的社会主义过程中坚持理想信念和遵守纪律的重要性，依靠坚定理想和严明纪律把全国人民团结起来、组织起来。

（一）坚定理想信念是中国共产党取得革命和建设胜利的根本保证（第1段）

邓小平在强调“建设具有中国特色的社会主义社会时，一定要坚持发展物质文明和精神文明，坚持五讲四美三热爱，教育全国人民做到有理想、有道德、有文化、有纪律”（110页）的基础上，提出了这篇讲话的中心论点，突出强调“这四条里面，理想和纪律特别重要”（110页）。接下来，围绕“有理想”展开深入论述。首先，邓小平深刻总结了中国革命的历史经验，指出“为什么我们过去能在非常困难的情况下奋斗出来，战胜千难万险使革命胜利呢？就是因为我们有理想，有马克思主义信念，有共产主义信念”（110页）。中国共产党人正是依靠这样坚定的理想信念，才战胜了艰难险阻，取得了革命胜利，由此可见理想信念的重要作用。接下来，邓小平进一步明确指出，当下中国共产党所从事的工作依然是坚持了马克思主义信念和共产主义理想。邓小平说：“我们干的是社会主义事业，最终目的是实现共产主义。这一点，我希望宣传方面任何时候都不要忽略。现在我们搞四个现代化，是搞社会主义的四个现代化，不是搞别的现代化。我们采取的所有开放、搞活、改革等方面的政策，目的都是为了发展社会主义经济。”（110页）然后，针对当下有些人对改革开放的经济形势和变化认识不清、思想模糊的问题，邓小平说：“我们允许个体经济发展，还允许中外合资经营和外资独营的企业发展，但是始终以社会主义公有制为主体。社会主义的目的就是要全国人民共同富裕，不是两极分化。”（110-111页）通过举例“先富带后富”，论证说明了中国共产党在现阶段的工作坚持社会主义的方向和共产主义的理想没有改变。

（二）要坚决执行和实现社会主义的根本原则（第2段）

邓小平言简意赅地点明社会主义的根本原则：“一个公有制占主体，一个共同富裕”（111页），并且强调：“我们就是要坚决执行和实现这些社会主义的原则”（111页）。这就抓住了社会主义的本质问题。针对“有人担心中国会不会变成资本主义”（111页）的疑问，邓小平提出，“要特别教育我们的下一代下两代，一定要树立共产主义的远大理想”（111页），并且特别强调“一定不能让我们的青少年作资本主义腐朽思想的俘虏，那绝对不行”（111页）。

（三）要依靠坚定理想和严明纪律把全国人民团结起来、组织起来（第3段）

邓小平将理想和纪律结合起来，指出“有了理想，还要有纪律才能实现”（111页），深刻阐明了有纪律的保证才能实现理想的道理。同时还点明了纪律和自由的对立统一关系。接着，邓小平阐述了理想和纪律对于搞好社会主义现代化建设事业的重要意义：“我们这么大一个国家，怎样才能团结起来、组织起来呢？一靠理想，二靠纪律。组织起来就有力量。没有理想，没有纪律，就会像旧中国那样一盘散沙，那我们的革命怎么能够成功？我们的建设怎么能够成功？”（111页）接下来，针对社会上存在的不正之风等不良现象，邓小平旗帜鲜明地表明了立场：“我们要提醒人们，尤其是共产党员们，不能这样做。不是在整党吗？应该首先把这些不正之风整一整。”（112页）

（四）告诫全党和全国人民：务必将理想和纪律时刻牢记在心（第4段）

邓小平针对经济改革中出现的歪门邪道问题，向全党和全国人民发出声明，要严明党的纪律，遵守国家法律。邓小平说：“共产党员一定要严格遵守党的纪律。无论是不是党员，都要遵守国家的法律，对于共产党员来说，党的纪律里就包括这一条。遵守纪律的最高标准，是真正维护和坚决执行党的政策，国家的政策。”（112页）讲话的最后，邓小平再次强调讲话主题：“有理想，有纪律，这两件事我们务必时刻牢记在心。一定要让我们的人民，包括我们的孩子们知道，我们是坚持社会主义和共产主义的，我们采取的各方面的政策，都是为了发展社会主义，为了将来实现共产主义。”（112页）

要点解析

理想、纪律的重要性和关系

邓小平在讲话中强调了理想和纪律的重要性。无论是在过去非常困难的战争年代，还是在进行具有中国特色的社会主义社会建设时期，理想和纪律都十分重要。在非常困难的战争年代，中国共产党能够战胜千难万险，取得革命胜利，靠的是坚定的理想信念，也就是马克思主义信念，即为了国家独立和人民解放，实现共产主义理想的崇高追求。进行具有中国特色的社会主义建设时，全党和全国人民仍然要依靠坚定的理想信念，同时，还要遵守纪律，因为纪律是实现理想的根本保证。只有这样，才能把我们这么大的一个国家团结起来、组织起来，“组织起来就有力量”（111页），就能凝心聚力为国家和人民事业奋斗。否则“就会像旧中国那样一盘散沙”（111页），革命和建设都不能取得成功。因而，邓小平提出“理想和纪律特别重要”（110页）。

思考题

1. 结合党领导中国革命的历程谈谈理想和纪律的关系。

2. 谈谈邓小平关于整治党内不正之风的论述对新时期党的建设的意义。

阅读书目

1. 邓小平. 用坚定的信念把人民团结起来//邓小平. 邓小平文选：第3卷. 北京：人民出版社，1993：190-191.

2. 邓小平. 没有安定的政治环境什么事都干不成//邓小平. 邓小平文选：第3卷. 北京：人民出版社，1993：244-245.

3. 邓小平. 中国只能走社会主义道路//邓小平. 邓小平文选：第3卷. 北京：人民出版社，1993：207-209.

邓小平《吸取历史经验，防止错误倾向》导读

要点提示

● 我们建设社会主义的方向是完全正确的，但什么叫社会主义，怎样建设社会主义，还在摸索之中。社会主义的第一个任务是要发展社会生产力。一九四九年取得全国政权后，解放了生产力，土地改革把占人口百分之八十的农民的生产力解放出来了。但是解放了生产力以后，如何发展生产力，这件事做得不好。

● 马克思主义讲的共产主义是物质产品极大丰富的社会。共产主义的第一阶段是社会主义，社会主义就是要发展生产力，这是一个很长的历史阶段。生产力不断发展，最后才能达到共产主义。

● 我们既有“左”的干扰，也有右的干扰，但最大的危险还是“左”。

● 搞改革完全是一件新的事情，难免会犯错误，但我们不能怕，不能因噎废食，不能停步不前。胆子还是要大，没有胆量搞不成四个现代化。

关键词

社会主义　共产主义　发展生产力　经验

导　读

《吸取历史经验，防止错误倾向》是 1987 年 4 月 30 日邓小平在会见西班牙工人社会党副总书记、政府副首相格拉时重要谈话的一部分。选自《邓小平文选》，第 3 卷，226-229 页。

社会历史背景

党的十一届三中全会作出了把党的工作重心转移到社会主义现代化建设上来和实行改革开放的战略决策。1979 年我国农村开始推广家庭联产承包责任制，以此为突破口，农村改革取得了明显成效。1982 年中共十二大以后，城市经济体制改革全面展开，与此同时，对外开放也逐渐扩大。我国经济发展速度超过预期，国内生产总值年均递增，各项事业呈现出一片欣欣向荣的景象。然而，几十年的“左”的思想还没有得到彻底纠正，人们仍存在着急于求成、赶超的心理，同时我国改革开放还面临着右的干扰。这些问题的出现，引发了邓小平对我国社会主义现代化建设战略的思考与构想。为了吸取历史经验教训，防止急躁冒进、急于求成的“左”倾错误的发生，消除人们对社会主义现代化建设和改革开放存在的种种疑虑和迷惑，确保我国社会主义现代化建设和改革开放能够稳步向前推进。根据邓小平渐趋成熟的构想，党中央对我国社会主义现代化建设作出战略安排，先后提出“两步走”“三步走”战略目标。1987 年 10 月，党的十三大在十二大的基础上正式将“三步走”发展战略构想确立为我国社会主义现代化建设的战略目标。在这篇谈话里，邓小平正式提到了关于我国社会主义现代化建设分“三步走”的发展战略，是在党的十三大召开之前对其较为全面而系统的一次论述。

历史地位与现实意义

《吸取历史经验，防止错误倾向》既是对中国共产党历史的科学揭示，也是对社会主义建设经验和教训的深刻总结。邓小平基于对历史经验教训和社会现实的科学把握，在这篇谈话里围绕“吸取历史经验，防止错误倾向”的中心思想，告诫全党和全国人民在社会主义现代化建设进程中，既要警惕右，更要防止“左”。在当时，邓小平关于防止“左”、右倾错误的深刻阐释，打消了人们对社会主义现代化建设和改革开放存在的种种疑虑和迷惑，帮助人们正确认识社会发展规律，统一了思想。该文所论述的我国社会主义现代化建设分“三步走”的发展战略，以及与此相关的邓小平关于社会主义根本任务就是发展社会生产力、一心一意搞建设、大胆改革等一系列重要观点构成了探索中国特色社会主义现代化建设的重要理论源头，而且有助于我们在新时代建设中国特色社会主义、实现中华民族伟大复兴中国梦进程中克服错误倾向，坚持方向不变、道路不偏、力度不减，既敢为天下先，敢闯敢试，又确保改革开放行稳致远，蹄疾步稳。

主要思想内容

《吸取历史经验，防止错误倾向》共 6 个自然段。邓小平通过简要地介绍中国改革开放和经济建设的情况，回顾了中华民族自鸦片战争以来特别是新中国成立以来，中国共产党带领人民进行革命斗争和建设实践的历史，总结了历史经验和教训，强调了需要注意防止和克服的错误倾向。

（一）肯定当前国内情况并阐述发展国民经济“三步走”战略目标（第1~2段）

邓小平指出：“总的说我们的情况是好的。粉碎‘四人帮’以后，从十一届三中全会开始，我们制定了一系列新的方针政策，实践证明这些方针政策是正确的。”（226页）在肯定当前经济发展情况的同时，邓小平进一步阐述了发展国民经济“三步走”的战略目标，即“我们原定的目标是，第一步在八十年代翻一番。以一九八〇年为基数，当时国民生产总值人均只有二百五十美元，翻一番，达到五百美元。第二步是到本世纪末，再翻一番，人均达到一千美元。实现这个目标意味着我们进入小康社会，把贫困的中国变成小康的中国。那时国民生产总值超过一万亿美元，虽然人均数还很低，但是国家的力量有很大增加。我们制定的目标更重要的还是第三步，在下世纪用三十年到五十年再翻两番，大体上达到人均四千美元。做到这一步，中国就达到中等发达的水平”（226页）。对于发展国民经济“三步走”战略目标预期的完成情况，邓小平认为“三步走”发展战略既是雄心壮志，也是能够实现的，“第一步的原定目标可以提前在今年或者明年完成。这并不意味着第二步就很容易。看起来，第二步的目标也能完成，但第三步比前两步要困难得多”（226页）。基于对十一届三中全会以来我国经济社会发展形势的科学分析，邓小平强调：“已经过去的八年多证明，我们走的路是对的。”（226-227页）

（二）回顾中国近现代历史，总结中国共产党领导革命和建设的经验教训（第3段）

中国自鸦片战争以来的一个多世纪，一直处于被侵略、受屈辱的卑下地位。在中国共产党的领导下，中国革命取得胜利。但1949年新中国成立后的38年里确实有不少失误，这是历史事实。邓小平是充分肯定中国社会主义方向的，“我们建设社会主义的方向是完全正确的”（227页）。在新中国成立以后，中国共产党带领人民选择了社会主义道路，确实改变了中国的面貌。“但什么叫社会主义，怎样建设社会主义，还在摸索之中。”（227页）在“解放了生产力以后，如何发展生产力，这件事做得不好”（227页）。由于没有考虑生产力水平，盲目冒进，1957年开始的政治上的“左”的错误导致1958年经济上搞“大跃进”，不仅没有促进生产力的发展，反而使生产力受到阻碍。1959—1961年三年困难时期，人民生活极度困苦。1962年刚开始有所好转，结果1966年以后的十年“文化大革命”带来了更大的灾难。对此，邓小平从两个方面思考并分析了“什么是社会主义，怎样建设社会主义”的问题。首先，邓小平抨击了江青集团的“贫困的社会主义”谬论，针对这一谬论，他从共产主义理想的角度说明“马克思主义讲的共产主义是物质产品极大丰富的社会。共产主义的第一阶段是社会主义”（228页）。因此，我们得出的一个结论是：贫穷不是社会主义。其次，邓小平从共产主义历史过程论证了社会主义就是要发展生产力的结论。他说："马克思讲的共产主义是'各尽所能，按需分配'的社会。什么是按需分配？没有生产力的极大发达，没有物质产品的极大丰富，怎么搞按需分配？"（228 页）只有"生产力不断发展，最后才能达到共产主义"（228 页）。

（三）介绍以改革开放为主的我国现行的一系列前瞻性政策（第 4 段）

在总结了中国共产党领导革命和建设的经验教训之后，邓小平介绍了我国现行的一系列政策，他指出，粉碎江青集团之初，"左"的错误没有完全纠正。"直到一九七八年底我们党的十一届三中全会，非常严肃和认真地总结了建国后的近三十年的经验。"（228 页）在这个基础上，党提出了能够促进生产力发展的一系列前瞻性政策，"主要是改革和开放，对内开放和对外开放；提出了我们的根本路线，就是把工作重点转到建设上来，不受任何干扰，一心一意、坚定不移地搞社会主义现代化建设"（228 页）。同时，还应注意到良好的国际国内环境对于实现四个现代化、搞好改革开放的重要性："在国内需要有安定团结的政治局面，在国际上需要一个和平环境，根据这个情况提出了我们的对外政策，概括地说，就是反对霸权主义和维护世界和平。"（228 页）

（四）明确提出在社会主义现代化建设进程中防止错误倾向的问题（第 5 段）

邓小平说，从十一届三中全会至今的 8 年多经历证明我们所做的事情是成功的，总的情况是好的，但仍存在错误倾向的干扰。邓小平指出了四个问题。第一，在社会主义现代化建设进程中，最大的危险是"左"，而且"几十年的'左'的思想纠正过来不容易……'左'已经形成了一种习惯势力"（228 页）。第二，在社会主义现代化建设进程中也有右的干扰，但中国必须坚持马克思主义、坚持社会主义。对于中国为什么不能走资本主义道路，必须走社会主义道路，邓小平从中国历史和现实两个方面作了回答。邓小平说："一旦中国全盘西化，搞资本主义，四个现代化肯定实现不了。中国要解决十亿人的贫困问题，十亿人的发展问题。如果搞资本主义，可能有少数人富裕起来，但大量的人会长期处于贫困状态，中国就会发生闹革命的问题。中国搞现代化，只能靠社会主义，不能靠资本主义。历史上有人想在中国搞资本主义，总是行不通。我们搞社会主义虽然犯过错误，但总的说来，改变了中国的面貌。"（229 页）第三，中国要警惕右，但主要是防止"左"。第四，要特别教育中国的青年人警惕右的东西。

（五）强调搞改革开放胆子要大（第 6 段）

邓小平指出，虽然党和人民在新中国成立后的 38 年中经受了挫折，但我们仍要清醒地认识到："我们搞四个现代化和改革、开放，以后还会遇到风险、困难，包括我们自己还会犯错误。中国是这么大的国家，我们做的事是前人没有做过的。中国有自己的特点，所以我们只能按中国的实际办事，别人的经验可以借鉴，但不能照搬。搞改革完全是一件新的事情，难免会犯错误，但我们不能怕，不能因噎废食，不能停步不前。"（229 页）

在对前段时期所做的工作认真地分析研究，肯定成绩，发现问题，总结了经验教训之后，邓小平指出在下一步改革工作中："胆子还是要大，没有胆量搞不成四个现代化。但处理具体事情要谨慎小心，及时总结经验。小错误难免，避免犯大错误。"（229 页）

要点解析

1. 社会主义的第一个任务是要发展社会生产力

新中国成立后，党和人民在探索中国自己的社会主义建设道路过程中经历了严重的曲折。我们能够从中得到许多经验教训，其中最重要的是要搞清楚"什么是社会主义，怎样建设社会主义"这个问题。从 1957 年开始，政治上"左"的错误导致了"大跃进""人民公社化"运动，究其根本，是在对社会主义的认识上忽略了对生产力水平的考虑。马克思主义讲的共产主义的第一阶段是社会主义，共产主义实行"各尽所能，按需分配"分配原则。如何实现"各尽所能，按需分配"？只有达到物质产品极大丰富、生产力极为发达的水平，才能搞按需分配。因此，作为共产主义第一阶段的社会主义的本质就是要大力发展生产力。

2. 关于中国搞现代化，只能靠社会主义，不能靠资本主义

邓小平在《吸取历史经验，防止错误倾向》一文中充分肯定了中国的社会主义方向，严重批判了右的倾向，右的倾向"打着拥护开放、改革的旗帜，想把中国引导到搞资本主义。这种右的倾向不是真正拥护改革、开放政策，是要改变我们社会的性质"（229 页）。中国面临的是解决贫困和发展的问题，而资本主义只是能够让少数人富裕起来，大部分的人还是长期处于贫困状态，这样便会导致中国闹革命的问题，那么就无法结束中国的混乱状态，无法改变中国贫穷落后的状态。尽管中国自开始全面建设社会主义以来犯了一些错误，经历了曲折，但是从总体上说，社会主义建设取得的成就是值得肯定的。近代以来中国历史的发展能够证实，中国搞资本主义没有出路，只有社会主义才能救中国。

思考题

1. 邓小平强调搞改革开放胆子要大有什么现实意义？
2. 结合中国革命和建设的历史谈谈"左"的根源和危害。

阅读书目

1. 邓小平. 社会主义必须摆脱贫穷//邓小平. 邓小平文选：第 3 卷. 北京：人民出版社，1993：223-225.

2. 邓小平. 我们干的事业是全新的事业//邓小平. 邓小平文选：第 3 卷. 北京：人民出版社，1993：253-257.

邓小平《在武昌、深圳、珠海、上海等地的谈话要点》导读

要点提示

● 社会主义的本质，是解放生产力，发展生产力，消灭剥削，消除两极分化，最终达到共同富裕。

● 要坚持党的十一届三中全会以来的路线、方针、政策，关键是坚持“一个中心、两个基本点”。不坚持社会主义，不改革开放，不发展经济，不改善人民生活，只能是死路一条。基本路线要管一百年，动摇不得。

● 要害是姓“资”还是姓“社”的问题。判断的标准，应该主要看是否有利于发展社会主义社会的生产力，是否有利于增强社会主义国家的综合国力，是否有利于提高人民的生活水平。

● 正确的政治路线要靠正确的组织路线来保证。中国的事情能不能办好，社会主义和改革开放能不能坚持，经济能不能快一点发展起来，国家能不能长治久安，从一定意义上说，关键在人。

● 我坚信，世界上赞成马克思主义的人会多起来的，因为马克思主义是科学。

关键词

改革　发展　基本路线　组织路线　历史发展总趋势

导　读

《在武昌、深圳、珠海、上海等地的谈话要点》是根据邓小平 1992 年 1 月 18 日至 2

月 21 日在武昌、深圳、珠海、上海等地视察期间，就我国改革开放和现代化建设的一系列重大理论和实际问题发表的重要谈话整理而成。选自《邓小平文选》，第 3 卷，370-383 页。

社会历史背景

《在武昌、深圳、珠海、上海等地的谈话要点》发表于 20 世纪 90 年代初，当时国际国内形势都相当复杂和严峻。

进入 20 世纪 90 年代，全球风云变幻，国际形势发生了深刻变化。东欧社会主义国家的改革非但没有成功，反而演变为对国家性质的改变、对共产党执政地位的剥夺，最终走向失败。随着世界上第一个社会主义国家——苏维埃社会主义共和国联盟的解体，国际共产主义运动遭到前所未有的挫折，社会主义运动跌入低谷。西方舆论攻击社会主义的浪潮在一些人中间产生了不小的影响，同时，以美国为代表的西方国家对我国政治上实行封锁，经济上实行制裁，并加大“和平演变”的力度，企图使中国重蹈苏东覆辙，以达到“和平演变”社会主义中国的目的。这种紧迫而严峻的形势要求我们党对要不要坚持社会主义、怎样坚持社会主义、走怎样的路等问题作出明确的回答。

首先，就我国改革开放本身而言，已取得了巨大成就，但也暴露出一些新问题。有些人把这些问题看成改革的错误，对继续推行改革开放提出质疑。他们将市场经济等同于资本主义，认为只有回到计划经济体制中去，才能挽救社会主义。这些错误认识和看法，严重干扰了党的基本路线的贯彻和改革开放的顺利推进。其次，在经济方面，进入 20 世纪 90 年代初，我国经济发展第一步战略目标的任务基本完成。20 世纪 90 年代是完成第二步战略目标、实现经济发展“三步走”战略的关键时期，任务艰巨，时间紧迫。再次，“左”的思想提出应该将党的工作重心放在反“和平演变”上，这严重干扰了以经济建设为中心。最后，即将召开的党的十四大也迫切要求党做好思想、理论和组织上的准备。

基于国内外巨大的压力和严峻的形势，能否明确回答这些问题，事关改革开放和现代化建设的全局，事关能否为即将召开的党的十四大制定正确的路线、方针及发展战略。邓小平南方谈话，正是适应历史发展的迫切要求而发表的。

历史地位与现实意义

正值国际国内形势处于非常严峻的关头，邓小平南方谈话对于解放思想，实事求是，坚持十一届三中全会以来的理论和路线，把改革开放和现代化建设推进到新阶段，具有重大的理论和实践意义。

从理论角度而言，邓小平南方谈话对建设有中国特色的社会主义理论的核心内容作了非常精辟、系统的阐述和概括，并提出了一系列重要的新思想和新论断。它是邓小平关于“什么是社会主义，怎样建设社会主义”思想的集大成，在多个方面丰富和发展了马克思主义理论和建设有中国特色的社会主义理论，是我国坚持中国特色社会主义道路、实现社会主义现代化的理论指南。

从实践角度而言，邓小平南方谈话明确了长期以来一直束缚和困扰人们思想的许多重大认识问题，在全国引起了强烈反响，极大地鼓舞了全党和全国人民，推进了人们思想的大解放。

主要思想内容

《在武昌、深圳、珠海、上海等地的谈话要点》即著名的邓小平南方谈话，全文共有6个部分，内容十分丰富，涉及建设有中国特色的社会主义的各个方面，是邓小平对建设有中国特色的社会主义理论最集中、最完整、最系统的表述。

（一）

此部分共4个自然段，主要论述了两个问题：第一，革命是解放生产力，改革也是解放生产力。邓小平说：“过去，只讲在社会主义条件下发展生产力，没有讲还要通过改革解放生产力，不完全。应该把解放生产力和发展生产力两个讲全了。”（370页）第二，坚持党在社会主义初级阶段的基本路线一百年不动摇。邓小平指出：“要坚持党的十一届三中全会以来的路线、方针、政策，关键是坚持‘一个中心、两个基本点’。不坚持社会主义，不改革开放，不发展经济，不改善人民生活，只能是死路一条。”（370页）因此，“基本路线要管一百年，动摇不得”（370-371页）。

（二）

此部分共6个自然段，主要讲要进一步解放思想、加快改革开放的步伐。邓小平指出，“改革开放胆子要大一些，敢于试验……看准了的，就大胆地试，大胆地闯”（372页）。破除思想禁锢，大胆改革开放，必须解决以下几个问题：第一，针对姓“社”和姓“资”的问题，邓小平明确指出：“判断的标准，应该主要看是否有利于发展社会主义社会的生产力，是否有利于增强社会主义国家的综合国力，是否有利于提高人民的生活水平。”（372页）第二，针对计划和市场的问题，邓小平指出：“计划多一点还是市场多一点，不是社会主义与资本主义的本质区别……计划和市场都是经济手段。”（373页）第三，针对“先富”和“共富”问题，邓小平指出：“走社会主义道路，就是要逐步实现共同富裕。”（373页）共同富裕就是“一部分地区有条件先发展起来，一部分地区发展慢点，先发展起来的地区带动后发展的地区，最终达到共同富裕”（374页）。第四，针对反“左”和反右的问题，邓小平指出：“右可以葬送社会主义，‘左’也可以葬送社会主义。中国要警惕右，但主要是防止‘左’。”（375页）为此，我们要保持清醒的头脑，这样就不会犯大错误，出现问题也容易纠正和改正。

邓小平通过对以上四个方面问题的深入透彻的分析，揭示了“社会主义的本质，是解放生产力，发展生产力，消灭剥削，消除两极分化，最终达到共同富裕”（373 页）。

（三）

此部分共 5 个自然段，邓小平主要讲了两个方面的问题：第一，提出了台阶式或波浪式经济发展战略。邓小平指出，社会主义现代化建设必须抓住时机，加快发展，力争出现若干个发展速度比较快、效益比较好的阶段，每隔几年经济发展上一个台阶，“治理整顿有成绩，但评价功劳，只算稳的功劳……如果不是那几年跳跃一下，整个经济上了一个台阶，后来三年治理整顿不可能顺利进行……对于我们这样发展中的大国来说，经济要发展得快一点，不可能总是那么平平静静、稳稳当当……发展才是硬道理”（377 页）。同时，也对前八年经济工作作出了科学评价。第二，指出发展经济必须依靠科技和教育，提出了“科学技术是第一生产力”的著名论断。邓小平指出：“经济发展得快一点，必须依靠科技和教育。我说科学技术是第一生产力。”（377 页）

（四）

此部分共 3 个自然段，主要讲了三方面的内容：第一，要坚持两手抓，两手都要硬。邓小平指出，坚持两手抓，要“一手抓改革开放，一手抓打击各种犯罪活动”（378 页）。要一手抓物质文明建设，一手抓精神文明建设。第二，要坚持四项基本原则，反对资产阶级自由化。“在整个改革开放的过程中，必须始终注意坚持四项基本原则……特区搞建设，花了十几年时间才有这个样子，垮起来可是一夜之间啊……在苗头出现时不注意，就会出事。”（379 页）第三，必须依靠无产阶级专政保卫社会主义制度。邓小平指出：“马克思说过，阶段斗争学说不是他的发明，真正的发明是关于无产阶级专政的理论。……对人民实行民主，对敌人实行专政，这就是人民民主专政。”（379 页）我们搞社会主义才几十年，还处在初级阶段。巩固和发展社会主义制度，还需要一个很长的历史阶段，需要我们几代人、十几代人，甚至几十代人坚持不懈地努力奋斗。对此，决不能掉以轻心。

（五）

此部分共 5 个自然段，邓小平主要阐述了两个方面的问题：第一，培养革命接班人至关重要。邓小平指出：“正确的政治路线要靠正确的组织路线来保证。中国的事情能不能办好……关键在人。”（380 页）选拔接班人“要按照‘革命化、年轻化、知识化、专业化’的标准，选拔德才兼备的人进班子”（380 页）。选拔接班人同时还要注意反对形式主义和官僚主义，“形式主义也是官僚主义。要腾出时间来多办实事，多做少说”（381－382 页）。第二，学马列要精，要管用，要坚持实事求是。“实事求是是马克思主义的精髓……我们改革开放的成功，不是靠本本，而是靠实践，靠实事求是。”（382 页）“实践是检验真理的唯一标准……马克思主义是很朴实的东西，很朴实的道理。”（382 页）

（六）

此部分共 3 个自然段，邓小平指出马克思主义是科学，“它运用历史唯物主义揭示了人类社会发展的规律……社会主义经历一个长过程发展后必然代替资本主义。这是社会历史发展不可逆转的总趋势，但道路是曲折的”（382-383 页）。“和平与发展这两大问题，至今一个也没有解决……中国反对霸权主义、强权政治，永不称霸。中国是维护世界和平的坚定力量”（383 页）。我们要在建设具有中国特色的社会主义的道路上继续前进，“资本主义发展几百年了，我们干社会主义才多长时间！何况我们自己还耽误了二十年。如果从建国起，用一百年时间把我国建设成中等水平的发达国家，那就很了不起”（383 页）。我们坚定信念，埋头苦干，把自己的事情办好。

要点解析

1. 关于社会主义本质

社会主义的本质，是解放生产力，发展生产力，消灭剥削，消除两极分化，最终达到共同富裕。社会主义的优越性就在于解放和发展生产力，走社会主义道路，就是要逐步实现共同富裕。计划多一点还是市场多一点，不是社会主义与资本主义的本质区别。计划经济不等于社会主义，资本主义也有计划；市场经济不等于计划经济，社会主义也有市场。计划和市场都是经济手段，不能作为区别两种社会制度的根本标准。

2. 关于“三个有利于”的标准

在南方谈话中，邓小平明确提出了判断改革开放中一切工作得失、是非、成败的“三个有利于”标准，即是否有利于发展社会主义社会的生产力，是否有利于增强社会主义国家的综合国力，是否有利于提高人民的生活水平。这是邓小平反复思考社会主义建设问题得出的重要结论，是邓小平和中国共产党认识和评价一切重大问题的根本指南，是解放思想、实事求是的真谛，是邓小平理论的根本。邓小平理论都是以“三个有利于”为指导的，都是从生产力状况和人民群众的利益要求出发，最终目的都是为了更快地发展生产力和提高人民生活水平。“三个有利于”标准具有内在的联系性，其中，最基本的是生产力标准，没有生产力的发展，综合国力的提高和人民生活水平的改善就是一句空话。所以坚持“三个有利于”的判断标准，首先必须坚持生产力标准。“三个有利于”标准是解放思想、实事求是的产物，能否坚决彻底地贯彻“三个有利于”标准，是衡量我们思想是否真正解放、是否真正做到实事求是的根本标准。

3. 科学技术是第一生产力

邓小平关于科学技术是第一生产力思想的提出，是社会实践的产物，是马克思主义关于科学技术是生产力思想在认识上的深化，是邓小平对马克思主义社会基本矛盾理论的一个新贡献。在南方谈话中，邓小平进一步强调了科学技术是第一生产力的思想，对科学技术在当代生产力和社会经济发展中的第一位变革作用作出了科学的判断。这个判断把马克思主义的生产力理论发展到了一个新高度，揭示了科学技术在当代生产力和社会经济发展中产生的巨大推动作用，具有重大理论和实践意义。同时“科学技术是第一生产力”的论断，是邓小平科技思想的首要观点。它具有深刻的内涵，首先，科技革命是人类社会发展的巨大推动力量，是人类文明的重要标志。其次，科学技术是推动生产力发展的首要力量。最后，科学技术是生产力要素中的第一要素或主导要素。中国的发展离开科学技术不行，四个现代化的实现，关键是科学技术现代化。因此，要把科学技术和教育放到战略高度去认识。实施科教兴国战略，是我们党面对世界范围内科学技术迅猛发展和综合国力剧烈竞争的挑战，着眼于国家和民族长远利益，根据我国现实情况，对邓小平关于科学技术是第一生产力思想的全面落实。

思考题

1. 邓小平关于社会主义和市场经济关系的论述及其重要意义是什么？
2. 怎样理解邓小平强调发展速度的意义？
3. 在反倾向的斗争中，为什么必须警惕右，但主要是防止“左”？

阅读书目

1. 邓小平. 视察江苏等地回北京后的谈话//邓小平. 邓小平文选：第3卷. 北京：人民出版社，1993：24-26.

2. 邓小平. 第三代领导集体的当务之急//邓小平. 邓小平文选：第3卷. 北京：人民出版社，1993：309-314.

江泽民《关于讲政治》导读

要点提示

● 讲政治，对于一个马克思主义政党来说，不是什么新问题。从我们的老祖宗马克思、恩格斯、列宁，到毛主席和邓小平同志，可以说是一以贯之的。这也是我们党的优良传统。

● 社会主义现代化建设是我们当前最大的政治，因为它代表着人民的最大的利益、最根本的利益。

● 没有离开政治的经济，也没有离开经济的政治。没有强有力的政治保证，经济建设是搞不好的。

● 坚持讲政治，是党的基本理论和基本路线的必然要求，是建设有中国特色社会主义伟大事业的必然要求。

关键词

政治　经济　党员干部思想政治素质　社会主义现代化

导　读

《关于讲政治》是江泽民同志 1996 年 3 月 3 日在八届全国人大四次会议上的讲话。原载于《求是》1996 年第 13 期。选自《江泽民文选》，第 1 卷，514－517 页。

社会历史背景

“领导干部一定要讲政治”，这是江泽民在党的十四届五中全会召集人会议上提出的一个重要思想。提出这个思想主要是针对改革开放以来特别是在建立社会主义市场经济过程中，一些党员干部不注意学习和世界观改造，不能正确处理个人和组织、群众的关系，不能正确对待个人名利，追求个人享受，甚至迷恋资产阶级生活方式，对西方敌对势力的“西化”“分化”缺乏应有的警惕，不能从政治上分析形势、判断是非而提出的。1995 年 11 月 8 日，江泽民在北京市考察工作时强调，领导干部要“讲学习，讲政治，讲正气”。他说：“我在党的十四届五中全会上强调，领导干部特别是高级干部一定要讲政治。这也是针对当前党内一些干部的现状而言的，是有的放矢的。现在，有些领导干部脑子里政治这根弦可以说比较松了，有的甚至到了是非不辨、美丑不分的地步。有的同志产生了一种误解，以为坚持以经济建设为中心，就可以不注意政治了。”① 1996 年 1 月，江泽民在接见解放军报社师级以上干部时发表的讲话中指出：最近，中央多次强调，高级干部一定要讲政治，在政治问题上必须头脑清醒。毫无疑问，在党的新闻工作中同样要强调这个问题，这是新的形势和任务提出的必然要求。《关于讲政治》是江泽民对这一问题的一次全面系统的论述。

历史地位与现实意义

《关于讲政治》是一篇在改革开放和社会主义市场经济条件下全面系统地阐述讲政治的重要性、必要性以及政治的内涵，政治与经济辩证关系的马克思主义的重要文献，是改革开放历史进程中党的建设、思想政治工作、干部教育的一个重要理论成果，是“三讲”教育的重要文献。认真学习和深入领会《关于讲政治》的思想对坚持党的基本路线，确保我国社会主义现代化事业长盛不衰具有十分重大而深远的意义。

主要思想内容

《关于讲政治》共 4 个自然段，主要论述了在社会主义现代化建设特别是建立社会主义市场经济过程中讲政治的重要性、讲政治的科学内涵和讲政治的基本要求。

（一）讲政治是马克思主义的基本原理，也是我们党的优良传统（第 1 段）

江泽民说：“讲政治，对于一个马克思主义政党来说，不是什么新问题。从我们的老

---

① 江泽民. 江泽民文选：第 1 卷. 北京：人民出版社，2006：484-485.

祖宗马克思、恩格斯、列宁到毛泽东同志、邓小平同志，可以说是一以贯之的。这也是我们党的优良传统。”（514 页）马克思主义历来都十分注重讲政治，倡导和讲求无产阶级的政治。马克思、恩格斯在长期的革命实践中，始终坚持鲜明的无产阶级政治立场和政治观点，同各种非马克思主义的思想进行了坚决的斗争，体现了超凡的政治敏锐性和政治鉴别力。列宁在领导俄国无产阶级革命和建设的过程中，也始终重视从政治的角度认识和解决问题。十月革命前，列宁针对经济派主张单纯经济斗争的观点，指出政治教育和政治鼓动问题的重要性；十月革命后，在集中精力进行经济建设时，列宁仍然坚持讲政治，提出政治是经济的集中表现，政治同经济相比不能不占首位等著名论断。

中国共产党人也历来十分注重讲政治。早在 1939 年毛泽东就指出，共产党人要坚持坚定正确的政治方向。新中国成立以后，毛泽东同志又提出“没有正确的政治观点，就等于没有灵魂”①。在党的工作重心转移到经济建设上来的新的历史条件下，邓小平仍坚持从政治上看问题，他说，“不能设想，离开政治的大局，不研究政治的大局，不估计革命斗争的实际发展，能成为一个马克思主义的思想家、理论家”②，到什么时候都得讲政治。

（二）讲政治是搞经济建设、搞现代化建设的保证（第 2～3 段）

江泽民针对一些人认为实现现代化是当前最大的政治，搞经济建设、搞现代化建设就不需要再讲政治了和讲政治就是又要回到过去搞“以阶级斗争为纲”，搞“左”的那一套等错误认识，回答了讲政治与经济建设、与“左”的政治的关系，指出讲政治的必要性和根本目的。江泽民指出，党的十一届三中全会确定以经济建设为中心是完全正确的。历史的经验证明，解决中国的所有问题，归根到底要靠经济发展。从这个意义上说，集中力量把经济搞上去，实现中国的现代化本身就是最大的政治。但是这并不等于说只要抓好经济工作就可以了，更不是说经济搞上去了其他事业就会自然而然地上去。改革开放和现代化建设的实践证明，我们在坚持经济建设这个中心的同时，必须坚持四项基本原则、坚持改革开放这样两个基本点。两个基本点和一个中心是相辅相成的，只有坚持改革开放才能“不断增强经济社会发展的活力”，只有坚持四项基本原则才能为经济建设和改革开放创造“最根本的政治条件”（515 页）。坚持两个基本点，归根结底是为了保证和促进中心任务和社会主义现代化目标的顺利实现。中央反复强调讲政治这个问题，根本目的就是要求各级干部特别是高级干部学会辩证地认识和处理改革、发展和稳定的关系，经济同政治的关系，物质文明同精神文明的关系，生产力同生产关系、经济基础同上层建筑的关系，为经济建设“创造更加充分的政治条件和提供更强有力的政治保证”（515 页），“使政治同经济、政治同各项业务紧密结合在一起，保证经济工作和其他各项工作沿着正确的方向更好更有秩序地进行”（516 页）。

---

① 毛泽东．毛泽东著作选读：下册．北京：人民出版社，1986：780．

② 邓小平．邓小平文选：第 2 卷．2 版．北京：人民出版社，1994：179．

（三）讲政治有特殊的要求和意义（第4段）

江泽民说："我们讲的政治，是马克思主义的政治，是建设有中国特色社会主义的政治。"（516页）这里的政治包括"政治方向、政治立场、政治观点、政治纪律、政治鉴别力、政治敏锐性"。这不仅体现了马克思主义历来的根本要求，更是针对改革开放以来现实生活中出现的新情况、新问题提出的，有着深刻的含义和很强的现实针对性。江泽民接着阐述了中央强调讲政治的重要意义。他提出了六个"只有"，即"只有讲政治，才能保证把党的基本理论、基本路线、基本方针和各项政策，把国家的法律法规贯彻到经济建设和各项工作中去，防止和排除各种错误思想、错误倾向的干扰，保持正确的发展方向。只有讲政治，才能动员、鼓舞和团结全国各族人民，为实现党和国家确定的经济建设和社会发展的宏伟目标而共同努力奋斗。只有讲政治，才能正确认识和处理两类不同性质的社会矛盾，有力地打击国内外敌对势力的破坏活动和各种形式的犯罪活动，为经济发展创造良好的社会政治环境。只有讲政治，才能妥善处理各种利益关系，最大限度地调动各方面的积极性，并把各方面的积极性引导好、保护好、发挥好。只有讲政治，才能使广大干部特别是各级领导干部提高思想政治素质，增强总揽和驾驭全局的能力，从而提高领导经济建设和现代化建设的水平。只有讲政治，才能坚持党的全心全意为人民服务的宗旨，保证党的坚强团结、党同人民的坚强团结，保持党同人民群众的血肉联系"（516－517页）。最后，江泽民强调："坚持讲政治，是党的基本理论和基本路线的必然要求，是建设有中国特色社会主义伟大事业的必然要求。"（517页）

要点解析

1. 政治与经济的辩证关系

经济是基础，一切政治问题都是由经济的原因引起的，因此，解决政治问题，解决所有问题归根结底要靠经济的发展。但是政治不是简单从属于经济的，政治有自身的发展规律，政治可以促进也可以阻碍经济的发展。处理政治和经济业务的关系要辩证认识改革、发展、稳定的关系，物质文明和精神文明的关系，生产力同生产关系、经济基础同上层建筑的关系，既要防止政治万能的"左"的倾向，也要反对用经济代替政治的自发论倾向。政治只有同经济工作和其他各项工作结合才能发挥作用，而经济工作和其他各项工作只有在正确的政治指导下，才能沿着正确的方向更好更有秩序地进行。

2. 讲政治的基本要求

明确讲政治的侧重点是党员干部特别是高级干部。讲政治的主要目的是分清一些基本理论是非，提高党员干部的马克思主义理论水平，提高政治敏锐性、政治鉴别力，提高驾驭社会主义现代化建设的能力，提高识别和抵制歪风邪气的能力。讲政治的主要途径是加强理论学习，主要是学习马列主义、毛泽东思想，特别是邓小平理论。

思考题

1. 强调领导干部一定要讲政治有什么现实意义？

2. 思想政治素质与马克思主义理论学习的关系是怎样的？

阅读书目

1. 江泽民．讲学习，讲政治，讲正气//江泽民．江泽民文选：第1卷．北京：人民出版社，2006：483-486.

2. 江泽民．论加强和改进学习//江泽民．江泽民文选：第2卷．北京：人民出版社，2006：279-311.

江泽民《始终做到“三个代表”是我们党的立党之本、执政之基、力量之源》(节选)导读

要点提示

● 推进党的思想建设、政治建设、组织建设、作风建设，都应该贯穿“三个代表”要求。

● 坚持“三个代表”，是我们党的工人阶级先锋队性质、根本宗旨、根本任务的集中体现，是对党的各级组织和全体党员、干部提出的根本要求。

● 在新的历史条件下，按照“三个代表”要求加强党的建设，既是一项紧迫的现实任务，也是一项长期的历史任务，要贯穿于我们党领导人民进行现代化建设的全过程。

● 加强新时期党的建设，落实“三个代表”要求，首先要进行调研，摸清情况。

关键词

“三个代表”　立党之本　执政之基　力量之源

导　读

《始终做到“三个代表”是我们党的立党之本、执政之基、力量之源》是江泽民同志在上海主持召开江苏、浙江、上海党建工作座谈会时的讲话。选自《江泽民文选》，第3卷，15-33页。

社会历史背景

20世纪90年代以后，我国改革开放进入新的发展阶段。国内方面，主要是建立社会主义市场经济体制和社会经济成分、组织形式、物质利益和就业方式多样化进一步发展；国际方面，主要是东欧剧变、苏联解体、世界经济一体化、政治多极化和文化多元化的发展。国内外环境的变化使我们党的工作、党的建设都面临更加复杂的考验和挑战。如何认识我国生产力的最新发展和经济体制深刻变革的实际、人民群众物质文化生活的新要求和党员队伍的重大变化；如何始终保持党的工人阶级先锋队性质，更好地代表最广大人民的利益；如何始终保持全党同志按照党的奋斗目标，按照国家和人民的最高利益来行动，维护和加强党的坚强团结和统一；等等。这都需要我们作出回答。以江泽民同志为核心的党中央领导集体正是根据国际国内形势的新变化，根据我国改革开放和现代化建设面临的新问题和新任务，根据我们党肩负的历史使命和党的自身建设实际，在深刻总结党的历史经验的基础上提出了“三个代表”重要思想。

历史地位与现实意义

“三个代表”重要思想是对马克思列宁主义、毛泽东思想和邓小平理论的继承和发展，反映了当代世界和中国的发展变化对党和国家工作的新要求，是加强和改进党的建设、推进我国社会主义自我完善和发展的强大理论武器，是全党集体智慧的结晶，是党必须长期坚持的指导思想。“三个代表”重要思想是江泽民同志2000年2月在广东考察工作时首次提出的。江泽民同志说：“改革开放以来，我们的党员、干部队伍的构成情况发生了很大的变化，提出了许多新的课题。我们要使党始终保持工人阶级先锋队性质，始终代表最广大人民群众的利益，始终成为社会先进生产力的代表，始终领导全国各族人民促进社会生产力的发展，始终坚强有力地发挥好领导核心作用”①。2001年在庆祝中国共产党成立八十周年大会上的讲话中他又对“三个代表”的科学内涵作了系统而深刻的阐述。《始终做到“三个代表”是我们党的立党之本、执政之基、力量之源》在“三个代表”重要思想提出和发展过程中具有重要地位，对理解“三个代表”重要思想提出的背景、内涵和贯彻“三个代表”重要思想的要求有深远意义。

主要思想内容

《始终做到“三个代表”是我们党的立党之本、执政之基、力量之源》共有三部分，

① 江泽民. 论党的建设. 北京：中央文献出版社，2001：381.

主要阐述了“三个代表”重要思想的党建地位，提出“三个代表”重要思想的客观依据和如何把“三个代表”重要思想贯彻到党的一切工作中去。这里重点学习第二、第三部分。

二、关于按照“三个代表”要求切实加强党的建设

这部分共13个自然段，主要谈三个问题。

（一）按照“三个代表”要求加强党的建设（第1段）

江泽民同志强调，按照“三个代表”要求抓党的建设，同新时期党的建设新的伟大工程的总目标、总要求是一致的，同党的十五大提出的用邓小平理论武装全党的部署和要求也是一致的。党的建设的各个方面都要贯彻“三个代表”要求。用“三个代表”要求建设党，要解决的主要问题是不断提高党的领导水平和执政水平，增强拒腐防变和抵御风险的能力。只有始终做到“三个代表”，我们的党才能强本固基，永葆生机和活力。

（二）用“三个代表”要求建设党是由党的建设面临的新情况和新问题决定的（第2~7段）

江泽民同志着重就我国经济社会发展面临的新情况、新问题和党的工作面临的新问题作了分析。他首先对我国经济社会发展的整体状况作了分析。从我国正处于社会主义初级阶段，需要进一步解放和发展社会生产力，调动人民群众的积极性，推动经济社会较快发展的实际出发，提出三个“坚持和完善”和一个“深化”，即必须毫不动摇地坚持和完善社会主义以公有制为主体、多种所有制经济共同发展的基本经济制度；坚持和完善社会主义市场经济体制，使市场在国家宏观调控下对资源配置起基础性作用；坚持和完善以按劳分配为主体的多种分配方式；深化改革，扩大开放，推进两个根本性转变。在社会生活变化方面提出五个“多样化”，即社会经济成分、组织形式、就业方式、利益关系和分配方式多样化。这些都给党的执政和领导各项事业提出了新的更高要求。

江泽民同志还具体分析了经济社会发展给党的建设提出的需要认真思考和回答的问题。主要是：（1）市场经济发展，人们在就业和经营活动方面流动性增强，党的领导如何有效覆盖社会和市场的广泛领域的问题；（2）由于劳动性质、就业方式和收入分配条件变化带来不同地区、不同部门、不同职业、不同方面群众的具体利益差别，党如何更好地代表全体人民的根本利益和不同社会群体的具体利益，如何按照效率优先、兼顾公平的原则处理好效率与公平的关系问题；（3）坚持以公有制经济为主体，积极鼓励和引导非公有制经济发展，党如何加强对非公有制经济领域的领导，切实把这些领域的群众团结在党的周围的问题；（4）随着改革的深化和市场经济的发展，群众的不同利益要求如何满足，党如何更好地总揽全局，协调各方面关系，调动各方面积极性，把现阶段任务同最终目标更好地结合的问题；等等。

（三）把“三个代表”要求贯彻到党的基层组织建设的各项工作中去（第8～13段）

江泽民同志指出：“基层组织是党的全部工作和战斗力的基础。”（18页）基层组织的地位在于：分布在各条战线，联系着社会各阶层群众。平时对改革、发展、稳定有重要作用，遇到突发事件和政治风浪也需要基层组织发挥作用。基层组织工作扎实有效，才能“任凭风浪起，稳坐钓鱼船”（45页），否则就会“地动山摇”。他在分析基层组织的现状后指出，有些基层组织疏于管理，对各种动向缺乏应有的警惕和警觉，出了问题没人报告、研究，不能及时处理，党组织的战斗力很薄弱。在分析的基础上，针对各类组织的目标、任务、特点提出了贯彻“三个代表”的要求。国有企业要紧紧围绕企业改革和发展加强党的建设。无论企业如何改革，党的政治领导，企业党组织的政治核心作用，全心全意依靠工人阶级，充分发挥广大职工群众的积极性、主动性和创造性，都必须坚持，不能有任何削弱。党的农村基层组织要适应新阶段农村经济社会发展需要，坚决贯彻执行党在农村的基本政策，重视扶持农村改革中出现的新事物，深化农村改革，并注意从当地实际出发，通过多种形式逐步发展壮大集体经济，提高农村基层组织的集体服务功能。非公有制经济组织是党的建设的一个新的领域。党的建设一是要抓紧建立和完善党的组织，抓紧物色、培训、储备一批素质和能力适合在这类企业工作的党员骨干力量；二是要积极探索党组织发挥作用的途径、内容和方法。街道社区党的建设是一个新的课题。社区党的建设的实质是打牢党在城市工作的组织基础和群众基础，重点是提高市民素质和城市文明程度。要扩大工作的覆盖面，发挥党员先锋模范作用，做好群众思想工作、社会治安综合治理工作和社区服务工作。

三、关于把“三个代表”要求贯彻落实到党的全部工作中去

这部分共9个自然段，主要谈在党的工作中贯彻“三个代表”重要思想的总要求和具体要求。

（一）把“三个代表”的要求贯彻落实到党的全部工作中去的总要求（第1段）

把“三个代表”的要求贯彻落实到党的全部工作中去的总要求是：党的各级组织和全体党员，特别是领导干部要用“三个代表”重要思想来指导自己的思想和行动。党的各项工作都要坚持、体现和贯彻“三个代表”的要求。

（二）把“三个代表”的要求贯彻落实到党的全部工作中去的具体要求（第2～9段）

具体要求包括五个方面：

第一，把“三个代表”要求落实到坚定正确地执行党的路线方针政策中去。江泽民同志说，党的十一届三中全会以来，我们党形成了社会主义初级阶段的基本路线和基本纲领，在经济、政治、科技、教育、文化、军事、外交等各方面制定了一整套方针政策。实践证明，这些都是正确的，集中体现了当代中国先进生产力的发展要求，体现了中国先进文化的前进方向，体现了中国最广大人民的根本利益。在跨世纪的征程中必须毫不动摇地坚持下去。要特别重视总结正确贯彻党的路线方针政策同全面体现“三个代表”要求相结合的经验，要善于识别和及时排除违反“三个代表”要求的错误言行的干扰，保证党的路线方针政策的贯彻执行。

第二，把“三个代表”要求落实到党的各项工作中去。每一个领导干部，都要结合自己所在地区、部门的实际，创造性地开展工作，把党的路线方针政策和党中央的工作部署真正落到实处。江泽民同志强调，根据客观情况的变化，及时察觉和研究前进中的新问题、新矛盾，不断从人民群众在实践中创造的新经验中汲取营养，不断改进和完善自己的工作，是提高党的执政水平和领导水平的重要原则，也是丰富和发展马克思主义的重要原则，是马克思、恩格斯、列宁、毛泽东、邓小平一贯坚持的思想路线。同时，根据经济基础的发展，自觉改革和完善上层建筑中不适应经济基础的部分，也是检验各项工作是不是符合“三个代表”要求的基本标准。

第三，把“三个代表”要求落实到建设一支高素质的干部队伍中去。江泽民同志强调，建设一支高素质的干部队伍“太重要了”，而且“时机非常重要”（27 页）。各条战线都要聚集和造就优秀人才。培养干部要坚持德才兼备的要求，要坚持党管干部的原则，要到艰苦环境中培养干部。

第四，把“三个代表”要求落实到从严治党中去。江泽民同志首先强调了从严治党的紧迫性。我们党员和党的干部队伍庞大，治党不严会出大问题，近几年党员干部特别是高级干部屡出问题值得警惕。党的自身建设影响党同群众的关系，关系社会主义现代化建设的成败。从严治党关键在落实。所谓落实，就是要把从严治党的方针落实到党的思想、政治、组织、作风、纪律、制度建设的各个方面，落实到对各级党组织、广大党员和干部进行教育、管理、监督的各个环节中去。要克服政治生活中的“好人主义”和庸俗作风，任何干部都不能对自己曾经信任和重用过的干部护短。要坚持在党纪面前人人平等，对党内发生的违法违纪案件必须严查严处。要严格执行党的制度并根据实践的发展不断健全各项制度，形成一套从严治党的制度机制。

第五，江泽民同志从贯彻“三个代表”的要求既是一项现实任务又是一项长期历史任务出发，提出全党要重视调查研究，总结探索党领导社会主义现代化建设和自身建设的经验。了解党的建设面临的新情况和新问题，并切实做到心中有数。

要点解析

1. “三个代表”重要思想提出的背景

“三个代表”重要思想是在对当今国际局势科学判断的基础上形成的。冷战结束后，国际局势发生了深刻变化。世界多极化和经济全球化的趋势在曲折中发展，和平与发展仍是时代主题。但霸权主义和强权政治有新的表现，恐怖主义危害上升，一些地区的冲突和争端此起彼伏，世界还很不安宁。科技进步日新月异，以信息技术为核心的高新技术的发展，极大地改变了人们的生产、生活方式和国际经济、政治关系，以经济为基础、科技为先导的综合国力竞争更为激烈。当今国际局势的深刻变化，是“三个代表”重要思想形成的时代背景。

“三个代表”重要思想是在对当代中国发展变化科学认识的基础上形成的。十一届三中全会以来，党经受住一次又一次考验，排除各种干扰，保证了改革开放和现代化建设的航船始终沿着正确的方向破浪前进。随着改革开放和社会主义市场经济的发展，社会经济成分、组织形式、就业方式、利益关系和分配方式日益多样化。加入世贸组织，给我国经济社会带来深刻影响。改革开放以来特别是十三届四中全会以来，党和人民建设中国特色社会主义的伟大探索，是“三个代表”重要思想形成的实践基础。

“三个代表”重要思想是在对党的现状科学分析的基础上形成的。随着党和国家事业的发展，党的队伍发生重大变化。新党员的数量大幅增加，干部队伍新老交替不断进行，一大批年轻干部走上领导岗位。这给党的发展带来了新的活力，也提出了新的挑战。党的阶级基础在增强，群众基础在扩大。进一步提高党的领导水平和执政水平、提高拒腐防变和抵御风险的能力，是我们党必须解决好的两大历史性课题。这就要求党从新的实际出发，以改革的精神加强和改进党的建设。党的建设面临的新形势、新任务，是“三个代表”重要思想形成的现实依据。

2.“三个代表”重要思想的科学含义

“中国共产党必须始终代表中国先进生产力的发展要求，代表中国先进文化的前进方向，代表中国最广大人民的根本利益。”这是对“三个代表”重要思想的集中概括。

始终代表中国先进生产力的发展要求，就是党的理论、路线、纲领、方针、政策和各项工作，必须努力符合生产力发展的规律，体现不断推动社会生产力的解放和发展的要求，尤其要体现推动先进生产力发展的要求，通过发展生产力不断提高人民群众的生活水平。

始终代表中国先进文化的前进方向，就是党的理论、路线、纲领、方针、政策和各项工作，必须努力体现发展面向现代化、面向世界、面向未来的，民族的、科学的、大众的社会主义文化的要求，促进全民族思想道德素质和科学文化素质的不断提高，为我国经济发展和社会进步提供精神动力和智力支持。

始终代表中国最广大人民的根本利益，就是党的理论、路线、纲领、方针、政策和各项工作，必须坚持把人民的根本利益作为出发点和归宿，充分发挥人民群众的积极性、主动性、创造性，在社会不断发展进步的基础上，使人民群众不断获得切实的经济、政治、文化利益。

代表中国先进生产力的发展要求，代表中国先进文化的前进方向，代表中国最广大人民的根本利益，是统一的整体，相互联系，相互促进。发展先进生产力，是发展先进文化，实现最广大人民根本利益的基础条件。人民群众是先进生产力和先进文化的创造主体，也是实现自身利益的根本力量。不断发展先进生产力和先进文化，归根到底都是为了满足人民群众日益增长的物质文化生活需要，不断实现最广大人民的根本利益。

思考题

1. 如何理解“三个代表”重要思想与马克思主义是一脉相承的？
2. 在党的基层组织建设中如何贯彻“三个代表”的要求？

阅读书目

1. 江泽民．在庆祝中国共产党成立八十周年大会上的讲话（“二”“三”）//江泽民．江泽民文选：第3卷．北京：人民出版社，2006：272-292.

2. 胡锦涛．在“三个代表”重要思想理论研讨会上的讲话（“一”“二”）//中共中央文献研究室．十六大以来重要文献选编（上）．北京：中央文献出版社，2005：361-369.

胡锦涛《在全党大力弘扬求真务实精神，大兴求真务实之风》导读

要点提示

● 求真务实，是辩证唯物主义和历史唯物主义一以贯之的科学精神，是我们党的思想路线的核心内容，……

● 坚持全心全意为人民服务，摆正同人民群众的关系，是坚持求真务实的根本准则。

● 正确认识国情，按照国情制定路线方针政策和开展工作，是坚持求真务实的根本依据。

● 认识规律、把握规律、遵循和运用规律，是坚持求真务实的根本要求。

关键词

求真务实　思想路线　干部工作

导　读

《在全党大力弘扬求真务实精神，大兴求真务实之风》是胡锦涛同志2004年1月12日在中央纪律检查委员会第三次全体会议上讲话的一部分。选自《十六大以来重要文献选编》（上），724-734页。

社会历史背景

2004年是全面贯彻十六大和十六届三中全会精神、实现“十五”规划的关键一年，改革的任务很重。1月12日，中共中央纪律检查委员会第三次全体会议召开，会议回顾总结了2003年的工作，研究部署了2004年的工作。会议指出，在过去的一年里，经过全党的共同努力和广大纪检监察干部的辛勤工作，依靠人民群众的大力支持，党风廉政建设和反腐败斗争取得了新成绩，特别是在加强党风廉政教育、查办违纪违法案件、纠正部门和行业不正之风、推进体制机制创新、强化对权力的监督制约等方面取得了新进展，为促进改革发展稳定发挥了积极作用。会议同时要求，全党同志特别是各级领导干部要坚持发扬党的优良作风，始终保持昂扬向上的精神状态，带领群众坚定不移地贯彻中央的决策和部署，解放思想、实事求是，与时俱进、开拓创新，不断打开工作的新局面。同时，面对消极腐败现象在一些领域仍然易发多发的态势，各级党委和政府要进一步增强责任感和紧迫感，按照中央的要求，坚定不移地把党风廉政建设和反腐败斗争不断引向深入。胡锦涛同志出席大会，并作了重要讲话。《在全党大力弘扬求真务实精神，大兴求真务实之风》系胡锦涛同志讲话的一部分。

历史地位与现实意义

胡锦涛同志关于“求真务实是党的思想路线的核心内容”的重要论断，在中国共产党的历史上第一次把求真务实与党的思想路线结合起来统筹考虑，从理论上丰富和发展了党的实事求是的思想路线。现阶段，大力弘扬求真务实精神、大兴求真务实之风对于坚持立党为公、执政为民，保持党同人民群众的血肉联系，切实把最广大人民的根本利益维护好、实现好、发展好，对于全面扎实推进党的建设新的伟大工程、加强党员干部队伍建设、提高党的执政能力等具有重大的现实意义。

主要思想内容

从总体上看，文章包括引言和正文两个部分。这里着重介绍正文两部分的内容。

一、从实现全面建设小康社会宏伟目标战略高度，充分认识大力弘扬求真务实精神的极端重要性

本部分共6个自然段，主要从实现全面建设小康社会宏伟目标的战略高度出发，着力强调充分认识大力弘扬求真务实精神的重要性。

（一）求真务实是中国共产党优良传统和共产党人应该具备的政治品格（第1段）

早在民主革命时期，毛泽东就号召全党要把革命气概和实际精神结合起来，告诫全党同志要老老实实地办事，在世界上要办成几件事没有老实态度是根本不行的。进入改革开放的新时期后，邓小平突出强调，世界上的事情都是干出来的，不干，半点马克思主义都没有，要坚决制止追求表面文章，不讲实际效果、实际效率、实际速度、实际质量、实际成本的形式主义，杜绝说空话、说大话、说假话的恶习。党的十三届四中全会以来，江泽民同志再三强调，形式主义、官僚主义是一大祸害，必须狠刹形式主义、官僚主义的歪风，时时处处坚持重实际、说实话、务实事、求实效，大力发扬脚踏实地、埋头苦干的工作作风。我们党的奋斗历程充分表明，求真务实是党的活力之所在，也是党和人民事业兴旺发达的关键之所在。什么时候求真务实坚持得好，党的组织和党员干部队伍就充满朝气和活力，党和人民的事业就能顺利发展；什么时候求真务实坚持得不好，党的组织和党员干部队伍就缺乏朝气和活力，党和人民的事业就受到挫折。

（二）大力弘扬求真务实精神、大兴求真务实之风的重要性和紧迫性（第2～4段）

文章着重论述了国际国内的不利和有利因素，以此作为“大力弘扬求真务实精神、大兴求真务实之风”的背景。文章指出：当前，国际国内形势总的对我们全面建设小康社会是有利的。世界多极化和经济全球化的趋势继续在曲折中发展，和平与发展仍是当今时代的主题。我国经济保持20多年的持续快速增长，社会主义市场经济体制初步建立，对外开放不断扩大，为推进全面建设小康社会奠定了坚实的物质技术基础和有利的体制环境。改革开放和现代化建设给群众生活带来的巨大变化，进一步激发了全国人民全面建设小康社会的热情。我们党经过艰辛探索，形成了基本理论、基本路线、基本纲领和基本经验，提高了在新的历史条件下执政兴国的能力。在看到各方面有利条件的同时，文章还告诫我们必须清醒地认识到前进道路上存在的困难和挑战。世界仍很不太平，不稳定、不确定、不安全因素有所增加；我国经济社会发展也存在着一些突出矛盾和问题；等等。

（三）在充分肯定广大党员干部在求真务实问题上所取得的成绩的基础上，指出了存在的一些亟待解决的突出问题（第5～6段）

胡锦涛同志指出，在坚持求真务实这个问题上，党员干部队伍中存在一些亟待解决的突出问题，主要包括以下十个方面：一是不思进取、得过且过，不认真学习理论，不用心汲取新知识，不深入思考新问题，思想上故步自封、停滞不前，工作上敷衍了事、庸碌无为。二是作风漂浮、工作不实，以会议落实会议，以文件落实文件，满足于一般号召，抓工作浮光掠影，搞调研蜻蜓点水，身子沉不下去，对实际情况不甚了了。三是好大喜功、急功近利，不按客观规律办事，不顾现实条件，提不切实际的高指标，搞违背科学的瞎指挥，导致决策失误，造成严重浪费。四是随心所欲、自搞一套，不认真贯彻执行中央的方针政策和工作部署，甚至搞“上有政策、下有对策”，不仅损害国家的全局利益，而且侵犯群众的切身利益。五是心态浮躁、追名逐利，一事当前，总是算计个人得失，习惯于做表面文章，热衷于搞“形象工程”“政绩工程”，脱离实际，劳民伤财。六是弄虚作假、欺上瞒下，报喜不报忧，掩盖矛盾和问题，蒙蔽群众，欺骗上级。七是明哲保身、患得患失，在原则问题上采取事不关己、高高挂起的态度，奉行“你好、我好、大家好”的处世哲学，不开展批评，不让人批评，甚至压制批评。八是贪图享受、奢侈浪费，追求低级趣味，热衷于个人享乐，大吃大喝，大手大脚，铺张浪费。九是以权谋私、与民争利，干工作不是先考虑群众利益，而是先考虑小团体、本部门、本单位的利益，乱收费、乱集资、乱摊派，侵害群众利益，甚至中饱私囊。十是高高在上、脱离群众，对群众的安危冷暖漠不关心，工作方法简单粗暴，甚至肆意欺压群众，等等。

二、紧密联系加强和改进党和国家的各项工作，大力弘扬求真务实精神

本部分共 11 个自然段，紧密联系加强和改进党和国家的各项工作，大力弘扬求真务实精神。

（一）在全党大力弘扬求真务实精神、大兴求真务实之风的关键（第 1 段）

胡锦涛同志指出，要在全党范围内实现弘扬求真务实精神和大兴求真务实之风的关键在于，“要引导全党同志不断求我国社会主义初级阶段基本国情之真，务坚持长期艰苦奋斗之实；求社会主义建设规律和人类社会发展规律之真，务抓好发展这个党执政兴国的第一要务之实；求人民群众的历史地位和作用之真，务发展最广大人民根本利益之实”（728-729 页）。

（二）从加强思想教育、促进工作落实、推进制度建设等方面论述了如何大力弘扬求真务实精神的问题（第 2～11 段）

第一，切实加强思想教育，不断提高党员干部求真务实的自觉性。“思想是行动的先导。要使广大党员干部在行动上做到求真务实，首先要使广大党员干部在思想上深刻认识坚持求真务实的极端重要性，打牢求真务实的思想基础。”（729 页）这就要求我们进一步增强党的宗旨意识，认清我国的基本国情，深化对共产党执政规律、社会主义建设规律和人类社会发展规律的认识。

第二，切实抓好工作落实，把求真务实体现到各项工作中去。“求真务实，要紧紧围绕落实党和国家的各项工作来进行，最重要的是付诸实践、见诸行动，取得成效。”（731 页）在抓落实的过程中，要注意处理好以下三个关系：一是局部和全局的关系。既要坚

持从本地区、本部门的实际出发，创造性地开展工作，注意克服脱离实际、照本宣科的教条式做法，又要牢固树立全局观念，增强在大局下行动的自觉性，坚决杜绝“上有政策、下有对策”的不良现象。二是眼前和长远的关系。既要抓紧解决当前经济社会发展中亟须解决的突出矛盾和问题，切实提高工作效率，认真纠正推诿扯皮、办事拖拉的衙门作风，又要着眼未来发展，建立长效机制，追求长期效果，坚决防止急功近利、寅吃卯粮的短期行为。三是继承和创新的关系。既要坚持和发扬行之有效的好传统、好经验、好做法，又要根据新形势新任务的要求，积极推动各项工作与时俱进，坚决克服不思进取、墨守成规的观念和行为。

第三，切实建立健全制度，为坚持求真务实提供体制保证。“制度问题更带有根本性、全局性、稳定性和长期性。坚持求真务实，不仅要从思想上强调，而且要从制度上落实，以制度建设和创新来保证在全党大力弘扬求真务实精神、大兴求真务实之风。”（732 页）要做到求真务实，关键在领导干部。必须认真执行并进一步完善干部选拔任用工作制度，尤其要在以下三个方面作出努力：一是要激励干部做到求真务实，必须建立健全一整套科学合理的制度、标准和方法，形成科学评价体系，全面准确地评价干部的工作成绩，为正确识别和使用干部提供科学依据。二是要激励干部做到求真务实，必须按照德才兼备原则和干部的工作实绩选拔使用干部，形成正确的用人导向，使勤政为民、求真务实的干部得到褒奖和重用，使好大喜功、弄虚作假的干部受到批评和惩戒。三是要激励干部做到求真务实，必须加强对干部的监督，及时发现并坚决纠正违背求真务实精神的各种不正之风和错误做法，保证干部全面准确地贯彻党和国家的方针政策和工作部署，保证领导干部对自己的决策和各项职务行为负责。

要点解析

1. 求真务实的含义

在全党大力弘扬求真务实精神、大兴求真务实之风，关键是要引导全党同志不断求我国社会主义初级阶段基本国情之真，务坚持长期艰苦奋斗之实；求社会主义建设规律和人类社会发展规律之真，务抓好发展这个党执政兴国的第一要务之实；求人民群众的历史地位和作用之真，务发展最广大人民根本利益之实；求共产党执政规律之真，务全面加强和改进党的建设之实。

2. 求真务实是党的思想路线的核心

党的十七大通过的《中国共产党章程（修正案）》，重申了党的“一切从实际出发，理论联系实际，实事求是，在实践中检验真理和发展真理”的思想路线。求真务实是实事求是的直接体现和必然要求，是党的思想路线的核心内容。“一切从实际出发”、“联系实际”、“实事”和“实践”，突出的都是一个“实”字，表明中国共产党人“务”的是实情、实事、实效，是“客观存在”；“求是”“在实践中检验真理和发展真理”，讲的则是一个“真”字，表明中国共产党人“求”的是真理，是反映“客观存在”内部联系的客观规律。

思考题

1. 试分析影响党员干部做到求真务实的制度因素。
2. 结合党的建设的历史经验谈谈怎样打牢求真务实的思想基础。

阅读书目

1. 毛泽东. 整顿党的作风//毛泽东. 毛泽东选集：第3卷. 2版. 北京：人民出版社，1991：811-829.

2. 邓小平. 高举毛泽东思想旗帜，坚持实事求是的原则//邓小平. 邓小平文选：第2卷. 2版. 北京：人民出版社，1994：126-128.

胡锦涛《树立和落实科学发展观》导读

要点提示

● 实现全面建设小康社会的宏伟目标，就是要使经济更加发展、民主更加健全、科教更加进步、文化更加繁荣、社会更加和谐、人民生活更加殷实。

● 只有坚持以经济建设为中心，不断解放和发展生产力，才能为社会全面进步和人的全面发展奠定坚实的物质基础。

● 树立和落实科学发展观，十分重要的一环就是要正确处理增长的数量和质量、速度和效益的关系。

关键词

科学发展观　全面　协调　可持续　社会和人的全面发展

导　读

《树立和落实科学发展观》是胡锦涛同志在中共十六届三中全会第二次全体会议上讲话的一部分。选自《十六大以来重要文献选编》(上)，483-484 页。

社会历史背景

改革开放以来，我国经济和社会的发展取得了举世瞩目的成就。但不可否认也存在着一些突出的问题。尤其是在抗击“非典”的过程中，我们比任何时候都更深刻地认识到，我国的经济发展和社会发展、城市发展和农村发展还不够协调；公共卫生事业发展滞后，供求矛盾突出，公共卫生体系存在缺陷，突发应急机制不健全，一些地方和部门缺乏处理应急突发事件的准备和能力等。因此，在综合分析中国现阶段国情和充分借鉴国外发展经验的基础上，党的十六届三中全会提出了科学发展，在随后召开的第二次全体会议上，胡锦涛总书记在讲话中又进一步强调要树立和落实科学发展观。《树立和落实科学发展观》就是此次讲话的一部分。

历史地位与现实意义

科学发展观的提出及其贯彻落实，反映了中国共产党对发展问题的认识达到了一个新的高度，反映了当今世界和当代中国的发展变化对党和国家工作的新要求。科学发展观是马克思主义关于发展的世界观和方法论的集中体现，是推进社会主义经济、政治、文化和社会建设全面发展必须长期坚持的指导方针。

主要思想内容

全文只有 1 个自然段，集中阐述了以下几个方面的问题：

（一）论述了科学发展观提出的背景及树立和贯彻落实科学发展观的意义

树立和落实科学发展观，是改革开放以来社会主义现代化建设实践的经验总结，是战胜“非典”疫情给我们的重要启示，也是推进全面建设小康社会的迫切要求。树立和落实全面发展、协调发展和可持续发展的科学发展观，对于我们更好地坚持发展才是硬道理的战略思想具有重大意义。

（二）在阐述全面、协调、可持续发展含义的基础上，分析了经济发展与政治、文化发展之间的关系

文章指出，要实现建设小康社会的宏伟目标，必须促进社会主义物质文明、政治文明和精神文明协调发展，坚持在经济发展的基础上促进社会全面进步和人的全面发展，坚持在开发利用自然中实现人与自然的和谐相处，实现经济社会的可持续发展。同时强调，生产力的发展是人类社会发展的最终决定力量。只有坚持以经济建设为中心，不断解放和发展生产力，才能为社会全面进步和人的全面发展奠定坚实的物质基础。经济发展又是同政治发展、文化发展紧密联系的。从根本上说，经济发展决定政治发展和文化发展，但政治发展和文化发展也会反过来对经济发展产生作用，在一定条件下还可以产生决定性作用。

（三）强调了树立和落实科学发展观要正确处理增长的数量和质量、速度和效益的关系

增长是发展的基础，没有经济的数量增长，没有物质财富的积累，就谈不上发展。但增长并不简单地等同于发展，如果单纯扩大数量，单纯追求速度，而不重视质量和效益，不重视经济、政治、文化和社会的协调发展，不重视人与自然的和谐，就会出现增长失调、从而最终制约发展的局面。忽视社会主义民主法制建设，忽视社会主义精神文明建设，忽视各项社会事业的发展，忽视资源环境保护，经济建设是难以搞上去的，即使一时搞上去了最终也可能要付出沉重的代价。

要点解析

1. 科学发展观的基本思想

科学发展观，第一要义是发展，核心是以人为本，基本要求是全面协调可持续，根本方法是统筹兼顾。发展就是要牢牢扭住经济建设这个中心，坚持聚精会神搞建设、一心一意谋发展，不断解放和发展社会生产力。发展要坚持可持续发展战略，着力把握发展规律、创新发展理念、转变发展方式、破解发展难题，提高发展质量和效益，实现又好又快发展。以人为本，就是坚持全心全意为人民服务的宗旨，始终把实现好、维护好、发展好最广大人民的根本利益作为党和国家一切工作的出发点和落脚点，尊重人民主体地位，发挥人民首创精神，保障人民各项权益，走共同富裕道路，促进人的全面发展，做到发展为了人民、发展依靠人民、发展成果由人民共享。可持续发展，就是要按照中国特色社会主义事业总体布局，全面推进经济建设、政治建设、文化建设、社会建设，促进现代化建设各个环节、各个方面相协调，促进生产关系与生产力、上层建筑与经济基础相协调。坚持生产发展、生活富裕、生态良好的文明发展道路，建设资源节约型、环境友好型社会，实现速度和结构质量效益相统一、经济发展与人口资源环境相协调，使人民在良好生态环境中生产生活，实现经济社会永续发展。统筹兼顾，就是要正确认识和妥善处理中国特色社会主义事业中的重大关系，统筹城乡发展、区域发展、经济社会发展、人与自然和谐发展、国内发展和对外开放，统筹中央和地方关系，统筹个人利益和集体利益、局部利益和整体利益、当前利益和长远利益，充分调动各方面积极性。统筹国内国际两个大局，树立世界眼光，加强战略思维，善于从国际形势发展变化中把握发展机遇、应对风险挑战，营造良好国际环境。

2. 科学发展观的意义

科学发展观，是以胡锦涛同志为总书记的党中央对中国特色社会主义理论体系的丰富和发展，是马克思主义关于发展的世界观和方法论的集中体现，是同马克思列宁主义、毛泽东思想、邓小平理论和“三个代表”重要思想既一脉相承又与时俱进的科学理论，是我国经济社会发展的重要指导方针，是发展中国特色社会主义必须坚持和贯彻的重大战略思想。

思考题

1. 试述科学发展观提出的背景和过程。
2. 贯彻落实科学发展观在思想认识层面应注意解决哪些问题?

阅读书目

1. 胡锦涛. 把科学发展观贯穿于发展的整个过程//中共中央文献研究室. 十六大以来重要文献选编（中）. 北京：中央文献出版社，2006：60-73.

2. 胡锦涛. 高举中国特色社会主义伟大旗帜 为夺取全面建设小康社会新胜利而奋斗（“三、深入贯彻落实科学发展观”）//本书编写组. 十七大报告辅导读本. 北京：人民出版社，2007：12-18.

习近平《毫不动摇坚持和发展中国特色社会主义》导读

要点提示

● 中国特色社会主义，是科学社会主义理论逻辑和中国社会发展历史逻辑的辩证统一，是根植于中国大地、反映中国人民意愿、适应中国和时代发展进步要求的科学社会主义，是全面建成小康社会、加快推进社会主义现代化、实现中华民族伟大复兴的必由之路。

● 历史和现实都告诉我们，只有社会主义才能救中国，只有中国特色社会主义才能发展中国，这是历史的结论、人民的选择。

● 我们党领导人民进行社会主义建设，有改革开放前和改革开放后两个历史时期，这是两个相互联系又有重大区别的时期，但本质上都是我们党领导人民进行社会主义建设的实践探索。

● 坚持马克思主义，坚持社会主义，一定要有发展的观点。

● 共产党员特别是党员领导干部要做共产主义远大理想和中国特色社会主义共同理想的坚定信仰者和忠实践行者。

关键词

坚持　发展　中国特色社会主义　科学社会主义　改革开放

导　读

《毫不动摇坚持和发展中国特色社会主义》是习近平于 2013 年 1 月 5 日在新进中央委员会的委员、候补委员学习贯彻党的十八大精神研讨班上发表的讲话要点。选自《习近平谈治国理政》，2014 年版，21-24 页。

社会历史背景

1982年9月，邓小平在党的十二大开幕词中首次明确指出，“把马克思主义的普遍真理同我国的具体实际结合起来，走自己的道路，建设有中国特色的社会主义”①。这一科学命题提出以来，中国特色社会主义在道路、理论、制度三个方面都取得了举世瞩目的成就。但是，国内外对中国特色社会主义道路的反对和质疑却从来没有停止过。那些主张搞自由化的人希望中国特色社会主义变成实际的资本主义，那些坚持“左”的思想观点的人则借助改革开放遇到的困难和问题企图否定改革开放，而国际上否定中国特色社会主义道路的敌对势力一直以来也想干扰中国的发展，企图借中国经济发展中存在的问题唱衰中国。总之，随着改革开放的深入，一些社会矛盾和突出问题使中国特色社会主义道路面临严峻考验。党的十八大是改革开放以来对建设中国特色社会主义至关重要的一次会议，其重要使命之一就是要对举什么旗、走什么路的问题作出明确回答。党的十八大报告指出：“发展中国特色社会主义是一项长期的艰巨的历史任务，必须准备进行具有许多新的历史特点的伟大斗争。我们一定要毫不动摇坚持、与时俱进发展中国特色社会主义，不断丰富中国特色社会主义的实践特色、理论特色、民族特色、时代特色。”② 党的十八大以后，习近平立足于国际国内发展全局，站在历史与时代的高度，再次以坚持和发展中国特色社会主义为题发表重要讲话，全面系统地阐释了新一届中央领导集体坚持和发展中国特色社会主义道路的信心。回答了坚持和发展中国特色社会主义面临的重大问题和基本对策。

历史地位与现实意义

《毫不动摇坚持和发展中国特色社会主义》是习近平全面系统地阐释中国特色社会主义理论和实践问题的力作，本文论述了中国特色社会主义与科学社会主义的关系，提出了坚持和发展中国特色社会主义在理论和实践方面需要解决的重大问题，在中国特色社会主义理论体系中具有重要地位，是中国特色社会主义理论的新成果，是对马克思主义科学社会主义理论的重大发展，对于全面深化改革发展和完善中国特色社会主义具有重要指导作用，为全党全国人民坚持和发展中国特色社会主义提供了基本遵循，对各种否定、质疑和干扰中国特色社会主义的思潮和敌对势力也是一个有力的回击。同时，由于坚持和发展中国特色社会主义是一个历史过程，是一项长期而艰巨的任务，坚持和发展中国特色社会主义的理论对于澄清历史和现实的某些困惑、统一思想、坚定全党全国人民走中国特色社会主义道路的信心，也有重要实践意义。

---

① 邓小平．邓小平文选：第3卷．北京：人民出版社，1993：3．

② 本书编写组．十八大报告辅导读本．北京：人民出版社，2012：14．

主要思想内容

讲话共7个自然段，主要阐述了坚持和发展中国特色社会主义的重大意义、指导思想、若干重大理论问题和对党员干部提出的新要求四个方面。

（一）中国特色社会主义的要义和真谛解读（第1段）

习近平从中国特色社会主义道路的重要性和真谛两个层面论述了把握中国特色社会主义的着力点和落脚点。第一层从揭示中国特色社会主义与科学社会主义理论的深层逻辑关系角度，为中国特色社会主义释义注入新内涵。习近平指出，“中国特色社会主义，是科学社会主义理论逻辑和中国社会发展历史逻辑的辩证统一，是根植于中国大地、反映中国人民意愿、适应中国和时代发展进步要求的科学社会主义”（21页）。第二层从道路与党的事业、党的存亡，与全面建成小康社会、加快推进社会主义现代化、实现中华民族伟大复兴中国梦的关系方面阐述中国特色社会主义道路的意义。习近平强调，道路关系党的事业兴衰成败，中国特色社会主义“是全面建成小康社会、加快推进社会主义现代化、实现中华民族伟大复兴的必由之路”（21页）。

（二）坚持和发展中国特色社会主义的指导思想和基本观点（第2段）

习近平强调，坚持和发展中国特色社会主义，必须以邓小平理论、“三个代表”重要思想、科学发展观为指导，其基本观点主要包括：坚持马克思主义的发展观点、坚持实践是检验真理的唯一标准、坚持发挥历史的主动性和创造性，而“清醒认识世情、国情、党情的变和不变”“锐意进取，大胆探索”“不断深化改革开放，不断有所发现、有所创造、有所前进，不断推进理论创新、实践创新、制度创新”等观点则是发挥历史主动性和创造性的基本要求（21页）。

（三）坚持和发展中国特色社会主义需要明确的若干重大理论问题（第3~6段）

第一，坚持和发展中国特色社会主义是党的十八大精神的根本点。习近平指出，“党的十八大精神，说一千道一万，归结为一点，就是坚持和发展中国特色社会主义”（22页）。中国特色社会主义的科学命题是邓小平1982年在党的第十二次全国代表大会开幕词中提出的，已经过去40年了。之所以必须坚持中国特色社会主义，是因为中国特色社会主义“第一次比较系统地初步回答了在中国这样经济文化比较落后的国家如何建设社会主义、如何巩固和发展社会主义的一系列基本问题，用新的思想观点，继承和发展了马克思主义，开拓了马克思主义新境界，把对社会主义的认识提高到新的科学水平”（22页）。

第二，坚持中国特色社会主义就是坚持科学社会主义，就是坚持科学社会主义的基本原理原则。社会主义历来就有很多流派，“中国特色社会主义是社会主义而不是其他什么主义”（22 页），这不仅准确定位了中国特色社会主义的政治性质，而且揭示了中国特色社会主义形成和发展的深厚理论渊源。习近平指出，中国特色社会主义解决了“国家面临的历史性课题”，历史雄辩地告诉我们“只有社会主义才能救中国，只有中国特色社会主义才能发展中国”（22 页）。中国特色社会主义的鲜明特色在其道理、理论、制度三者统一于中国特色社会主义伟大实践上。“随着中国特色社会主义不断发展，我们的制度必将越来越成熟，我国社会主义制度的优越性必将进一步显现，我们的道路必将越走越宽广”（22 页）。面对新形势新任务，坚持和发展中国特色社会主义要树立道路自信、理论自信、制度自信。

第三，坚持实事求是的思想路线，分析总结党领导人民建设社会主义的实践探索。我们党领导人民进行社会主义建设，有改革开放前和改革开放后两个历史时期，习近平以其强烈的历史意识和敏锐的政治嗅觉，科学指出了改革开放前后两个历史时期的相互关系，“两者决不是彼此割裂的，更不是根本对立的”（22-23 页）。在习近平看来，中国特色社会主义是一个连续的过程，是我们党几代中央领导集体领导人民接力式探索、持续性探索的结果。从 1949 年新中国成立到 1978 年党的十一届三中全会召开，我们党领导全国人民对社会主义道路进行了艰辛探索，开展了大规模社会主义建设，为党成功开创中国特色社会主义提供了宝贵的理论准备和物质基础。所以，要坚持实事求是的思想路线科学分析改革开放前后两个历史时期，“不能用改革开放后的历史时期否定改革开放前的历史时期，也不能用改革开放前的历史时期否定改革开放后的历史时期”（23 页）。

第四，坚持中国特色社会主义一定要有发展的观点。习近平强调，“坚持和发展中国特色社会主义是一篇大文章”（23 页）。不仅有开篇，有诸多精彩，而且要继续叙写辉煌。习近平指出，在探索和认识中国特色社会主义的伟大实践中，邓小平同志为其确定了基本思路和基本原则，以江泽民同志为核心的党中央领导集体和以胡锦涛同志为总书记的党中央也都在这篇大文章上谱写了精彩篇章，将中国特色社会主义推向了新境界。在当前新的历史起点上，如何承前启后、继往开来，全党同志必须明确：“我们这一代共产党人的任务，就是继续把这篇大文章写下去”（23 页），开创新的历史时期中国特色社会主义事业的新局面。同时，习近平强调，“坚持马克思主义，坚持社会主义，一定要有发展的观点”（23 页）。发展是事业前进的要求，是我们面对各种风险和挑战的要求。为了适应发展要求要增强忧患意识，要实事求是，要善于学习。

（四）坚持和发展中国特色社会主义对党员干部提出的新要求（第 7 段）

习近平从两个方面阐述了坚持和发展中国特色社会主义对党员干部提出的新要求：首先，习近平强调指出，“共产党员特别是党员领导干部要做共产主义远大理想和中国特色社会主义共同理想的坚定信仰者和忠实践行者”（23 页）。马克思主义和共产主义信仰是共产党人的灵魂，是经受住任何考验的精神支柱。共产党人既要胸怀共产主义的崇高理想，又要有坚定走中国特色社会主义道路的信念，坚定不移地贯彻执行党在社会主义初级阶段的基本路线和基本纲领，做好当前的每一项工作。其次，党员干部要把远大理想和现实工作紧密结合起来，在工作和思想作风上严格按照中央的要求办事。坚持全心全意为人民服务的根本宗旨，吃苦在前、享受在后，勤奋工作、廉洁奉公，为理想而奋不顾身去拼搏、去奋斗、去献出自己的全部精力乃至生命。彻底克服迷惘迟疑的观点、及时行乐的思想、贪图私利的行为和一切无所作为的作风等等。

要点解析

1. 坚持和发展中国特色社会主义的意义

首先，中国特色社会主义，是科学社会主义理论逻辑和中国社会发展历史逻辑的辩证统一，是根植于中国大地、反映中国人民意愿、适应中国和时代发展进步要求的科学社会主义。其次，中国特色社会主义是加快推进社会主义现代化、实现中华民族伟大复兴的必由之路。再次，中国特色社会主义比较系统地初步回答了在中国这样经济文化比较落后的国家如何建设社会主义、如何巩固和发展社会主义的一系列基本问题，继承和发展了马克思主义，开拓了马克思主义新境界，从这个意义上可以说，中国特色社会主义是对科学社会主义的新贡献，对经济落后国家建设社会主义有重要借鉴意义。

2. 坚持和发展中国特色社会主义的基本要求

一是深刻领会中国特色社会主义就是坚持科学社会主义，科学社会主义的基本原理原则是中国特色社会主义的思想理论根源。二是清楚认识中国特色社会主义是由道路、理论、制度、文化“四位一体”构成的，树立道路自信、理论自信、制度自信和文化自信①。三是将中国特色社会主义事业看成是一个连续的过程，实事求是地分析总结党领导人民进行社会主义建设的基本经验。四是一定要有发展的观点，坚持和发展中国特色社会主义就是要把邓小平同志开创的、以江泽民同志为核心的党中央领导集体和以胡锦涛同志为总书记的党中央奋力开拓的伟大事业继续推向前进。五是增强忧患意识，坚持实事求是的思想路线，善于学习。

思考题

1. 如何理解坚持和发展中国特色社会主义就是坚持科学社会主义？
2. 试分析改革开放前后两个三十年的联系和区别。

---

① “四个自信”并不是一次提出的。党的十八大提出全党要坚定道路自信、理论自信、制度自信。十八大以后，习近平先后在文艺工作座谈会、哲学社会科学工作座谈会等重要会议上提出要坚定文化自信。在庆祝中国共产党成立95周年大会上的重要讲话中，习近平强调，“全党要坚定道路自信、理论自信、制度自信、文化自信”，并对文化自信的内涵和地位作了进一步阐释：“文化自信，是更基础、更广泛、更深厚的自信。在5 000多年文明发展中孕育的中华优秀传统文化，在党和人民伟大斗争中孕育的革命文化和社会主义先进文化，积淀着中华民族最深层的精神追求，代表着中华民族独特的精神标识。”

阅读书目

1. 邓小平．建设有中国特色的社会主义//邓小平．邓小平文选：第3卷．北京：人民出版社，1993：62-66.

2. 习近平．紧紧围绕坚持和发展中国特色社会主义 学习宣传贯彻党的十八大精神//习近平．习近平谈治国理政．北京：外文出版社，2014：6-23.

习近平《实现中华民族伟大复兴是中华民族近代以来最伟大的梦想》导读

要点提示

● 现在，大家都在讨论中国梦，我以为，实现中华民族伟大复兴，就是中华民族近代以来最伟大的梦想。

● 实现中华民族伟大复兴是一项光荣而艰巨的事业，需要一代又一代中国人共同为之努力。空谈误国，实干兴邦。

● 我们比历史上任何时期都更接近中华民族伟大复兴的目标，比历史上任何时期都更有信心、有能力实现这个目标。

● 到中国共产党成立100年时全面建成小康社会的目标一定能实现，到新中国成立100年时建成富强民主文明和谐的社会主义现代化国家的目标一定能实现，中华民族伟大复兴的梦想一定能实现。

关键词

中国梦　中华民族　伟大复兴　实干　目标

导　读

《实现中华民族伟大复兴是中华民族近代以来最伟大的梦想》是中共中央总书记习近平在2012年11月29日参观《复兴之路》展览时的讲话。选自《习近平谈治国理政》，2014年版，35-37页。

社会历史背景

“中国梦”是党的十八大以后，习近平提出的一个极具创造性和感染力的新概念，是扎根于中华民族几千年文明的沃土，是在近代中国100多年奋斗历程中不断锤炼而成的一种文明的新自觉。随着改革的全面升级，改革本身的系统性、复杂性、艰巨性日益显现，各种社会矛盾更加突出，迫切需要一种精神的引导，中国梦就是在这样的背景下提出的。中国梦将中国特色社会主义共同理想的基本内容全部包含进去，并通过运用人民群众喜闻乐见、听得进去、记得住的话语表达出来，更能成为激发中国社会奋勇前行的一种力量。同时，实现中华民族伟大复兴是与和平发展的时代主题、经济全球化的世界潮流、中国特色社会主义的阶段性特征以及当今中国人的精神状况相联系的，因此“中国梦”的提出也是把中国道路、中国精神、中国力量结合到一起的体现。

历史地位与现实意义

这篇讲话是习近平系统阐述中国梦的开篇讲话。习近平站在历史、现实与未来的交汇点上，回顾了中华民族昨天所遭受的屈辱和苦难，正视了中华民族今天所面临的机遇和挑战，展望了中华民族伟大复兴的未来和前景，向世界传递了中国共产党人敢于担当的使命感和自信心，让人思索，给人期待，催人奋进。习近平在第十二届全国人民代表大会第一次会议上的讲话、在同全国劳动模范代表座谈时的讲话、在同各界优秀青年代表座谈时的讲话、在会见第七届世界华侨华人社团联谊大会代表时的讲话等，从不同角度深刻全面阐述了中国梦的科学内涵、重大意义，并对中国梦与中国道路、中国精神、中国力量的关系，中国梦与每个人的理想的关系等作了进一步阐述。中国梦并非一般意义上的梦想，而是一种具有特定性和整体性思想的意识和目标，是全国人民思想意识和目标指向的高度统一。中国梦实现了国家富强、民族振兴、人民幸福的三位一体，中国梦也是马克思主义中国化、时代化、大众化的产物和表现。中国梦对唤醒中华民族内心深处的民族意识，对凝聚中华民族的集体力量，对推进改革，实现中华民族的伟大复兴具有重大现实意义和深远历史意义。

主要思想内容

该文共4个自然段，回顾了鸦片战争以来中华民族的奋斗历程，总结了近代以来的历史经验，阐释了中华民族伟大复兴梦想的时代内涵，强调了实现中国梦的目标和信心。

（一）回顾鸦片战争以来中华民族的奋斗历程（第 1 段）

习近平在讲话中引用三句古诗“雄关漫道真如铁”“人间正道是沧桑”“长风破浪会有时”，分别描述了中华民族的昨天、今天和明天。对中华民族的昨天，习近平回顾近代以来中华民族遭受的深重苦难和做出的巨大牺牲，歌颂了中华民族不屈不挠的抗争精神和以爱国主义为核心的伟大民族精神。对中华民族的今天，习近平着重讴歌了改革开放的伟大成就，即通过总结历史经验，经过艰辛探索，终于找到实现中华民族伟大复兴的正确道路，并取得了举世瞩目的成果。展望明天，习近平指出，我们现在“比历史上任何时期都更接近中华民族伟大复兴的目标，比历史上任何时期都更有信心、有能力实现这个目标”（35-36 页）。

（二）总结近代以来的历史经验（第 2 段）

习近平从历史、现实和未来三个维度提出三个牢记：一是“落后就要挨打，发展才能自强”（36 页）。近代中华民族和中国人民遭受种种苦难的根本原因就是经济落后了，与世界各国的差距拉大了。中华民族要做到自立自强关键在发展。二是“道路决定命运”（36 页），从鸦片战争到辛亥革命，从五四运动到新中国成立，从三大改造到改革开放，都是从革命道路到建设道路的探寻，以毛泽东同志为核心的党中央领导集体经过长期艰辛探索成功地找到了农村包围城市、武装夺取政权的革命道路并建立了社会主义制度，以邓小平同志为核心的党中央领导集体在总结党的历史经验的基础上，成功开辟了中国特色社会主义道路。习近平强调，找到一条正确道路多么不容易，要百倍珍惜和坚定不移沿着中国特色社会主义道路走下去。三是实现中国梦的蓝图已经绘就，但是要把蓝图变为现实，还有很长的路要走，还需要付出长期的艰辛和努力。

（三）阐释中华民族伟大复兴梦想的时代内涵（第 3 段）

习近平首先概括了中国梦的内涵，他说，中国梦就是“实现中华民族伟大复兴”（36 页），这是近代以来中华民族最伟大的梦想。这个梦想凝聚了几代中国人的夙愿，体现了中华民族和中国人民的整体利益，是每个中华儿女的共同期盼。接着，习近平从历史启示和现实要求两个角度阐述了实现中国梦要处理好的两个关系，一是个人前途命运与国家和民族前途命运的关系。习近平指出，中国梦是与每一个中国人密切相连的，可以说，其不仅仅是国家的梦，更是每一个中华儿女的梦。人民作为国家的基本构成要素，是国家成立以及发展的基础，在国家发展的过程中，每一个为实现自身梦想而进行奋斗的人，都在促进中国政治以及经济的发展，如果没有个人的努力，国家的发展就失去了依据。同样，个人在发展的过程中，在践行国家的发展目标的同时，也在实现个人的目标，也在以整体的力量推动国家的发展。二是说与做的关系。习近平强调，“空谈误国，实干兴邦”（36 页），实现中国梦是光荣而艰巨的事业，我们正处在实现中国梦的关键时期，每一个中国人特别是共产党人，要认清使命，要把党建设好，把国家建设好，把民族发展好。要力戒空谈，在实际工作中努力奋斗，用聪明才智和辛勤劳动推动中国梦的实现。

（四）强调实现中国梦的目标和信心（第 4 段）

自信来源于实力，信仰的力量是无穷的。实现中华民族的伟大复兴，首先要有坚定的信心、明确的目标。这个信心来自近代以来，特别是中国共产党诞生以来的历史、社会主义制度建立以来的历史，特别是改革开放的历史。在实现中国梦的道路上我们一定会遇到很多困难，但是我们坚信我们的力量，坚持我们的梦想，相信“到中国共产党成立 100 年时全面建成小康社会的目标一定能实现，到新中国成立 100 年时建成富强民主文明和谐的社会主义现代化国家的目标一定能实现”（36 页）。

要点解析

1. 实现中华民族伟大复兴中国梦的自信

实现中华民族伟大复兴的中国梦，是我们在实现社会主义现代化道路上的伟大历史任务。中国梦贯穿着历史、现实和未来的时间主轴，关乎国家、民族与个人的前途命运，蕴含着国家富强、民族振兴、人民幸福的丰富内涵。中国特色社会主义道路的开辟，使中华民族无限接近伟大复兴的目标。改革开放以来，在中国特色社会主义建设的实践中，我们成功地开辟了中国特色社会主义道路，形成了中国特色社会主义理论体系，坚持了中国特色社会主义制度。社会生产力得到极大解放，人民的物质文化生活得到极大改善，社会主义中国的国际地位和影响力发生了新的历史性变化。这一切，都彰显了中国特色社会主义的强大的生命力，预示着中华民族伟大复兴的光明前景。正如习近平所强调的那样：“现在，我们比历史上任何时期都更接近中华民族伟大复兴的目标，比历史上任何时期都更有信心、有能力实现这个目标。”（35-36 页）

2. 实现中国梦必须靠实干

“实现中华民族伟大复兴是一项光荣而艰巨的事业。”（36 页）伟大，意味着高尚、伟岸和强大。当把伟大和中国梦结合起来，就意味着这个“梦”非同寻常，意义深远。实现中国梦靠什么？实践证明，推动民族振兴、国家发展最有效的是实干，是落实，因此习近平强调“空谈误国，实干兴邦”（36 页）。全面建成小康社会要靠实干，基本实现现代化要靠实干，实现中华民族伟大复兴要靠实干。各行各业的人们都要立足岗位，从实际出发，爱岗敬业，争创一流，而且这种实干精神需要一代又一代中国人传承下去。

3. 实现中华民族伟大复兴的时间表

这是对中华民族伟大复兴时间蓝图的设计，习近平提出了“两个一百年”奋斗目标：一是到 2021 年中国共产党成立 100 年时，实现全面建成小康社会的奋斗目标；二是到 2049 年新中国成立 100 年时，建成富强民主文明和谐的社会主义现代化国家。这是一个科学的目标，是一个鼓舞人心的目标，也是一个需要真抓实干的过程，需要一步一步实力的渐进沉淀，需要一个一个目标的逐步实现。“两个一百年”奋斗目标的实现为中华民族伟大复兴中国梦的实现铺平了道路，是实现中国梦的基础和必经阶段。

思考题

1. 怎样理解“现在，我们比历史上任何时期都更接近中华民族伟大复兴的目标，比历史上任何时期都更有信心、有能力实现这个目标”?

2. 试述个人如何通过实现自己的梦想来推动实现中华民族伟大复兴中国梦。

阅读书目

1. 习近平. 在第十二届全国人民代表大会第一次会议上的讲话//习近平. 习近平谈治国理政. 北京：外文出版社，2014：38-43.

2. 中共中央文献研究室. 习近平关于实现中华民族伟大复兴的中国梦论述摘编. 北京：中央文献出版社，2013.

习近平《不断提高运用中国特色社会主义制度有效治理国家的能力》导读

要点提示

● 国家治理体系和治理能力是一个国家的制度和制度执行能力的集中体现，两者相辅相成。

● 推进国家治理体系和治理能力现代化，必须完整理解和把握全面深化改革的总目标，这是两句话组成的一个整体，即完善和发展中国特色社会主义制度、推进国家治理体系和治理能力现代化。

● 今天，摆在我们面前的一项重大历史任务，就是推动中国特色社会主义制度更加成熟更加定型，为党和国家事业发展、为人民幸福安康、为社会和谐稳定、为国家长治久安提供一整套更完备、更稳定、更管用的制度体系。

● 必须适应国家现代化总进程，提高党科学执政、民主执政、依法执政水平，提高国家机构履职能力，提高人民群众依法管理国家事务、经济社会文化事务、自身事务的能力，实现党、国家、社会各项事务治理制度化、规范化、程序化，不断提高运用中国特色社会主义制度有效治理国家的能力。

● 一个国家选择什么样的治理体系，是由这个国家的历史传承、文化传统、经济社会发展水平决定的，是由这个国家的人民决定的。

● 推进国家治理体系和治理能力现代化，要大力培育和弘扬社会主义核心价值体系和核心价值观，加快构建充分反映中国特色、民族特性、时代特征的价值体系。

关键词

全面深化改革　中国特色社会主义制度　国家治理体系　治理能力现代化

导 读

《不断提高运用中国特色社会主义制度有效治理国家的能力》是2014年2月17日，习近平在中央党校省部级主要领导干部学习贯彻十八届三中全会精神全面深化改革专题研讨班的开班式上的讲话要点。选自《习近平谈治国理政》，2014年版，104-107页。

社会历史背景

正如习近平在《关于〈中共中央关于全面深化改革若干重大问题的决定〉的说明》中所言："改革开放以来，历届三中全会研究什么议题、作出什么决定、采取什么举措、释放什么信号，是人们判断新一届中央领导集体施政方针和工作重点的重要依据，对做好未来5年乃至10年工作意义重大。"① 2013年11月9日至12日召开的党的十八届三中全会是在"国内外环境都在发生极为广泛而深刻的变化，我国发展面临一系列突出矛盾和挑战，前进道路上还有不少困难和问题"② 的新的时代背景下，围绕贯彻落实党的十八大精神召开的一次以全面深化改革为主要议题，着力解决我国发展面临的一系列突出矛盾和问题，不断推进中国特色社会主义制度自我完善和发展的重要会议。会议审议并通过的《中共中央关于全面深化改革若干重大问题的决定》，涵盖了全面深化改革的重大意义、指导思想、总体思路，以及经济、政治、文化、社会、生态文明、国防和军队建设等方面的全面深化改革的主要任务和重大举措，是当前和今后一个时期推进我国改革开放的指导性文献。党的十八届三中全会闭幕后不久，中央党校组织省部级主要领导干部学习贯彻十八届三中全会精神全面深化改革的专题研讨班，旨在进一步学习好、领会好、宣传好、贯彻好全会精神。习近平在研讨班上发表了重要讲话，深入阐释了全面深化改革总目标的历史背景、现实根据和科学内涵，深刻回答了坚持改革总目标必须解决好制度模式选择、价值体系建设等问题，并针对如何学习贯彻十八届三中全会精神提出明确要求。

历史地位与现实意义

《不断提高运用中国特色社会主义制度有效治理国家的能力》一文通篇贯穿着辩证唯物主义和历史唯物主义的世界观和方法论，将历史与现实、理论与实践有机结合起来，深入阐释了"完善和发展中国特色社会主义制度、推进国家治理体系和治理能力现代化"作为全面深化改革总目标的本质内涵，着重回答了贯彻落实党的十八届三中全会精神、科学坚持全面深化改革总目标的几个关键性问题，即推进国家治理体系和治理能力现代化的总体方向（中国特色社会主义道路）、文化根基（中华优秀传统文化）、价值遵循

① 习近平．习近平谈治国理政．北京：外文出版社，2014：70.

② 同①71.

（社会主义核心价值观），以及贯彻落实全会精神、推进国家治理体系和治理能力现代化应自觉坚持的基本原则和着重处理好的几对矛盾关系，具有很强的理论性、政策性、指导性，是对全面深化改革的再一次有力动员，对于深刻领会十八届三中全会精神，科学把握全面深化改革总目标特别是推进国家治理现代化，对于完善中国特色社会主义制度，都具有十分重要的指导意义。

主要思想内容

全文共8个自然段，系统阐发了提高运用中国特色社会主义制度有效治理国家的能力的四个关键要求，即必须适应国家现代化总进程，着力提高运用中国特色社会主义制度有效治理国家的能力；必须准确把握国家治理体系与治理能力之间的相互关系，着力提高党的执政能力；必须坚持中国特色社会主义道路，着力增强战略定力；必须全面贯彻落实全会精神，增强转化落实能力。

（一）必须适应国家现代化总进程，着力提高运用中国特色社会主义制度有效治理国家的能力（第1～3段）

习近平反复强调改革开放是复杂的系统工程，需要特别注重新时代深化改革的系统性和协调性。总书记开篇就明确提出了提高运用中国特色社会主义制度有效治理国家的能力的总体战略要求，即“必须适应国家现代化总进程，提高党科学执政、民主执政、依法执政水平，提高国家机构履职能力，提高人民群众依法管理国家事务、经济社会文化事务、自身事务的能力，实现党、国家、社会各项事务治理制度化、规范化、程序化，不断提高运用中国特色社会主义制度有效治理国家的能力”（104页）。接着，他旗帜鲜明地将十八届三中全会提出的全面深化改革的总目标定位为坚持和发展中国特色社会主义的必然要求与实现社会主义现代化的应有之义；强调实现这一总目标，就是要“推动中国特色社会主义制度更加成熟更加定型，为党和国家事业发展、为人民幸福安康、为社会和谐稳定、为国家长治久安提供一整套更完备、更稳定、更管用的制度体系”（105页）；指出这是一项极为宏大的系统工程，“必须是全面的系统的改革和改进，是各领域改革和改进的联动和集成，在国家治理体系和治理能力现代化上形成总体效应、取得总体效果”（105页）。

（二）必须准确把握国家治理体系与治理能力之间的相互关系，着力提高党的执政能力（第4段）

习近平指出：“国家治理体系和治理能力是一个国家的制度和制度执行能力的集中体现，两者相辅相成。我们的国家治理体系和治理能力总体上是好的，是有独特优势的，是适应我国国情和发展要求的。同时，我们在国家治理体系和治理能力方面还有许多亟待改进的地方，在提高国家治理能力上需要下更大气力”（105 页）。如此一来，推进国家治理体系和治理能力现代化，特别是提高国家治理能力的突破点在哪里呢？习近平指出，“只有以提高党的执政能力为重点，尽快把我们各级干部、各方面管理者的思想政治素质、科学文化素质、工作本领都提高起来，尽快把党和国家机关、企事业单位、人民团体、社会组织等的工作能力都提高起来，国家治理体系才能更加有效运转”（105 页）。那么，为什么要将提高党的执政能力作为推进国家治理体系和治理能力现代化的重点呢？在我们这样一个世情国情党情都异常复杂的社会主义大国，我们党要想代表人民长期执政，就必须不断提高自身的执政能力，切实做到“有为”和“有位”高度统一。此外，实现国家治理体系和治理能力现代化，也迫切需要我们党的执政方式和执政能力现代化，只有实现党的执政方式和执政能力现代化，才能为实现国家治理体系和治理能力现代化提供坚强保证。正因为此，党的十八届三中全会才明确指出：要“紧紧围绕提高科学执政、民主执政、依法执政水平深化党的建设制度改革，加强民主集中制建设，完善党的领导体制和执政方式，保持党的先进性和纯洁性，为改革开放和社会主义现代化建设提供坚强政治保证。”总之，增强党的执政能力是推进国家治理体系和治理能力现代化的题中之义和必然要求，只有以提高党的执政能力为重点，国家治理体系才能更加有效运转，国家治理能力现代化才能真正落到实处。

（三）必须坚持中国特色社会主义道路，着力增强战略定力（第 5～7 段）

习近平指出，“推进国家治理体系和治理能力现代化，必须完整理解和把握全面深化改革的总目标，这是两句话组成的一个整体，即完善和发展中国特色社会主义制度、推进国家治理体系和治理能力现代化。我们的方向就是中国特色社会主义道路”，“我国国家治理体系需要改进和完善，但怎么改、怎么完善，我们要有主张、有定力”（105 页）。坚持中国特色社会主义道路是我们在推进国家治理体系和治理能力现代化过程中保持战略定力的关键所在。其核心意涵主要包括三方面：

第一，必须保持制度定力。习近平指出，“没有坚定的制度自信就不可能有全面深化改革的勇气，同样，离开不断改革，制度自信也不可能彻底、不可能久远。我们全面深化改革，是要使中国特色社会主义制度更好；我们说坚定制度自信，不是要固步自封，而是要不断革除体制机制弊端，让我们的制度成熟而持久”（106 页）。我们的制度是根植于我国历史传统之中的，是适应我们经济社会发展现状的。“一个国家选择什么样的治理体系，是由这个国家的历史传承、文化传统、经济社会发展水平决定的，是由这个国家的人民决定的。我国今天的国家治理体系，是在我国历史传承、文化传统、经济社会发展的基础上长期发展、渐进改进、内生性演化的结果。”（105 页）此外，我们坚持制度定力还源于我们的制度不是闭门造车的结果，而是对人类一切优秀文明成果的积极吸收借鉴的结果。正如习近平所指出的：“中华民族是一个兼容并蓄、海纳百川的民族，在漫长历史进程中，不断学习他人的好东西，把他人的好东西化成我们自己的东西，这才形成我们的民族特色。”（105-106 页）

第二，必须保持价值定力。习近平指出：“推进国家治理体系和治理能力现代化，要大力培育和弘扬社会主义核心价值体系和核心价值观，加快构建充分反映中国特色、民族特性、时代特征的价值体系。”（106 页）之所以将核心价值观坚守视为推进国家治理体系和治理能力现代化的必然要求，归根结底是因为“对一个民族、一个国家来说，最持久、最深层的力量是全社会共同认可的核心价值观。核心价值观，承载着一个民族、一个国家的精神追求，体现着一个社会评判是非曲直的价值标准”①。社会主义核心价值体系和核心价值观作为社会主义意识形态的本质体现，凝结着社会主义先进文化的精髓，是中国特色社会主义道路、理论体系和制度的价值表达。

第三，必须保持文化定力。承接着核心价值观和核心价值体系对国家治理体系和治理能力现代化的定向作用，习近平强调，“坚守我们的价值体系，坚守我们的核心价值观，必须发挥文化的作用”（106 页）。因为“民族文化是一个民族区别于其他民族的独特标识”（106 页），“我们提倡的社会主义核心价值观，就充分体现了对中华优秀传统文化的传承和升华”②，我们提倡和弘扬社会主义核心价值观，必须从文化中汲取丰富营养，否则就不会有生命力和影响力。习近平明确指出，“要加强对中华优秀传统文化的挖掘和阐发，努力实现中华传统美德的创造性转化、创新性发展，把跨越时空、超越国度、富有永恒魅力、具有当代价值的文化精神弘扬起来，把继承优秀传统文化又弘扬时代精神、立足本国又面向世界的当代中国文化创新成果传播出去”（106 页）。

（四）必须全面贯彻落实全会精神，增强转化落实能力（第 8 段）

围绕全面贯彻落实党的十八届三中全会精神，习近平强调“制定出一个好文件，只是万里长征走完了第一步，关键还在于落实文件”（106 页）。对此，他提出了三个基本要求：一是提高学习宣传上的认识能力，强调“在学习宣传全会精神上还要下细功夫、苦功夫、深功夫，夯实全面深化改革的思想认识基础”（106 页）。二是提高学习理解上的辩证思维能力，“防止一知半解、断章取义、生搬硬套”（106 页）。着力“弄清楚整体政策安排与某一具体政策的关系、系统政策链条与某一政策环节的关系、政策顶层设计与政策分层对接的关系、政策统一性与政策差异性的关系、长期性政策与阶段性政策的关系，既不能以局部代替整体、又不能以整体代替局部，既不能以灵活性损害原则性、又不能以原则性束缚灵活性”（106-107 页）。三是提高贯彻落实上的执行能力，“防止徒陈空文、等待观望、急功近利”（107 页）。“必须有时不我待的紧迫意识和夙夜在公的责任意识抓实、再抓实。改革是循序渐进的工作，既要敢于突破，又要一步一个脚印、稳扎稳打向前走，确保实现改革的目标任务。”（107 页）

---

① 习近平．习近平谈治国理政．北京：外文出版社，2014：168.

② 同①171.

要点解析

1. 国家治理与国家统治、国家管理的区别

“治理”是20世纪末提出的新的政治理念，它不同于一直以来的“统治”，从统治走向治理，是人类政治发展的普遍趋势。“少一些统治，多一些治理”，是21世纪世界主要国家政治变革的重要特征。对于“治理”和“统治”的区别，我们可以从以下五个方面理解：第一，“治理”与“统治”权威主体不同。统治的主体是单一的，就是政府或其他国家公共权力。治理的主体则是多元的，除了政府外，还包括企业组织、社会组织和居民自治组织等。第二，这两者的权威性质不同。统治是强制性的，治理可以是强制的，但更多是协商的。第三，权威的来源不同。统治的来源就是强制性的国家法律，治理的来源除了法律，还包括各种非国家强制的契约。第四，权力运行的向度也是不同的。统治的权力运行是自上而下的，治理的权力可以是自上而下的，但更多是平行的。第五，这两者作用所及的范围也是不同的。统治所及的范围以政府权力所及领域为边界，而治理所及的范围则以公共领域为边界，后者比前者要宽广得多。此外，国家治理也不同于国家管理。从“管理”到“治理”一字之差的改变，反映的是治理方式向法治转变。管理往往是单一主体的权利单向运行，给人一种“我强你弱、我高你低、我说你听、我管你从”的感觉，管理方式上是居高临下、简单生硬。而“治理”不再是简单的命令或完全行政化的管理，而是强调多元主体的相互协调，这就需要以法治作为协调各种关系的共同基础，推动社会治理的法治化建设。

2. 国家治理体系和治理能力的相互关系及其历史贡献

习近平在党的十八届三中全会第二次全体会议上的讲话指出：“国家治理体系和治理能力是一个国家制度和制度执行能力的集中体现。国家治理体系是在党领导下管理国家的制度体系，包括经济、政治、文化、社会、生态文明和党的建设等各领域体制机制、法律法规安排，也就是一整套紧密相连、相互协调的国家制度；国家治理能力则是运用国家制度管理社会各方面事务的能力，包括改革发展稳定、内政外交国防、治党治国治军等各个方面。国家治理体系和治理能力是一个有机整体，相辅相成，有了好的国家治理体系才能提高治理能力，提高国家治理能力才能充分发挥国家治理体系的效能。”① 这就科学揭示了国家治理体系和治理能力作为国家治理两个有机组成部分的各自内涵及其相互关系。紧接着，习近平结合世界社会主义运动与我国社会主义建设改革发展的历史和现实指出，“实际上，怎样治理社会主义社会这样全新的社会，在以往的世界社会主义中没有解决得很好”②。从世界社会主义运动的历史来看，“马克思、恩格斯没有遇到全面治理一个社会主义国家的实践，他们关于未来社会的原理很多是预测性的；列宁在俄国十月革命后不久就过世了，没来得及深入探索这个问题；苏联在这个问题上进行了探索，取得了一些实践经验，但也犯下了严重错误，没有解决这个问题”③。从我国社会主义建设来看，“我们党在全国执政以后，不断探索这个问题，虽然也发生了严重曲折，但

①②③ 习近平．习近平谈治国理政．北京：外文出版社，2014：91.

在国家治理体系和治理能力上积累了丰富经验、取得了重大成果，改革开放以来的进展尤为显著。我国政治稳定、经济发展、社会和谐、民族团结，同世界上一些地区和国家不断出现乱局形成了鲜明对照。这说明，我们的国家治理体系和治理能力总体上是好的，是适应我国国情和发展要求的”①。由此可见，国家治理体系和治理能力现代化是我们党在总结新中国成立以来特别是改革开放以来中国特色社会主义建设发展正反两方面经验，吸收借鉴人类政治建设优秀成果基础上形成的具有鲜明中国特色和时代特征的新的理论成果。它不仅是对转型时期各种突出问题和矛盾的主动回应，还是对政府、社会、市场关系的深刻反思与重构，不仅丰富了我国社会主义现代化建设的理论内涵，而且从制度层面提出现代化目标，把发展的目标与制度的目标有效衔接起来，将马克思主义国家理论与科学社会主义理论推进到了新的历史阶段。

思考题

1. 何谓国家治理体系和治理能力？

2. 试分析影响国家治理体系和治理能力现代化的制度因素。

3. 面对国际国内新形势新情况，推进国家治理体系和治理能力现代化应坚持哪些原则？

阅读书目

1. 习近平. 改革开放只有进行时没有完成时//习近平. 习近平谈治国理政. 北京：外文出版社，2014：67-69.

2. 习近平. 关于《中共中央关于全面深化改革若干重大问题的决定》的说明//习近平. 习近平谈治国理政. 北京：外文出版社，2014：70-89.

3. 习近平. 坚持和完善中国特色社会主义制度 推进国家治理体系和治理能力现代化//习近平. 习近平谈治国理政：第3卷. 北京：外文出版社，2020：118-130.

① 习近平. 习近平谈治国理政. 北京：外文出版社，2014：91.

习近平《培育和弘扬社会主义核心价值观》导读

要点提示

● 核心价值观是文化软实力的灵魂、文化软实力建设的重点。这是决定文化性质和方向的最深层次要素。

● 培育和弘扬社会主义核心价值观必须立足中华优秀传统文化……博大精深的中华优秀传统文化是我们在世界文化激荡中站稳脚跟的根基。

● 要切实把社会主义核心价值观贯穿于社会生活方方面面。要通过教育引导、舆论宣传、文化熏陶、实践养成、制度保障等，使社会主义核心价值观内化为人们的精神追求，外化为人们的自觉行动。

● 一种价值观要真正发挥作用，必须融入社会生活，让人们在实践中感知它、领悟它。要注意把我们所提倡的与人们日常生活紧密联系起来，在落细、落小、落实上下功夫。

● 要发挥政策导向作用，使经济、政治、文化、社会等方方面面政策都有利于社会主义核心价值观的培育。

关键词

社会主义核心价值观　文化软实力　中华优秀传统文化　政策导向

导　读

《培育和弘扬社会主义核心价值观》是习近平于2014年2月24日在主持十八届中央政治局第十三次集体学习时的讲话要点。选自《习近平谈治国理政》，2014年版，163-165页。

社会历史背景

社会主义核心价值观是中国共产党在十八大上正式提出的一个重要思想。这个思想的凝练和提出，既是我国社会主义建设、改革历史与现实发展的必然要求，又是应对全面深化改革关键时期所面临的复杂形势和世界一体化所面临的一系列挑战的需要。当代中国，经济体制的深刻变革，社会结构的深刻变动，利益格局的深刻调整带来人们思想观念的深刻变化，尤其是随着人们思想活动的独立性、选择性、多变性、差异性明显增强，人们的思想观念、道德意识、价值取向越来越呈现出层次性。如何整合各种社会思潮和价值观念，统一不同社会主体的思想观念和价值追求，是亟须解决的一项重大课题。社会主义核心价值观旨在应对并满足实践发展的需要，最大限度地形成全党和全国人民的价值认同和共识，不断坚定中国特色社会主义道路自信、理论自信、制度自信、文化自信。它的凝练和提出是一个不断深化认识和完善的过程。2006 年 10 月 8 日至 11 日召开的党的十六届六中全会审议通过的《中共中央关于构建社会主义和谐社会若干重大问题的决定》提出建设社会主义核心价值体系，形成全民族奋发向上的精神力量和团结和睦的精神纽带。这是党中央适应我国社会思想道德建设的新形势向全党提出的重要任务。党的十七大对社会主义核心价值体系加以展开，一是展开它的性质，指出社会主义核心价值体系是社会主义意识形态的本质体现。二是展开它的作用，建设社会主义核心价值体系能够增强社会主义意识形态的吸引力和凝聚力。三是比较详细地论述了怎样建设社会主义核心价值体系。党的十七届六中全会作为专门部署文化建设的一个会议，对社会主义核心价值体系的性质和地位作了明确的概括：社会主义核心价值体系是兴国之魂，是社会主义先进文化的精髓，决定着中国特色社会主义的发展方向。党的十八大总结社会主义核心价值体系的建设经验，吸收全党智慧，对社会主义核心价值观作了浓缩和概括，提出了简明扼要、便于传播践行的社会主义核心价值观要求，即从国家层面、社会层面、个人层面阐述“三个倡导”，为社会主义核心价值观培育指明了方向。《培育和弘扬社会主义核心价值观》是习近平对这一问题的一次全面系统的论述。

历史地位与现实意义

《培育和弘扬社会主义核心价值观》是一篇在中国特色社会主义事业全面深化改革的关键时期系统地阐述社会主义核心价值观的重要性、核心价值观与中华优秀传统文化关系以及培育和弘扬核心价值观基本路径的马克思主义的重要文献，是中国特色社会主义事业建设进程中党的建设、干部教育、思想政治工作的一个重要理论成果，是社会主义文化强国建设的重要文献。认真学习和深入领会《培育和弘扬社会主义核心价值观》的思想对增强民族文化自信，提升国家文化软实力以及凝魂聚气、凝聚共识促改革，确保中华民族伟大复兴中国梦的实现具有十分重大和深远的意义。

主要思想内容

《培育和弘扬社会主义核心价值观》共 7 个自然段，主要论述了在社会主义建设和全面深化改革过程中，培育和弘扬社会主义核心价值观的重要性及基本路径选择。

（一）培育和弘扬社会主义核心价值观的重要性（第 1~2 段）

核心价值观是文化软实力的灵魂、文化软实力建设的重点。文化软实力的竞争是当今国际竞争中深层次的较量，其实质反映的是一个国家的民族文化和意识形态等精神因素对内对外所辐射出来的凝聚力、渗透力和影响力，这种影响往往具有持久性、广泛性。这其中，意识形态是国家软实力的重要组成部分，而社会主义核心价值观又是社会主义意识形态的本质体现。正如习近平所说："一个国家的文化软实力，从根本上说，取决于其核心价值观的生命力、凝聚力、感召力。"（163 页）

核心价值观是一个国家的重要稳定器。培育和弘扬社会主义核心价值观，有效整合社会意识，是社会系统得以正常运转、社会秩序得以有效维护的重要途径，也是国家治理体系和治理能力现代化的重要方面。习近平指出："历史和现实都表明，构建具有强大感召力的核心价值观，关系社会和谐稳定，关系国家长治久安。"（163 页）中国人很早就提出了"礼义廉耻，国之四维"的思想；"仁义礼智信"作为主要内容的价值观，在巩固我国封建制度、维系封建社会两千多年社会统治秩序中，起到了精神支撑作用。在西方，资产阶级在反对封建统治的斗争中，也曾提出自由、平等、博爱等价值观念，形成了一套以个人主义为基础的价值体系，对建立和巩固资本主义制度发挥了重要作用，这些都值得我们研究。当前，我国正处在社会转型时期，国际国内形势的深刻变化使我国意识形态领域面临着空前复杂的情况。面对这种思想文化多元多样化的情况，我们必须把培育和弘扬社会主义核心价值观作为凝魂聚气、强基固本的基础工程，切实抓紧抓好。

（二）培育和弘扬社会主义核心价值观的基本路径选择（第 3~7 段）

培育和弘扬社会主义核心价值观必须立足中华优秀传统文化。习近平指出："牢固的核心价值观，都有其固有的根本。抛弃传统、丢掉根本，就等于割断了自己的精神命脉。博大精深的中华优秀传统文化是我们在世界文化激荡中站稳脚跟的根基。中华文化源远流长，积淀着中华民族最深层的精神追求，代表着中华民族独特的精神标识，为中华民族生生不息、发展壮大提供了丰厚滋养。"（164 页）"要认真汲取中华优秀传统文化的思想精华和道德精髓，大力弘扬以爱国主义为核心的民族精神和以改革创新为核心的时代精神，深入挖掘和阐发中华优秀传统文化讲仁爱、重民本、守诚信、崇正义、尚和合、求大同的时代价值，使中华优秀传统文化成为涵养社会主义核心价值观的重要源泉。"（164 页）当然，对先人传承下来的文化和道德规范，要坚持古为今用、推陈出新的方法，有鉴别地加以对待，有扬弃地予以继承。

要把社会主义核心价值观贯穿于社会生活方方面面。习近平指出："要通过教育引导、舆论宣传、文化熏陶、实践养成、制度保障等，使社会主义核心价值观内化为人们的精神追求，外化为人们的自觉行动。"（164页）需要有效利用的方式方法是：大力褒扬身边的模范人物，充分发挥榜样的典型示范作用。重视教育手段的运用，做到学校教育、社会教育和家庭教育相结合，把社会主义核心价值观贯穿于国民教育的全过程；运用各类文化形式，通过大众化的传播手段，努力使社会主义核心价值观的宣传通俗化、具体化、生活化，使人民大众易于接受。

弘扬社会主义核心价值观要在落细、落小、落实上下功夫。习近平指出："一种价值观要真正发挥作用，必须融入社会生活，让人们在实践中感知它、领悟它。要注意把我们所提倡的与人们日常生活紧密联系起来，在落细、落小、落实上下功夫。"（165页）社会主义核心价值观要落地生根、融入社会生活，可从三个方面着力：健全各行各业规章制度，完善市民公约、乡规民约、学生守则等行为准则，使社会主义核心价值观成为人们日常工作生活的基本遵循；建立和规范一些礼仪制度，组织开展形式多样的纪念庆典活动，传播主流价值，增强人们的认同感和归属感；把社会主义核心价值观的要求融入各种精神文明创建活动之中，吸引群众广泛参与，推动人们在为家庭谋幸福、为他人送温暖、为社会作贡献的过程中提升精神境界、培育文明风尚。

弘扬社会主义核心价值观要发挥政策导向作用。培育和弘扬社会主义核心价值观，不仅要靠思想教育、实践养成，而且要用体制机制来保障，这是历史的经验。中国古代传统价值观念之所以能够相对稳定地传承，并成为人们内心的律条，除了重视修养以外，最重要的是这些价值观念与国家的法律、制度紧密结合在一起。因此，习近平强调："要发挥政策导向作用，使经济、政治、文化、社会等方方面面政策都有利于社会主义核心价值观的培育。"（165页）要把社会主义核心价值观的要求转化为具有刚性约束力的法律规定，用法律来推动社会主义核心价值观建设。各种社会管理要承担起倡导社会主义核心价值观的责任，注重在日常管理中体现价值导向，使符合社会主义核心价值观的行为得到肯定、鼓励，使违背社会主义核心价值观的行为受到制约、惩罚。

要点解析

1. 社会主义核心价值观是文化软实力的灵魂

这是习近平对社会主义核心价值观和文化软实力内在统一关系的准确概括，以"灵魂"来对社会主义核心价值观作重要定位，凸显了社会主义核心价值观的思想导向和引领作用。社会主义核心价值观的基本内容是"三个倡导"：在国家价值目标上，倡导富强、民主、文明、和谐；在社会价值取向上，倡导自由、平等、公正、法治；在公民价值准则上，倡导爱国、敬业、诚信、友善。这24个字，虽然通俗化、大众化，但意蕴丰富。它承载着"两个巩固"的思想基础，即巩固马克思主义在意识形态领域的指导地位，巩固全党全国人民团结奋斗的愿景，是社会主义核心价值观的"主心骨"，为我国软实力建设确立了科学的指导思想；社会主义核心价值观中"富强、民主、文明、和谐"的表述，从国家价值层面充分展示了“中国梦”的具体内容，为我国软实力建设确立了符合我国国情的共同奋斗目标；仁爱、民本、诚信、正义等思想凝结着中华优秀传统文化的精髓要义，积淀着我们民族最深层的精神追求，蕴含着丰厚的道德资源，为我国软实力建设提供了强大的精神动力和智力支持；“自由”“平等”“民主”等价值元素，这些是人类文明的成果，大胆学习借鉴，以我为主，海纳百川、兼收并蓄，彰显社会主义应该高扬的价值理想的旗帜。

2. 社会主义核心价值观与中华优秀传统文化的关系

中华优秀传统文化是社会主义核心价值观的民族根基。习近平强调指出：“中华文化源远流长，积淀着中华民族最深层的精神追求，代表着中华民族独特的精神标识，为中华民族生生不息、发展壮大提供了丰厚滋养。”（164 页）中华优秀传统文化是中华民族的生存之本、精神之魂，培育弘扬社会主义核心价值观只有立足于中华优秀传统文化，不断吸取中华优秀传统文化的精神滋养，才有深厚的民族根基，得到民众的广泛认同，产生强大的凝聚力和向心力。

社会主义核心价值观是对中华优秀传统文化的传承和升华。中华文化强调“民惟邦本”，强调“天人合一”“和而不同”，强调“天行健，君子以自强不息”“大道之行也，天下为公”，强调“天下兴亡，匹夫有责”，强调“君子喻于义”“君子坦荡荡”，强调“言必信，行必果”“人而无信，不知其可也”，强调“仁者爱人”“与人为善”“己所不欲，勿施于人”“老吾老以及人之老，幼吾幼以及人之幼”，强调“扶贫济困”，等等。这些优秀传统文化和价值理念有着永不褪色的时代价值。社会主义核心价值观坚持古为今用、推陈出新的原则，有鉴别地加以对待，有扬弃地予以继承，并结合中国特色社会主义伟大实践，实现其创造性转化和创新性发展，在国家层面、社会层面、公民层面的论述中使其得到了充分的体现。

总之，中华优秀传统文化是社会主义核心价值观的深厚沃土，社会主义核心价值观是在吸收中华优秀传统文化丰富营养的基础上逐步发展和完善的，是中华优秀文化在现代社会的延续，二者是内在统一的。

思考题

1. 阐述培育和弘扬社会主义核心价值观的具体路径。
2. 试述把社会主义核心价值观融入各行各业实际工作中去的具体要求。

阅读书目

1. 习近平. 提高国家文化软实力//习近平. 习近平谈治国理政. 北京：外文出版社，2014：160-162.

2. 习近平. 青年要自觉践行社会主义核心价值观//习近平. 习近平谈治国理政. 北京：外文出版社，2014：166-179.

3. 胡锦涛. 坚定不移沿着中国特色社会主义道路前进，为全面建成小康社会而奋斗：在中国共产党第十八次全国代表大会上的报告//胡锦涛. 胡锦涛文选：第 3 卷. 北京：人民出版社，2016：612-660.

习近平《共同构建人类命运共同体》导读

要点提示

● 世界怎么了、我们怎么办？这是整个世界都在思考的问题……回答这个问题，首先要弄清楚一个最基本的问题，就是我们从哪里来、现在在哪里、将到哪里去？回首最近100多年的历史……全人类的共同愿望，就是和平与发展……人类正处在大发展大变革大调整时期……和平、发展、合作、共赢的时代潮流更加强劲。同时，人类也正处在一个挑战层出不穷、风险日益增多的时代……我们要为当代人着想，还要为子孙后代负责。

● 让和平的薪火代代相传，让发展的动力源源不断，让文明的光芒熠熠生辉，是各国人民的期待，也是我们这一代政治家应有的担当。中国方案是：构建人类命运共同体，实现共赢共享。

● 构建人类命运共同体，关键在行动。……国际社会要从伙伴关系、安全格局、经济发展、文明交流、生态建设等方面作出努力。——坚持对话协商，建设一个持久和平的世界……——坚持共建共享，建设一个普遍安全的世界……——坚持合作共赢，建设一个共同繁荣的世界……——坚持交流互鉴，建设一个开放包容的世界……——坚持绿色低碳，建设一个清洁美丽的世界。

● 中国人始终认为，世界好，中国才能好；中国好，世界才更好……中国维护世界和平的决心不会改变……中国促进共同发展的决心不会改变……中国打造伙伴关系的决心不会改变……中国支持多边主义的决心不会改变……中国愿同广大成员国、国际组织和机构一道，共同推进构建人类命运共同体的伟大进程。

关键词

人类命运共同体　全球治理　中国方案

导 读

《共同构建人类命运共同体》是 2017 年 1 月 18 日，习近平在联合国日内瓦总部的演讲。这篇演讲深入剖析了世界发展的历史诉求、现实境遇和未来挑战，具体阐释了人类命运共同体理念的基本内涵，深刻指出共同构建人类命运共同体必须从伙伴关系、安全格局、经济发展、文明交流、生态建设等方面作出努力，并对中国的政策走向给出明确回答：中国维护和平的决心不会改变，促进共同发展的决心不会改变，打造伙伴关系的决心不会改变，支持多边主义的决心不会改变。选自《习近平谈治国理政》，第 2 卷，537－549 页。

社会历史背景

正如习近平在十九大报告中所言："倡导构建人类命运共同体，促进全球治理体系变革。我国国际影响力、感召力、塑造力进一步提高，为世界和平与发展作出新的重大贡献。"① 人类命运共同体理念的提出，是党的十八大以来，党和国家在外交领域取得的重大历史性成就。2011 年，《中国的和平发展》白皮书首次提出"命运共同体"概念，指出"经济全球化成为影响国际关系的重要趋势。不同制度、不同类型、不同发展阶段的国家相互依存、利益交融，形成'你中有我、我中有你'的命运共同体"②。2012 年，党的十八大报告提出："合作共赢，就是要倡导人类命运共同体意识。"③ 党的十八大以来，习近平在国内国际重要场合多次传递人类命运共同体理念：2013 年 3 月，在莫斯科国际关系学院发表的演讲中提出，在"各国相互联系、相互依存的程度空前加深"的背景下，人类"越来越成为你中有我、我中有你的命运共同体"④；2013 年 4 月，在出席博鳌亚洲论坛年会时，呼吁亚洲各国"应该牢固树立命运共同体意识"⑤；2013 年 10 月，访问东南亚时，在印度尼西亚国会演讲中提议"携手建设更为紧密的中国－东盟命运共同体"⑥；2013 年 10 月，在周边外交工作座谈会上，提出"让命运共同体意识在周边国家落地生根"⑦；2015 年 9 月，在出席第七十届联合国大会一般性辩论时，初步阐述了"打造人类命运共同体"的行动路径⑧；2016 年 7 月，在中国共产党成立 95 周年大会上强调，我国要"推动形成人类命运共同体和利益共同体"⑨。2017 年 1 月 18 日，在联合国日内瓦总部，习近平围绕"共同构建人类命运共同体"作专题演讲，深入剖析了世界发展的历史诉求、现实境遇和未来挑战，全面阐释了人类命运共同体理念的科学内涵，深

① 习近平．习近平谈治国理政：第 3 卷．北京：外文出版社，2020：6.
② 中华人民共和国国务院新闻办公室．《中国的和平发展》白皮书（全文）．北京：人民出版社，2011：23.
③ 中共中央文献研究室．十八大以来重要文献选编（上）．北京：中央文献出版社，2014：37.
④ 习近平．习近平谈治国理政．北京：外文出版社，2014：272.
⑤ 同④330.
⑥ 同④292.
⑦ 同④299.
⑧ 习近平．习近平谈治国理政：第 2 卷．北京：外文出版社，2017：521－526.
⑨ 同⑧42.

刻指出共同构建人类命运共同体的目标蓝图和行动指南，并作出中国愿同广大成员国、国际组织和机构一道，共同构建人类命运共同体的庄严承诺。同年 3 月，人类命运共同体被载入联合国人权理事会决议。《共同构建人类命运共同体》是习近平在联合国日内瓦总部的演讲全文。

历史地位与现实意义

《共同构建人类命运共同体》贯穿着辩证唯物主义和历史唯物主义的世界观和方法论，将历史与现实、理论与实践、中国与世界有机结合起来，汲取马克思主义世界历史理论的思想精髓，是习近平外交思想的集中体现。该演讲把脉大发展大变革大调整的时代特征，深入阐释了“构建人类命运共同体”作为全球治理中国方案的基本内涵，着重回答了共同构建人类命运共同体的几个关键性问题，即共同构建人类命运共同体的目标蓝图、国际社会共同构建人类命运共同体的行动路径以及中国与世界各国、国际组织和机构共同构建人类命运共同体的决心信心。全文对中国参与全球治理、促进世界和平与发展的基本历程和标志性事件进行了详细回顾，具有极强的理论性和政治性，对于我们全面深刻认识“百年未有之大变局”，理解习近平关于人类命运共同体重要论述的深刻内涵，把握习近平外交思想的精髓要义，努力开创中国特色大国外交新局面具有重大的理论价值和现实意义。

主要思想内容

全文共有 51 个自然段、6 400 多字，全面阐述并系统回答了共同构建人类命运共同体的四个关键性问题，具体来看：一是深入剖析人类命运共同体理念提出的现实背景；二是提出确保和平与发展的全球治理中国方案；三是为共同构建人类命运共同体描绘目标蓝图，提供行动指南；四是回顾中国参与全球治理的基本历程，作出共同构建人类命运共同体的庄严承诺。

（一）世界正处于大发展大变革大调整时期，和平与发展仍然是时代主题（第 1~8 段）

党的十八大以来，习近平统筹国内国际两个大局，多次就世界形势展开系统而深刻的理论研判，力求“准确把握国际形势变化的规律，既认清中国和世界发展大势，又看到前进道路上面临的风险挑战，未雨绸缪、妥善应对，切实做好工作”[①]。在此意义上，

① 习近平．习近平谈治国理政：第 3 卷．北京：外文出版社，2020：424.

习近平指出："把握国际形势要树立正确的历史观、大局观、角色观。"① 具体来看，正确的历史观，就是在看清国际形势现状的同时，端起历史望远镜回顾过去、总结历史规律，展望未来、把握历史前进大势；正确的大局观，就是要在看到现象和细节的同时，把握全局和本质，抓住主要矛盾和矛盾的主要方面；正确的角色观，就是要在冷静分析国际现象的同时，摆位自身，在我国同世界的关系中看问题、定方针。立足这一方法论，习近平在国际国内多个重要场合把脉世界发展的历史潮流，提出和平与发展仍然是时代主题。历史是一面镜子。早在2013年，习近平在主持十八届中央政治局第三次集体学习时就指出："依靠武力对外侵略扩张最终都是要失败的。这就是历史规律。"② 2014年，在德国科尔伯基金会的演讲中，习近平提出，近代中国的悲惨历史让中国人明白，"只有坚持走和平发展道路，只有同世界各国一道维护世界和平，中国才能实现自己的目标，才能为世界作出更大贡献"③。立足当下，2018年6月，习近平在中央外事工作会议上指出："当前，我国处于近代以来最好的发展时期，世界处于百年未有之大变局，两者同步交织、相互激荡。做好当前和今后一个时期对外工作具备很多国际有利条件。"④ 但与此同时，在和平与发展已成为时代主题的今天，"世界仍很不太平，战争的'达摩克利斯之剑'依然悬在人类头上"⑤。面向未来，经济全球化、社会信息化"既创造了前所未有的发展机遇，也带来了需要认真对待的新威胁新挑战"⑥，"随着时代发展，现行全球治理体系不适应的地方越来越多，国际社会对变革全球治理体系的呼声越来越高"⑦。中国作为负责任大国，必将为全球治理体系创新提供中国智慧与中国方案。

对国际形势和时代主题的准确研判是正确开展对外工作的前提条件。人类命运共同体理念正是在深刻把握新时代中国和世界发展大势的基础上提出的。在《共同构建人类命运共同体》一文中，习近平坚持正确的历史观、大局观和角色观，在本文第一部分通过回答"我们从哪里来、现在在哪里、将到哪里去?"（537页）这一基本问题，对人类发展的历史诉求、现实背景和未来趋势进行了全面考量。首先，习近平通过回顾最近100多年的人类历史，得出"冷战结束后，各方最殷切的诉求，就是扩大合作、共同发展"的结论，因而"这100多年全人类的共同愿望，就是和平与发展"（538页）。接着，他指出，"人类正处在大发展大变革大调整时期。世界多极化、经济全球化深入发展，社会信息化、文化多样化持续推进，新一轮科技革命和产业革命正在孕育成长，各国相互联系、相互依存，全球命运与共、休戚相关，和平力量的上升远远超过战争因素的增长"，因而当下"和平、发展、合作、共赢的时代潮流更加强劲"（538页）。最后，习近平强调，"人类也正处在一个挑战层出不穷、风险日益增多的时代"，面对"世界经济增长乏力，金融危机阴云不散，发展鸿沟日益突出，兵戎相见时有发生，冷战思维和强权政治阴魂不散，恐怖主义、难民危机、重大传染性疾病、气候变化等非传统安全威胁持

① 习近平．习近平谈治国理政：第3卷．北京：外文出版社，2020：427.
② 习近平．习近平谈治国理政．北京：外文出版社，2014：248.
③ 同②266.
④ 同①428.
⑤ 习近平．习近平谈治国理政：第2卷．北京：外文出版社，2017：446.
⑥ 同⑤522.
⑦ 同⑤449.

续蔓延”（538页）的发展危机与“宇宙只有一个地球，人类共有一个家园”（538页）的生存挑战，和平与发展仍然是时代主题。这一系列论述集中体现了习近平所强调的在判断国际形势时所必须秉持的战略思维、历史思维、辩证思维等科学思想方法，标志着我们党对人类社会发展的认识达到了新的更高层次。

（二）构建人类命运共同体，实现共赢共享（第9～16段）

当今世界正经历百年未有之大变局，我国发展的内部条件和外部环境正在发生深刻复杂变化，人类社会正处于大发展大变革大调整时期。新形势下如何更好实现和平与发展的时代主题？什么是更好的全球治理结构？党的十八大以来，习近平针对上述问题深入研判、不懈探索、科学决策，形成了以构建人类命运共同体为代表的外交思想，推动中国特色大国外交取得了历史性的成就。从党的十八大报告提出“倡导人类命运共同体意识”，到十九大报告中的“推动构建人类命运共同体”，再到2020年11月金砖国家领导人第十二次会晤上重申的“秉持人类命运共同体理念”，习近平多次在国内外重要场合阐释人类命运共同体理念的基本内涵。

总的来说，在国家相关文件与领导人讲话中，人类命运共同体大体有以下三类：一是从主观意识维度出发，提出“（人类）命运共同体意识”的概念，指代人们在主观层面形成的“人类命运休戚与共”的思想认识；二是对标世界上各主权国家和各类国际组织，提出区域命运共同体或人类命运共同体两种概念，前者以“周边国家命运共同体”“中非命运共同体”“中拉美命运共同体”等为例，重在阐述一种新型国际关系的构建；三是从全球治理各具体事项出发，提出各治理领域内部的命运共同体，如“网络空间命运共同体”“海洋命运共同体”等。可以发现，上述概念体现了人类命运共同体本身是一个包含主观认识与客观实践、不同国际行政主体与全球治理领域的综合性理念，呈现出一个空间格局由内到外拓展、时间进路由历史指向未来、内涵演变由实体走向虚拟的逻辑进路。概念的复杂性导致对其科学内涵的认识和把握更为艰难和重要。在此意义上，习近平在不同场合对构建人类命运共同体的价值意涵进行了分析。2015年，在第七十届联合国大会一般性辩论时，他指出，“和平、发展、公平、正义、民主、自由”是全人类的共同价值也是打造人类命运共同体的价值旨归①。同年，在第二届互联网大会开幕式上，强调“和平、安全、开放、合作”和“多边、民主、透明”是打造网络空间命运共同体的价值准则②。2017年，在党的十九大报告中，习近平将“和平、发展、合作、共赢”作为中国外交工作开展的根本价值宗旨。可以说，在全球化背景下，由世界多元文化交织融合所形成的上述共同价值已成为具有人类性、公共性特质的价值观念，它们是人类命运共同体理念得以提出的价值基础。与此同时，作为一种全球性的价值观念，人类命运共同体本身就是一种强调“共商共建共享”的全球治理观，也包含新安全观、可持续发展观等价值组成部分，与人类共同价值一同构筑起人类命运共同体构建的完整价值体系。

---

① 习近平．习近平谈治国理政：第2卷．北京：外文出版社，2017：522.

② 同①532.

关于人类命运共同体基本内涵的初步阐释，集中于本文的第二部分。习近平在科学分析世界形势后，提出“构建人类命运共同体，实现共赢共享”是“让和平的薪火代代相传，让发展的动力源源不断，让文明的光芒熠熠生辉”（539 页）的中国方案，也是如何更好实现和平与发展时代主题的中国答案。接着，他提出“建立公正合理的国际秩序”是构建人类命运共同体的价值旨归，这一目标的确立是近代以来从《威斯特伐利亚和约》到日内瓦公约，从联合国宪章到万隆会议所凝结成的人类诉求与历史结论（539 页）。之后，习近平围绕这一核心价值旨归，阐述了构建人类命运共同体的几条基本价值原则，并对每一价值原则的生成历程与现实意义进行了有力论证。具体来看：

其一，坚持主权平等。习近平指出，从历史上来看，主权平等“是数百年来国与国规范彼此关系最重要的准则，也是联合国及所有机构、组织共同遵循的首要原则”（539 页）。其根源于世界各国在国际组织和机构“平等参与决策”而国家自身“主权和尊严必须得到尊重，内政不容干涉”的现实需要，内含着“权利平等、机会平等、规则平等”（539 页）的价值要求。

其二，坚持沟通协商。从“印度支那和平问题最后宣言的通过”到“冷战期间两大对峙阵营国家领导人首次和解会议”，再到“伊朗核、叙利亚等热点问题对话和谈判”（539 页），面对分歧与冲突，历史和现实证明沟通协商是有效之策。因而，在构建人类命运共同体的过程中，要坚持沟通协商的方法论，“怀有真诚愿望，秉持足够善意，展现政治智慧”（540 页）。

其三，坚持国际关系法治化。过去，“各国以联合国宪章为基础，就政治安全、贸易发展、社会人权、科技卫生、劳工产权、文化体育等领域达成了一系列国际公约和法律文书”（540 页），法治化已成为确保健康有序国际关系的关键原则。习近平一针见血地指出，“法律的生命在于付诸实施”，因而构建人类命运共同体，必然要彰显公平正义的法律生命，令各国“维护国际法治权威，依法行使权利，善意履行义务”（540 页）。

其四，坚持国际关系民主化。习近平认为，日内瓦作为“多边外交大舞台”（540 页），其本身就是一个开放包容的全球治理实践。构建人类命运共同体，要“推进国际关系民主化”，“国际规则应该由各国共同书写，全球事务应该由各国共同治理，发展成果应该由各国共同分享”（540 页）。

其五，坚持人道主义原则。红十字国际委员会的成立是对“杜楠之问”（540 页）的有力回答。习近平强调，“面对频发的人道主义危机”，要“弘扬人道、博爱、奉献的精神”，“秉承中立、公正、独立的基本原则”（540 页）。

总之，构建人类命运共同体，实现共赢共享这一全球治理的中国方案，是优化世界交往秩序、打造新型国际治理格局的题中之义，坚持主权平等、沟通协商、国际关系法治化、民主化以及人道主义原则都是其内在规定与必然要求。

（三）构建人类命运共同体，关键在行动（第 17～31 段）

大道至简，实干为要。习近平鲜明指出：“构建人类命运共同体，关键在行动。”（541 页）如何推动人类命运共同体理念落地生根，使其从一种关于全球治理的中国智慧转化为世界各国人民的伟大实践，这是中国共产党一直以来在思考的重要问题。党的十八大以来，以习近平同志为核心的党中央把脉时局，总结经验，围绕如何构建人类命运共同体，形成了诸多系统的理论阐述。2015 年，在出席第七十届联合国大会一般性辩论时发表的讲话中，习近平初次对如何打造人类命运共同体展开具体论述，具体从伙伴关系、安全格局、经济发展、文明交流、生态体系五个维度展开①；2017 年，在联合国日内瓦总部的演讲中，习近平指出伙伴关系、安全格局、经济发展、文明交流、生态建设是国际社会共同构建人类命运共同体的关键，并点明在这五大维度构建人类命运共同体的目标蓝图，即建设一个持久和平、普遍安全、共同繁荣、开放包容、清洁美丽的世界（541 页）；同年 10 月，在党的十九大报告中，习近平再次强调："构建人类命运共同体，建设持久和平、普遍安全、共同繁荣、开放包容、清洁美丽的世界"②，并再次确立伙伴关系、安全格局、经济发展、文明交流、生态建设这一构建人类命运共同体的总布局。由此可见，本文第三部分提出的"国际社会要从伙伴关系、安全格局、经济发展、文明交流、生态建设等方面作出努力"及其后续论述正是我国构建人类命运共同体的目标与策略，为国际社会共同构建人类命运共同体描绘了生动蓝图，提供了行动遵循。

从本文来看，推动人类命运共同体落地生根的核心举措包括如下五个方面：

第一，在伙伴关系维度，坚持对话协商，建设一个持久和平的世界。"前事不忘，后事之师。"习近平指出："从公元前的伯罗奔尼撒战争到两次世界大战，再到延续 40 余年的冷战，教训惨痛而深刻。"（541 页）70 多年来，"联合国宪章贯穿主权平等原则"③，"为世界赢得 70 余年相对和平"。未来，为更好化解纷争和矛盾、消弭战乱和冲突，我们应不断完善机制和手段，"构建对话不对抗、结伴不结盟的伙伴关系"（541 页）。首先，"推动构建总体稳定、均衡发展的大国关系框架"④ 是构建良好伙伴关系十分重要的一环。习近平反复强调"中国必须有自己特色的大国外交"⑤。在此意义上，他多次出访俄罗斯，认为保持一个高水平、强有力的中俄关系，是"维护国际战略平衡和世界和平稳定的重要保障"⑥；即使在美国摩拳擦掌挑起贸易战之际，习近平在中美元首会晤时仍强调，"我们有一千条理由把中美关系搞好"，"中美两国关系好，不仅对两国和两国人民有利，对世界也有利"⑦。习近平在本文中提出，"大国要尊重彼此核心利益和重大关切，管控矛盾分歧，努力构建不冲突不对抗、相互尊重、合作共赢的新型关系。只要坚持沟通、真诚相处，'修昔底德陷阱'就可以避免。大国对小国要平等相待，不搞唯我独尊、强买强卖的霸道"（541 页），为构建新型大国伙伴关系提供了行动指南。其次，针对威胁世界和平的几大重点要素，习近平分别进行了强调：一是"任何国家都不能随意发动战争，不能破坏国际法治，不能打开潘多拉的盒子"；二是全面禁止并最终彻底销毁核武器，实现无核世界；三是"把深海、极地、外空、互联网等领域打造成各方合作的新疆

---

① 习近平．习近平谈治国理政：第 2 卷．北京：外文出版社，2017：523-525.
② 习近平．习近平谈治国理政：第 3 卷．北京：外文出版社，2020：46.
③ 同①523.
④ 同②429.
⑤ 同①443.
⑥ 习近平．习近平谈治国理政．北京：外文出版社，2014：275.
⑦ 同①488.

域，而不是相互博弈的竞技场”（541 页）。

第二，在安全格局维度，坚持共建共享，建设一个普遍安全的世界。“单则易折，众则难摧。”（542 页）安全格局之所以要共建共享，是因为“世上没有绝对安全的世外桃源，一国的安全不能建立在别国的动荡之上，他国的威胁也可能成为本国的挑战”（541-542 页）。基于此，习近平指出，“各方应该树立共同、综合、合作、可持续的安全观”（542 页），并从反恐行动、难民援助、化解冲突和疫情防控等四个维度展开行动。首先，“近年来，在欧洲、北非、中东发生的恐怖袭击事件再次表明，恐怖主义是人类公敌”（542 页），应“加强协调，建立全球反恐统一战线，为各国人民撑起安全伞”（542 页）。其次，面对持续增长的难民数量，“联合国难民署、国际移民组织等要发挥统筹协调作用，动员全球力量有效应对”（542 页），以解决难民危机。再次，习近平准确指出，地缘冲突才是恐怖主义和难民危机的导火索，因此“化解冲突是根本之策”，“当事各方要通过协商谈判，其他各方应该积极劝和促谈，尊重联合国发挥斡旋主渠道作用”（542 页）。最后，针对禽流感、埃博拉、寨卡等疫情引发的国际公共卫生安全治理危机，“世界卫生组织要发挥引领作用”，“国际社会应该加大对非洲等发展中国家卫生事业的支持和援助”（542 页）。

第三，在经济发展维度，坚持合作共赢，建设一个共同繁荣的世界。习近平强调，各国在发展自身的同时，“要同舟共济，而不是以邻为壑”（542 页）。首先，各国要加强宏观政策协调、兼顾当前和长远，抓住新一轮科技革命和产业变革的历史性机遇、进一步发展社会生产力、释放社会创造力，维护世界贸易组织规则、构建开放型世界经济。其次，针对近年来西方世界部分国家所掀起的声势浩大的逆全球化浪潮，习近平指出，“经济全球化是历史大势，促成了贸易大繁荣、投资大便利、人员大流动、技术大发展”，“这充分说明，经济全球化的大方向是正确的”，但“发展失衡、治理困境、数字鸿沟、公平赤字等问题也客观存在”（543 页）。实质上，上述问题产生的根源也在于经济全球化发展的不充分与不平衡。在此意义上，习近平针对经济快速发展所带来的全球治理困境和经济发展瓶颈，提出“引导经济全球化健康发展，需要加强协调、完善治理，推动建设一个开放、包容、普惠、平衡、共赢的经济全球化，既要做大‘蛋糕’，更要分好‘蛋糕’，着力解决公平公正问题”（543 页）。

第四，在文明交流维度，坚持交流互鉴，建设一个开放包容的世界。“和羹之美，在于合异。”（543 页）早在 2013 年博鳌亚洲论坛年会上，习近平就曾言，“一花独放不是春，百花齐放春满园”[①]，提出了对世界文明互进共荣的诠释与期待。2014 年，在联合国教科文组织总部，习近平再次强调“文明因交流而多彩，文明因互鉴而丰富”[②] 的文明交流态度与原则。习近平指出，基于不同的国家、地区、民族、宗教，世界上存在不同文明，这些文明本身“没有高下、优劣之分，只有特色、地域之别”，“文明差异不应该成为世界冲突的根源，而应该成为人类文明进步的动力”（544 页）。因此，“不同文明要取长补短、共同进步，让文明交流互鉴成为推动人类社会进步的动力、维护世界和平的纽带”（544 页）。

---

① 习近平．习近平谈治国理政．北京：外文出版社，2014：331.

② 同①258.

第五，在生态文明建设维度，坚持绿色低碳，建设一个清洁美丽的世界。“万物各得其和以生，各得其养以成。”① 人类社会的每一次生产力革命都创造了巨大的物质财富，形成了宝贵的精神文明，也产生了难以弥补的生态创伤。习近平在气候变化巴黎大会等多个国际场合指出，中华文明历来强调天人合一、尊重自然，中国共产党一直大力推进生态文明建设，推动绿色循环低碳发展。“绿水青山就是金山银山”（544 页），在《共同构建人类命运共同体》中，习近平进一步强调，我们不能用破坏性方式搞发展，“应该遵循天人合一、道法自然的理念，寻求永续发展之路”（544 页）。具体来说，“要倡导绿色、低碳、循环、可持续的生产生活方式，平衡推进 2030 年可持续发展议程，不断开拓生产发展、生活富裕、生态良好的文明发展道路”（544 页）。

（四）继续发挥负责任大国作用，不断贡献中国智慧和力量（第 32～51 段）

共同构建人类命运共同体是围绕“21 世纪如何更好实现和平与发展时代主题”这一问题的中国智慧与中国方案，更是一份中国呼吁。改革开放以来，在中国共产党的坚强领导下，我国取得了巨大的发展成就。伴随经济实力和国际地位的稳步提升，“面对中国的块头不断长大，有些人开始担心，也有一些人总是戴着有色眼镜看中国，认为中国发展起来了必然是一种‘威胁’，甚至把中国描绘成一个可怕的‘墨菲斯托’，似乎哪一天中国就要摄取世界的灵魂”②。特别是党的十八大以来，以人类命运共同体理念为代表的系列中国外交战略思想的提出，令我国饱受“中国威胁论”的排斥、抹黑甚至诋毁。面对国际社会对中国外交政策走向的纷纭议论，习近平在本文最后一部分强调“中国人始终认为，世界好，中国才能好；中国好，世界才更好”（545 页），并作出中国愿同广大成员国、国际组织和机构一道共同构建人类命运共同体的郑重邀约与庄严承诺。

第一，中国维护世界和平的决心不会改变。这首先体现在，维护和平是中华优秀传统文化的精神要义。“一个民族最深沉的精神追求，一定要在其薪火相传的民族精神中来进行基因测序”，习近平多次指明，“有着 5 000 多年历史的中华文明，始终崇尚和平，和平、和睦、和谐的追求深深根植于中华民族的精神世界之中，深深溶化在中国人民的血脉之中”③，在本文中更是通过介绍“以和邦国”“和而不同”“以和为贵”的中华文明传统，向世界展现了中国人民崇尚和平、爱好和平的血脉基因。其次，维护和平是我国经受战乱侵略历史的教训经验。历史中被侵略、被压迫、被割据的耻辱深刻印在中国的国家进程中，那段战火频频、兵燹不断、内部战乱和外敌入侵循环发生的历史给中国人民带来了不堪回首的苦难。基于此，习近平多次强调，“中国将坚定不移走和平发展道路”，“中国需要和平，就像人需要空气一样，就像万物生长需要阳光一样”④。在本文中，习近平进一步指出：“中国人民深信，只有和平安宁才能繁荣发展。”（545 页）最后，历史是最好的证明者。从历史上长期作为世界上最强大国家之一，到“从一个积贫积弱的

① 习近平．习近平谈治国理政：第 2 卷．北京：外文出版社，2017：530.

② 习近平．习近平谈治国理政．北京：外文出版社，2014：264.

③ 同②265.

④ 同②266.

国家发展成为世界第二大经济体”，中国从不曾展开过任何一次对外军事扩张和殖民掠夺，这足以证明，“中国永不称霸、永不扩张、永不谋求势力范围”（545 页）。

第二，中国促进共同发展的决心不会改变。中国虽不是经济全球化理念的创造者，却是经济全球化的坚定维护者，也是经济全球化实实在在的受益国。习近平客观承认，在经济全球化的进程中，“中国发展得益于国际社会，中国也为全球发展作出了贡献”（545-546 页）。他在多个场合反复强调“中国开放的大门不会关闭，只会越开越大”①，在本文中也承诺“中国将继续奉行互利共赢的开放战略，将自身发展机遇同世界各国分享”（546 页）。在此基础上，习近平进一步回顾了自新中国成立以来对外援助、贫困治理的历史贡献，并提出将通过“一带一路”倡议、亚洲基础设施投资银行等，为国际社会提供更多公共产品，让更多国家搭乘中国发展的“顺风车”。

第三，中国打造伙伴关系的决心不会变。我国长期以来坚持独立自主的和平外交政策，在和平共处五项原则的基础上，同所有国家发展友好合作。习近平指出，“中国率先把建立伙伴关系确定为国家间交往的指导原则，同 90 多个国家和区域组织建立了不同形式的伙伴关系”，并宣示“中国将进一步联结遍布全球的‘朋友圈’”（546 页）。具体来看，一是“将努力构建总体稳定、均衡发展的大国关系框架”（546 页）。习近平在中央外事工作会议上曾强调，“要运筹好大国关系，推动构建总体稳定、均衡发展的大国关系框架”②，在本篇演讲中具体指明，美国、俄罗斯、欧洲、金砖国家是构建大国关系框架的关键。二是“将继续坚持正确义利观，深化同发展中国家务实合作，实现同呼吸、共命运、齐发展”（547 页）。习近平在出访坦桑尼亚、墨西哥等国家时多次传递“广大发展中国家是我国在国际事务中的天然同盟军”，以及“深化同发展中国家团结合作，推动形成携手共进、共同发展新局面”的重要信息③。三是“将按照亲诚惠容理念同周边国家深化互利合作”（547 页）。2013 年，习近平在周边外交工作座谈会上强调，“无论从地理方位、自然环境还是相互关系看，周边对我国都具有极为重要的战略意义”，并形成了以“亲诚惠容”理念为核心的周边外交基本方针④。在本文中，习近平进一步将“同非洲国家共谋发展，推动中拉全面合作伙伴关系实现新发展”（547 页）作为我国周边伙伴关系构建的重点。

第四，中国支持多边主义的决心不会改变。“良好稳定的外部环境，是所有国家发展的重要前提”⑤，而“多边主义是维护和平、促进发展的有效路径”（547 页）。面对世界上部分国家和地区单边主义思潮的暗流涌动，人类命运共同体理念的提出就是中国支持多边主义的最好例证。习近平在演讲中说道，作为联合国创始成员国，第一个在联合国宪章上签字的国家，“中国将坚定维护以联合国为核心的国际体系，坚定维护以联合国宪章宗旨和原则为基石的国际关系基本准则，坚定维护联合国权威和地位，坚定维护联合国在国际事务中的核心作用”（547 页）。同时，习近平进一步指明，以“中国—联合国和平与发展基金”为例，中国支持多边主义的力度将越来越大。最后，习近平回顾了自

---

① 习近平．习近平谈治国理政：第 3 卷．北京：外文出版社，2020：202.

②③ 同①429.

④ 习近平．习近平谈治国理政．北京：外文出版社，2014：296-297.

⑤ 同①447.

1954 年周恩来总理率团出席日内瓦会议以来，中国借助联合国等国际组织和平台参与全球治理的简要历程，并提出“中国愿同广大成员国、国际组织和机构一道，共同推进构建人类命运共同体的伟大进程”（548 页）这一郑重邀约与庄严承诺。

要点解析

1. 人类命运共同体理念与马克思的社会共同体理论

纵观人类社会发展历程，国家和社会的分离及其引发的人的自由与异化问题，成为现代化进程所引发的带有自反性特征的悖论问题。这一问题激发了许多政治哲学思想家的追问与探索，马克思也不例外。虽然马克思并未对“共同体”下定义，但在其研究人类社会发展历程与资本主义演变规律的过程中，基于“世界历史”“世界市场”“普遍交往”等现实，提出了“自然的共同体”“虚幻的共同体”“真正的共同体”等社会共同体理论，构成了马克思主义人类社会发展理论极为重要的组成部分。马克思在考察资本主义社会现实的过程中指出，家庭、氏族、原始公社等基于地缘血缘形成的是“自然的共同体”，以私有制为基础的商品经济使得地缘与血缘差别被打破，由此形成了货币、资本等“抽象的共同体”以及阶级、国家等“虚幻的共同体”，而只有消除这一抽象、虚幻共同体的异化，才能走向“真正的共同体”，即“代替那存在着阶级和阶级对立的资产阶级旧社会的，将是这样一个联合体，在那里，每个人的自由发展是一切人的自由发展的条件”①。马克思、恩格斯“各民族的原始封闭状态由于日益完善的生产方式、交往以及因交往而自然形成的不同民族之间的分工消灭得越是彻底，历史也就越是成为世界历史”②的预言现在已经成为现实。正如习近平所言，“今天，人类交往的世界性比过去任何时候都更深入、更广泛，各国相互联系和彼此依存比过去任何时候都更频繁、更紧密”③，可以说，人类命运共同体理念的提出正是中国共产党对马克思社会共同体理论、世界历史思想的承继与发展，是摆脱“虚幻的共同体”、走向“真正的共同体”的中国方案。

2. 人类命运共同体理念与中国共产党外交政策

2016 年，习近平在纪念中国共产党成立 95 周年大会上指出：“坚持不忘初心、继续前进，就要始终不渝走和平发展道路，始终不渝奉行互利共赢的开放战略，加强同各国的友好往来，同各国人民一道，不断把人类和平与发展的崇高事业推向前进。”④ 人类命运共同体理念的提出不是凭空出现、一蹴而就的，而是在坚持和继承中国共产党外交战略宝贵经验的基础上形成和发展起来的。以毛泽东同志为核心的党中央领导集体以总体性思维考察世界，探索形成了“三个世界”的外交战略思想，科学提出了和平共处五项原则，认为尽管世界各国存在不同的利益诉求甚至矛盾纷争，但世界仍然是一个相互依存和联系的整体。以邓小平同志为核心的党中央领导集体根据时代特征与中国国情，科学谋划，作出了改革开放的伟大决策，并开创性地提出和平与发展是当今世界

---

① 马克思，恩格斯．马克思恩格斯选集：第 1 卷．3 版．北京：人民出版社，2012：422.

② 同①168.

③ 习近平．在纪念马克思诞辰 200 周年大会上的讲话．北京：人民出版社，2018：22.

④ 习近平．习近平谈治国理政：第 2 卷．北京：外文出版社，2017：41.

两大主题这一核心论断，为新型国际关系的构建描绘了中国式的蓝图。以江泽民同志为核心的党中央领导集体基于我国改革开放初期的现实实践，科学分析世界局势与发展矛盾，全面审视影响世界和平与发展的现实因素，提出了建立国际秩序的新理论，并对如何推动构建国际政治经济新秩序进行了较为具体的阐述与实践。以胡锦涛同志为总书记的党中央审时度势，根据世界发展大变革大调整的时代特征与求和平、谋发展、促合作的时代潮流，提出了建设和谐世界的思想理论，并在党的十八大报告中提出“倡导人类命运共同体意识”的重要论断。直至以习近平同志为核心的党中央提出“共同构建人类命运共同体”。可以说，人类命运共同体理念的形成与提出，是建立在几代中国共产党人对世界发展趋势的科学分析与中国发展进程的深刻判断的基础之上的，是将马克思主义基本原理与新时代中国特色社会主义伟大实践紧密结合而形成的中国共产党外交战略的最新成果。

思考题

1. “人类命运共同体”与“美国优先”价值理念的根本区别是什么？

2. 试分析开启全面建设社会主义现代化国家新征程于构建人类命运共同体的重要意义。

阅读书目

1. 习近平. 携手构建合作共赢新伙伴，同心打造人类命运共同体//习近平. 习近平谈治国理政：第2卷. 北京：外文出版社，2017：521-526.

2. 习近平. 努力开创中国特色大国外交新局面//习近平. 习近平谈治国理政：第3卷. 北京：外文出版社，2020：426-429.

3. 习近平. 把世界各国人民对美好生活的向往变成现实//习近平. 习近平谈治国理政：第3卷. 北京：外文出版社，2020：433-438.

参考文献

马克思，恩格斯．马克思恩格斯选集：第1～4卷．2版．北京：人民出版社，1995.

马克思，恩格斯．马克思恩格斯文集：第1～10卷．北京：人民出版社，2009.

列宁．列宁选集：第1～4卷．3版．北京：人民出版社，1995.

列宁．列宁专题文集：第1～5卷．北京：人民出版社，2009.

毛泽东．毛泽东选集：第1～4卷．2版．北京：人民出版社，1991.

毛泽东．毛泽东文集：第1～2卷．北京：人民出版社，1993.

毛泽东．毛泽东文集：第3～5卷．北京：人民出版社，1996.

毛泽东．毛泽东文集：第6～8卷．北京：人民出版社，1999.

邓小平．邓小平文选：第1～2卷．2版．北京：人民出版社，1994.

邓小平．邓小平文选：第3卷．北京：人民出版社，1993.

江泽民．江泽民文选：第1～3卷．北京：人民出版社，2006.

习近平．习近平谈治国理政：北京：外文出版社，2014.

习近平．习近平谈治国理政：第2卷．北京：外文出版社，2017.

习近平．习近平谈治国理政：第3卷．北京：外文出版社，2020.

中共中央文献研究室．十一届三中全会以来党的历次代表大会中央全会重要文件选编（上、下）．北京：中央文献出版社，1997.

中共中央文献研究室．十四大以来重要文献选编（上）．北京：中央文献出版社，1996.

中共中央文献研究室．十四大以来重要文献选编（中）．北京：中央文献出版社，1997.

中共中央文献研究室．十四大以来重要文献选编（下）．北京：中央文献出版社，1999.

中共中央文献研究室．十五大以来重要文献选编（上）．北京：中央文献出版社，2000.

中共中央文献研究室. 十五大以来重要文献选编（中）. 北京：中央文献出版社，2001.

中共中央文献研究室. 十五大以来重要文献选编（下）. 北京：中央文献出版社，2003.

中共中央文献研究室. 十六大以来重要文献选编（上）. 北京：中央文献出版社，2005.

中共中央文献研究室. 十六大以来重要文献选编（中）. 北京：中央文献出版社，2006.

中共中央文献研究室. 十六大以来重要文献选编（下）. 北京：中央文献出版社，2008.

中共中央文献研究室. 十七大以来重要文献选编（上）. 北京：中央文献出版社，2009.

中共中央文献研究室. 十七大以来重要文献选编（中）. 北京：中央文献出版社，2011.

中共中央文献研究室. 十七大以来重要文献选编（下）. 北京：中央文献出版社，2013.

中共中央文献研究室. 十八大以来重要文献选编（上）. 北京：中央文献出版社，2014.

中共中央党校教务部. 马列著作选编内容提要和注释. 北京：中共中央党校出版社，2002.

王平，韩秋红，崔燕.《马克思主义著作选读》导读与要点解析. 长春：吉林人民出版社，2005.

韩立新. 新版《德意志意识形态》研究. 北京：中国人民大学出版社，2008.

何干强.《资本论》的基本思想与理论逻辑. 北京：中国经济出版社，2001.

许庆朴，郑祥福，周庆行，等. 马克思主义原著选读. 北京：高等教育出版社，1999.

王良铭. 马克思恩格斯著作精选导读. 南京：东南大学出版社，2008.

教育部社会科学研究与思想政治工作司.《马克思主义经典著作选读》导读. 北京：人民出版社，2001.

徐民华，陶卫平，布成良. 科学社会主义经典著作导读. 北京：人民出版社，2003.

李延明，刘青建，杨海蛟. 马克思恩格斯政治学说研究. 北京：人民出版社，2002.

柴毅龙. 马克思主义经典著作选读讲解. 北京：高等教育出版社，1999.

万斌，潘于旭. 经典的魅力：马克思主义经典著作的当代意义. 杭州：浙江大学出版社，2007.

李爱华. 马克思主义经典著作导读. 北京：北京师范大学出版社，2008.

《马克思恩格斯列宁哲学经典著作导读》编写组. 马克思恩格斯列宁哲学经典著作导读. 北京：人民出版社，高等教育出版社，2012.

郑祥福，周志山，陈向义. 马克思主义经典原著选读. 杭州：浙江大学出版社，2019.

后记

《马克思主义经典著作导读》第三版以习近平新时代中国特色社会主义思想为指导，在保持第一版和第二版体例和基本内容不变的基础上，根据党的理论创新、思想政治教育环境变化和新时代马克思主义理论教育新要求，在对马克思主义经典著作系统梳理的基础上，对篇目作了适当调整，增加6篇著作，减少6篇著作，还对个别篇目中的内容作了调整。主要思想内容、要点解析和思考题部分以体现党的理论创新，内容表述的精准性、完整性为基本要求，对内容的局部和个别文字作了修改，要点解析和思考题的补充调整有几十处，增加和改动约9万字。

任务分工：王平（东北师范大学教授、博士生导师）任主编。雷龙乾（陕西师范大学教授、博士生导师）、李安增（曲阜师范大学教授、博士生导师）、宋锡辉（云南师范大学教授）、张秋辉（东北师范大学副教授）任副主编。王平负责本书的体例设计、篇目选定、前言和后记撰写，并统稿、定稿；雷龙乾参与马克思、恩格斯哲学著作审稿；宋锡辉参与马克思经济学著作审稿；张秋辉参与马克思、恩格斯、列宁科学社会主义著作审稿；李安增参与马克思主义中国化著作审稿。

各篇目撰稿人为：

马克思《〈黑格尔法哲学批判〉导言》导读：雷龙乾

马克思、恩格斯《神圣家族》（节选）导读：郭淑颖，辽宁师范大学讲师

马克思《关于费尔巴哈的提纲》导读：雷龙乾

马克思、恩格斯《德意志意识形态》（节选）导读：雷龙乾

马克思、恩格斯《共产党宣言》导读：宋锡辉

马克思《〈政治经济学批判〉导言》（节选）导读：杨青，云南师范大学教授；廖小明，四川省委党校教授

马克思《〈政治经济学批判〉序言》导读：廖小明，宋锡辉

马克思《资本论》（节选）导读：杨青

马克思《法兰西内战》（节选）导读：张秋辉

马克思《哥达纲领批判》导读：张秋辉

恩格斯《反杜林论·第一编　哲学》（节选）导读：孙萌，陕西师范大学副教授

恩格斯《社会主义从空想到科学的发展》导读：宋锡辉，孙萌

恩格斯《路德维希·费尔巴哈和德国古典哲学的终结》导读：孙萌

恩格斯《劳动在从猿到人的转变中的作用》导读：封莎，电子科技大学副教授

列宁《怎么办？——我们运动中的迫切问题》（节选）导读：王平

列宁《论工人政党对宗教的态度》导读：雷龙乾

列宁《国家与革命》（节选）导读：王平

列宁《谈谈辩证法问题》导读：雷龙乾

列宁《共产主义运动中的“左派”幼稚病》（节选）导读：艾红梅，吉林建筑大学教授

列宁《青年团的任务》导读：任志锋，东北师范大学副教授

列宁《在全俄省、县国民教育局政治教育委员会工作会议上的讲话》导读：任志锋

列宁“1923 年 1—3 月口授完成的文章（三篇）”导读：艾红梅

毛泽东《实践论》导读：李安增

毛泽东《矛盾论》导读：肖芳，曲阜师范大学副教授；孙萌

毛泽东《新民主主义论》（节选）导读：刘洪森，北京师范大学副教授

毛泽东《为人民服务》导读：刘洪森

毛泽东《关于正确处理人民内部矛盾的问题》（节选）导读：聂家华，曲阜师范大学教授；雷龙乾

邓小平《解放思想，实事求是，团结一致向前看》导读：聂家华

邓小平《建设有中国特色的社会主义》导读：聂家华

邓小平《一靠理想二靠纪律才能团结起来》导读：王翠云，曲阜师范大学讲师

邓小平《吸取历史经验，防止错误倾向》导读：王翠云

邓小平《在武昌、深圳、珠海、上海等地的谈话要点》导读：聂家华

江泽民《关于讲政治》导读：李安增

江泽民《始终做到“三个代表”是我们党的立党之本、执政之基、力量之源》（节选）导读：刘洪森

胡锦涛《在全党大力弘扬求真务实精神，大兴求真务实之风》导读：刘洪森

胡锦涛《树立和落实科学发展观》导读：刘洪森

习近平《毫不动摇坚持和发展中国特色社会主义》导读：郭淑颖

习近平《实现中华民族伟大复兴是中华民族近代以来最伟大的梦想》导读：肖芳

习近平《不断提高运用中国特色社会主义制度有效治理国家的能力》导读：任志锋

习近平《培育和弘扬社会主义核心价值观》导读：薛凤伟，曲阜师范大学讲师

习近平《共同构建人类命运共同体》导读：任志峰

《马克思主义经典著作导读（第三版）》编写组

2022 年 2 月

图书在版编目（CIP）数据

马克思主义经典著作导读/王平主编. --3 版. --北京：中国人民大学出版社，2023.1
新编 21 世纪思想政治教育专业系列教材/张耀灿总主编
ISBN 978-7-300-31072-5

Ⅰ.①马… Ⅱ.①王… Ⅲ.①马克思著作研究-高等学校-教材 Ⅳ.①A811

中国版本图书馆 CIP 数据核字（2022）第 184394 号

新编 21 世纪思想政治教育专业系列教材
总主编　张耀灿
马克思主义经典著作导读（第三版）
主编　王　平
Makesi Zhuyi Jingdian Zhuzuo Daodu

出版发行	中国人民大学出版社			
社　　址	北京中关村大街 31 号	**邮政编码**		100080
电　　话	010－62511242（总编室）			010－62511770（质管部）
	010－82501766（邮购部）			010－62514148（门市部）
	010－62515195（发行公司）			010－62515275（盗版举报）
网　　址	http://www.crup.com.cn			
经　　销	新华书店			
印　　刷	北京溢漾印刷有限公司	**版　　次**		2011 年 2 月第 1 版
开　　本	787 mm×1092 mm　1/16			2023 年 1 月第 3 版
印　　张	22.25 插页 1	**印　　次**		2025 年 5 月第 5 次印刷
字　　数	510 000	**定　　价**		59.00 元